高等学校"十三五"规划教材

本书荣获中国石油和化学工业优秀出版物奖·教材奖一等奖

实用信息检索方法与利用

第三版

赵乃瑄 主编　冯君 俞琰 副主编

化学工业出版社

·北京·

《实用信息检索方法与利用》（第三版）简要概述了信息检索的基本概念和基础知识，系统介绍了各类常用中外文数据库的使用方法和技巧，并阐述了专利、标准等特种文献数据库以及网络信息资源等的检索与利用方法。另外从提高大学生信息素养的层面对信息检索和利用过程所涉及的伦理道德和知识产权也做了充分介绍，最后从科研课题的角度介绍了信息检索与分析策略、学术论文写作规范和技巧等内容。

本书内容简明扼要、综合性强、适用面广，具有新颖性、实用性和工具性的特点。它既可作为各类院校本科生和研究生文献检索与利用系列课程的教材，也可作为相关领域专业人员及图书馆人员的参考用书。

图书在版编目（CIP）数据

实用信息检索方法与利用/赵乃瑄主编.—3版.—北京：化学工业出版社，2018.2（2021.1重印）
高等学校"十三五"规划教材
ISBN 978-7-122-31182-5

Ⅰ.①实… Ⅱ.①赵… Ⅲ.①情报检索-高等学校-教材 Ⅳ.①G252.7

中国版本图书馆CIP数据核字（2017）第307756号

责任编辑：唐旭华　王淑燕　　　　　　　　　装帧设计：张　辉
责任校对：边　涛

出版发行：化学工业出版社（北京市东城区青年湖南街13号　邮政编码100011）
印　　装：高教社（天津）印务有限公司
787mm×1092mm　1/16　印张18¾　字数509千字　2021年1月北京第3版第6次印刷

购书咨询：010-64518888　　　　　　　　　售后服务：010-64518899
网　　址：http://www.cip.com.cn
凡购买本书，如有缺损质量问题，本社销售中心负责调换。

定　价：43.00元　　　　　　　　　　　　　　　　　　　版权所有　违者必究

前　言

1984年教育部颁发了《关于在高校开设文献检索与利用课的意见》，自此全国高校普遍开设了相关课程，并先后出版教材千余种，对不断提高课程教学质量起到了很大的促进作用。

随着知识经济、信息时代的发展，文献检索与利用相关课程的教学内容和理念都发生了很大变化。一方面，电子文献信息源已取代传统手工检索工具成为课程教学内容的主要组成部分，其强大的检索功能使教学内容、教学手段等进入了一个崭新的阶段。另一方面，随着信息素养教育在国内的不断发展，上述课程已成为高校开展信息素养教育的重要举措，成为培养学生自主学习能力、独立研究能力和创新能力的重要手段。信息素养的目标和内容是使人们具备：①正确确定所需信息的种类和范围；②高效检索信息；③正确地分析评价信息；④有效地使用信息实现特定的目标，利用信息进行创新，完成相关任务；⑤通晓并自觉遵循信息利用过程中所涉及的伦理道德和相关法律。纵观目前已出版的教材，全面反映上述发展变化的成果并不多见。

为了适应这样的形势，本书将信息素养教育作为全书的基本指导思想，将最新的信息检索与分析利用方法作为全书的主要内容。本书在2008年1月出版的"研究生教育创新工程"化工类研究生教学用书——《化学化工电子文献检索与分析策略》和2013年1月出版的《实用信息检索方法与利用》（第二版）基础上，总结近年来本科生、研究生信息检索课程教学实践和教学成果奖经验，整合了最新的信息获取与分析利用方法。本书保留了《实用信息检索方法与利用》（第二版）的基本框架，对部分章节进行了重新编排和调整，吸纳了《化学化工电子文献检索与分析策略》中文献信息管理以及引文索引数据库等内容，新增了学术论文写作规范和技巧，同时对书中各章节涉及的检索案例进行了更新和丰富。

在编写过程中，我们力求做到：①突出实用性。全书以各种常用的信息检索方法和技巧为主线，将信息检索的基础知识和理论与检索课题实例相结合，着重介绍检索策略和技能，着眼于培养学生的信息素养和创新能力。②突出新颖性。尽可能吸收和介绍最新电子文献检索的新动态、新知识和新方法，使本书能反映信息检索的最新进展。信息检索过程包括三个层次：如何检索、如何更准确地检索、如何对检索到的文献进行分析评价以获取有价值的信息。尤其是对检索到的信息源内容进行具体分析和评估，这正是信息检索的最终目的，是研究创新的基础，同时也是电子文献检索区别于纸型文献检索的难点所在。针对以上三个层次的内容介绍正是本书区别于目前国内已有的信息检索方面教材组织内容的另一特点。

为了方便教学，本书配套的电子教案可免费提供给采用本书作为教材的相关院校使用。如有需要，请登录教学资源网（www.cipedu.com.cn）下载。

本次修订由赵乃瑄、冯君拟定大纲，参与修订人员有：王戈非、张思瑶、高莹莹、严愿萍、张俊、金洁琴、冯君、章惠娟、陈萱、黄春娟、沈玲玲、李桂林、孙超、俞琰。全书由赵乃瑄、冯君、俞琰统稿。参与本次修订的人员均多年从事本科生和研究生的信息检索课程教学，具有丰富的教学和科研经验。

本书第一版是2007年南京工业大学教学改革项目的研究成果，并于2010年荣获中国石油和化学工业优秀出版物奖（教材奖）二等奖，第二版于2014年获中国石油和化学工业优秀出版物奖（教材奖）一等奖。

由于编者水平有限，书中还存在不足和疏漏之处，请广大读者，特别是各位同仁不吝施教，以便修订时加以改进。

编者
2017 年 11 月

目 录

第 1 章 信息检索概述 ·· 1
  1.1 信息素养 ··· 1
  1.2 信息与信息源 ·· 1
    1.2.1 信息 ·· 1
    1.2.2 信息源 ··· 2
  1.3 信息检索 ·· 5
    1.3.1 信息检索原理及步骤 ··· 5
    1.3.2 计算机信息检索技术 ··· 8
  1.4 信息伦理道德与知识产权 ··· 11
    1.4.1 信息伦理道德 ·· 11
    1.4.2 知识产权 ·· 11
  本章小结 ··· 13
  思考题 ·· 13

第 2 章 图书信息检索 ·· 14
  2.1 基本知识 ·· 14
    2.1.1 图书的定义及类型 ·· 14
    2.1.2 国际标准书号 ·· 14
    2.1.3 图书分类法及图书排架 ·· 15
    2.1.4 图书信息获取 ·· 17
  2.2 联机公共书目查询系统 OPAC ··· 17
    2.2.1 汇文文献信息服务系统 ·· 17
    2.2.2 其他联机公共书目查询系统 ·· 23
  2.3 电子图书数据库 ··· 24
    2.3.1 读秀图书搜索 ·· 24
    2.3.2 SpringerLink 电子图书数据库 ·· 28
    2.3.3 其他电子图书数据库 ··· 32
  本章小结 ··· 33
  思考题 ·· 34

第 3 章 中文期刊全文数据库 ··· 35

3.1 基本知识 ·· 35
　3.1.1 期刊的分类 ··· 35
　3.1.2 期刊的组成 ··· 36
　3.1.3 国际标准连续出版物号 ··· 37
　3.1.4 学术性期刊 ··· 37
　3.1.5 期刊的检索 ··· 38
3.2 中国期刊全文数据库 ·· 39
　3.2.1 检索方法 ·· 39
　3.2.2 检索结果 ·· 45
　3.2.3 检索实例 ·· 46
　3.2.4 CNKI 知识搜索 ·· 47
3.3 中文科技期刊数据库 ·· 51
　3.3.1 检索方法 ·· 51
　3.3.2 检索结果 ·· 57
　3.3.3 检索实例 ·· 58
3.4 其他期刊数据库 ·· 59
　3.4.1 万方数据知识服务平台 ··· 59
　3.4.2 国家哲学社会科学学术期刊数据库 ··· 60
　3.4.3 国研网数据库 ·· 61
　3.4.4 月旦知识库 ··· 61
　3.4.5 北大法意教育频道 ··· 61
本章小结 ·· 61
思考题 ·· 61

第 4 章　外文期刊全文数据库 ·· 63

4.1 Elsevier ScienceDirect 期刊全文数据库 ·· 63
　4.1.1 简介 ·· 63
　4.1.2 期刊浏览 ·· 63
　4.1.3 期刊检索 ·· 65
　4.1.4 检索技巧 ·· 70
　4.1.5 检索实例 ·· 73
4.2 EBSCO 数据库 ··· 74
　4.2.1 简介 ·· 74
　4.2.2 检索方法 ·· 75
　4.2.3 检索结果及处理 ·· 81
　4.2.4 检索实例 ·· 83
4.3 SpringerLink 数据库 ·· 83
　4.3.1 简介 ·· 83
　4.3.2 检索方法 ·· 84
　4.3.3 检索结果及处理 ·· 88

  4.3.4 检索实例 ······ 89
 4.4 其他数据库 ······ 89
  4.4.1 ACS 美国化学学会数据库 ······ 90
  4.4.2 APS 美国物理学会数据库 ······ 94
  4.4.3 ASCE 美国土木工程协会数据库 ······ 96
 本章小结 ······ 100
 思考题 ······ 100

第 5 章 引文索引数据库 ······ 101
 5.1 基本知识 ······ 101
  5.1.1 引文 ······ 101
  5.1.2 引文分析法 ······ 101
  5.1.3 引文索引 ······ 102
 5.2 科学引文索引数据库 ······ 103
  5.2.1 简介 ······ 103
  5.2.2 检索方法 ······ 104
  5.2.3 检索结果及处理 ······ 113
  5.2.4 检索技巧 ······ 114
  5.2.5 检索实例 ······ 116
 5.3 中国科学引文数据库 ······ 119
  5.3.1 简介 ······ 119
  5.3.2 检索方法 ······ 119
  5.3.3 检索结果 ······ 121
  5.3.4 检索技巧 ······ 123
  5.3.5 检索实例 ······ 125
 5.4 中文社会科学引文索引数据库 ······ 128
  5.4.1 简介 ······ 128
  5.4.2 检索方法 ······ 128
  5.4.3 检索结果 ······ 131
  5.4.4 检索技巧 ······ 133
  5.4.5 检索实例 ······ 134
 本章小结 ······ 134
 思考题 ······ 134

第 6 章 文摘数据库 ······ 135
 6.1 工程索引数据库 ······ 135
  6.1.1 简介 ······ 135
  6.1.2 检索方法 ······ 136
  6.1.3 其他检索功能 ······ 147
  6.1.4 检索实例 ······ 156

6.2 SciFinder 数据库 ································ 159
6.2.1 简介 ································ 159
6.2.2 检索方法 ································ 161
6.2.3 检索实例 ································ 171
本章小结 ································ 175
思考题 ································ 175

第7章 特种文献数据库 ································ 176
7.1 专利文献数据库 ································ 176
7.1.1 基本知识 ································ 176
7.1.2 检索途径 ································ 179
7.1.3 国家知识产权局专利数据库 ································ 180
7.1.4 esp@cenet 专利数据库 ································ 187
7.1.5 美国专利商标局专利数据库 ································ 191
7.1.6 其他国家专利文献数据库 ································ 196
7.2 标准文献数据库 ································ 197
7.2.1 基本知识 ································ 197
7.2.2 标准网 ································ 199
7.2.3 国家标准文献共享服务平台 ································ 201
7.2.4 国际标准 ································ 204
7.3 学位论文数据库 ································ 207
7.3.1 CALIS 高校学位论文数据库 ································ 207
7.3.2 万方数据中国学位论文全文数据库 ································ 209
7.3.3 中国学位论文数据库 ································ 211
7.3.4 PQDT 博士硕士论文数据库 ································ 212
本章小结 ································ 214
思考题 ································ 214

第8章 网络信息资源 ································ 215
8.1 搜索引擎 ································ 215
8.1.1 基本知识 ································ 215
8.1.2 百度 ································ 216
8.1.3 必应 ································ 218
8.1.4 谷歌 ································ 219
8.1.5 检索实例 ································ 220
8.1.6 谷歌学术 ································ 221
8.2 其他网络信息资源 ································ 224
8.2.1 百链云图书馆 ································ 224
8.2.2 开放获取 ································ 226
本章小结 ································ 227

思考题 227

第 9 章 信息检索策略优化 228
9.1 误检和漏检的原因分析及对策 228
9.2 信息检索策略优化 234
9.3 信息检索综合案例 241
　　本章小结 243
　　思考题 243

第 10 章 原始文献获取与文献管理 244
10.1 原始文献获取 244
10.1.1 文献线索获取 244
10.1.2 原始文献获取 245
10.1.3 馆际互借和文献传递 246
10.2 文献管理 249
10.2.1 EndNote 249
10.2.2 NoteExpress 252
　　本章小结 254
　　思考题 255

第 11 章 科学研究中的文献利用与论文写作 256
11.1 文献阅读 256
11.1.1 研究初期文献阅读策略 257
11.1.2 研究中期文献阅读策略 257
11.1.3 研究后期文献阅读策略 259
11.2 文献分析 260
11.2.1 分析参考文献 261
11.2.2 分析领军人物和课题组 261
11.2.3 分析重要期刊 262
11.3 文献评价 263
11.3.1 文献评价原则 263
11.3.2 批判性地阅读文献 264
11.3.3 不唯文献论 265
11.4 科技论文写作基础知识 267
11.4.1 科技论文的定义 267
11.4.2 科技论文写作要领 267
11.4.3 科技论文与学术道德 268
11.5 科技论文写作格式及规范 270
11.5.1 题名 270
11.5.2 署名 273

11.5.3 摘要 ·· 274
　　11.5.4 关键词 ·· 275
　　11.5.5 引言 ·· 276
　　11.5.6 正文 ·· 279
　　11.5.7 结论 ·· 281
　　11.5.8 致谢 ·· 282
　　11.5.9 参考文献 ·· 283
　11.6 投稿 ·· 283
　　11.6.1 期刊选择 ·· 283
　　11.6.2 投稿 ·· 285
　　11.6.3 同行评议 ·· 286
　　11.6.4 审稿意见处理 ·· 286
　本章小结 ··· 287
　思考题 ··· 287

参考文献 ·· 288

第 1 章　信息检索概述

我们已经处在一个被信息海洋淹没的现代信息社会中,从浩瀚的信息中有效获取自己所需信息能力的信息素养已经成为大学生素质修养的重要组成部分;同时利用计算机对信息源进行检索与利用也已经成为现代科研人员不可或缺的一种技能。本章着重介绍信息素养、信息与信息源、信息检索、信息伦理道德与知识产权等相关基础知识。

1.1　信息素养

信息资源越来越成为整个社会经济和社会活动的基本要素,为了适应信息社会的生存环境,信息素养成为与科学素养、人文素养并列的大学生素质修养的重要组成部分。

信息素养(Information Literacy),又称信息素质、信息能力等。1974 年,美国信息产业协会主席保罗·泽考斯基提出了信息素养的概念,在提交给全美图书馆学与信息科学委员会的报告中首次使用了"信息素养"一词,他认为:"信息素养是利用大量的信息工具及主要信息源解决具体问题的技能。"

目前得到普遍认可的信息素养定义是 1989 年由美国图书馆协会发表的信息素养研究报告中提出的,即:信息素养是人们能够充分认识到何时需要信息,并有能力去获取、评价和有效利用所需要的信息的能力。信息素养是一种基本能力,是一种对信息社会的适应能力。

越来越多的国家和组织开始研究和重视信息素养。2003 年 9 月,联合国信息素养专家会议发表了"布拉格宣言:走向信息素养社会",它具有全球性的指导意义,会议宣布:信息素养是终身学习的一种基本人权。2005 年的《亚历山大宣言》更进一步宣称信息素养和终身学习是信息社会的灯塔,能照亮通向发展、繁荣和自由之路。

信息素养的概念是 20 世纪 90 年代中期被介绍到国内的。2002 年 1 月,在哈尔滨召开的全国高校图书情报工作指导委员会"全国高校信息素质教育学术研讨会"上首次将"文献检索课学术研讨会"改名为"信息素质教育学术研讨会"。

1.2　信息与信息源

1.2.1　信息

关于信息的定义有多种,不同学科有不同的定义,自然科学、信息科学的信息多指数据、指令,管理科学中所说的信息多指消息、情报,但即便如此,同属社会科学的消息、情报与信息也有一定的差距。即使是同一学科也可能出现差异很大的命题,而这些定义都从不同的方面揭示了信息的某些特征和性质。

信息论的奠基者香农认为，信息就是能够用来消除不确定性的东西。这一定义是从通信科学的角度来探讨信息概念的，指出了信息的一个价值——减少不确定性，即当一个信息为人们所感知和确认后，这一信息就成为一定意义上的知识，这种知识可以作为信息来传递。

控制论创始人维纳说，"信息既不是物质，又不是能量，信息就是信息。"根据维纳的说法，物质、能量和信息是相互区别的，是人类社会赖以生存发展的三大基础——世界由物质组成，能量是一切物质运动的动力，信息是人类了解自然及人类社会的依据。他第一次把信息与物质、能量相提并论。

我国国家标准《情报与文献工作词汇基本术语》中，关于"信息"的定义是："信息是物质存在的一种方式、形态或运动状态，也是事物的一种普遍属性，一般指数据、消息中所包含的意义，可以使消息中所描述事件的不定性减少。"

信息具有以下特点。

① 普遍性：信息是普遍存在的。从宏观的宇宙天体到微观粒子，从自然界到人类社会，万事万物都是信息的母体。信息无处不在、无时不在。人们对世界的认识是无限的，因此信息资源的扩充与累积也是无限的。

② 载体的依附性：信息不能独立存在，需要依附于一定的载体，同一个信息可以依附于不同的媒体。载体形式多种多样，如：印刷型、机器型、声像型、网络型等。文字既可以印刷在书本上，也可以存储到计算机中，信息可以转换成不同的载体形式而被存储下来和传播出去，供更多的人分享。而"分享"的同时也说明信息可传递、可存储，载体的依附性具有可存储、可传递、可转换的特点。

③ 时效性：信息所反映的总是特定时刻事物的运动状态和方式。当人们将该时刻的信息提取出来之后，事物仍在不停地运动，这样，已脱离源物质的信息就会逐渐失去效用，最终只能充当一种历史记录。如果传递很慢，那么再有用的信息也常常会失去其应有的价值，比如新闻、股市信息等。

④ 传递性：是指信息在空间和时间上的传递，信息可以在空间上从一个地方传到另一地方。同样，信息也可以从一个时期传递到另一个时期，信息储存就是信息在时间上的传递。信息借助于一定的物质载体才能进行传送，信息的传递性决定了信息的可扩散性，信息通过各种渠道、媒介传播。

⑤ 共享性：信息资源可以共享。信息可以被一次、多次、同时利用。在信息的扩散和用户分享信息的过程中，载体本身的信息并不因此而减少，各用户分享的信息份额不因分享的人的多少而受影响。信息资源的共享将极大推进人类文明的发展。

⑥ 可转换性：信息的物质载体形态是可以互相转移变换的；信息在一定的条件下可以转化为物质、能量、时间、金钱、效益、质量等。正确而有效地利用信息，可以创造更多、更好的物质财富，开发或节约更多的能量，节省更多的时间。信息不能直接满足人们物质需要，但能够满足人们精神生活的需要，信息可以促进物质、能量的生产和使用，信息可以增值；信息只有被人们利用，才有价值。当然，信息不会真的变为物质与能量，其功效在于通过合理而有效的利用，"节约"更多的物质与能量。这正是人们需要信息的原因。

⑦ 可伪性：人们容易凭主观想象来认识理解信息，或孤立地认识理解信息，从而易于产生虚假信息，如"盲人摸象"；此外，由于人们的认识能力有限或动机不纯，也容易形成伪信息，如各种"假信息"等。信息的可伪性提醒我们，一定要注重信息的来源和信息的筛选，注意防止"垃圾信息"或信息污染。

1.2.2 信息源

信息源，就是信息的来源。信息源是产生、载有和传递信息的一切物体、人员和机构。

1.2.2.1 按出版类型分类

（1）图书

图书是指内容比较成熟、资料比较系统、有完整定型的装帧形式的出版物。科技图书是一种重要的科技文献源，它大多是对已发表的科技成果、生产技术知识和经验的概论论述。科技图书的范围较广，主要包括：学术专著、参考工具书（指对某个专业范围作广泛系统研究的手册、年鉴、百科全书、辞典、字典等）、教科书等。想要较为全面、系统地获取某一专题的知识，参阅图书是行之有效的方法。而出版周期长、内容不便于随着时间的变化而更新，是一般图书的缺陷。

（2）期刊

期刊也称杂志，是指那些定期或不定期出版、汇集了多位著者论文的连续出版物。构成期刊的要素有以下四个方面：一、连续出版；二、有一个稳定的名称；三、每年至少出版一期，有卷、期或年、月等表示连续出版下去的序号；四、由众多作者的作品汇编而成。科技期刊在科技情报来源方面占有重要地位，约占整个科技信息来源的65%～70%。它与专利文献、科技图书三者被视为科技文献的三大支柱，也是科技查新工作利用率最高的文献源。

与图书相比，期刊最突出的特点是出版迅速、内容新颖、能迅速反映科学技术研究成果的新信息。期刊还具有连续性的特点，使期刊成为人们寻找研究上的新发现、新思想、新见解、新问题的首要信息源。有些新发明、新创造、新观点在诞生之初并不是成熟的、稳定的、可靠的，它们往往不被图书接纳，却被期刊采用，这也正是期刊被称为当代文献骨干的重要原因。本书第三、四章将专门介绍中外文期刊的检索。

（3）专利文献

专利文献通常是指发明人或专利权人申请专利时向专利局所呈交的一份详细说明发明的目的、构成及效果的书面技术文件，经专利局审查，公开出版或授权后的文献。广义的专利文献还包括专利公报（摘要）及专利的各种检索工具。专利文献的特点是：数量庞大、报道快、学科领域广阔、内容新颖、具有实用性和可靠性。由于专利文献的这些特点，它的科技情报价值越来越大，使用率也日益提高。

专利文献在传递经济信息和科技信息方面发挥着极为重要的作用。尽管专利文献只占期刊文献的10%左右，却能提供40%左右的新产品信息量。全世界新技术的90%～95%是通过专利文献公之于世。据说，只要系统地搜集美、日、英、法、德五国专利，就可以了解西方科技发展情况的60%～90%。

（4）标准文献

标准文献是技术标准、技术规格和技术规则等文献的总称。它是记录人们在从事科学试验、工程设计、生产建设、商品流通、技术转让和组织管理时共同遵守的技术文件。其主要特点是：能较全面地反映标准制订国的经济和技术政策，技术、生产及工艺水平，自然条件及资源情况等；能提供许多其他文献不可能包含的特殊技术信息。它具有严肃性、法律性、时效性和滞后性。

标准文献，特别是产品标准，是搜集产品信息的来源之一。通过这类文献，可以对产品的分类、品种、规格、性能、参数、质量等级、试验和转换方法、包装标志等所作的统一规定有所了解，也可以知道对原材料的品种、规格、物理性能、化学成分、试验和检验方法，以及工艺、试验、分析、测定、检验、验收等的规则和方法所作的规定。

（5）会议文献

会议文献是在各种会议上宣读和交流的论文、报告和其他有关资料。传统会议文献多数以会议录的形式出现。会议文献的特点是专业性强、内容新、学术水平高、出版发行较快。会议文献大部分是本学科领域内的新成果、新理论、新方法，且经过会议主办者审查、推荐，经过专家学者提问、讨论、评价、鉴定，再由本人修改后出版。所以可靠性较高。会议文献基本上是会议上首次公布的成果，不在其他刊物上发行，因而越来越受到人们重视，成为了解新动向、新发现的重要信息源。

会议文献的形式有会前产生的预印本、议程和发言提要、论文摘要（有相当多的会前文献不对外发行，只供与会者）；有开会期间产生的开幕词、讲话、报告、讨论记录、会议决议和闭幕词以及在会上散发的临时性材料等会中文献；有的会议结束后经主办单位整理发表正式的会议资料，常以会议录、汇编、论文集、报告、学术讨论报告、会议专刊为名出版，形成会后文献。约40%的会后文献以期刊的形式出版（如特辑、专辑等），也有以图书形式出版的专题论文集，还有以连续性会议文献的形式定期或不定期出版的，如丛书、丛刊等。

（6）技术档案

科技档案是企事业单位、国家机构、社会组织及个人从事生产、科研、基建及管理活动中形成的对国家和社会具有保存价值的应当归档保存的科技文件材料，一般有具体事物的技术文件、图纸、图表、照片和原始记录等。详细内容包括任务书、协议书、技术指标、审批文件、研究计划、方案大纲、技术措施、调查材料、设计资料、试验和工艺记录等。这些材料是科研工作中用以积累经验、吸取教训的重要文献。技术档案一般为内部使用，不公开出版发行，有些还有密级限制，因此在参考文献和检索工具中极少引用。

（7）科技报告

科技报告，是科学技术工作者或课题组记录某一科研项目调查、实验、研究的成果或进展情况的报告，又称研究报告、报告文献。出现于20世纪初，第二次世界大战后迅速发展，成为科技文献中的一大门类。每份报告自成一册，通常载有主持单位、报告撰写者、密级、报告号、研究项目号和合同号等。按内容可分为报告书、论文、通报、札记、技术译文、备忘录、特种出版物。大多与政府的研究活动、国防及尖端科技领域有关，发表及时、课题专深、内容新颖成熟、数据完整，且注重报道进行中的科研工作，是一种重要的信息源。查寻科技报告有专门的检索工具。

科技报告的特点是：单独成册，所报道成果一般必须经过主管部门组织有关单位审定鉴定，其内容专深、可靠、详尽，而且不受篇幅限制，可操作性强，报告迅速。有些报告因涉及尖端技术或国防问题等，所以一般控制发行。目前，世界上各发达国家及部分发展中国家每年都有相当数量科技报告产生，尤以美、英、法、德、日等国的科技报告为多。

（8）政府出版物

政府出版物是指各国政府部门及其所属机构出版的文字、图片以及磁带、软件等，又称官方出版物。它可分为行政性文献和科技性文献两类。行政性文献（包括立法、司法文献），主要有政府法令、方针政策、规章制度、决议、指示、统计资料等，主要涉及政治、法律、经济等方面；科技文献主要是政府部门的研究报告、标准、专利文献、科技政策文件、公开后的科技档案等，有些研究报告在未列入政府出版物之前就已经出版过，故它与其他类型的文献有重复。政府出版物对了解各国的方针政策、经济状况及科技水平，有较高的参考价值，一般不公开出售。

（9）学位论文

学位论文是高等院校或研究机构的学生为取得各级学位，在导师指导下完成的科学研究、科学试验成果的书面报告。有价值的学位论文，尤其是较高层次的学位论文，应能表明求取学位者对某学科的理论知识的掌握程度、概括能力和独立从事科学研究的能力。求取学位者在拥有大量资料的基础上提出自己的研究成果、实验创造和论文见解，具有独创性、新颖性、科学性的特色，其质量要经过学位或学术委员会的考核。前苏联对2万名科技人员的调查表明，对学位论文感兴趣的占被调查总数的28.6%，仅次于标准和专利文献（44.1%），高于会议文献

(23.5%),这表明学位论文是一个重要的文献信息源。

1.2.2.2 按照内容加工深度分类

(1) 一次文献

一次文献又称原始文献,是指公开并正式发表的科学研究、工作实践中的新成果、新知识和经验总结等。原始文献是获取可靠信息的依据,核实信息的可靠性应以原始文献为准。这是最基本的文献信息源,具有新颖性、创造性、系统性等特点。包括阅读性图书、科技报告、会议论文、专利说明书、学位论文等全文数据库。一次文献数据库是电子文献信息源中非常重要的信息源,是直接获取原始文献的主要途径之一。一次文献数据库有中国期刊全文数据库、超星数字图书馆等。

(2) 二次文献

二次文献信息源是指人们将大量无序的一次文献信息使用一定的方法进行加工整理后所形成的信息集合。其文献形式是二次文献。二次文献信息源将大量分散无序的信息有序化,具有浓缩性、汇集性、有序性的特点,具有按照文献的内部特征或文献的外部特征来报道揭示和检索一次文献的功能,能系统地反映一次文献信息,为用户提供检索所需文献的线索,是检索一次文献必不可少的工具。包括书目数据库、题录、文摘、索引等数据库。电子文献信息源中,二次文献数据库往往是某一领域全面系统的电子文献信息源,具有较高的学术性和权威性,是获取原始文献的重要线索来源。二次文献数据库有化学文摘(CA)、工程索引(EI)等。

(3) 三次文献

三次文献是通过二次文献提供的线索,选用一次文献内容,进行分析综合后形成的,包括词典、百科全书、年鉴、名录、指南、综述等。它是借助二次文献,全面系统地搜集相关信息,经过筛选、分析、加工整理、概括、浓缩等手段,按科学方法加以组织形成的信息资源。三次文献的特点在于高度浓缩和深度加工。目前三次文献电子信息源都在向网络化方向发展。比如:Knovel 电子工具书(http://www.knovel.com)、"在线工具书大全"(http://www.hrexam.com/dictionary.htm)等。

1.3 信息检索

1.3.1 信息检索原理及步骤

信息检索的基本原理见图 1-1,其含义是:通过对大量的、分散无序的文献信息进行搜集、加工、组织、存储,建立各种各样的检索系统,并通过一定的方法和手段使存储与检索这两个过程所采用的特征标识达到一致,以便有效地获得和利用信息源。其中存储是为了检索,而检索又必须先进行存储。

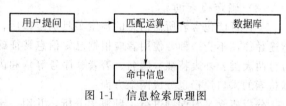

图 1-1 信息检索原理图

信息检索通常是指从以任何方式组成的信息集合中,查找特定用户在特定时间和条件下所需信息的方法与过程。完整的信息检索含义还包括信息的存储与信息的分析评价。文献的存储过程实际上是对文献进行替代和整序的过程,文献的查寻过程则是将文献特征标识和检索提问标识进行匹配的过程。信息的分析评价是检索策略进行调整的过程。

根据信息检索的原理可以知道,检索是存储的逆过程。检索者遵循信息的存储规律,就能够快速准确地查找到所需要的信息资源。信息检索的基本步骤见图 1-2。

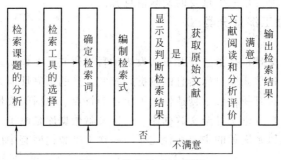

图 1-2　信息检索流程图

（1）检索课题的分析

分析课题的步骤是：先将问题归类，弄清楚课题的性质是什么、学科专业范围是什么、分析出哪些是已知信息、哪些是想查询的信息，在此基础上分析出需求的主题内容，确定文献类型和时间范围。

由于检索工具都是针对一定的问题而设计的，因此，将问题分类有助于确定相应的检索工具。所有问题可以分成两大类，一类是要查找某一特定的文献，或与某一主题、学科内容相关的文献，这就要考虑文献检索类工具书。例如，找图书，要用书目、馆藏目录以及访问电子书刊网站、电子图书馆、网上图书销售中心等。另一类是要查找具体的事实，如统计数据、人名、地址、机构概况、术语等，这就要考虑专为解决这些类型的问题而设计的工具书，如机构名录、手册、百科全书以及包括这类检索工具的参考工具类网站。当然，问题的类型没有严格的界限，而且是可以互相转化的，事实类的问题可以通过查找文献来解决，而对文献的要求经过进一步分析后，也可以用三次文献中的某一工具书来解决。

（2）检索工具的选择

根据检索课题的要求，选择最能满足检索要求的检索工具书或数据库。检索工具的种类繁多，其文献类型、学科和专业的收录范围各有侧重，所以，根据课题的检索要求，选准、选全检索工具十分重要。这是决定检索效果的关键因素。应当了解相关学科各种主要的信息资源、数据库资源。首先要对各种检索工具收录文献的学科范围、地区范围、语种范围、时间范围和文献类型有清楚的了解。其次，要了解工具书之间的相互关系，包括内容和时间的联系，有的放矢地进行查找。然后从文献的类型、文种、出版时间等方面来考虑选用哪种检索工具最合适。除了考虑以上因素外，还需考虑有关文献在本地区的收藏情况、检索工具的索引是否适合本课题检索的要求等。

（3）确定检索词

一种可能包含着所需信息的检索工具确定以后，下一步应考虑怎样从中找到所需信息。检索途径往往不止一种，使用者应根据已知信息特征确定检索入口。一般来说，所有文献的特征可分两大类：外表特征（题名、著者、序号等）和内容特征（分类、主题、关键词）。所以文献检索的入口途径也分成两个方面。

分析概念是对课题进行主题概念分析，并用一定的概念词来表达这些主题内容，同时明确概念与概念之间的逻辑关系。概念的表达要确切，找出核心概念，找出隐含的重要概念，明确概念层次之间的关系。一个检索课题往往涉及多个概念，选择检索词时首先要将检索课题涉及的所有概念分离出来，并针对每一个概念选择尽可能多的检索词。如"吸烟与心脏病的关系"，可表达为"connection between smoking and heart disease"。通过分析发现，其中，只有 smoking 和 heart disease 两个概念词，而"connection between"则不属于概念词。提取隐含概念：有些课题的实质性内容往往很难从课题名称上反映出来，需要从中提取隐含的重要概念。

选定检索词的方法：利用上下位词或特有名词、同义词、近义词及相关词，查阅工具如专业词表、词典、字典、分类表等。根据词表或数据库中的索引选词；从专业词典、百科全书等参考工具中选词；选词原则要考虑满足两个要求：一是课题检索要求；二是数据库输入词要求，选择规范词、尽量使用代码、注意选用国内外惯用的技术术语、避免使用低频词或高频词、同义词尽量选全。

（4）编制检索式

检索式是搜索过程中用来表达搜索提问的一种逻辑运算式，又称检索表达式或检索提问式，是用来表达用户检索提问的。它是由基于检索概念产生的检索词和各种组配算符构成，是搜索策略的具体体现，检索式的好坏决定着检索质量。检索式的编写应注意尽量将核心的检索词放在最前面，并限制在基本字段内，这样可以提高计算机处理效率。应该正确使用布尔逻辑算符、位置算符。同义词、近义词之间使用"或"（or）连接，优先运算部分使用"（）"，英文检索时正确使用截词符"？"或通配符"＊"等。检索式的构建应该尽量简单，不要烦琐复杂。

检索式完成后可以将其输入检索系统实施检索。计算机完成检索过程后会将检索结果显示出来，如果检索结果与需求不符合，可以及时调整检索策略，直至得到满意的检索结果。

（5）显示及判断检索结果

用户向检索系统提交检索式后，检索结果是否满意，可以通过查全率（Recall Factor）、查准率（Pertinency Factor）、误检率（Noise Factor）和漏检率（Omission Factor）进行判断评价。

查全率也称回调率，是衡量某一检索系统从文献集合中检出相关文献成功度的一项指标，即检出的相关文献总数占全部相关文献总数的百分比。

$$查全率 = \frac{检出的相关文献总数}{全部相关文献总数} \times 100\%$$

查准率是衡量某一检索系统信号噪声比的一种指标，即检出的相关文献总数占检出的全部文献总数的百分比。

$$查准率 = \frac{检出的相关文献总数}{检出的全部文献总数} \times 100\%$$

漏检率，即漏检概率。信息检索中与查全率相对应的概念，指未检出的相关文献量与文献库中该种相关文献总量之比。

误检率是和查准率相对应的概念。是查出结果中不相关的信息占检出文献总数目的百分比。

一个高质量的信息检索，是在确保查全率的同时谋求较高的查准率。在实施检索任务前要在两者之间充分考虑，同时也应该了解数据库的规模和特点，对专业性较高、数据量较小的数据库，应该努力提高查全率。反之，对于数据量较大的检索系统，如网络搜索引擎，则尽量满足查准率的要求。

提高查全率的一般做法是采用分类法或规范化的检索词；在检索式中减少使用逻辑"与"、逻辑"非"运算符；增加同义词检索，使用逻辑"或"运算符，多用截词符或通配符，减少字段限制等。

提高查准率一般通过提高检索词的精确度；使用逻辑"非"减少不需要出现的词；多使用逻辑"与"，减少逻辑"或"运算符，使用位置算符限制性检索词的位置以及利用文献外部特征进行检索限制等。

（6）获取原始文献

从检索工具上获得所需文献线索后，下一步就是利用图书馆和信息单位的馆藏书刊目录或报刊目录获取原文。获取文献遵循省力原则或最短路径原则,如果本地电子文献数据库里面有电子信息资源,则最优先获取。如果没有本地电子文献资源,则通过馆藏目录或联合馆藏目录查找文献的索取号和藏址,获取原文时只要履行借阅手续或馆际互借手续即可。从另一方面来讲,获取原文并非易事,特别是外文文献。原文获取率的高低同馆藏有关,但也与获取方法有关。在开始这一工作前,要注意掌握获取原文的必要信息:要正确地找出获取原文所必需的著者姓名、题名、出版时间及详尽的出处,首先应该弄清楚各种检索刊物的著录格式,如刊名、文献类型、论文著者的地址等。要获取会议论文、学位论文、公司报告以及一些尚未公开发表的文章的原文,必须获得论文著者(包括团体著者)的详细地址。有的检索刊物的款目中附有著者的工作单位,可以据此查阅机构指南。

(7)文献阅读和分析评价

检索结果的阅读和分析评价是一个完整检索过程的重要步骤。通过这一步骤既可以总结得失、修正检索策略、改进检索效果,又为所获信息的实际应用打下基础。

1.3.2 计算机信息检索技术

计算机信息检索是指利用计算机代替人工完成信息检索的过程。具体来说,就是指人们在计算机或计算机检索网络的终端机上,使用特定的检索指令、检索词和检索策略,从计算机检索系统的数据库中检索出所需的信息,继而再由终端设备显示或打印的过程。为实现计算机信息检索,必须事先将大量的原始信息加工处理,以数据库的形式存储在计算机中,所以计算机信息检索广义上讲包括信息的存储和检索两个方面。现代计算机技术在信息检索领域的普及,使得检索的效率极大提高。网络、多媒体技术的应用,一方面是基于传统的检索技术发展而来;另一方面,又产生了一些全新的检索技术。主要有布尔逻辑检索技术和截词检索技术。

(1)布尔逻辑检索

布尔逻辑检索是指通过标准的布尔逻辑关系算符来表达检索词与检索词间逻辑关系的检索方法。如图1-3所示。

与　　　或　　　非

图1-3 布尔逻辑运算的文氏图

① 布尔逻辑关系词。主要的布尔逻辑关系词有逻辑"与"(and)、逻辑"或"(or)、逻辑"非"(not)。逻辑"与",又称逻辑乘,用"and"或"*"表示。

组配方式:A*B或者A and B。表示两个概念的交叉和限定关系,只有同时含有这两个概念的记录才算命中信息。

作用:增加限制条件,即增加检索的专指性,以缩小提问范围,减少文献输出量,提高查准率。

检索时,"逻辑与"组配越多,检索命中文献的结果就越少。

检索举例:你想在题名中检索有关"南京工业大学"的文献。以中国期刊全文数据库统计数据为例,2017年8月6日检索1999年至2017年期间发表的期刊论文,检索项为"作者单位",检索词分别为"南京""工业""南京"并且"工业"以及"南京"并且"工业"和"大学",检索结果如下:

检索式(关键词)　　　　　　　命中文献篇数
南京　　　　　　　　　　　　　895924篇

工业 969691 篇
南京 and 工业 35166 篇
南京 and 工业 and 大学 30334 篇

逻辑或，又称逻辑和，用"or"或"+"表示。

组配方式：A or B 或 A+B，表示检索含有 A 词，或含有 B 词，或同时包含 A、B 两词的文章。两者是并列关系。

作用：放宽提问范围，增加检索结果，起扩检作用，提高查全率。

逻辑"或"用得越多，检中的文献会越来越多。使用逻辑或可连接同一检索式的多个同义词、近义词和相关词。

逻辑"非"，又称逻辑差，用"not"或"−"表示。

组配方式：A−B，表示检索出含有 A 词而不含有 B 词的文章。

作用：逻辑"非"用于排除不希望出现的检索词，它和"*"的作用相似，能够缩小命中文献范围，增强检索的准确性。

常用于在主题概念去除某段年份、某个语种或某种类型（会议、期刊）的文献等。

检索举例：检索品牌不是熊猫牌的电视机。

检索式（关键词）：电视机 not 熊猫牌 或 电视机−熊猫牌。

② 布尔逻辑运算符优先级。

有括号时：括号内的先执行。

无括号时：not＞and＞or。

注：在检索式中只有 and、or 前后的检索标识可以交换；检索式中有 not 时前后检索词不能交换。

例：检索"唐宋诗词"的有关信息。

关键词：唐、宋、诗词；

检索表达式：

（唐 or 宋）and 诗词；

唐 and 诗词 or 宋 and 诗词；

错误表达式：

唐 or 宋 and 诗词；

唐 and 宋 and 诗词；

唐 or 宋 or 诗词；

唐 and 宋 or 诗词；

注意：在不同的数据库中，所使用的逻辑符号可能是不同的，有的用"and、or、not"，有的用"*、+、−"。也有一些检索工具会完全省略任何符号和关系，直接把布尔逻辑关系隐含在菜单中。

如布尔逻辑运算符在百度、Google 搜索引擎中的应用：

高级检索提供逻辑与、逻辑或、逻辑非检索。

初级检索不支持"and"符号、"*"符号和"or"符号。

多个关键词之间必须留一个空格，系统默认为逻辑"与"检索，"空格"即代表 and；逻辑或用"｜"来表示。

支持"−"功能，用于有目的地删除某些无关的网页，但减号之前必须留一空格。

（2）位置算符

位置检索也叫全文检索、邻近检索。所谓全文检索，就是利用记录中的自然语言进行检索，词与词之间的逻辑关系用位置算符组配，对检索词之间的相对位置进行限制。这是一种可以不依赖主题词表而直接使用自由词进行检索的技术方法。不同的检索系统其位置算符的表示方法不尽相同，如美国DIALOG检索系统的位置算符的用法意义如下。

① （W）—With：（W）表示该算符两侧的检索词相邻，且两者之间允许只有一个空格或标点符号，不允许有任何字母或词，顺序不能颠倒。（W）也可以简写为（）。

例如：Aircraft（）design可检索出含有Aircraft design的文献记录。Computer（）aided（）design可检索出含有Computer aided design的文献记录。

② （nW）—nWords：（nW）表示在该算符两侧的检索词之间最多允许间隔n个词（实词或虚词），且两者的相对位置不能颠倒。

例如：laser（1w）printer可检出含有laser printer和laser color printer的文献记录。

③ （N）—Near：（N）表示该算符两侧的检索词相邻，但两者的相对位置可以颠倒。

④ （nN）—nNear：（nN）表示该算符两侧的检索词之间允许间隔最多n个词，且两者的顺序可以颠倒。

⑤ （S）—Subfield：（S）表示该算符两侧的检索词必须是在文献记录的同一子字段中，而不限定它们在该子字段中的相对次序和相对位置的距离。在文摘字段中，一个句子就是一个子字段。

⑥ （F）—Field：（F）表示该算符两侧的检索词必须是在文献记录的同一字段中，而它们在该字段中的相对次序和相对位置的距离不限。

（3）截词检索

截词检索就是用截断词的一个局部进行的检索，凡满足这个词局部中的所有字符（串）的文献，都为命中文献。主要应用于西文数字资源的检索，由于西文单词由字母组成，许多单词具有相同的词干，因此，截词检索是一种常用的检索方法。其作用主要是提高查全率。

常用的截词符："?" "＊"。

截词位置：按截词位置可分为前截词、后截词、前后截词和中间截词；按截断字符数的不同，可分为有限截断和无限截断。

后截断：又称右截断，是将截词符放在一个字符串的右方，满足截词左方所有字符的记录都为命中记录。这是一种前方一致检索，如：comput＊将检索出computer、computing、computerised、computerized、computerization等结果。

例如：年代检索，如："199?"（90年代）。

同词根检索：如："socio＊"，可以检索出"sociobiology""socioecology"等检索词的文献。

中间截词：又称前后方一致。允许检索词中间有若干变化。例如wom＊n，检索到woman、women的结果。

英美的不同拼法，defen＊e可同时检出defence和defense的结果。

左截词：又称前截词、后方一致，允许检索词前有若干变化，例如＊physics就可检索到physics、astrophysics、biophysics、chemophysics、geophysics等词的结果。

前后截词：词干的前、后各有一个截词符，允许检索词的前端和尾部各有若干变化形式。如？computer？可检索computer、computers、computerize、computerized、computerization、minicomputer、minicomputers、microcomputer、microcomputers等结果。

有限截词：即截几个字符就加几个"?"。如："computer?"，表示可以有0~1个字母的变化，系统即检出带有"computer"和"computers"的文献。

输入"stud???"表示截3个字母，可检索出带有"study""studies""studing"等的文献。

无限截词：即允许截去无限个字符，如输入"comput＊"，则可检出含有"computers""computing""computered"等的文献。

请注意：在不同的数据库和联机检索系统中，所使用的截词符号没有统一的标准，有的用"?"，有的用"*"，有的用"#"。

即便常用的"?"和"*"，在不同的数据库中其用法也是不一定相同的。

在允许截词的检索工具中，一般是指右截词，部分支持中间截词，左截词比较少见。

1.4 信息伦理道德与知识产权

1.4.1 信息伦理道德

信息伦理道德指在信息的开发、传播、检索、获取、管理和利用过程中，调整人与人之间、人与社会之间的利益关系，规范人们的行为准则，指导人们在信息社会中做出正确的或善的选择和评价。

美国计算机协会在《伦理与职业行为准则》中提出的基本道德规则包括：①为社会和人类的美好生活做出贡献；②避免伤害其他人；③做到诚实可信；④恪守公正并在行为上无歧视；⑤尊重包括版权和专利在内的财产权；⑥对智力财产赋予必要的信用；⑦尊重其他人的隐私；⑧保守机密。美国计算机伦理协会制定了"计算机伦理十诫"（The Ten Commandments for Computer Ethics）：①不应利用计算机去伤害他人；②不应干扰别人的计算机工作；③不应窥探别人的文件；④不应用计算机进行偷窃；⑤不应用计算机作伪证；⑥不应使用或拷贝你没有付钱的软件；⑦不应未经许可而使用别人的计算机资源；⑧不应盗用别人的智力成果；⑨应该考虑你所编程序的社会后果；⑩应该以深思熟虑和慎重的方式来使用计算机。

2002年中国互联网协会公布了《中国互联网行业自律公约》，公约由四章组成：第一章为总则，提出互联网行业自律的基本原则是爱国、守法、公平、诚信；第二章为自律条款，提出遵守国家法律、公平竞争、保护用户秘密、履行不发布有害信息的义务、尊重知识产权、不用计算机侵犯他人、加强信息检查监督、行业合作与交流等；第三章为公约的执行，规定了公约成员发生争议或违反公约时的处理程序与办法；第四章为附则。

1.4.2 知识产权

知识产权指人们创造性智力成果依照知识产权法所享有的权利。狭义的知识产权包括著作权和工业产权，工业产权又包括专利权、商标权和反不正当竞争等方面的权利。

著作权也称版权。狭义上的著作权指文学、艺术和科学作品的作者及其他著作权人依法享有的权利。包括著作人身权和著作财产权。著作人身权指著作权人所享有的主张自己的发表权、署名权、修改权和保护作品完整权等与人身紧密联系但却没有财产内容的权利；著作财产权指著作权人主张复制权、发行权、表演权、广播权、展览权、改编权、放映权、信息网络传播权、摄制权、翻译权、汇编权等具有财产内容的权利。

广义著作权不仅指作者的权利，还包括与著作权有关的权利，如艺术表演者、录音录像制作者和广播电视节目制作者等依法享有的权利。这种权利在法律上被称为"著作邻接权"或"与著作有关的权利"。图书、报刊出版者的权利也属于著作邻接权。

《著作权法》规定的侵犯著作权的行为包括：①未经著作权人许可，发表其作品的；②未经合作作者许可，将与他人合作创作的作品当作自己单独创作的作品发表的；③没有参加创作，为谋取个人名利，在他人作品上署名的；④歪曲、篡改他人作品的；⑤剽窃他人作品的；⑥未经著作权人许可，以展览、摄制电影和以类似摄制电影的方法使用作品，或者以改编、翻译、注释等方式使用作品的，本法另有规定的除外；⑦使用他人作品，应当支付报酬而未支付的；⑧未经电影作品和以类似摄制电影的方法创作的作品、计算机软件、录音录像制品的著作权人或者与著作权有关的权利人许可，出租其作品或者录音录像制品的，本法另有规定的除外；⑨未经出版者许可，使用其出版的图书、期刊的版式设计的；⑩未经表演者许可，从现场直播或者公开传送其现场表演，或者录制其表演的；⑪其他侵犯著作权以及与著作权有关的权益的行为。

信息检索和利用过程中涉及的著作权问题如下。

(1) 主要文献信息源的著作权保护

图书、期刊、专利文献等主要信息源，所记载的内容为文学、艺术和科学作品，其纸质作品都属于《著作权法》的保护范围。一旦出现剽窃、歪曲、篡改他人等侵权行为，便要承担相应的责任。因此，在进行信息检索和利用的过程中，如果要引用他人的观点或科学成果，都必须标明来源和出处。

为了保护图书馆等信息服务机构和信息用户的合法权益，促进科学、文化、艺术和社会公益事业的发展，我国《著作权法》规定了对作品合理使用的范围，赋予信息服务机构和用户一定的权限，允许开发利用文献信息资源。《著作权法》规定有下列情况的，信息服务机构和用户可以不经著作权人许可，不向其支付报酬，但应当指明作者姓名、作品名称，并且不得侵犯著作权人依照本法享有的其他权利，如：①为个人学习、研究或者欣赏，使用他人已经发表的作品；②为介绍、评论某一作品或者说明某一问题，在作品中适当引用他人已经发表的作品；③为学校课堂教学或者科学研究，翻译或者少量复制已经发表的作品，供教学或者科研人员使用，但不得出版发行；④图书馆、档案馆、纪念馆、博物馆、美术馆等为陈列或者保存版本的需要，复制本馆收藏的作品。

(2) 电子文献信息源的著作权保护

随着信息技术的发展，人们通过一些技术手段把电子文献信息源汇编成数据库供人们大量使用。这样做一方面带来了便利；另一方面，其被侵权的现象也越来越多。

不管是电子出版物，还是网络信息源，生产者都需要大量的经济和智力投入，但其本身又极其容易复制，所以许多数据库会声明其拥有著作权等权利，利用法律来保护自身的权利，如"《中国期刊全文数据库》著作权声明"。另外，国内外政府和机构都制定了相关的法律，对数据库的生产者进行法律保护。1996年，欧洲议会与欧盟理事会颁布了《关于数据库法律保护的指令（96/9/EC）》（简称欧盟指令）。"欧盟指令"指出"凡在其内容的选择与编排方面体现了作者自己的智力创作的数据库，均可据此获得版权保护"。我国《著作权法》规定：汇编若干作品、作品的片段或者不构成作品的数据或者其他材料，对其内容的选择或者编排体现独创性的作品，为汇编作品，其著作权由汇编人享有，但行使著作权时，不得侵犯原作品的著作权。

不过，为学习、教学、科研目的而进行少量的复制、引用、翻译等行为是合理使用电子文献信息源的行为，是合法行为。

广义的专利包括专利权、受专利法保护的发明创造、专利文献。狭义的专利概念，即是指专利权。

专利法是由国家制定，调整因发明创造的所有权和因发明创造的利用而产生的各种社会关系的法律规范的总称。我国于1984年制定了《中华人民共和国专利法》，并于1985年4月1日起施行。目前使用的是2009年修正版的《中华人民共和国专利法》（以下简称《专利法》）。根据《专利法》，2010年2月1日起施行新的《中华人民共和国专利法实施细则》。

专利权的主体，包括发明人或设计人、专利申请人、专利权人都可以作为专利信息检索的字段。专利权的客体是指专利权保护的对象，即依法可以被授予专利权的发明创造，包括发明、实用新型和外观设计。中华人民共和国知识产权网提供的专利检索范围即根据专利法的客体划分。

我国《专利法》规定：授予专利权的发明和实用新型，应当具备新颖性、创造性和实用性。对违反国家法律、社会公德或者妨害公共利益的发明创造，不授予专利权。另外《专利法》对以下各种情况，也不授予专利权：①科学发现；②智力活动的规则和方法；③疾病的诊断和治疗方法；④动物和植物品种；⑤用原子核变换方法获得的物质。

《专利法》规定：发明专利权的期限为 20 年，实用新型专利权和外观设计专利权的期限为 10 年，均自申请日起计算。未经专利权人许可而擅自使用专利的行为即为专利侵权行为。在信息检索和利用的过程中，要避免侵犯专利权行为的发生。一旦出现专利侵权行为，可以通过协商处理、诉讼处理和行政处理的方式解决。根据《专利法》的规定：未经专利权人许可，实施其专利，即侵犯其专利权，引起纠纷的，由当事人协商解决；不愿协商或者协商不成的，专利权人或者利害关系人可以向人民法院起诉，也可以请求管理专利工作的部门处理。

本章小结

本章主要介绍了信息检索相关的一些基本概念，着重阐述了信息源、信息检索原理、信息检索步骤以及信息检索中检索式编制的知识。

思考题

1. 什么是信息素养？
2. 介绍主要的文献信息源。
3. 介绍信息检索的步骤。
4. 何谓知识产权？
5. 侵犯著作权的行为有哪些？

第2章 图书信息检索

图书是综合、积累和传递知识，教育和培养人才的一种重要工具。图书可以帮助人们比较全面、系统地了解某一特定领域中的历史和现状，引导人们进入自己不熟悉的领域，还可以作为一种经常性的查考工具。本章介绍图书的相关知识以及检索方法，着重阐述联机公共书目查询系统和电子数据库。

2.1 基本知识

2.1.1 图书的定义及类型

根据联合国教科文组织的定义：凡由出版社（商）出版的不包括封面和封底在内49页以上的印刷品，具有特定的书名和著者名，编有国际标准书号，有定价并取得版权保护的出版物称为图书。

图书是品种最多、数量最大、范围最广的知识和科研成果的文献载体。按照不同的标准可划分出不同的类型。根据使用性质，一般可将图书概括地分为两大类型：阅读性图书和参考工具书。

阅读性图书包括教科书、专著、文集、科普读物等。教科书是根据教学大纲要求，结合学生知识水平编写的教学用书，一般只介绍基础知识和公认的见解。具有通俗易懂、准确可靠等特点。专著是专门就某一课题或研究对象进行比较全面的深入论述的学术性著作，往往由从事某项专业的专家撰写。文集是由各种文章（论文、报告等）汇编而成的一种出版物，是多位著者学术成果的集合。科普读物是指以普及科学知识为目的的读物，有初、中、高级之分。

参考工具书（Reference Books）简称工具书，是指作为工具使用的一种特定类型的书籍。具体而言，就是为了满足人们随时查阅知识概念、事实与数据等的需求，广泛而系统地汇集某一范围的知识文献信息及有关资料，以特定的编排形式编制出版的，专供查考有关信息的数据型、事实型的工具。它向读者提供可资参考的主要知识内容有数据、史实、观点、结论、定义、公式、分子式、人物简介等，具体类型包括词典、手册、年鉴、百科全书、名录等。工具书的内容可能是数据、表格、图解，也可能是文章条目。其内容按一定的顺序排列，并有详细的索引，可供人们快速查找到其中的某些内容。

阅读性图书给人们提供各种系统、完整和连续性的信息。参考工具书则给人们提供各种经过验证和浓缩的、离散性的信息。它们都是主要的信息来源，各有各的用途。

2.1.2 国际标准书号

国际标准书号（International Standard Book Number，简称ISBN），是国际通用的图书或独立的出版物（不含定期出版的连续出版物，如期刊）代码，即出版物的身份证。

从 2007 年 1 月 1 日开始，国际上开始实行新版的 ISBN 号，执行新版国际 ISBN 标准。新版号码共 13 位，分为 5 段，即在原来的 10 位数字前加上 3 位 EAN（欧洲商品编号）图书产品代码"978"（为了使系统资源供给充足并且能连续不间断地运行下去，同时为使更多的组织和个人进入出版界成为可能，在"978"用完后，可以用"979""980"或者……），这样，EAN 产品代码成为了 ISBN 的一部分，13 位数的 ISBN 系统就与国际供应链上的 EAN-UCC 系统完全吻合了。例如：

ISBN　　EAN-UCC 前缀-组号-出版者号-出版序号-校验号

ISBN　　978-7-5470-3776-8

978 为图书产品代码；7 为国家、语言或区位代码，代表国家、地区或语种，如：组区号 0（英、美、加拿大、南非等英语区）、1（其他英语区）、2（法语区）、3（德语区）、4（日本）、5（俄语区）、7（中国）、8（印度等）、9（新加坡等东南亚地区），由国际 ISBN 中心分配；5470 为出版社代码，代表出版社，由国家标准书号中心根据出版社预期出版规模的大小分配；3776 为书序码，由出版社负责分配，代表一个具体出版者出版的具体出版物；8 为校验码。

作为图书的一种标识代码，ISBN 比图书的其他形式特征如题名、责任者等具有更高的专指性，因而在图书检索和查重中具有不可替代的作用。

2.1.3 图书分类法及图书排架

人类社会发展到今天，书籍汗牛充栋，为方便管理，同时促进人们更好地获取知识，有必要对图书进行分类。所谓图书分类，即指根据图书内容的学科属性和其他特征，将图书分门别类地、系统地组织和揭示的方法。通过图书分类，可以把不同类的图书加以区分，同类的图书集中起来，相关类的图书联系起来，形成有一定内在联系的体系，方便用户按类索书。而图书分类的具体方法就是图书分类法。

图书分类法是在一定的哲学思想指导下，运用知识分类的原理，结合图书、资料本身特点，采用逻辑方法编制出来的方法。它是一种从总到分，从一般到具体，从低级到高级，从简单到复杂，层层划分，逐级展开的分门别类反映人类全部知识的代码体系。一部完整的图书分类法通常由分类体系（分类表）、标记符号（分类号）、辅助表、说明和索引等组成。图书分类法不仅是图书馆、信息单位用来进行图书分类、组织文献的工具，同时也是读者浏览和检索图书的工具。

目前，国外用的比较多的是《杜威十进图书分类法》、《国际十进分类法》和《美国国会图书馆分类法》等。我国具有代表性的大型综合性图书分类法是《中国图书馆分类法》，简称《中图法》。它于 1971 年开始编制，2010 年 9 月，国家图书馆出版社出版了该分类法的第五版。

《中图法》分为 5 个基本部类和 22 个基本大类，"马克思主义、列宁主义、毛泽东思想、邓小平理论"是指导我国思想的理论基础，作为一个基本部类，列于首位。对于一些内容庞杂，类无专属，无法按某一学科内容性质分类的文献，概括为"综合性图书"，作为一个基本部类，置于最后。又把"哲学""社会科学""自然科学"按知识的逻辑关系列为三大部类予以排列。

《中图法》的分类号采用混合号码制，用一个汉语拼音字母标志一个基本大类，以字母的顺序反映基本大类的序列，字母后用数字表示基本大类下的类目划分。其中"工业技术"的二级类采用双字母。

同一类图书，有时为了进一步细分而不增加分类表的篇幅，《中图法》采用了复分处理。复分是将带有连字符的复分号加于基本分类号之后，形成新的更专指的分类号。例如，一本自然科学词典的分类号应该是"N—61",其中"N"表示"自然科学","—61"是复分号,表示"名词术语、词典、百科全书"。

用户若要准确迅速地获取所需文献,必须熟悉图书分类法的结构以及本专业常用文献的类目。《中图法》的部类、基本大类及"工业技术"的部分类目,见图 2-1。

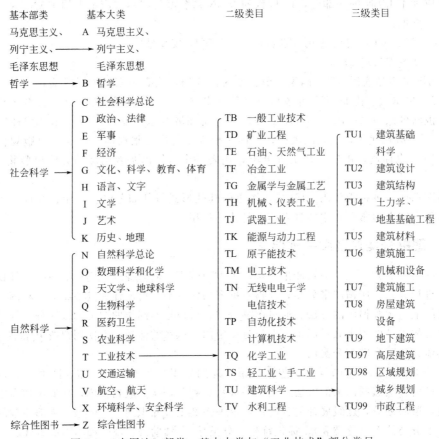

图 2-1 《中图法》部类、基本大类与"工业技术"部分类目

图书馆的图书一般是按照索书号排架的。索书号是图书馆赋予每一种馆藏图书的号码。这种号码具有一定结构并带有特定的意义。在馆藏系统中,每种图书的索书号是唯一的,可以准确地确定馆藏图书在书架上的排列位置,是读者查找图书非常必要的代码信息。

在图书的分类排架体系中,图书的索书号由分类号和书次号组成。分类号解决了不同类别图书之间的区分,保证图书归类到位;书次号进一步区别相同分类号但不同版本的图书,使同类图书个别化。

书次号的选取在我国图书馆界尚无统一和公认的标准,有些图书馆取图书的出版年月,有些图书馆取作者姓名字顺、拼音或四角号码,有些按照图书编目先后的"种次号"来确定,也有些取自于图书的财产登记号的部分或全部。例如,某图书馆购入由王德俊、崔国英主编的《机械制图》图书 1 本,按照图书编目先后的"种次号"给定的书次号为 10456,该书的分类号为 TH126,其索书号即为 TH126/10456,这样就不会与另一本刘军、王桂录主编的索书号为 TH126/10430 的《机械制图》相混淆。

索书号一般标于每本书的书脊位置。图书的排架先按分类号的字母数字排。分类号相同,则按书次号排。

2.1.4 图书信息获取

(1) 利用馆藏目录或联合目录

按照书目所反映图书的收藏情况,可以分为馆藏目录和联合目录馆藏目录。它们都是对图书馆、信息机构馆藏文献状况进行报道的书目,可以全面、多角度地反映这些单位的收藏情况。利用馆藏目录或联合目录进行检索,可以获得所需图书的书目信息,而后到相关图书馆、信息机构借阅图书。

(2) 利用附录书目或参考文献目录

附录书目或参考文献目录是指图书的词条、篇章或全书末尾所附的参考书目。可以为读者查找专题书籍,为更深入的研究提供便利条件。

(3) 利用网上一些免费电子图书站点

一般都是一些大众娱乐性或科普性的图书,基本上是免费的。

(4) 利用网上电子图书、数字图书馆

网上电子图书、数字图书馆藏书一般都有一定的规模,图书种类也比较齐全。用户可以免费查询图书的书目信息,但阅读全文则需要支付一定的费用。

(5) 利用网上书店进行检索

网上书店具有图书信息量大、查询简单方便、服务多样等特点,一些网上书店还提供图书的在线阅读或下载服务。读者支付一定费用之后,就可以享受这些服务。

(6) 利用其他书目工具

主要是利用各种印刷型书目或网上的一些书目数据库。

2.2 联机公共书目查询系统 OPAC

在图书馆检索图书,通常要借助专门的联机公共书目查询系统(Online Public Access Catalogue,OPAC)。OPAC 是以揭示文献特征、展示文献详情以及指引文献用户查找文献的收藏地点为目的而编制的联机检索系统。它是图书馆自动化的基础,也是数字图书馆的有机组成部分。

OPAC 的检索方法,因采用图书馆自动化系统(软件)的不同,会有差别,但功能大致相同。国内常用的图书馆自动化系统有以色列 Ex Libris 公司研发的 Aleph 500 系统、深圳图书馆开发的 ILAS 系统、江苏汇文软件有限公司研发的汇文文献信息服务系统 Libsys 5.5、北京金盘鹏图软件技术有限公司开发的 GDLIS 系统、北京邮电大学研发的 MELINETS 系统等。下面将具体介绍汇文图书馆信息管理系统。

2.2.1 汇文文献信息服务系统

汇文文献信息服务系统(简称汇文系统,以下同),是江苏省高等教育文献保障系统的规范软件。在书目检索系统下,分书目检索、热门推荐、分类浏览、新书通报、期刊导航、读者荐购、学科参考、信息发布和我的图书馆等版块,可以实现网上书目检索、借阅查询、新书查询、预约等多项功能。界面如图 2-2 所示。下面详细介绍相关的检索方法。

为了满足不同用户的需求,书目检索版块设置了简单检索、全文检索、多字段检索三种查询书刊目录信息的方式。

2.2.1.1 简单检索

简单检索最为便捷,但查准率较低。对汇文系统不熟悉的用户,可利用此方法进行检索。

图 2-2　汇文系统功能版块

简单检索提供了检索内容、文献类型、检索类型、检索模式和每页显示记录数的选择、输入等。界面如图 2-3 所示。

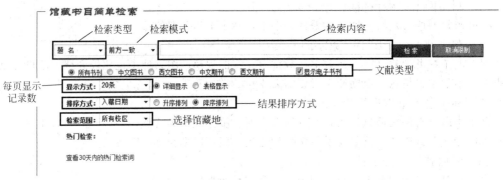

图 2-3　汇文系统简单检索界面

① 检索内容：根据所选择的检索类型，输入相应的检索词；

② 文献类型：默认为所有书刊，可选择中文图书、西文图书、中文期刊和西文期刊，并可勾选"显示电子书刊"；

③ 检索类型：提供了题名、责任者、主题词、ISBN/ISSN、订购号、分类号、索取号、出版社、丛书名、题名拼音和责任者拼音等 11 个字段。

题名：选择该选项之后，所有图书文献题名中包含与检索内容相符的馆藏文献都将中检。推荐使用"任意匹配"检索模式，提高查全率。当使用题名检索不成功时，可考虑使用"主题词"选项。

责任者：选择该选项之后，所有图书文献责任者姓名中包含与检索内容相符的馆藏文献都将中检。

主题词：选择该选项之后，所有图书文献主题内容中包含与检索内容相符的馆藏文献都将中检。

ISBN：国际标准书号。

ISSN：国际标准连续出版物号。

订购号：图书馆工作人员专用。

分类号：《中图法》分类号。选择该选项之后，所有图书文献分类号中包含与检索内容相符的馆藏文献都将中检。采用分类号进行检索，既可以避免检索词不当产生的误检，提高查准率，又可以检索到不同语种的同类图书，提高查全率。

索取号：即索书号，由分类号和种次号组成，中间以"/"分隔，如"TU7/10033"。

出版社：选择该选项之后，所有该出版社出版的图书都将中检。

丛书名：是指图书所属的丛书的题名。选择该选项之后，所有丛书题名中包含与检索内容相符的馆藏文献都将中检。

题名拼音：选择该选项之后，所有图书文献题名拼音中包含与检索内容相符的馆藏文献都将中检。

责任者拼音：选择该选项之后，所有图书文献责任者姓名拼音中包含与检索内容相符的馆藏文献都将中检。

④ 检索模式。提供了"前方一致""完全匹配"和"任意匹配"三种模式。

⑤ 每页显示记录数。有 20、30、50、100 等四种选择，并可选择结果是"详细显示"或是"表格显示"。

⑥ 结果排序方式。可以按入藏日期、题名、责任者、索书号、出版社、出版日期，选择升序或降序排序排列。

⑦ 选择馆藏地。根据各个图书馆的情况有所有馆藏地和单个馆藏地。

⑧ 热门检索。列出一个月以内的热门检索词。

例如：要查找关于建筑材料方面的馆藏图书，可以通过"题名"字段或"主题词"字段输入"建筑材料"检索，通过"分类号"字段输入"建筑材料"的中图法分类号"TU5"检索，点击"检索"按钮进行检索。若热门检索中列出的检索词有"建筑材料"，直接点击也可显示与之相关的全部馆藏图书或只显示可供借阅的图书。

2.2.1.2 全文检索

全文检索全称是"馆藏书目全文检索"，具备布尔检索功能，读者通过下拉菜单选择"并且""或者""不含"三种逻辑关系，可最多同时限定五个条件：任意词、题名、责任者、主题词、索书号、出版社、丛书名，在检索框下提供检索指导，每页显示记录数分为 20、30、50 和 100，也可勾选"显示电子书刊"。

2.2.1.3 多字段检索

多字段检索既具有简单检索的功能，同时又具备布尔检索功能。用户可根据自己掌握的信息，在检索框中输入两个或两个以上的检索词，系统将把所有输入的检索词进行逻辑与的组配，得到比较确切的检索结果。

热门推荐下分热门借阅、热门评分、热门收藏、热门图书和借阅关系图等二级选项。热门借阅统计最近 2 个月之中借阅次数最多的书籍，也提供分类浏览。热门评分提供读者评价比较集中的书籍表单，同样提供分类浏览，还可按总体评价、评价人次、好评前 100 名、差评前 100 名分别查看。热门收藏和热门图书与热门评分的原理差不多，只不过参照的标准分别为收藏次数和浏览次数。借阅关系图是利用数据可视化技术，按读者类型、读者系别，以年度热门借阅数据为起点，深入观察书与书之间的借阅关系，帮助读者更好地了解和使用图书。

分类浏览采用的是《中图法》的分类体系，其方法是直接在分类浏览界面左边的分类列表中点击"＋"按钮，对所需要查找的学科类别逐级展开浏览，直至出现书目。如图 2-4 所示。

图 2-4 汇文系统分类浏览检索界面

新书通报采用的也是《中图法》的分类体系，查询方法与分类浏览基本一致，不同的是可以限定选择条件：时间、文献类型和校区。

期刊导航有期刊学科导航和西文期刊字母导航两种方式。选择期刊学科导航，用户可按学科分类点击"＋"按钮，浏览期刊列表，检索所需要的期刊；选择西文期刊字母导航，用户可点击某个字母按钮，即可列出以该字母为首字母的西文期刊列表。图 2-5 为西文期刊字母导航界面。

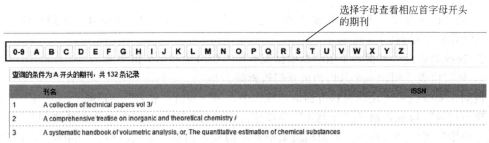

图 2-5　西文期刊字母导航界面

读者可通过该系统向图书馆推荐新书。点击"读者荐购"，即可进入书刊订购征询界面。读者荐购有两种方式：其一，直接填写读者荐购表单，完成荐购，如图 2-6 所示；其二，点击图上的"详细征订书目"，进入"书刊征订列表"，查询或浏览征订目录列表，再点击"征订目录号"即可查看图书馆各期征订书刊的详细信息。读者可在其中选择自己想要的书刊，用鼠标点击书名或"荐购"，进入荐购表单的界面，在"荐购信息"中填写推荐信息，点击"荐购"按钮，即可推荐你所选中的图书。

图 2-6　荐购表单的界面

学科参考版块可通过输入院系名称或教师姓名，获得学科方面的荐书服务。

信息发布版块集中发布预约到馆图书列表、委托到馆图书列表、超期欠款未缴纳信息列表以及超期催还图书列表。

我的图书馆版块为读者提供书刊借阅信息查询、读者定制信息服务、读者自助续借、预约/取消预约和挂失等功能。读者主界面上点击"我的图书馆"，输入借书证号和密码即可进入，读者信息界面一站式显示了超期图书、委托到书、预约到书和荐购图书相关信息。其界面如图 2-7 所示。

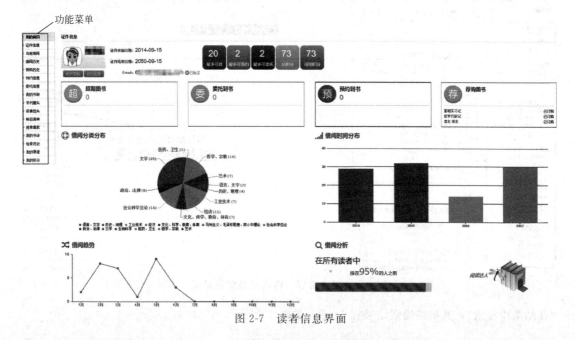

图 2-7　读者信息界面

"我的首页"和"读者信息"显示读者基本情况，可修改个人密码和联系信息，并查看读者权限；"当前借阅"可查询当前借阅图书情况和借阅历史，并可对图书实行续借，但所借图书若存在超期，则图书不能续借；"违章缴款"列出读者有过的违章记录和缴款记录；"借阅历史"显示读者之前借阅的图书；"预约信息"和"委托信息"显示预约和委托记录，可对预约的图书取消预约；若是有遗失过馆藏书刊，相关信息会在"遗失信息"显示；若是遗失了读者证，可在"读者挂失"项目下挂失，挂失后图书证将无法使用，且自己不能解除挂失，需要工作人员处理。

通过检索，可得到题录结果显示，包括题名、著者、出版信息、索取号。同时系统根据检索结果，自动分析所属图书类型、所属分类、相关主题等各聚类结果，并提示用户各聚类信息的条数，用户可以通过链接各条目缩小检索范围，精确定位检索结果。图 2-8 即是在简单检索中检索"园林规划"的题录结果显示界面。

点击具体的题名即可查阅图书的详细信息，如题名、作者、ISBN 号、出版发行项、载体信息、馆藏信息和相关图书推荐等。若对检索结果不满意，可以选择"在结果中检索"进行二次检索或选择重新检索。

检索结果过少时，要降低检索词的专指度，取选一些上位概念的主题词或相关词进行检索。检索结果过多时，要提高检索词的专指度，增加或换用下位概念的主题词和专指性较强的自由词进行检索。汇文系统在输入多个检索词进行检索时，检索词之间有无空格检索结果一样，空格会被忽略。

【例 2-1】　查找有关"人力资源管理与开发"方面的馆藏图书。

① 登录系统。点击"馆藏目录"，进入汇文系统简单检索界面。

② 在题名或主题词检索类型下输入检索词"人力资源管理、开发"，点击"检索"按钮，没有检索到馆藏书目。

③ 改用二次检索。先输入检索词"人力资源管理"检索，再输入检索词"开发"，点击

图 2-8 "园林规划"检索结果题录显示

"在结果中检索",其最终检索结果有 14 条,如图 2-9 所示。

图 2-9 汇文书目数据库检索技巧(1)

【例 2-2】 查找有关"废水处理"方面的馆藏图书。

① 进入汇文系统简单检索界面。

② 在题名检索类型下输入检索词"废水处理",点击"检索"按钮,在检索到的馆藏书目列表中查得"废水处理"的分类号为 X703,如图 2-10 所示。

③ 改用分类号进行检索,提高查全率。在分类号检索类型下输入分类号"X703",点击

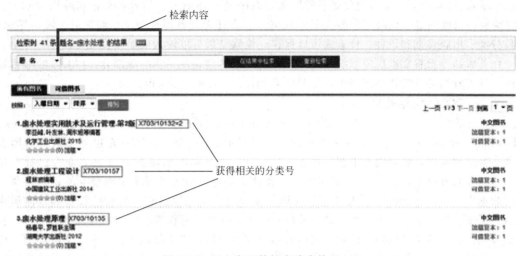

图 2-10　汇文书目数据库检索技巧（2）

"检索"按钮。在检索结果中有同类西文图书 106 种。如图 2-11 所示。

图 2-11　汇文书目数据库检索技巧（3）

2.2.2　其他联机公共书目查询系统

除了揭示单一图书馆馆藏的联机公共书目查询系统以外，还有一些揭示多个图书馆馆藏信息的联机公共书目查询系统，如 CALIS 联机公共书目查询系统、OCLC 世界书目等。

2.2.2.1　CALIS 联机公共书目查询系统（http：//opac.calis.edu.cn/）

中国高等教育文献保障系统（China Academic Library & Information System，简称 CALIS），是经国务院批准的我国高等教育"211 工程""九五""十五"总体规划中三个公共服务体系之一，为国家经费支持的中国高校图书馆联盟。

CALIS 的馆藏联合目录称为"CALIS 联机公共书目查询系统"，报道的书目信息集中反映了国内重点高校的文献信息资源。系统提供的检索方法分为简单检索（Simple Search）和高级检索（Advanced Search）。执行检索后，如果有命中的结果，屏幕首先显示命中结果的数目并显示简要记录的菜单，包括题目、责任者、出版信息、资源类型、馆藏和资源链接。在每页显示记录的数目为50条。单击想要查看的题名,系统显示详细书目信息,单击馆藏则显示CALIS院校的馆藏信息。页面左边聚类显示数据库、责任者、资源类型、丛编题名、统一题名、学科分类、出版日期和语种。检索式可以保存,检索结果可以输入或加入收藏夹。

江苏省高等教育文献保障系统(JALIS)是CALIS建设的一个组成部分。JALIS的书目数据库为江苏省高等学校数字图书馆,其网址为http://www.jalis.org.cn/。

2.2.2.2 OCLC世界书目

联机计算机图书馆中心(OCLC,Online Computer Library Center,Inc.)(http://www.oclc.org/en/worldcat.html)开发和维护的World Category(WorldCat)是世界上最大的图书馆联合目录数据库,收藏内容丰富,覆盖范围广泛。该数据库始建于1971年,至今已拥有超过10000家的成员馆,收录了13亿多条目录和馆藏信息,成为世界范围内最大的提供馆藏信息的数据库之一。WorldCat需要使用者注册。注册时,需要提供相关机构的授权码。注册成功后,系统提供了题名、主题和作者三种检索途径,提供针对作者、文献内容、文献类型、文献语种和出版年等条件的限定检索。其检索结果列表中显示了文献题名、作者、文献类型、出版地、出版者和出版年信息,提供图书馆,详细信息,主题信息,版本和评论5个重要的导航条。WorldCat是服务于多个国家的图书馆和文献信息机构,其内容涵盖多种语言的出版物。目前,该库以多国语言版发布,除了英文版外,还有德文版、法文版、西班牙文版、荷兰文版繁体中文版和简体中文版。

2.3 电子图书数据库

电子图书是继纸质印刷出版物之后出现的一种全新的图书类型。它以二进制数字化形式对图书文献进行处理,以磁盘、光盘、网络等介质为记录载体,以信息的生产、传播和再现的形式进行图书的制作发行和阅读,是一种新型的媒体工具。读者可以借助计算机或专用的电子图书阅读设备进行检索和阅读。与印刷型图书相比,电子图书具有节省资源、传递方便、价格低廉、检索快捷、功能齐全、资源共享等优点,越来越获得图书馆和读者的青睐。

由于电子图书的数量日益庞大,为了搜集资源和方便利用,电子图书数据库应运而生。电子图书数据库是存储在计算机存储器上的电子图书数据的集合。因其制作途径的不同分为两大类:一类为图像格式电子图书数据库,是利用扫描技术将纸质图书扫描制作而成,以图像的方式显示,存储单位为页,每一页为一张图,简称PDG电子图书;另一类为文本格式电子图书数据库,即以录入方式制作,以电子文本形式显示,存储单位为字。电子图书数据库的创建,不仅有效地丰富了图书馆和各类型信息服务机构的电子信息资源,弥补了紧俏图书复本量少的缺憾,使一些古籍善本书也能有机会以电子版的形式呈现在更多的普通读者面前,而且各种内容的电子图书充分发挥了多媒体、超链接的信息优势,为用户提供更加完善的检索和使用功能,加大了图书的流通和利用率。

2.3.1 读秀图书搜索

读秀图书搜索(http://www.duxiu.com)是一个面向全球的图书搜索引擎,上网用户可以通过读秀对图书的题录信息、目录、全文内容进行搜索,方便快捷地找到想阅读的图书和内容,是一个真正意义上的知识性搜索引擎。读秀允许上网用户阅读部分无版权限制图书的全部内容,对于受版权保护的图书,可以在线阅读其详细题录信息、目录及少量内容预览,还可通过文献传递和文献互助获取指定页码的原文,同时,通过读秀学术搜索与图书馆系统挂接,还能一站式检索馆藏纸质图书、电子图书、期刊等各种异构资源,几乎囊括了图书馆内的所有信息资源。

使用读秀的服务需要登录，有三种方式：一是通过登录校园网，在指定 IP 内使用服务；二是通过购买服务获得登录许可；三是每逢寒、暑假即将到来时，可以在指定 IP 地址内注册假期账号，认证通过后即可利用用户名和密码在指定 IP 范围外登录读秀使用服务。读秀本身是功能强大的学术搜索功能，本部分重点介绍它的图书搜索功能。

2.3.1.1 简单检索

系统默认的检索方式是单一检索框的简单检索，在检索框的下方可进行条件的限定，分别是全部字段、书名、作者、主题词、丛书名和目次。比较特别的是可以单纯在目录中进行检索。在检索词匹配方面，可以选择"精确"或"模糊"。读秀图书搜索支持中文搜索和外文搜索，可以分别对不同语种的书籍进行检索，挖掘中检图书，如图 2-12 所示。

图 2-12 读秀图书搜索页面

检索结果显示在全部图书中检索字段包含该检索词的所有信息。如：以"泰戈尔"为检索词，选择"全部字段"，则检索结果为书名或作者中含"泰戈尔"的全部检中图书。在检索结果页面可进行"在结果中搜索"和"高级搜索"。

2.3.1.2 高级检索

简单检索的检索框右侧有"高级检索"和"分类导航"的选项。"高级搜索"可允许用户同时对 9 个条件进行限定，彼此之间执行逻辑"与"的运算规则。9 个条件分别是书名、作者、主题词、出版社、ISBN、分类、中图分类号、年代以及搜索结果显示条数。其中"书名"可选择"包含"或"等于"，"分类"根据《中图法》提供项目，如图 2-13 所示。

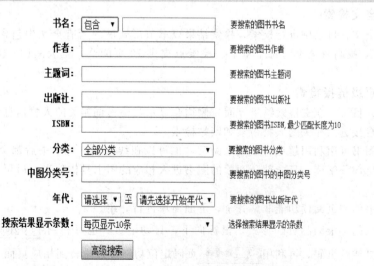

图 2-13 读秀图书检索高级搜索界面（1）

若是要检索周芝兰在"建筑结构"方面的著作，只需要在"书名"一栏中填入"建筑结构"，在作者一栏里填上周芝兰，点击"高级搜索"就能得到相应结果。如图2-14所示。

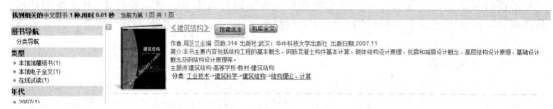

图2-14　读秀图书检索高级搜索界面（2）

在"高级检索"界面，还可切换至"专业检索"，需要通过组合字段、梳理逻辑关系进行较高层次的检索，检索框下方会提供使用说明和示例。

2.3.1.3　分类导航

分类导航可方便读者按类寻找相应书籍，界面按《中图法》分类排列，每个大类下还提供了若干子项，方便选择。

2.3.1.4　章节检索

以图书章节目次为检索对象，检索结果直接显示章节目录信息，如图2-15所示。使用目录检索能跳过选书过程，缩小检索范围，让用户在海量数据中迅速锁定目标，直接命中知识点，提高查准率。检索结果以章节为单位，每个章节提供10页阅读，全天阅读一本书不超过五个章节。

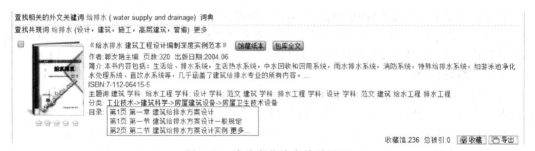

图2-15　读秀章节检索结果界面

2.3.1.5　全文检索

在图书全文和目录中进行检索，检索结果以章节形式展现所有全文中包含关键词的信息，避免"漏检"，提高查全率。每个章节、检索点提供10页阅读，全天阅读一本书不超过五个章节。

2.3.1.6　超级链接检索

在书目、目录、全文检索结果界面右侧均会显示与检索词相关的人物信息和网站信息。用户点击可以直接进入相关的人物检索和网站检索。

读秀的图书可用利用超星客户端来阅读，也可以在线阅读。每本书后都会显示馆藏信息、包库全文或是部分阅读。只能部分阅读的图书进入相应的图书具体信息页后可选择进行图书馆文献传递。

读秀图书的网页阅读功能非常齐全，下面简单进行介绍。

读秀采取的是滚动翻页的形式，鼠标向下，自动翻页。也可利用 正文249页▼ 选择跳到目录页后确认具体的页码，再利用 3 /249➡ 页码定位功能直接跳转到相应页面。还可拉出页面左边的隐藏目录菜单，通过超链接直接跳转到需要的章节。

点击正文页上方工具栏的相应放大镜图标，可对页面进行放大和缩小。

对于拥有"包库全文"的图书来说，可以进行下载。点击工具栏上的下载图标，系统会自动感应超星阅读器，弹出对话框要求用户进行设置，设置完成后即可下载。

网页阅读提供三种阅读模式：带目录的正文阅读、双页阅读和全屏连页阅读，可以点击相应图标进行选择。前两种方式给用户的感觉更像读一本真实的书，但值得注意的是在这两种状态下，放大、缩小以及文字摘录和打印功能都无法使用。

读秀不但提供图书文献的传统书目信息（包括图书的作者、丛书名、出版社、ISBN 号、原书定价、参考文献、主题词、内容提要等基本信息），还提供封面页、版权页、前言页、目录页、正文 17 页的全文阅读，通过试读全文，用户能够清楚地判断是否是自己所需的图书，提高查准率和用户获得知识资源的效率。在结果列表页，还提供收藏馆数量、总被引、图书被引、收藏和导出等链接，信息十分全面。

读秀电子图书支持 JPG 和 PDG 两种格式阅读。PDG 格式支持 OCR 文字识别、图像截取和打印。利用 OCR 文字识别，文字复制到剪贴板上，方便用户编辑使用，如图 2-16 所示。

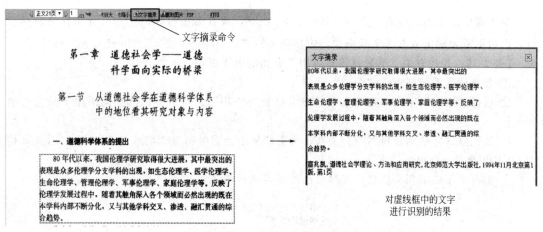

图 2-16　读秀结果处理界面

若需要的电子图书在读秀中没有全文，可以使用文献传递服务。读秀参考咨询服务中心提供版权范围内的文献局部使用，如图 2-17 和图 2-18 所示。该中心目前提供图书、论文、提问三种参考咨询服务。服务中心接到咨询请求后，咨询馆员将通过 E-mail 把数字文献传递给用户，以供参考。使用 E-mail 进行文献传递，图书单次不超过 50 页、期刊文章单次不超过 6 页，同一文献一周累计咨询量不超过全书的 20%，所有文献咨询有效期为 20 天。用户查看"我的咨询"记录，就可以得到咨询结果。

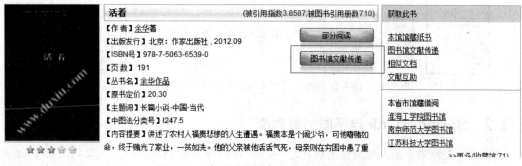

图 2-17　读秀图书搜索之图书馆文献传递

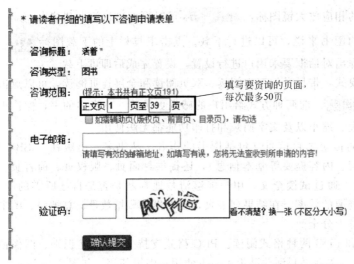

图 2-18 读秀参考咨询服务中心界面

对于需要的页面，读者可点击工具栏中的 打印，设置需要打印的页面。导出在书籍信息页，可根据需要输出成参考文献格式，包括英文格式、EndNote 格式、NoteExpress 格式等。

【例 2-3】 查找有关"纳米材料与应用"方面的电子图书。

① 登录读秀系统并点选"图书"。

② 选择"书名"字段，将检索词"纳米材料与应用"进行拆分，选择词语而不是自然语言短语。

③ 系统默认空格为逻辑"与"关系，检索结果中会同时出现"纳米材料"和"应用"，检中 62 本电子书，如图 2-19 所示。

④ 浏览电子图书相关信息，根据自己的需要进行选择。

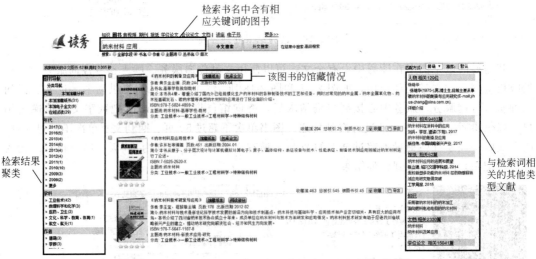

图 2-19 读秀图书搜索"纳米材料与应用"实例检索界面

2.3.2 SpringerLink 电子图书数据库

Springer 是世界上最大的科技出版社之一，于 1842 年在德国柏林创立，每年出版 8000 余种科技图书和 2200 余种科技期刊。Springer 出版物按学科划分，共分 12 个分科图书馆，在

SpringerLink（https：//link.springer.com/）的平台上，可以获取已购买的 Springer 电子书、电子期刊和电子丛书。本部分将介绍 SpringerLink 的电子图书检索和获取方法。

Springer 电子图书数据库拥有约 6 万种电子图书，并以包括 210 多名诺贝尔奖得主著作在内的，来自世界顶尖学者的研究著作为特色。该数据库还推出了"电子回溯图书"数字化项目，内容包括 1840 年以来 Springer 出版的 11 万种高质量图书。

使用 SpringerLink 的服务需要登录，可在指定 IP 范围内登录数字图书馆后点击页面右上方的"Sing up/Log in"进行注册或登录。系统会自动识别 IP 地址，若是在有效范围内，则允许用户登录后继续免费使用机构已购买的服务。

SpringerLink 提供两种语言模式：英语、德语，因此需要读者具有基本的英语水平。页面显示也同样有两种模式：Academic edition 和 Corporate edition，默认模式为前一种。Corporate edition 时，在界面显示"for Research & Development"，除了简单检索、高级检索和分类检索外还增加了产业检索的菜单，界面上的推荐书目也会有所不同。

2.3.2.1 简单检索

用户进入 SpringerLink 的主页，简单检索框位于界面上方的位置。检索框右侧的 ✿ 点击后可切换至高级检索和检索说明页面。输入单词后网站提供联想功能（以谷歌关键字数据为准），默认是在全字段中检索用户需求，如图 2-20 所示。

图 2-20　SpringerLink 的简单检索

2.3.2.2 高级检索

点击简单检索框右侧的 ✿ 切换到高级检索 Advanced Search，系统用自然语言来描述检索的要求，要求之间呈现逻辑"与"的关系：表示逻辑"与"的 with all of the words，表示精确检索的 with the exact phase，表示逻辑"或"的 with at least one of the words，表示逻辑"非"的 without the words，在题名项检索的 where the title contains，在责任者项检索的 where the author/editor is 以及年代检索项，还可点选是否只显示有内容预览的结果，如图 2-21 所示。

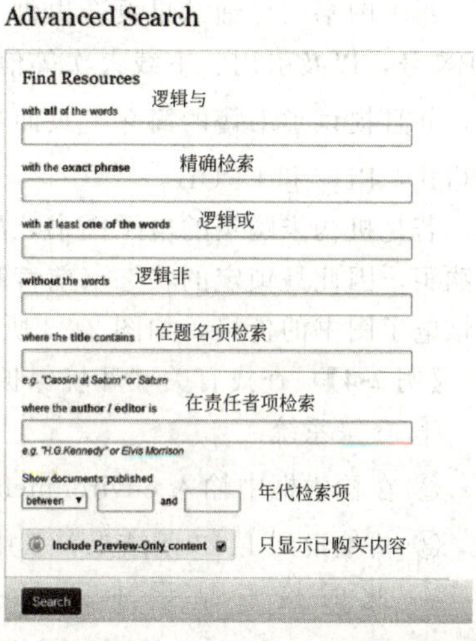

2.3.2.3 检索说明

为了帮助用户更好地使用服务，Springer 详细地出具了检索说明，并为用户指引了富有启发性的检索方向：Narrowing your results, Start a new search, Language

图 2-21　SpringerLink 的高级检索页面

and stemming，Phrase match，Operators，Wildcards 和 Advanced search。

2.3.2.4 分类检索

SpringerLink 首页左侧提供了学科检索菜单，用户可通过点击相应学科链接，获得学科聚类的搜索结果。

由于 SpringerLink 本身集成了图书、期刊等多种资源，提供一站式检索功能，因此用户要获取单纯图书方面的结果需要在检索结果页左侧的聚类菜单中进行筛选，选择 Chapter、Book、Book Series 获得图书方面的检索结果，如图 2-22 所示。

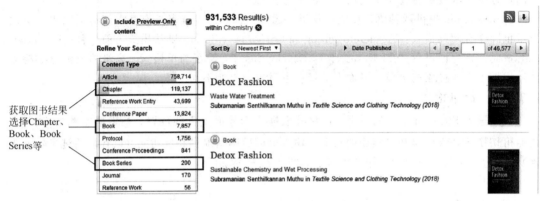

图 2-22　SpringerLink 检索结果页面

各个机构购买的服务数量和资源种类不同，因此在获取文献时，有的可以免费下载，有的则需要通过其他方式。机构已经购买的资源，会在检索结果页中有所显示。

电子图书的检索结果，显示书籍封面、书名以及所属丛书、出版年份等基本信息，若是该图书资源不能免费获得，则每条记录的上方会有黄色锁形标记 🔒；若是该书可以直接获取，则没有锁形标记。

检索结果有三种排序方式：Relevance、Newest First 和 Oldest First，方便用户从不同方面对检索结果进行追索。也可点击 ▼ Date Published 对显示的结果的年代进行筛选。检索结果列表的右上角有 🔗 和 ⬇，前者用户可以订阅相关内容，后者可以下载检索结果。

对于电子图书的获取，要分机构是否已购买该资源来讨论。若是机构已经购买的电子图书，每本图书的详细结果页会提供书名、责任者、出版信息、DOI（数字对象唯一标识符）和 ISBN 号，以及引用、下载人次等信息。信息下方提供书籍的目录链接，可以分章节浏览和下载，并且提供了书籍的简介。页面右上角有 Download book ▼ 图标，可以下载全本图书，分两种格式：PDF 和 EPUB。

若是机构未购买的电子图书，虽然也同样提供了书籍的目录和链接，但由于该电子图书未被购买，因此是锁定的状态（前言和目录可以免费下载 PDF 格式文件）。目录右侧还提供了购买该电子图书的价格，如图 2-23 所示。

【例 2-4】　查找有关"环境保护"方面的英文电子图书。

① 登录系统。

② 在检索框中输入 environmental protection，点击 🔍 进行检索。

③ 共检索到 1113 条结果，其中包括电子图书和其他类型的资源，如图 2-24 所示。

④ 此时检索结果中还包括机构未购买的电子资源，因此我们，取消点选 ☐ Include Preview-Only content ☐ 就可以将机构未购买的资源的检索结果筛去，得到 639 条结果。

图 2-23　SpringerLink 图书详细结果页面

图 2-24　SpringerLink 图书检索示例（1）

⑤ 此时检索结果仍包括文章、会议论文、图书等多种类型，因此点击左侧 Content Type 聚类菜单中的 Chapter（代表书籍章节），进行筛选，得到 125 条结果，如图 2-25 所示。

⑥ 用户可根据需要进行选择、阅读和下载。需要注意的是，由于英语和汉语不同，表达同一个术语可能有不同的说法，如"环境保护"除了 environmental protection 以外，en-

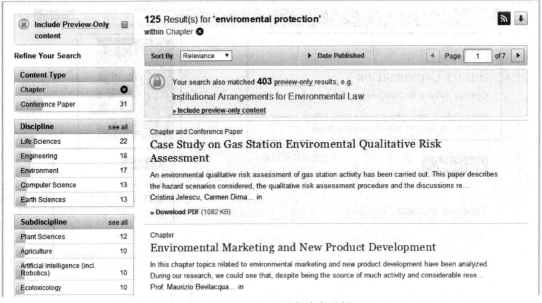

图 2-25　SpringerLink 图书检索示例（2）

vironmental conservation 也是可以的，同时，词根、词缀的共性以及近义词等，也要多加注意。

2.3.3　其他电子图书数据库

除了上面介绍的电子图书数据库外，国内比较有名的还有超星数字图书馆、Apabi 数字图书馆等，国外的许多电子图书数据库在收书方面比较注意学科的专注性。

2.3.3.1　超星数字图书馆

超星数字图书馆（http://book.chaoxing.com/）是全球最大的中文数字图书馆，书库内含图书资源数百万种，提供的电子图书既有图像格式又有文本格式。系统提供分类、初级、高级 3 种检索方式，并对所藏文献信息资源进行了专题方面的归类，定期推出不同主题的特色专题库，集中呈现相关图书资源，不过这部分资源要购买后才能阅读。

检索图书两种方法：直接在图书馆分类下单击所需图书相对应的图书馆分类，进入到下一级专业类目后，点击相应的专业类别，如此逐步打开图书馆各个分类，直到出现图书书目。在任何页面的上方均提供书名、作者、目录、全文检索 4 个可检索字段，并可进入"高级检索"菜单，在检索框内输入相应的检索词，则可直接查询到相关的图书书名。

阅读超星数字图书必须使用"超星阅读器 SSreader"。"超星阅读器 SSreader"在开发时充分考虑了用户对印刷型图书的阅读习惯，可以实现许多人性化的功能。

2.3.3.2　Apabi 数字资源平台（网址因图书馆域名不同有所不同）

Apabi 数字资源平台是北京方正阿帕比技术有限公司推出的专业的数字图书系统。Apabi 分别代表着 Author（作者）、Publisher（出版者）、Artery（流通渠道）、Buyer（读者，即购买者）以及 Internet（网络）。目前我国 90% 以上的出版社在应用方正阿帕比（Apabi）技术及平台出版发行电子书，基本保持与纸质图书同步发行。

使用 Apabi 数字图书馆的服务需要登录，可在指定 IP 范围内登录数字图书馆后点击页面右上方的"注册"进行注册。系统会自动识别 IP 地址，若是在有效范围内，系统允许用户登录后继续免费使用服务。Apabi 的电子图书搜索嵌入在 Apabi 数字资源平台之下，打开页面后可选择"电子图书"标签,其余功能还有"工具书库""年鉴库""圈子"和"排行"。

用户根据需要进行"简单检索"或点击网页上的"分类"及"高级检索"找到所需图书。点击书名,得到电子图书的详细信息。图书可"在线阅读""借阅"。点击图书右方的"在线浏览",可在线阅读本库中任意一本图书;点击"借阅",表示用户将图书借出仅限本人阅读。系统可直接下载借阅该书,同时计算机自动调用 ApabiReader 并且将该书存入藏书橱"个人书架",点击显示的书名进入阅读状态,所借图书借期为 7 天,借阅到期,方正 Apabi 系统会自动还书,用户不用主动还书。

2.3.3.3 Wiley Online Library 电子图书数据库

John Wiley & Sons Inc(约翰威立国际出版公司)(http://onlinelibrary.wiley.com/)创建于 1807 年,是全球历史最悠久、最知名的学术出版商之一,目前是世界第一大独立的学协会出版商和第三大学术期刊出版商。

2010 年 8 月,Wiley 正式推出了新一代在线资源平台"Wiley Online Library"。Wiley Online Library 有两个入口,一个是"Wiley Online Library 电子期刊及图书",可一站式检索所有资源;另一个是"Wiley 电子书",是为购买的机构定制的图书合集入口,提供简单的中文页面。

数据库提供简单检索、高级检索、按学科分类检索几种方式,并提供搜索说明 Search Tips。高级检索模式下,可允许用户同时限定 15 个条件进行检索,非常少见。

检索结果列表提供题名、作者、出版信息、下载链接、输出引文格式等信息,机构已购买的资源会以一个打开的锁"🔓"为标志。图书的详细结果页提供书籍封面以及更加详细的书籍信息。页面右侧提供书内检索以及全本下载、分章节下载等链接。书籍的格式为 PDF。

2.3.3.4 Woodhead 电子书

Woodhead Publishing(伍德海德出版社)(http://www.ebrary.com/corp/)是英国主要的独立科技出版社之一,由马丁伍德海德于 1989 年成立。2011 年,Woodhead Publishing 推出自己的 Woodhead Publishing Online 数据库,涉及领域包括材料与工程、食品科学、技术与营养、纺织技术、能源及环保技术、金融、商品与商业研究以及数学。

2013 年 8 月,Woodhead 出版社正式被 Elsevier 出版集团收购,所属 Woodhead 和 Chandoes 成为 Elsevier 旗下的重要学术类品牌,融合于 ScienceDirect 平台的高品质的一体化检索和阅读服务。数据库提供简单检索和高级检索两种检索方式,简单检索并非单一的检索框,而是允许用 Keywords、Author name、Jounal/Book title、Volume、Issue 和 Page 几个条件同时检索。高级检索允许用户在所有资源类型检索,也可选择单一的资源类型进行检索,若只要检索图书,就选择 Book 标签。在 Book 标签下,Advanced Search 只允许同时对两个字段进行检索,可供选择的字段有 All Fields、Authors、Specific Author、Source Title、Article or Chapter Title、Abstract、References、ISSN、ISBN、Affiliation,除此以外,还可选择学科分类进行筛选,提高查准率。

在图书的详细结果页,提供书籍的相关信息和分章节信息浏览,可以输出题录,并指引用户如何获取全文。

本章小结

本章介绍了图书类型、国际标准书号、分类、排架、信息获取等图书相关的基本知识,重点介绍了汇文文献信息服务系统等联机公共书目查询系统,读秀图书和 SpringerLink 电子图书搜索的检索方法。

思考题

1. 图书的定义是什么？ISBN 的各部分代表什么含义？
2. 何谓图书分类与图书分类法，列出《中图法》基本部类与基本大类。
3. 利用汇文系统的书目检索功能查找与所学专业有关的图书馆中文纸质图书馆藏。
4. 简述读秀电子图书的检索方法，利用超星数字图书馆检索出你感兴趣的 10 种中文图书。
5. 利用 SpringerLink 电子图书的检索功能查询与你专业相关的英语图书。

第 3 章 中文期刊全文数据库

期刊是信息资源的一个重要组成部分，由于其具有内容广泛、时效性强、专业化等特点，已成为人们进行知识传递、学术交流和获取信息的重要途径之一。本章将介绍期刊基本知识以及一些常用的中文期刊全文数据库，第 4 章介绍外文期刊全文数据库。

3.1 基本知识

3.1.1 期刊的分类

3.1.1.1 按内容特征划分

在我国按内容特征把期刊分为综合性期刊、学术技术性期刊、通俗性期刊、科普性期刊和检索性期刊。

综合性期刊：以国家的方针、政策、法律、法规、社会经济文化发展动态和管理方法为主要内容的期刊，如：《新华月报》《科技导报》《中国基础科学》等。

学术技术性期刊：以学术论文、研究报告、综合评述及新技术、新工艺、新设备、新材料为主要内容的期刊，如：《环境科学》《力学学报》《情报学报》等。本章涉及此类期刊一律统称为学术性期刊。

通俗性期刊：以浅显易懂、思想性、科学性、趣味性兼备的故事、小说、传记为主要内容的期刊，如：《读者》《青年文摘》《青年博览》等。

科普性期刊：指以刊登科普知识为主要内容的期刊，如：《科学中国人》《生命世界》《中国国家天文》《海洋世界》等。

检索性期刊：指以刊登对原始科技文献经过加工、浓缩，按照一定的著录规则编辑成的目录、文摘、索引为主要内容的期刊，如：工程索引（EI）、SciFinder 等。

3.1.1.2 按载体形式划分

主要有印刷型期刊和电子期刊两种。

印刷型期刊：以纸张为载体，以铅印、油印、胶印、复印为制作方式而出版的期刊。

电子期刊（Electronic Journal，简称 E-Journal）：指利用电子技术进行生产、制作出版，借助于计算机网络传递的期刊。

电子期刊已有多年的历史。最初主要是文摘、索引等检索类期刊以联机数据库的形式出版发行。用户通过专用通信线路，利用本地终端，登录到远程联机服务系统（如：STN、DIA-LOG）的主机上，访问各种文摘、索引数据库。

因特网的产生，推动了电子期刊的生产与传递。越来越多的出版商通过因特网发行印刷版期刊的电子版，特别是学术性期刊，例如中国期刊全文数据库、中文科技期刊数据库、万方数据系统的数字化期刊、Elsevier Science、Institute of Physics Publishing 等。并有越来越多的期刊直接以纯电子版的形式出版，如 New Journal of Physics。

3.1.1.3 按出版频率划分

最常见的期刊是按月出版，即月刊，还有周刊、半月刊、双月刊、季刊、半年刊、年刊等。

3.1.2 期刊的组成

期刊主要由封面、编辑和出版信息、目次、正文组成。

3.1.2.1 封面

期刊的封面是期刊的重要组成部分，主要有刊名、卷期号、ISSN 和责任者。学术性期刊的封面一般比较简洁，没有过多的修饰（建筑、美术类除外），广告也很少。

3.1.2.2 编辑和出版信息

编辑信息包括主编、责任编辑和编委会名单。对于学术性期刊，这些信息有助于读者了解期刊的学术水平。

出版信息主要集中在版权页上。通常记载该期刊的出版单位即版权拥有者的名称、地址等。著录内容包括：刊名、出版周期、卷期及出版时间、编者和主办者及地址、出版者和发行者及地址、印刷者及地址、中国标准刊号等。

3.1.2.3 目次

期刊的目次将论文篇名、作者与页码显示给读者，是帮助读者确定所需论文位置的重要工具。

论文篇名的排列顺序，有的严格按照页码的先后顺序，有的按栏目排列（在通栏标题下）。一般情况下，期刊有各期固定的常设栏目或交替出现的栏目。这些从目次往往能一目了然地看出。

为了加强国际学术交流，中文学术性期刊现在通常都把目次译为英文。

3.1.2.4 正文

正文是期刊的主体。一种期刊质量的好坏，关键在于期刊正文质量的好坏。期刊的正文是由多名作者的不同文章组成，但也有较少的内部刊物一期刊载一位作者的文章。我国为了便于论文所报道的科学技术研究成果这一信息系统的收集、储存、处理、加工、检索、利用、交流和传播，于 1988 年 1 月 1 日起实施了国家标准（GB 7713—87）《科学技术报告、学位论文和学术论文的编写格式》，对学术性论文的撰写和编排格式作了规定。

学术性期刊的文章格式一般是：篇名、作者、作者单位、摘要、关键词、全文（包括图表和公式），最后列出参考文献。大多数中文学术性期刊还刊登论文的英文摘要。

学术性期刊正文刊眉上都标有刊名、卷、期、作者、篇名，便于读者识别、引用和复印。

学术性期刊正文页码的编排，一般有三种方法：①每期单独编页；②每年或每卷（有的刊一年出两卷或更多）统一编页；③每卷统一编页，各期又单独编页。

在写作学术性期刊论文时，有两点要特别注意。

① 要尊重知识产权。论文作者必须对论文所述问题的前人工作给予足够的引用标注，论文中任何一部分内容如果不是此文首次完成的，就必须尊重在此文以前完成或部分完成此项工作并公布于世的作者的劳动成果，在论文的对应段给予足够的引用标注。如果在文章中使用了他人的研究成果，而在文章中不加标注是不允许的。

② 每种期刊对文章的格式、图表、符号的表示方式、单位制以及参考文献的著录方法都有各自严格的规定，这些都应在撰写和投稿前了解清楚并严格遵守。我国为此还专门制订了相应的国家标准（GB 3102.1—82～GB 3102.13—82；GB 7713—87）。

3.1.3 国际标准连续出版物号

国际标准连续出版物号（International Standard Serial Number，ISSN）是根据国际标准 ISO3297 制定的连续出版物国际标准编码，其目的是使世界上每一种不同题名、不同版本的连续出版物都有一个国际性的唯一代码标识。每一种期刊在注册登记时，就得到一个永久专属的 ISSN，一个 ISSN 只对应一个刊名；而一个刊名也只有一个 ISSN。所以，当该刊名变更时，就得另申请一个 ISSN。如果期刊停刊，那么被删除的 ISSN 也不会被其他期刊再使用。

ISSN 由 8 位阿拉伯数字组成，分前后两段，每段四位数，段与段间用"—"相连，前冠"ISSN"字样，如：ISSN 1002-1027，最后一位为校验号。当校验号为 10 时，用罗马数字"X"表示。

1985 年 ISSN 中国国家中心建立，中国国家中心设在国家图书馆内。中国国家中心负责我国经国家新闻出版署正式批准出版的连续出版物 ISSN 的分配与管理、ISSN 的使用、对 ISSN 的各种咨询以及中国连续出版物书目数据送交 ISSN 国际中心数据库等工作。截止到 2011 年年底，我国已有约 13800 种连续出版物获得 ISSN。

ISSN 是为不同国家、不同语言、不同机构（组织）间各种媒体的连续性资源（包括报纸、杂志、电子期刊、动态指南、年报等）信息控制、交换、检索而建立的一种标准的、简明的、唯一的识别代码。截止到 2008 年 5 月，ISSN 网络已标识了全世界 1372000 种连续出版物（包括正在出版和已停止出版的），形成了世界最大规模的连续出版物书目数据库，ISSN 也因此成为世界上最权威的编码系统。

中国标准刊号（China Standard Serial Numbering，简称 CSSN）适用于由中国新闻出版管理部门正式批准登记的报纸和期刊，主要用于报刊的发行、检索和管理，目的是使在中国登记的每一种报纸和期刊的每一个版本都有一个唯一的标准编码。根据 GB 9999—88 规定，中国标准刊号由以"ISSN"为标识的国际标准连续出版物号和以"CN"为标识国内统一刊号两部分组成。

如：ISSN 1001-8867
　　 CN 11-2746/G2

"CN"为《世界各国和地区名称代码》中所规定的中国国别代码，"11-2746"为报刊登记号，是国内统一刊号的主体，以 6 位数字组成。前 2 位数字为地区代号，按照《中华人民共和国行政区划代码》规定的省、自治区、直辖市地区代号给出；后 4 位数字为序号；斜线后面为分类号，按《中图法》的基本大类给出（其中工业技术的期刊按分类法的二级类目给出），说明期刊的主要学科范围。在大陆境内出版的凡具有 CN 刊号和 ISSN 刊号的期刊则为我国认可的合法期刊；只具有 ISSN 刊号但没有 CN 刊号的期刊，只能在境外出版，如在我国大陆境内出版则为非法期刊。

3.1.4 学术性期刊

学术性期刊，主要刊登科研、医疗、生产和教学方面的学术论文、研究报告、实验报告、临床报告等原始文献。具有多作者、出版量大、报道分散等特点。

学术性期刊在科学技术发展进程中的作用，可以归纳为下面四个方面：①学术性期刊是传递和累积科技信息的主要手段；②学术性期刊是评价科技人员学术水平的工具；③学术性期刊还起着汇集其它类型文献信息的作用；④学术性期刊在知识创新中发挥重要功能。

目前世界上有 ISSN 可查的期刊约有 1372000 种，如此多的期刊记录和传播人类的最新知识和信息，本来应该说是好事，但实际上却已给人们的阅读和收藏带来了极大的困难。现在，世界上任何一个图书馆都不可能把所有期刊收集齐全；即使世界上最有权威的专家，也无法对本专业的期刊通读。为解决这个矛盾，国内外文献工作者一致采取了确定核心期刊的办法。

对于核心期刊的定义，有多种表述。这里介绍北京大学主编的《中文核心期刊要目总览》对核心期刊的定义："某学科（某专业或某专题）的核心期刊，是指该学科所涉及的期刊中，刊载相关论文较多（信息量较大）的，论文学术水平较高的，并能反映本学科最新研究成果及本学科前沿研究状况和发展趋势的，较受该学科读者重视的期刊。"

从核心期刊的定义可以看出，核心期刊有三个方面的特点。

① 核心期刊是指自然科学和社会科学的学术性期刊，很少包括通俗性、科普性期刊，还有明确的学科范围，是哪个（或哪几个）学科或专业的核心期刊。

② 核心期刊能较为集中地反映该学科或专业的文献，载文密度大，几乎被该学科专业的文献覆盖。

③ 核心期刊全面地反映某学科或专业的研究成果，刊载的论文学术水平高，能反映该学科（专业）的最新成果和较高水平，代表本学科发展水平和方向。

核心期刊对于科学研究、科技管理、信息管理、学术期刊编辑出版都有较大的意义：①核心期刊集中了某学科大量高质量的文献，可以用最少的时间获取最大的信息量，可以提高科学研究的效率；②图书馆和信息部门可以用较少的经费获得较多的期刊信息；③在核心期刊发表论文，是对论文质量的认可，核心期刊为期刊论文提供了一种评价标准。

需要指出的是，核心期刊的确立是基于一定的理论基础和科学统计的，不同学科会有不同的核心期刊列表。而且核心期刊是一个动态的概念，核心期刊列表总是会有变化，即不同年份有不同的版本，所以应尽量利用新的核心期刊列表。

科技人员应熟悉与本专业有关的期刊，特别是核心期刊。经常浏览和阅读这些期刊，可以了解动态、掌握进展、开阔思路、吸收最新科技成果。

3.1.5 期刊的检索

期刊的检索包括期刊馆藏信息检索、期刊出版信息的检索和期刊论文的检索。

期刊馆藏信息检索：目前图书馆在网络上通过书目数据库提供图书馆期刊馆藏信息的检索。书目数据库可以既反映现刊状况，又反映合订本信息，而且可以从刊名、主题、关键字、索书号、ISSN 等途径检索，如南京大学图书馆数目检索系统，http://opac.nju.edu.cn/opac/search.php。详细的检索方法和功能参见第 3 章 3.2.1。

期刊出版信息的检索：用户可以通过期刊征订目录、集成商提供的专业数据库和搜索引擎 3 种途径获取期刊出版信息。

① 期刊征订目录检索，在我国，邮局是期刊的主要发行单位，其发行的年度《报刊简明目录》是一种重要而可靠的期刊出版信息源，不仅提供邮发代号、报刊名称和定价，而且重点期刊还包括内容简介和出版单位地址。

② 集成商提供的专业数据库检索，网络期刊集成商本身不出版电子期刊，而是将出版商（通常是多个）的网络期刊集成在一起，建立统一的检索界面提供检索服务。目前，这些集成商的专业期刊数据库都提供期刊信息方面的浏览和检索。如中文科技期刊数据库、中国期刊全文数据库都提供了字顺浏览、刊名检索等功能，可检索到期刊的名称、主办单位或出版单位、通讯地址等信息，是期刊报纸的快速、方便、简捷的查询工具。

③ 搜索引擎检索，在查找电子期刊的出版时，搜索引擎是常用的一种方法。直接输入期刊名称或 ISSN 进行检索，往往可以获得该刊物的简介、出版情况和网站链接等信息。有些单位或个人也将无版权纠纷的期刊论文全文免费提供在网上。

期刊论文的检索，主要有两种方法：直接法和间接法。所谓直接法，是直接查阅有关期刊，浏览目次，进而确定所需论文的位置，以了解有关学科或专题发展动态的一种最简单的检索方法。所谓间接法，是指借助检索工具，从数量庞大的信息集合中，迅速、准确地查找特定信息内容的常用检索方法，该方法所获得的信息在全面性和准确性方面都比较高。

查找期刊论文的检索工具主要有：

① 由文摘和题录组成的检索性期刊，如中文社会科学引文索引（CSSCI）、工程索引（EI）、科学引文索引（SCI）等，这些检索工具将经过挑选的成百上千种期刊中的论文逐篇加工成文摘或题录，按照一定的方式编排，同时提供多种检索途径，帮助读者高效、全面、准确地找到所需期刊论文的来源。

② 记录有原始文献的全文型数据库，如中国期刊全文数据库、中文科技期刊数据库等。用户可以通过其相应的网站去浏览、检索和下载其收录的期刊全文。

3.2 中国期刊全文数据库

中国期刊全文数据库（有时也被称为中国期刊网）是中国知识基础设施（China National Knowledge Infrastructure，简称 CNKI）工程的重点项目之一。截至 2012 年 6 月底收录国内学术期刊 7900 多种，内容覆盖自然科学、工程技术、农业、哲学、医学、人文社会科学等各个领域。并对收录期刊大部分回溯至创刊，最早的回溯到 1915 年，如 1915 年创刊的《清华大学学报（自然科学版）》《中华医学杂志》。产品分为十大专辑：基础科学、工程科技Ⅰ、工程科技Ⅱ、农业科技、医药卫生科技、哲学与人文科学、社会科学Ⅰ、社会科学Ⅱ、信息科技、经济与管理科学。十大专辑下分为 168 个专题，各个专辑包含的内容如表 3-1 所示。

表 3-1 各专辑包含内容

专辑名称	学科范围
基础科学	数学、力学、物理、天文、生物、气象、地理、地质、海洋、自然科学综合（含理科大学学报）
工程科技Ⅰ	化学、化工、矿冶、金属、石油、天然气、煤炭、轻工、环境、材料
工程科技Ⅱ	机械、仪表、计量、电工、动力、建筑、交通运输、武器、航空、航天、原子能材料、工程技术综合
农业科技	农业、林业、畜牧、兽医、渔业、水产、植保、园艺、水利、农机、生态、生物
医药卫生科技	医学、药学、卫生、保健、生物医学
哲学与人文科学	哲学、文化、历史、考古、音乐、艺术、体育、美术、民俗、语言文学、新闻
社会科学Ⅰ	政治、法律、党建、外交、军事、政论
社会科学Ⅱ	各类教育、社会学、统计、人口、人才、社会科学综合（含大学学报哲社版）
信息科技	电子、无线电、激光、半导体、计算机、网络、自动化、邮电、通信、传媒、新闻出版、图书情报、档案
经济与管理科学	经济理论、行业经济、商贸、金融、保险、证券、旅游、财政、税收、投资、会计、审计、市场研究、管理学、领导学、决策学

3.2.1 检索方法

在中国学术期刊网络出版总库平台上的《中国期刊全文数据库》包括四种主要检索方法：快速检索、标准检索、专业检索和期刊导航，如图 3-1 所示。还包含两个辅助检索方法：二次检索和相似词检索。该系统具有强大的检索功能，能进行单年度检索和跨年度检索，能对单个专辑检索也可对多个或全部专辑检索。

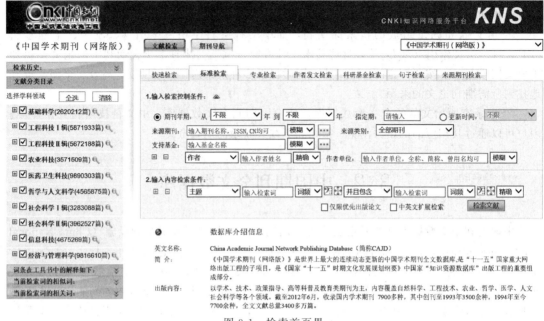

图 3-1　检索首页界

点击图 3-1 导航条上的快速检索即进入快速检索界面，快速检索提供了类似搜索引擎的检索方式，用户只需要输入所要找的检索词，点击快速检索按钮就能查到相关的文献，如图 3-2 所示。

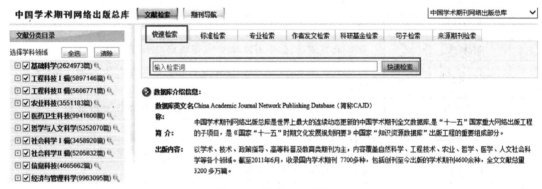

图 3-2　快速检索界面

快速检索的特点是方便快速，执行效率较高，但查询结果有很大的冗余。往往需要在检索结果中进行二次检索来提高查准率。

3.2.1.1　标准检索界面

标准检索界面如图 3-3 所示，提供检索控制条件的限制、内容检索条件的输入和图标扩展检索等功能。

（1）限制检索控制条件

包括输入发表时间、来源期刊、来源类别、支持基金、作者、作者单位等，通过对检索范围的限定，便于准确控制检索的目标结果。

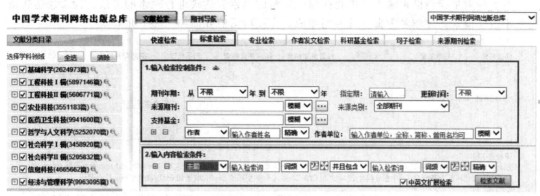

图 3-3 标准检索界面

(2) 输入内容检索条件

内容检索条件包括：基于文献的内容特征的主题、篇名、关键词、摘要、全文、参考文献、中图分类号。具体步骤如下：

① 选取检索项　在图 3-3 中的检索项的下拉框里选择相应的检索字段。

② 选择逻辑关系　在图 3-3 的逻辑选择中可对各个检索输入框的逻辑关系进行限定，可选的逻辑关系包括：并且、或者、不包含。选择"并且"，表明各检索输入框之间逻辑关系为"与"；选择"或者"，表明各检索输入框之间逻辑关系为"或"；选择"不包含"，表明各检索输入框之间逻辑关系为"非"。

③ 进行检索　在检索词文本框里输入检索词。既可以选择同一行输入两个不同的检索词，把检索词限定在同一字段中，也可以选择多行输入不同的检索词，把检索词限定在相同或不同的检索字段中。

(3) 图标扩展检索

在图 3-3 标准检索界面中有两个十分有用的图标：▓ 和 ▓。图标 ▓ 可以查看最近输入的检索词，最多可以查看 10 个检索词，并从中选择所需要的检索词，如图 3-4 所示。图标 ▓ 显示以输入词为中心的相关检索词，可以从中选择一个或多个相关词，扩大或缩小检索范围。

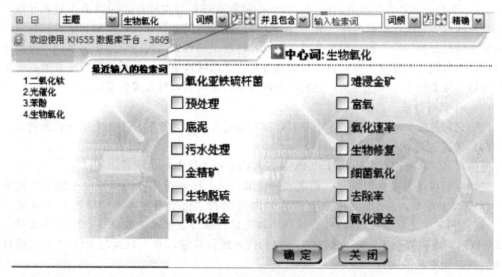

图 3-4 图标扩展检索实例

专业检索是指在检索输入框中直接输入完整的检索表达式进行检索的方法。检索表达式由检索字段、检索词和布尔逻辑算符共同组成，专业检索的界面如图3-5所示。

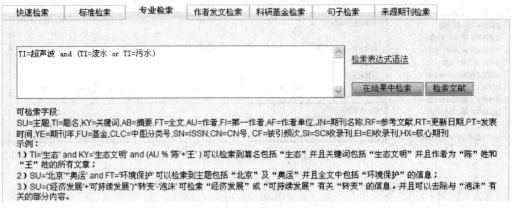

图3-5 专业检索界面

需要注意的是：使用专业检索方法检索时，检索字段需用图3-5下方的"可检索字段"，构造检索式时可采用检索字段名称，也可以用字母，如用"题名"或"TI"构造检索式，如：题名=超声波 and（题名=废水 or 题名=污水）或 TI=超声波 and（TI=废水 or TI=污水）。检索项的检索表达式使用"and""or""not"进行逻辑组合；在检索式中，逻辑关系符号"and""or""not"前后要空一个字节；逻辑运算的优先顺序为"not""and""or"，加括号可以改变运算顺序。

3.2.1.2 期刊导航

期刊导航主要是对中国期刊全文数据库收录的7900多种期刊所做的导航式检索，界面如图3-6所示，主要的检索方法有三种。

（1）期刊分类导航

系统将收录的期刊分成10类进行浏览，包括以下几种。

① 专辑导航，按照期刊内容知识进行分类，分为10个专辑，74个专栏；② 世纪期刊导航，回溯浏览1994年之前出版的期刊；③ 核心期刊导航，将中国期刊全文数据库收录的、被"中文核心期刊要目总览"收录的期刊，按核心期刊表进行分类排序；④ 数据库刊源导航，将期刊按照国内外二次文献数据库（如SCI、EI等）收录情况进行分类；⑤ 期刊荣誉榜导航，按期刊获奖情况分类；⑥ 中国高校精品科技期刊，将收录的各大高校的学报按刊名的字母顺序进行排序；⑦ 出版周期导航，按期刊出版周期分类；⑧ 出版地导航，按期刊出版地分类；⑨ 主办单位导航，按期刊主办单位分类；⑩ 发行系统导航，按期刊发行方式分类。

（2）首字母导航

把期刊刊名按字母顺序列出，用户可以按刊名的汉语拼音首字母字顺索引查找期刊。

（3）关键词检索

提供刊名（含曾用刊名）、CN和ISSN三种检索项，检索查找期刊。

期刊导航可以方便地浏览某一种期刊的详细信息，比如在关键词检索框中输入"化学通报"，如图3-6所示，点击检索按钮，检索到两种期刊"化学通报"和"矿物岩地球化学通报"。点击刊名"化学通报"，将获得该刊的相关信息以及数据库中收录该刊的全部文章，如图3-7所示，在该界面上，还可以对期刊中的内容进行检索，并可以通过RSS订阅功能订阅该期刊的最新更新的文章。

二次检索即在结果中检索，主要作用是一次检索结果太多或不理想时，可以用二次检索进

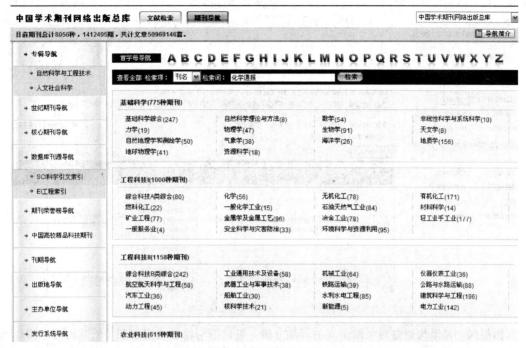

图 3-6　期刊导航界面

图 3-7　某一期刊的详细界面

一步精选文献。如需要检索"二氧化钛光催化"的文章，先输入检索词"二氧化钛"，检索结果4950条，再在篇名中输入"光催化"，点击"在结果中检索"选择框，如图3-8所示，检索结果变成1027条，结果的相关度大大提高。二次检索功能可以根据检索课题和检索结果的具体情况重复进行，以缩小命中范围，提高查准率。一次检索和二次检索手段可任意组合得出多种结果。

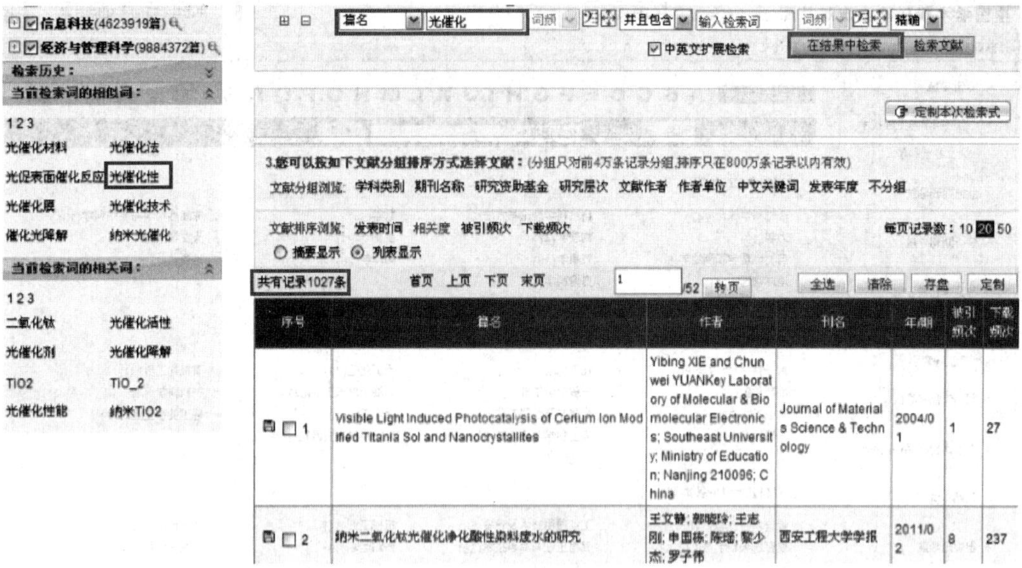

图 3-8 二次检索界面

相似词，是系统通过对文献全文的详细分析，提供的与检索词密切相关的其他词。相似词检索可帮助用户发现、使用新检索词，以检索到更多的、更合适的文献。

相似词检索位于检索结果界面的左下侧，此功能是在输入检索词、点击检索按钮后才被启用。如图 3-8 中，输入检索词"光催化"，系统会提供多个相似词供选择。点击其中的一个相似词"光催化性"，系统将自动对该词进行检索，如图 3-9 所示。

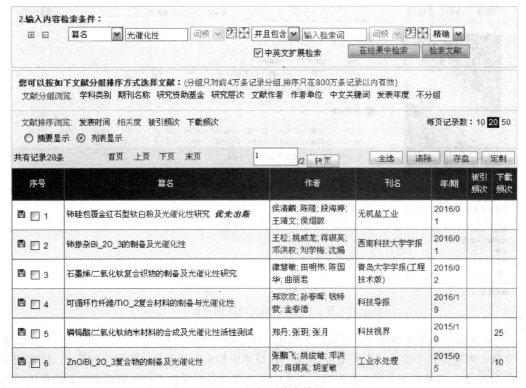

图 3-9 相似词检索结果

3.2.2 检索结果

在完成检索操作后,可以获得检索结果,包括三种类型:题录结果、详细结果和全文结果。

题录结果显示的字段包括:篇名、作者、刊名和年/期、被引频次和下载频次,如图 3-10 所示。对题录结果可进行保存,详细操作如下。

① 选择要保存的题录可采取"全选"或"单选"。"全选"只要点击界面右上方的"全选"按钮,即可将当前界面的题录全部勾选;单选则是一一勾选所要保存的题录。系统允许在一次检索界面中最多连续选择 50 条题录。

② 保存已选择的题录在选择好要保存的文献记录后,点击界面右上方的 存盘 按钮即可保存已选择的题录,系统提供九种题录存盘格式:简单、详细、引文、自定义等,其中默认的格式为简单格式。

共有记录106条	首页 上页 下页 末页	1 /6 转页		全选	清除	存盘	定制
序号	篇名	作者	刊名	年/期		被引频次	下载频次
□ 1	纳米二氧化钛光催化氧化法处理苯酚废水的研究	梁军	黑龙江科技信息	2008/34		6	777
□ 2	纳米二氧化钛光催化技术降解废水中苯酚的研究	汤小胜;李汝杏;汤平;谢星;段晨;张家姝	湖北理工学院学报	2017/01			
□ 3	负载纳米二氧化钛催化织物的制备及其性能研究	MEMON Hafeezullah;王宁宁;王珏;冯旭煌;祝成炎	浙江理工大学学报	2016/01			
□ 4	纳米二氧化钛光催化转化甲基砷的研究 *优先出版*	刘文婧;景传勇	环境科学学报	2016/01			
□ 5	荧光光谱法研究纳米二氧化钛光催化降解核壳型CdSe/ZnS量子点	李月生;宋智勇;秦江涛;黄海涛;韩炎	分析化学	2016/01			
□ 6	纳米二氧化钛光催化及其在污水处理中的应用	葛宝义	石化技术	2016/05			

图 3-10 题录结果界面

点击图 3-10 题录结果界面中的篇名链接,进入该篇文章的详细结果界面,如图 3-11 所示。详细结果除了列出文献的中英文篇名、中英文作者、作者单位、中英文刊名、中英文关键词、中英文摘要等字段信息外,还提供了大量随着资源的增加而增长变化的扩展信息。

目前详细结果中提供的扩展信息主要包括参考文献、引证文献、共引文献、同被引文献、二级参考文献、二级引证文献、相似文献、相关文献作者、相关研究机构、文献分类导航等。

上述扩展信息按其功能分成两大部分,即引用文献扩展信息和相关文献扩展信息。

(1) 引用文献扩展信息

引用文献扩展信息包括参考文献、引证文献、共引文献、二级参考文献等。

① 参考文献是指为源文献作者写文章时引用和参考的、并在文献后列出的文献题录。

② 引证文献是指引用或参考文献的文献,也称为来源文献。即当源文献为 A 时,文献 A 被文献 B 作为参考文献列于文后,此时文献 B 是主体文献 A 的引证文献。

③ 共引文献是与源文献共同引用了某一篇或某几篇文献的一组文献。即在一组文献中,每篇文献正文后的参考文献均有一篇或数篇文献与文献主体所引用的文献相同。

④ 二级参考文献,即参考文献的参考文献,是源文献正文后所列每一篇参考文献的参考文献。

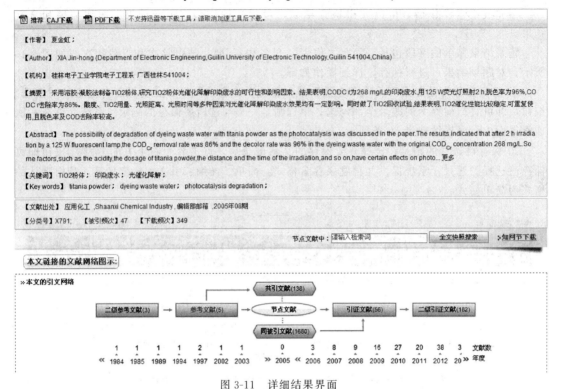

图 3-11 详细结果界面

（2）相关文献扩展信息

相关文献扩展信息包括相似文献、相关研究机构、相关文献作者、文献分类导航等。

① 相似文献是根据动态聚类算法获得的、在内容上与源文献最接近的部分文献。

② 相关研究机构是根据源文献主题内容的相似程度而聚集的一组研究机构。

③ 相关文献作者是根据源文献主题内容的相似程度而聚集的一组作者。

④ 文献分类导航是源文献在《中图法》分类系统中的类目及其上级类目的分层链接。可获取源文献在当前数据库中《中图法》相应类目及其上级类目下的全部文献信息及全文。

系统提供两种途径下载浏览全文：一是在图 3-10 题录结果界面中，点击题名前的 按钮，可下载浏览 CAJ 格式全文；二是在图 3-11 详细结果界面中，点击 推荐 CAJ下载 按钮或 PDF下载 按钮，可分别下载浏览 CAJ 格式全文或 PDF 格式全文。

3.2.3 检索实例

【例 3-1】 检索有关紧凑型住宅设计研究方面的文献。

（1）课题背景

目前，我国人口总数已超过 13 亿，预测到 21 世纪中叶人口将为 16 亿，其中城镇人口将达到 8 亿，比现在的城镇人口多一倍。当前 10％的国土为城镇，60％的国土是山区和荒漠，不适合于居住和耕种，而飞速的城市化吞并了大量的可耕地。我国土地资源十分紧张，面对这一现实情况，集约化的城市土地开发是其必然趋势。而针对住宅建设来说，应严格控制户型面积和建筑密度，以利于充分利用土地资源。高密度紧凑型的居住模式适合于我国住宅发展的趋势。

(2) 确定检索词

该课题提供两个检索词：紧凑、住宅。另外考虑"紧凑"还有两个同义词"高密度、密集"，为了检索全面，确定该课题的检索词为：高密度、密集、紧凑、住宅。

(3) 选择检索字段

限定检索字段为"篇名"，输入检索词进行检索。

(4) 确定检索方法

针对该课题可采用标准检索和专业检索进行检索。

① 标准检索 首先输入的检索策略，如图 3-12 所示，点击检索文献按钮，检出结果，再采用二次检索进行检索，如图 3-13 所示，发现用此方法检索系统运行的检索式等同于"住宅并且（紧凑 或者 高密度 或者 密集）"，检出的结果符合检索课题要求；

图 3-12 标准检索

图 3-13 二次检索

② 专业检索 使用专业检索方式，输入的检索策略如图 3-14 所示，点击检索文献按钮进行检索。

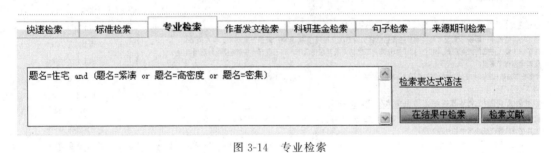

图 3-14 专业检索

需要说明的是：

① 专业检索中的逻辑运算符只能用"AND""OR""NOT"，大小写均可，不可用"＊""＋""－"；

② 逻辑运算的优先顺序为"NOT""AND""OR"，如果是同义词的必须加括号改变顺序，如果不用括号，直接检索"题名＝紧凑 or 题名＝高密度 or 题名＝密集 and 题名＝住宅"，则检出文献很多不符合课题要求。

3.2.4 CNKI 知识搜索

CNKI 知识搜索平台是中国学术期刊网络出版总库出版传播应用平台，如图 3-15 所示，包括：学术文献、定义、翻译助手、学术趋势、图片、数字、工具书等方面的搜索，网址：http：//search.cnki.net。

图 3-15 CNKI 知识搜索平台

3.2.4.1 学术文献搜索

学术文献搜索是基于对文献内容的详细标引,如图 3-16 所示。可以从任意位置搜索 CNKI 文献,包括标题、作者、摘要、全文等位置。从多维角度显示搜索结果,包括相关度、被引次数、时间、期望被引、作者指数等角度。通过知识聚类协助用户完成搜索,包括文献类型、词(相关知识点)聚类与年份聚类。通过文献链接引领用户进入知识网络,包括引证文献、相似文献等链接。

图 3-16 CNKI 学术文献搜索界面

3.2.4.2 定义搜索

定义搜索提供对学术定义的快速查询,内容全部来源于 CNKI 全文库,涵盖了文、史、哲、经济、数理科学、航天、建筑、工业技术、计算机等所有学科和行业。使用学术定义搜索可以得到想要查询词汇的准确学术定义，并且可直接查询定义出处，如图 3-17 所示。

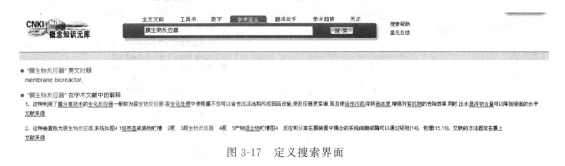

图 3-17　定义搜索界面

3.2.4.3　翻译助手

翻译助手能实现对中英文词、短语、句子的辅助互译。不同于一般的英汉互译工具，CNKI 翻译助手是以 CNKI 总库所有文献数据为依据，它不仅提供英汉词语、短语的翻译检索，还可以提供句子的翻译检索。不但能对翻译需求中的每个词给出准确翻译和解释，还给出大量与翻译请求在结构上相似、内容上相关的术语使用实例、短语使用实例等，如图 3-18 所示。通过 CNKI 翻译助手有助于用户参考后得到最恰当的翻译结果，便于用户查找相关的外文资料。

图 3-18　翻译助手搜索界面

3.2.4.4　学术趋势

学术趋势是依托于 CNKI 中国知识资源总库中的文献和用户的使用情况提供的学术趋势分析服务，如图 3-19 所示。输入关键词可以了解学术关注度、用户关注度、相关高频被引论文和高频浏览文献。学术关注度通过引用次数统计所在的研究领域的论文随着时间的变化被学术界关注的情况；用户关注度通过下载次数统计在相关领域不同时间段内哪些重要文献被最多的同行研读。

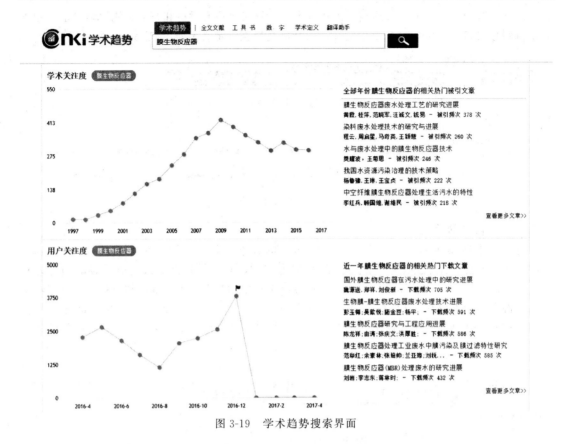

图 3-19 学术趋势搜索界面

3.2.4.5 图片搜索

图片搜索提供各个行业的图片数据，所有的图片数据都出自 CNKI 全文库收录的期刊、论文、报纸等，所以搜索结果更加专业、权威。用户可以得到查询的相关图片和图片出处，如图 3-20 所示。

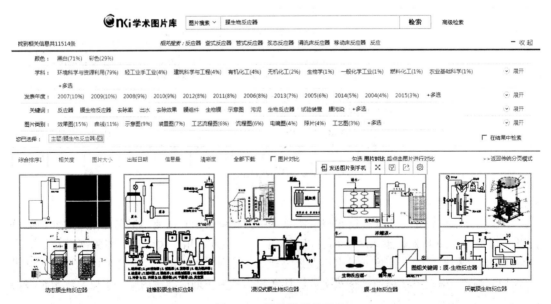

图 3-20 图片搜索界面

3.2.4.6 数字搜索

数字搜索以数值知识元作为基本的搜索单元,提供数字知识和统计数据搜索服务。数值知识元是描述客观事物或者事件数值属性(如时间、长度、高度、重量、百分比、销售额、利润等)的知识单元。数字搜索能够从 CNKI 所收录的文献全文中搜索各种数据的数值,如化工行业 2005 年产值等。

3.2.4.7 工具书

工具书能查询字、词、句、术语、人物、地名、事件等 2000 多万个词条,涵盖了各个学科。词条来源于 9000 多部工具书,均为权威专家撰写,有明确的来源和出处。已收录的工具书类型有:汉语词典、英汉/汉英词典、专科辞典、百科全书、医学图谱、图录(鉴)、年表、手册等。此外还支持通配符检索技术,常用的通配符有 *(代表多个字)和?(代表一个字),如茶*道、茶?道。

3.3 中文科技期刊数据库

中文科技期刊数据库源于重庆维普资讯有限公司 1989 年创建的中文科技期刊篇名数据库,收录社会科学、自然科学、工程技术、农业科学、医药卫生、经济管理、教育科学和图书情报 8 个学科领域 12000 余种中文期刊全文数据资源。其中自然科学、工程技术、农业科学、医药卫生、经济管理、教育科学和图书情报的数据回溯至 1989 年;而社会科学则从 2005 年 1 月起增加收录,主要为文、史、哲、法等方面的文章、期刊,数据回溯至 2000 年。

3.3.1 检索方法

该数据库提供四种检索方式,分别为基本检索、传统检索、高级检索和期刊导航,如图 3-21 所示。

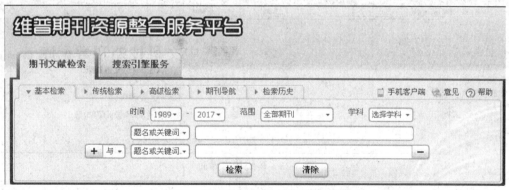

图 3-21 数据库首页

3.3.1.1 基本检索

用户登录后,在首页的检索框中直接输入检索式(或检索词)进行检索的方式即为基本检索。"基本检索"默认的检索字段是"题名或关键词"。点击 检索 按钮,进入基本检索结果页面,如图 3-22 所示。

在基本检索方式中系统提供以下功能:

① 检索字段选择系统提供题名、关键词、题名或关键词、作者、第一作者、刊名、机构、

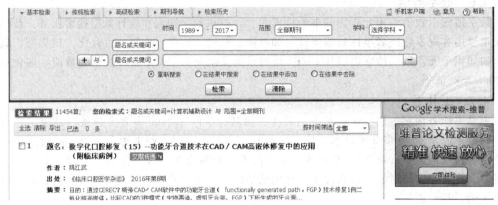

图 3-22　基本检索结果页面

文摘、分类号、基金资助、栏目信息、参考文献、作者简介、任意字段共 14 个检索字段供选择。

② 检索范围选择提供期刊范围的选择（分别是全部期刊、重要期刊、核心期刊、EI 来源期刊、SCI 来源期刊、CA 来源期刊、CSCD 来源期刊、CSSCI 来源期刊）和出版年限范围的选择。

③ 二次检索在已经进行了检索操作的基础上，可进行重新检索或二次检索（在结果中搜索、在结果中添加、在结果中去除）。"在结果中搜索"指的是检索结果中必须出现所有的检索词，相当于布尔逻辑"与"；"在结果中添加"指的是检索结果中至少出现任一检索词，相当于布尔逻辑"或"；"在结果中去除"指的是检索结果中不应该出现包含某一检索词的文章，相当于布尔逻辑"非"。

3.3.1.2　传统检索

点击传统检索按钮进入传统检索页面，该界面布局紧凑、功能集中，如图 3-23 所示。

图 3-23　传统检索界面

传统检索的检索步骤和检索方法如下：

（1）选择检索字段

传统检索提供的检索字段同基本检索，通过检索入口处的下拉菜单选择。

（2）限定检索范围

传统检索提供专辑导航、分类导航、年限和期刊范围限制。

① 专辑导航　中文科技期刊数据库将所收录的资源分为八个专辑：社会科学、自然科学、工程技术、农业科学、医药卫生、经济管理、教育科学、图书情报。每个专辑又可按树形结构展开相应的专题。点击某一专题名称，可查看该专题包含的所有数据；

② 分类导航 以《中国图书馆分类法》(第四版)为依据,每一个学科分类都可以按树形结构展开,利用导航缩小检索范围,进而提高查准率和查询速度;

③ 年限和期刊范围限制 同基本检索中的年限和期刊范围限制。

(3) 输入检索式

传统检索方式中,既可用单个检索词检索,也可以用多个词进行检索。

多个检索词要用布尔逻辑运算符组成检索式。检索式既可以在单个字段中输入,也可以在多个字段中输入。例如在题名字段中,输入检索式为"(CAD+CAM)*服装",检出结果等同"先用CAD检索后,再用CAM进行二次检索",逻辑关系为"或",再用服装进行二次检索,逻辑关系为"与"的检索结果。当使用多个字段进行检索时,需要用字段限定,即检索式中需包含检索词和相应的检索字段代码。例如输入"K=电脑*J=学报",检索词前面的英文字母是字段的代码。主要的检索字段的代码见表3-2。该数据库表达布尔逻辑运算"与""或""非"关系的符号用"*""+""—"。

(4) 检索

点击检索按钮得出检索结果列表,如果对结果不满意,可以重新检索或二次检索,传统检索方式中二次检索的布尔逻辑关系运算符是:"与""或""非"。检索字段代码对照表见表3-2。

表 3-2 检索字段代码对照表

代码	字段	代码	字段
U	任意字段	S	机构
K	关键词	J	刊名
A	作者	F	第一作者
C	分类号	T	题名
R	文摘	M	题名或关键词

(5) 辅助检索功能

传统检索中提供两种辅助检索功能:同义词和同名作者。

① 同义词。使用同义词功能查看检索词的同义词,达到扩大检索范围的目的。在传统检索界面左上角的"同义词"前面的方框内打√,即可使用该功能。

例如,在关键词字段输入"土豆",点击检索按钮时,系统提示同义词为"春马铃薯、马铃薯、洋芋、洋蕃芋",勾选"马铃薯""洋芋",如图3-24所示,点击**确定**按钮,即可得到"关键词=土豆+马铃薯+洋芋"的检索结果。

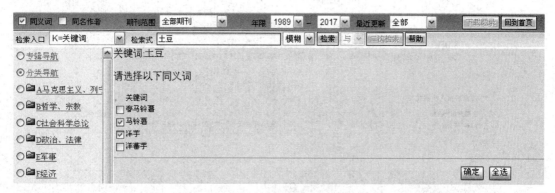

图 3-24 同义词库

值得注意的是：同义词功能只适用于关键词、题名或关键词、题名三个检索字段。

② 同名作者。使用同名作者可把作者限定在特定的单位范围内进行精确检索。在传统界面左上角的同名作者的方框中打√，即可使用该功能。

例如，选择检索入口为作者，输入检索词"张三"，点击"检索"按钮，即可找到作者名为"张三"的作者单位列表。勾选需要的作者单位如图3-25所示，点击 确定 按钮即可检索出"（s＝福建林学院经管系＋s＝福建理学院经济管理系）*A＝张三"的检索结果。

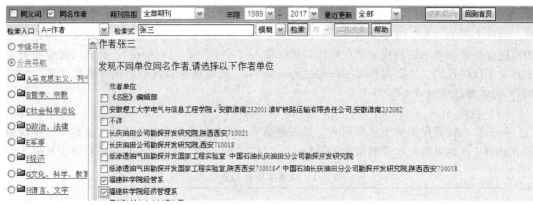

图 3-25　同名作者库

值得注意的是：同名作者功能只适用于作者、第一作者两个检索字段。

3.3.1.3　高级检索

点击"高级检索"按钮，即可进入高级检索界面，如图3-26所示。在检索界面上用户可通过向导式检索（如图3-26上半部分）和直接输入检索式检索（如图3-26下半部分）两种方

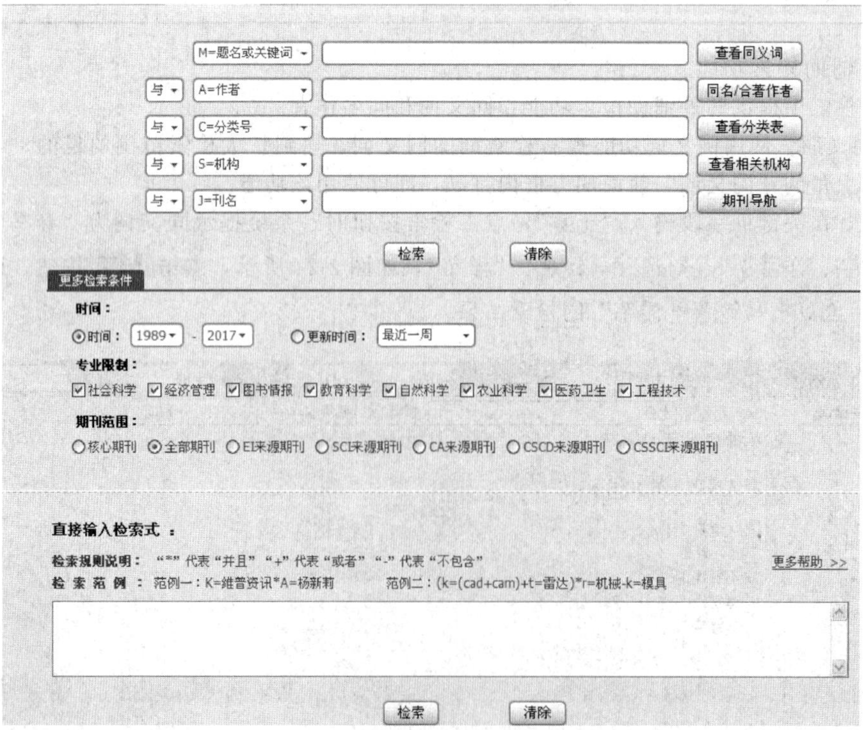

图 3-26　高级检索界面

式实现高级检索。

（1）向导式检索

向导式检索为用户提供分栏式检索词输入方法，如图3-27所示，用户除可选择逻辑运算关系、检索项、匹配度外，还可以进行相应字段扩展信息的限定，最大限度地提高了查准率。

向导式检索的检索规则如下所述。

① 检索操作严格按照由上到下的顺序进行，用户在检索时可根据检索需求进行检索字段的选择。如图3-27中输入的检索式为"（T＝信息素养＋T＝检索能力）*T＝大学生"，实现的是"（T＝大学生*T＝信息素养）＋（T＝大学生*T＝检索能力）"的检索。

② 逻辑运算符为"与""或""非"。

③ 扩展功能，如图3-27所示，可以对关键词、作者、分类号、机构、刊名共5个字段实现同义词、同名/合著作者、分类表、相关机构和期刊导航的扩展功能的查询相对应的功能。

④ 在"更多检索条件"部分，用户可以根据需要以时间条件、专业限制、期刊范围进一步限制检索范围。

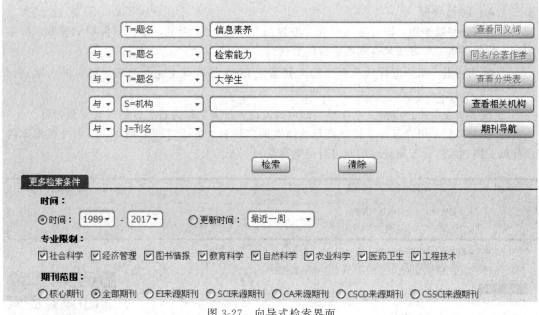

图3-27 向导式检索界面

（2）直接输入检索式检索

用户可在检索框中直接输入逻辑运算符、字段代码等组成检索式，点击"检索"按钮进行检索。点击"扩展检索条件"，可对相关检索范围进行限制。直接输入检索式检索的检索规则如下所述：

① 逻辑运算符只能用"*""＋""－"。值得注意的是在检索表达式中，逻辑运算符不能作为检索词进行检索。如果检索词中包含有这些逻辑运算符，应调整检索表达式，用多字段或多检索词的限制条件来替换掉逻辑运算符号。例如：检索词为"C＋＋"时，检索式应为"（T＝程序设计＋K＝面向对象）*K＝C"，如图3-28所示。

② 检索字段代码同表3-2。

③ 检索条件同"向导式检索"中的"更多检索条件"。

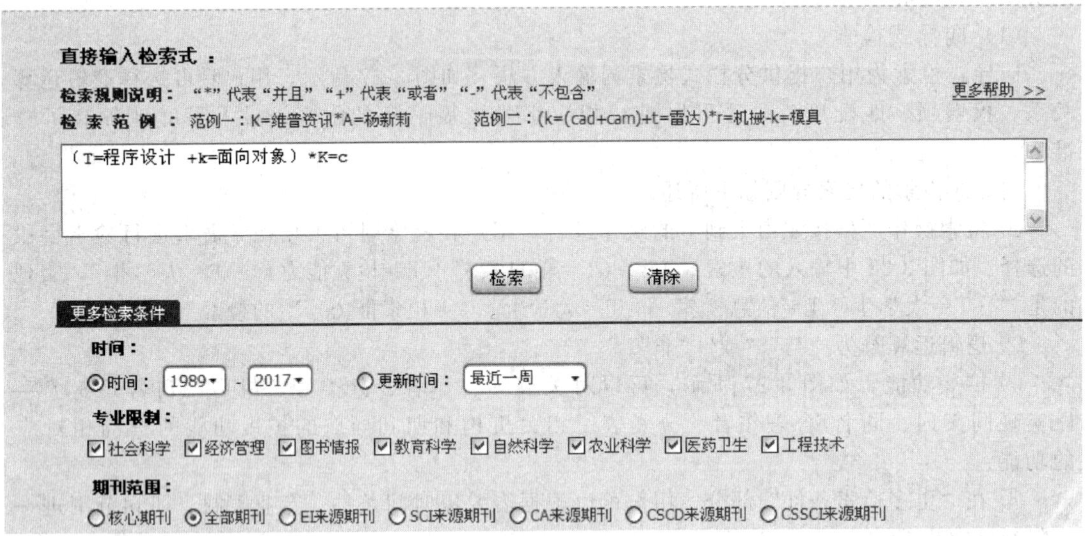

图 3-28　直接输入检索式检索界面

3.3.1.4　期刊导航

点击期刊导航按钮，即可进入期刊导航界面，如图 3-29 所示，系统提供期刊搜索、按字顺查、按学科查三种方法来查找所需要的期刊。

① 期刊搜索　用户可在输入框中输入刊名或 ISSN 号，点击 查询 按钮，即可进入期刊列表页。

② 按字顺查　用户点击某个字母，即可列出以该拼音字母为首字母的所有期刊列表。

③ 按学科查　用户可按学科分类导航浏览期刊列表，可通过核心期刊、国内外数据库收录导航、期刊地区分布导航对期刊进行分类浏览。

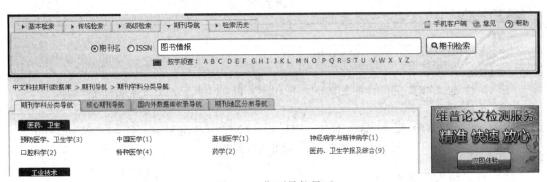

图 3-29　期刊导航界面

期刊导航的检索步骤和检索方法如下：①以期刊搜索为例，如图 3-29 所示，输入"图书情报"，点击检索按钮进行检索；②显示检索结果，如图 3-30 所示，检索结果包含刊名、刊期、ISSN 号、CN 号、核心刊；③点击刊名"图书情报工作"就进入该期刊的封面页，可以浏览到期刊的基本信息，包括期刊简介、期刊主办信息、编辑部联系方式、订刊信息、国家图书馆馆藏、上海图书馆馆藏等信息，如图 3-31 所示。

值得注意的是：期刊信息栏中有该期刊的地址、邮编、电话、E-mail 和主页等信息，有利于用户投稿和更进一步了解相关信息。封面页还提供对所收录的该刊全部卷期的浏览和检索功能。

刊名=图书情报

序号	刊名	刊期	核心刊	ISSN	CN	期刊评价
1	图书情报知识	双月刊	核心刊	1003-2797	42-1085/G2	查看
2	图书情报工作	半月刊	核心刊	0252-3116	11-1541/G2	查看
3	大学图书情报学刊	双月刊		1006-1525	34-1141/G2	查看
4	国外图书情报工作	双月刊			43-1136	查看
5	高校图书情报学刊	季刊				查看
6	高校图书情报论坛	季刊				查看

图 3-30　期刊检索结果

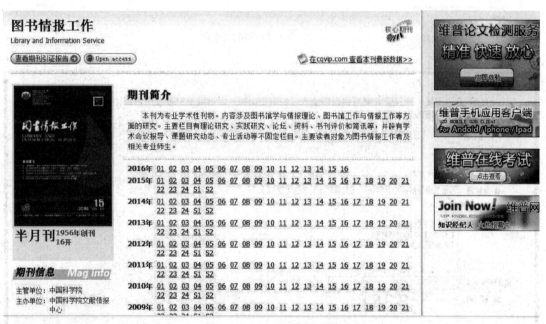

图 3-31　期刊详细信息界面

3.3.2　检索结果

中文科技期刊数据库提供三种检索结果显示，分别为题录结果、详细结果和全文结果。其中快速检索、高级检索、分类检索和期刊导航中题录和文摘位于两个页面，而传统检索中题录和文摘位于一个页面，如图 3-32 所示，界面上部为题录结果，一屏显示 10 条记录，每条记录显示序号、题名、作者、刊名和出版年等字段。点击题名链接可以查看文摘，详细结果显示如图 3-32 所示，包括刊名、年卷期、ISSN、页码、题名、作者及作者机构、摘要、关键词和分类号等字段。

在详细结果的界面上点击 PDF全文下载 就可以直接下载和查看全文。中文科技期刊数据库还提供 [文献传递] 按钮的全文结果的获取，点击 [文献传递] 按钮，填写如图 3-33 中的信息，点击“发送”按钮，按照界面上的步骤提示操作，即可通过在线的原文传递系统获取 PDF 原文。

图 3-32　传统检索结果界面

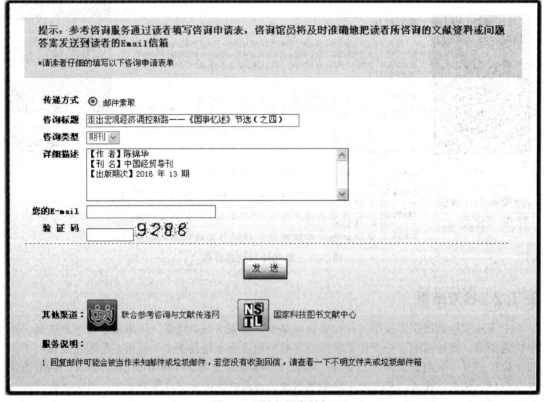

图 3-33　原文获取服务

3.3.3　检索实例

【例 3-2】 检索 2014～2016 年有关计算机图像处理软件方面的文献。

课题背景：随着科学技术的不断发展、计算机更新速度的加快、人们思想文化素质的提高，人们对图像的要求也越来越高。因此，如何把原始图像与计算机结合起来，从而创作出许多更加完美的图像,满足人们的需求,已成为人们新的需求。计算机图像处理是指利用计算机软件对图像进行一系列加工,以便获得人们所需要的效果。

确定检索词:该课题提供4个检索词:计算机、图像、处理、软件。另外考虑"计算机"有同义词"微机""电脑","图像"有同义词"图象","处理"有同义词"识别""分割",为了检索全面,确定该课题的检索词为9个:计算机、微机、电脑、图像、图象、处理、识别、分割、软件。

选择检索方式和检索途径:选择高级检索,限定检索字段为"题名或关键词",用户可以根据自己的喜好确定检索途径。

输入检索式:如图3-34所示,检出的文献经核对都和检索课题相关。

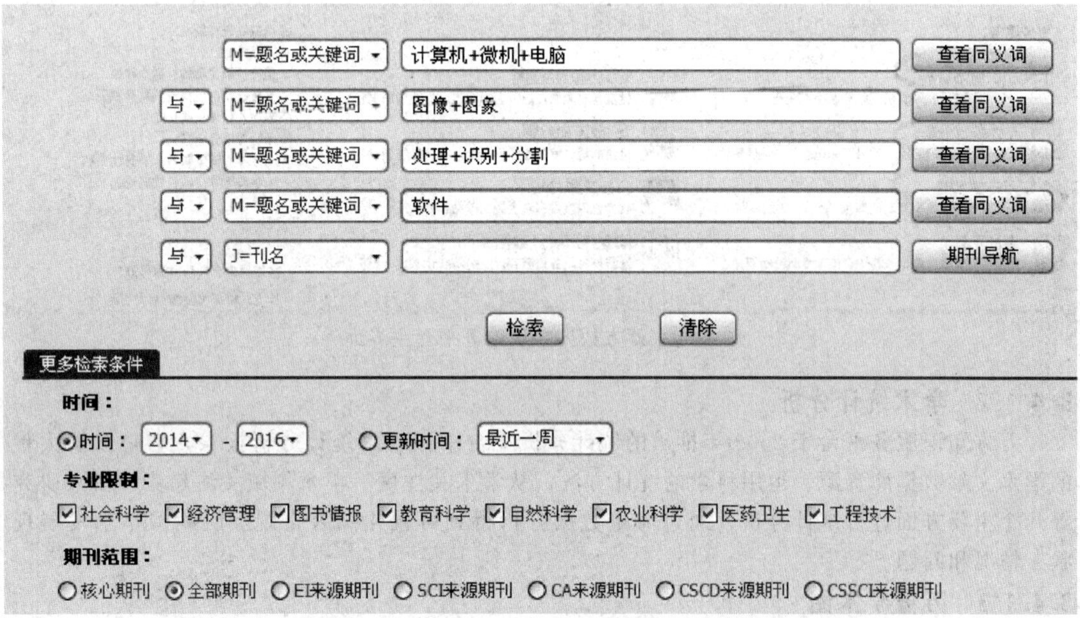

图 3-34 课题检索式

3.4 其他期刊数据库

3.4.1 万方数据知识服务平台

万方数据知识服务平台是万方数据推出的全新知识服务系统,为科学研究和科技生产提供全面丰富的学术文献、科研资料和技术数据。系统涵盖了中外期刊论文、学位论文、中外学术会议论文、标准、专利、科技成果、地方志等各类信息资源。资源种类全、品质高、更新快,具有广泛的应用价值。万方数据知识服务平台的主界面如图3-35所示,与中国知网类似,提供了分类导航浏览、单库或跨库检索服务。万方数据知识服务平台资源的主要优势是国内核心的科技期刊和学位论文,该平台资源具有三大特色服务功能:

3.4.1.1 知识脉络分析

知识脉络分析是以上千万条数据为基础、以主题词为核心,对所收录论文的知识点和知识点的共现关系进行统计分析,并提供多个知识点的对比分析。通过可视化的方式向用户揭示了知识点的发展趋势和共现研究时的时序变化。该功能可以帮助研究人员了解知识点在不同时间的关注度，把握学科发展的规律，发现知识点之间交叉、融合的演变关系及新的研究方向、趋势和热点。

图 3-35 万方数据知识服务平台主界面

3.4.1.2 学术统计分析

万方知识服务平台于 2009 年推出的统计分析平台中国学术统计分析报告，它是依据大量的学术文献数据库资源、运用科学的统计方法，从学术关注度、学术领域关注趋势、新兴研究等几个主要方面进行统计分析，通过海量数据分析得到可视化结果直观反映我国学术发展现状、情况和问题。

3.4.1.3 万方学术圈

万方学术圈是一个知识服务及知识共享平台，既有助于学者了解其关注点的最新进展、最新研究领域，也有助于学者分享学术成果、与他人开展交流和协作。该平台可实现的功能主要包括：①为每位学者建立个人空间，展示学术成果，提供合作学者及其发文统计、共同关注点；②对学者的学术成果实现自动聚类，方便查看和统计被引次数、文献类型等；③进行学者检索，查找并了解感兴趣的学者；④分享学者信息，将感兴趣的文献和学者分享到新浪微博、豆瓣社区等互联网平台，促进学术交流。

3.4.2 国家哲学社会科学学术期刊数据库

"国家哲学社会科学学术期刊数据库"简称"国家期刊库（NSSD）"，是由全国哲学社会科学规划领导小组批准建设，中国社会科学院承建的国家级、开放型、公益性哲学社会科学信息平台。其收录范围包括精品学术期刊 600 多种，论文近 300 万篇以及近 67 万位学者、近 1.8 万家研究机构相关信息。收录期刊绝大部分为入选中国社会科学院、北京大学、南京大学三大评价体系的核心期刊。

国家期刊库提供多种论文检索和期刊导航方式。论文检索方式包括题名、关键词、机构、作者、摘要、刊名、年份、分类号、ISSN、基金资助、全文检索。期刊导航方式包括同步上线期刊导航、学科分类导航、核心期刊导航、社科基金资助期刊导航、中国社科院期刊导航、地区分类导航等。

3.4.3 国研网数据库

国研网数据库由国务院发展研究中心信息中心主办,是中国最著名的大型经济类专业信息资源平台。国研网以国务院发展研究中心丰富的信息资源和强大的专家阵容为依托,并与海内外众多著名的经济研究机构和经济资讯提供商紧密合作,全面整合中国宏观经济、金融研究和行业经济领域的专家学者以及研究成果。该数据库不仅为中国各级政府部门、企业和高等院校提供关于中国经济政策和经济发展的深入分析和权威预测,还为海内外投资者提供中国宏观经济和行业经济领域的政策导向及投资环境信息,使投资者及时了解并准确把握中国整体经济环境及其发展趋势,从而指导投资决策和投资行为。

3.4.4 月旦知识库

月旦知识库是目前查找我国台湾地区信息的重要来源,包括期刊文献、图书文献、词典工具书、两岸常用法规、精选判解、教学案例、博硕论文索引、大陆文献索引库、题库讲座等共九大子库,50万笔全文数据,数据资源丰富,并且可运用智能型跨库整合交叉比对查询。2012年3月份,为满足大陆高校对台湾地区社科文献取得与学术交流需要,在原技术平台的基础上,扩大收录教育、公共行政、社会、犯罪、金融、保险、财税、工程、环境、科技、智慧财产、医药、卫生、护理、心理等各个学科的期刊专论教师资源、硕博士文章等学术资源。

利用月旦知识库检索信息资源时需要注意以下几点:①安装新版阅读器 Hyview Reader;②知识库全文档案经 DRM(数字版权管理机制)加密,下载后即锁定于该台计算机,仅供该计算机浏览、储存与打印(不可打印版除外);③月旦知识库文档状态的图标有两种:可以下载全文;文章正在等待版权授权,暂时不能下载;④下载后文档不提供文章段落选择与复制、粘贴功能。

3.4.5 北大法意教育频道

北大法意教育频道是高校法学教学、科研和备考的一体化专业支持服务平台。其包含法律信息查询系统(案例数据库群、法规数据库群、法学词典、法学文献)、司法考试在线模考系统、法律实证研究平台、法学家沙龙、法学核心期刊目录、高校热点关注、免费电子期刊、法律信息指定查询服务和法律实证研究数据支持服务等模块及栏目。

北大法意为法学教学科研提供实务数据支持,有数据范围全面、检索结果精确、数据更新及时等特点,并依托聚类、互动检索和文本分析等技术,实现法律信息智能检索、各类型信息间互动互链等应用功能。除此之外还包括模拟考试、必备法规、考试大纲司法文书等模块,在海量数据基础之上,提供试卷生成机制,用户可以按照学科、试卷、题型、数量自助生成试卷。

本章小结

本章介绍了期刊的基础知识,重点介绍了中国期刊全文数据库、中文科技期刊数据库、万方数据知识服务平台,针对每个数据库分别介绍了其期刊资源的期刊特色、检索方法、检索结果分析等内容,帮助读者系统地认识、学习和掌握如何检索和利用各类中文期刊资源。

思考题

1. 如何查找你所学专业的核心期刊目录?如何获取期刊的联系方法、出版栏目以及各期目录?

  2.检索国家自然科学基金或国家社会科学基金资助的所学专业论文情况该利用哪些数据库?并简述所利用数据库的检索方法。

  3.如何查找一个专业名词的同义词和其英文名词,并写出使用的工具及检索方法?

  4.查找国内外有关"住宅开发项目可持续发展与改善人居环境评价研究"方面的文献,并写出使用的工具及检索方法。

第 4 章 外文期刊全文数据库

外文全文数据库通常是指包含外文电子图书、期刊以及特种文献全文的一种文献数据库。外文全文数据库中的期刊全文数据库是数量最多、使用最广的数据库,是人们掌握世界科技前沿和学术发展动态的重要信息来源,具有较高的科学研究价值。本章介绍的外文期刊全文数据库分两类:一类是商业出版商出版,覆盖学科广、收录文献类型较全、使用率较高的大型综合性外文全文数据库;另一类是学会出版物,学科性、专业性较强的外文期刊全文库。

4.1 Elsevier ScienceDirect 期刊全文数据库

4.1.1 简介

荷兰爱思唯尔(Elsevier)出版集团 1580 于荷兰创立,Reed Elsevier 集团中的科学、技术部门,是全球最大的科技与医学文献出版发行商之一,现包括 ScienceDirect、EngineeringVillage、Scopus、REAXYS、SciVal 等产品。Elsevier ScienceDirect 数据库(简称 SD)是荷兰爱思唯尔出版集团生产的世界著名的科学文献全文数据之一。SD 平台上的资源分为四大学科领域:自然科学与工程、生命科学、医学/健康科学、社会科学与人文科学;共涵盖 24 个学科,包括化学工程、化学、计算机科学、地球与行星学、工程、能源、材料科学、数学、物理与天文学、农业与生物学、生物化学、遗传学和分子生物学、环境科学、免疫学和微生物学、神经系统科学、医学与口腔学、护理与健康、药理学、毒理学和药物学、兽医学、艺术与人文科学、商业、管理和财会、决策科学、经济学、计量经济学和金融、心理学、社会科学等学科。

荷兰爱思唯尔出版的期刊是世界上公认的高品位学术期刊,收录了 2500 余种同行评议的电子期刊,其中约 1800 种为 ISI(多元化的数据库)收录期刊,1100 多万篇 HTML 格式和 PDF 格式的文章全文,最早回溯至 1823 年。根据《2015 年期刊引用报告》(JCR)统计,全部 Elsevier 的期刊在 71 个学科中期刊影响因子居于首位(总共 235 个学科),SD 中的自由全文库(Freedom Collection)的期刊在 53 个学科的期刊中居于首位。

SD(http://www.sciencedirect.com/)内容每天更新,电子期刊的出版日期与纸本期刊相比,无滞后,如图 4-1 所示,在该平台上可以访问自 1823 年首卷期至 1994 年的回溯数据,超过 400 万篇全文,以及自 1995 年至今的全文数据,已超过 800 万篇,包括在编文章。在 SD 开放获取的免费文章有 25 万篇。2011~2015 年全球科研人员全文下载 SD 论文已达 40 亿篇。

4.1.2 期刊浏览

在主页的导航栏上点击 `Journals` 按钮后进入数据库的期刊浏览界面,如图 4-2 所示。

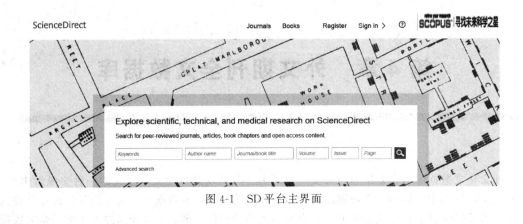

图 4-1　SD 平台主界面

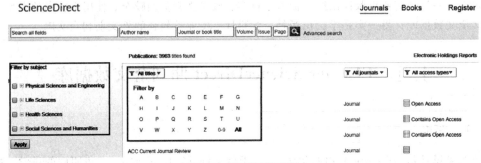

图 4-2　期刊浏览界面

该界面提供了两种浏览的方式，分别按照首字母字顺（All Titles Filter by Alphabetically）、主题（Filter by Subject）来进行浏览。系统提供的资源获取权限有两种，分别用不同的颜色来标记。其中 ▇ 代表定购的期刊，可以免费获得全文；▇ 代表没有订购的期刊，这部分期刊文献只能获取文摘信息，不能获取全文；图 ▇ 表示可以 OA（办公自动化）开放获取。

（1）按首字母顺序浏览期刊（Browse Alphabetically）

按照期刊（图书）刊名首字母浏览，点击首字母顺序出现的期刊名称列表。点击刊名进入某一电子期刊浏览界面，可查看最近一期的目录，如图 4-3 所示，如点击期刊后的 Articles In Press 图标，进入期刊浏览界面，查看已通过编辑审稿但尚未刊登纸本期刊的文章。一般的期刊目录提供 Article List、Preview 形式的浏览，而对于一系列化学类期刊还提供 Graphical Abstracts 图形摘要的浏览。

点击该界面上的期刊链接可进入期刊首页，查看该刊简介、出版信息、投稿要求、订购信息、本刊影响因子、本刊下载最多的文章等相关信息。显示若有 Open Acess（开放存取）则表明文章支持开放获取。

点击该界面期刊列表中列表的左侧卷期链接，可以看到该刊从创刊年开始的所有年份、卷、期出版的论文的相关情况。

（2）按主题浏览期刊（Browse by Subject）

数据库按照收录文章的不同主题，分 4 个专题和 24 个子主题。主题浏览既可按学科大类进行查看；也可点击学科大类前面"＋"号展开，逐级浏览各子主题；还可同时勾选多个子主题，实现跨主题浏览，如图 4-4 所示。

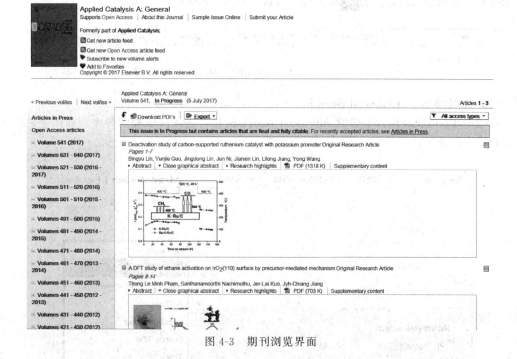

图 4-3　期刊浏览界面

图 4-4　按主题浏览期刊

4.1.3　期刊检索

在 SD 平台上，系统提供三种检索方式：快速检索（Quick Search）、高级检索（Advanced Search）和专业检索（Expert Search）。

（1）快速检索（Quick Search）

快速检索框出现在首页中间及每个二级页面上方，作为标准工具栏呈现，永远保留在页面顶部方便用户快速地进行检索。用户可以在检索一个或多个输入框中输入检索词，提供的检索字段包括：关键词（keywords）、作者（Author）、期刊名/书名（Journal/book title）、卷（Volume）、期（Issue）、页（Page），六个输入框之间默认的逻辑关系为"AND"。完成检索字段选择和检索词输入后,点击 按钮进行检索,如图 4-5 所示。

图 4-5 快速检索界面

(2) 高级检索(Advanced Search)

点击图 4-6 的快速检索框旁的 Advanced search 链接,进入高级检索界面,如图 4-6 所示,主要检索步骤如下:

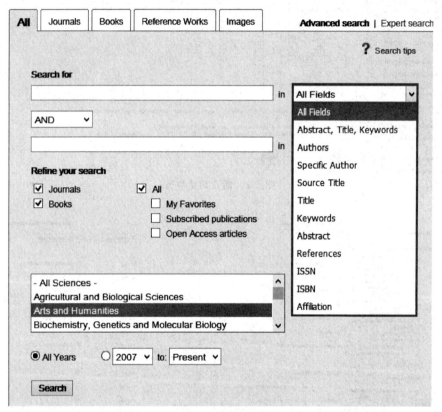

图 4-6 高级检索界面

① 输入检索词。在检索框中输入检索词,如检索词为多个,可以用"AND""OR""AND NOT"连接。

② 字段选择。高级检索提供的检索字段包括:所有字段(All Fields)、文章题名/摘要/关键词(Abstract,Title,Keywords)、作者(Authors)、精确作者检索(Specific Author)、来源出版物题名(Source Title)、期刊名/书名(Journal Name/Book Title)、题名(Title)、关键词(Keywords)、摘要(Abstract)、参考文献(References)、国际连续出版物编号(ISSN)、国际标准书号(ISBN)、机构(Affiliation)以及全文(Full Text)。

③ 资源类型选择。用户可以根据需要点击 中的 All、Journal、Books、Reference works、Images 选择所有资源、期刊、电子书、参考工具书和图像,系统默认资源类型为 All(所有资源)。如果用户选择的为 Journals,则可将检索的结果限定在期刊中检索,而且用户还可在 Refine your research 中选择期刊文献类型,如图 4-7 所

示,可限定期刊文章类型为论文、简讯、书评、综述、调查、讨论、信件等;可以选择已订购的期刊,开放存取文章及个人喜欢或收藏的文章。

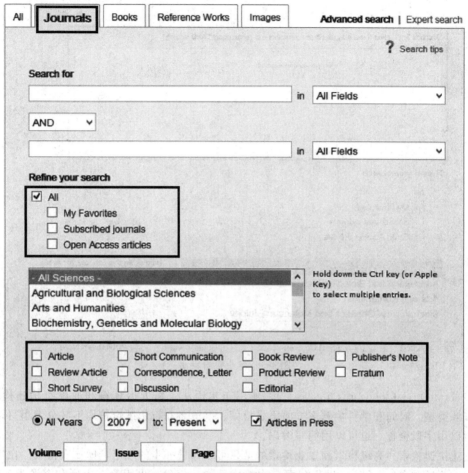

图 4-7 期刊的高级检索界面

④ 学科范围选择。用户可以在主题范围选择界面,选择一个或多个学科主题进行检索,系统默认的是在全部学科中进行检索,按住 ctrl 键选择不连续的多个学科检索,按住 shift 键选择连续的多个学科检索,如图 4-8 所示。

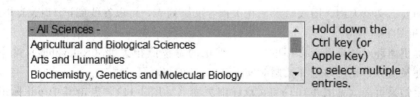

图 4-8 主题范围选择的界面

⑤ 时间限定。用户可以通过设定检索的起、止年份进行检索,用户可以浏览、下载 1995 年以来的期刊全文,系统默认的起始年份是 1998 年,回溯检索可至 1823 年。

(3) 专业检索 (Expert Search)

专业检索的检索条件的限定如时间、资源类型等,与高级检索相同,如图 4-9 所示。

检索输入框中检索式的输入格式为:如字段名称(检索词或检索式)。例如输入检索式:

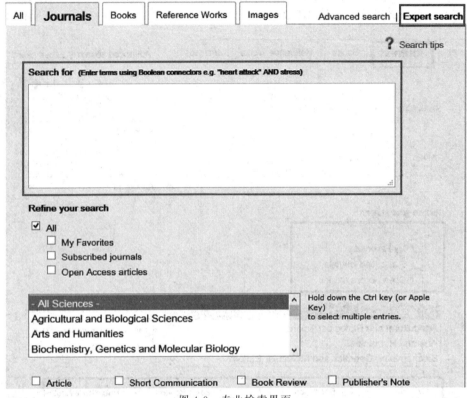

图 4-9 专业检索界面

title（ceramic）and keywords（glass *）。使用布尔语法、邻近运算符和通配符构建检索式，通过资源类型、时间和学科主题多方面限定检索。字段名和布尔逻辑符均不区分大小写，字段名既可以用字段全称，也可以用简写编码。

上述快速检索、高级检索和专业检索的结果可以作进一步的限定，即二次检索。在检索结果页面左侧通过 refine filters 进行分面二次检索，如从年份、出版物、主题和资源类型限制。如图 4-10 所示。

在检索结果页面，可以看到文章的题名、作者、出版物及卷期页码信息。还有包括文摘、研究热点和 pdf 全文下载链接标识，有些文章还包含图片摘要的链接，可以根据需要点击展开和关闭。点击文章标题，进入文章详情页面，可以浏览文章的作者及作者机构、来源期刊、研究热点、摘要、文章大纲、图表目录、相关推荐文献列表，可以在线阅读 HTML 格式的全文，如图 4-10 和图 4-11 所示。

系统提供两种对结果进行排序的方式。默认的是按照相关度（Relevance）排序，最新的文献显示在最前方，也可以选择按照时间（Date）来排序。

在检索结果页面（见图 4-10）和文章详细页面（见图 4-11），点击其中 pdf 标识，即可下载文章的 pdf 全文。

检索结果的导出，可以是单篇文献的导出和多篇文献的导出。多篇文献需要在文章前面的复选框内点勾，然后点击 Export，在导出页面选择导出格式和内容。如果不勾选文献，系统则把所有的检索出来的结果的引文信息导入到文献管理软件中；如果勾选了感兴趣的文献后，系统则把勾选好的文献的引文信息导入到文件管理器中，SD 数据库提供两种文献管理软件 Mendeley、Refwork，如图 4-12 所示。

第 4 章　外文期刊全文数据库

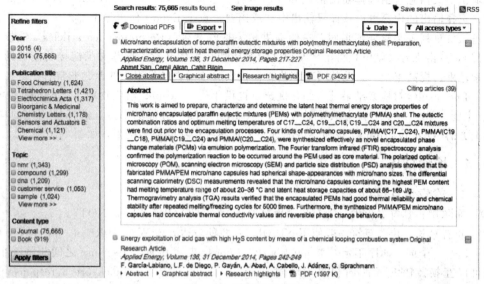

图 4-10　结果显示界面

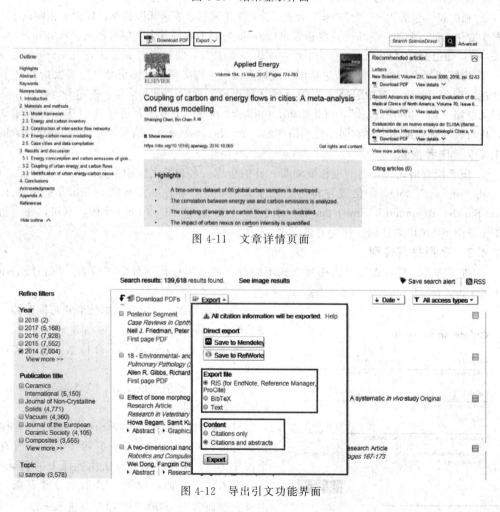

图 4-11　文章详情页面

图 4-12　导出引文功能界面

输出引文信息包括选择输出格式和导出内容。选择导出的格式包括RIS、BibTex和Text格式；选择输出的内容可以选择只输出引文或摘要，点击Export便可导出。

进入文章列表某篇详细页面，右侧提供相关推荐文献（Recommended articles）链接（见图4-11），点击推荐文献链接可了解与原文内容密切相关的文章。推荐文献链接功能有助于扩大检索范围、提高查全率，尤其对于那些直接检索后检出文献量很少的课题非常有用。

Refine results对检索结果进行细化优选，提供年代（Year）、出版物题名（Publication Title）、主题（Topic）及分析文献类型（Content Type）四个方面的筛选。选择好优化的项目，点击上方的"Apply Filters"按钮，可筛选并显示该统计项的检索结果，如图4-10所示。

4.1.4 检索技巧

4.1.4.1 检索语言技巧

① 布尔逻辑算符。提供三种布尔逻辑算符："AND""OR""AND NOT"。

② 位置算符。位置算符一般使用NEAR，有两种表达方式W/n、PRE/n。其中W/n两词相隔不超过n个词，词序不定，如quick w/3 response表示quick、response之间相隔3个词，位置可以互换。PRE/n两词相隔不超过n个词，词序一定，如quick pre/3 response表示quick、response之间相隔3个词，并且quick一定在response之前。

③ 通配符。包括"*""?""*"为截词符，用于词后，表示无限截断，检索出相同词干的任意多个变化的词。例如：Optic*，将检索出以optic为词干的任意多个字母的词，像optic、optics、optical等；而通配符"?"只表示一个字母，例如：wom?n，将检索出woman或者women。

④ 词组或短语检索。用户若进行词组或短语检索，则必须将其用引号""或大括号｛｝括住才能实现词组检索。其中引号""表示的是宽松短语检索，标点符号、连字符、停用字等会被自动忽略，如"heart-attack"，可检出heart attack、heart-attack。大括号｛｝表示精确短语检索，所有符号都将被作为检索词进行严格匹配，如｛heart-attack｝，结果中只出现heart-attack。

4.1.4.2 作者检索

① 作者检索格式为：名的全称或缩写、姓的全称，名和姓之间用空格或逗号来分隔。例：r smith、jianhua zhang。② 位置算符可以用于作者检索，raymond W/3 smith可检索到Raymond Smith、Raymond J. Smith and Raymond J.。③ 选择Specific author字段，则可以限定检索词如r smith必须出现在同一作者的名字中。

4.1.4.3 字词拼写规则

① 拼写方式。当英式与美式拼写方式不同时，可使用任何一种形式检索，例：behaviour与behavior；psychoanalyse与psychoanalyze。

② 单词复数。使用名词单数形式可同时检索出复数形式，例：horse-horses、woman-women。

③ 希腊字母。α、β、γ、Ω检索（或英文拼写方式）均可作检索词。

④ 法语、德语中的重音、变音符号，如é、è、ä均可作检索词。

SD的个性化功能（Favorites、Alert等）体现在所有的浏览和检索界面中。需要说明，所有的个性化功能都需要注册。点击主界面上的Register按钮进入注册页面，如图4-13所示。若有账户点击首页界面右上Sign in按钮登录进入。

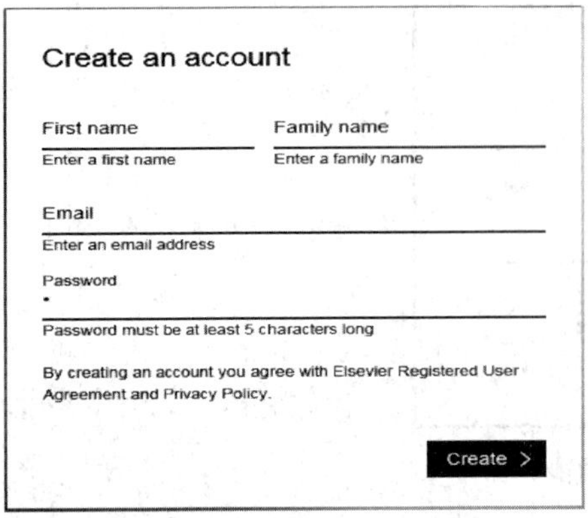

图4-13 个性化注册界面

注册完成后，系统会把用户名和密码发送到注册的邮箱。使用用户名和密码登录后，会显示用户的个性化定制界面，如图 4-14 所示。

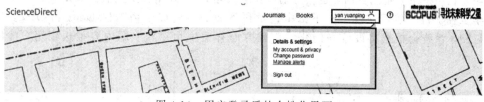

图 4-14　用户登录后的个性化界面

平台提供了三种提醒方式：Journal and book-series Alerts、Search Alerts、Topic Alerts，界面如图 4-15 所示。

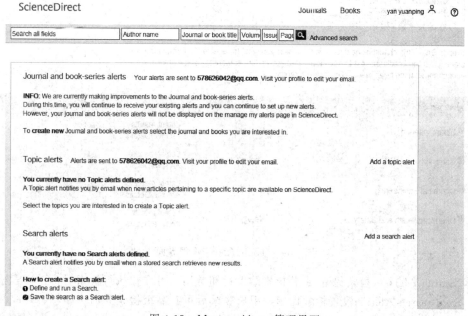

图 4-15　Manage Alerts 管理界面

① Journal and book-series Alerts（期刊和丛书检索提醒）：在期刊或者图书浏览界面中，在自己感兴趣的期刊或丛书名称点击收藏到喜欢文件夹中♥ Add to Favorites，并可设置成最新卷期提醒♥ Subscribe to new volume alerts，系统会定期把相关期刊或者丛书的新内容推送到邮箱或个性化定制页面中，如图 4-16 所示。

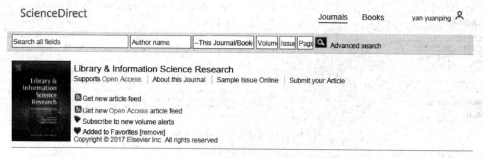

图 4-16　期刊收藏和最新卷期提醒界面

② Topic Alerts（主题提醒）：用户可在学科提醒界面如图 4-17 中对感兴趣的主题领域进行选择，点击"go"按钮完成学科设置，系统会定期把设置好学科的相关内容推送到用户注册的邮箱，在用户个人定制页面，也会定期更新感兴趣的 25 篇新文章列表。如图 4-17 所示，选择化学工程学科，然后在此学科下选中该学科下面的主题如生物工程 bioengineering，点击 RSS 订阅，系统会根据将设置好的化学工程方面有关生物工程主题内容推送到用户注册的邮箱。

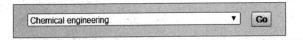

图 4-17　Topic Alerts 管理界面

③ Search Alerts（检索提醒）：若检索结果近期常用，可在在执行检索时，在检索检索旁点击"Save search Alert"设置检索提醒，用户登录后可在高级检索界面中编辑、修改和调用设置好的检索提醒内容，如图 4-18 界面所示的保存检索历史（save history as），调用检索历史（recall history），清除检索历史（clear all）等编辑。可对检索历史主题命名，推送周期可选择按照周（weekly）、日（daily）和不定期（inactive），系统会按照设置将相关内容发送到邮箱去，如图 4-19 所示。

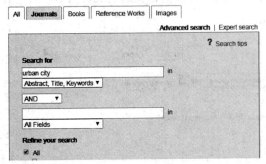
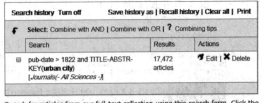

图 4-18　检索历史编辑界面

4.1.5 检索实例

【例 4-1】 课题名称：城市密集模式研究

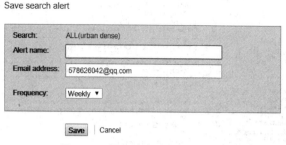

图 4-19 保存检索式提醒界面

课题背景：城市是人类文明和社会发展的结晶，同时也是一个极为复杂和庞大的体系。当前我国城市新一轮的建设发展正在如火如荼地进行，众多城市大规模的边缘郊区开发建设活动和城市自身规模的盲目无序扩张导致了众多的城市问题。事实证明发展低密度与城市郊区化的解决办法并不能真正解决城市发展中的问题，而且并不利于像中国这种人口众多、资源缺乏的发展中国家城市的发展，如果放任城市边缘郊区的开发建设长期蔓延下去，城市越建越大，体积越来越臃肿，城市矛盾只会加剧而不可能得到缓解，"过去半个世纪中，很多美国城市也曾经历了向郊区低密度地区'蔓延'式的扩张，但近年来，越来越多的人对这种'蔓延'提出质疑并倡导'精明发展'的新理念"。（美国规划师协会前会长萨姆·卡塞拉）。城市必须要成为密集的城市，与开放的生态空间相结合，才能更好地发展。本课题主要是针对城市现有的密集模式发展方向的问题，提出精明发展模式，以更加有利于城市的发展。

确定检索词：城市（uban、city、cities）；密集（dense *、compact）；模式（form、model、pattern），精明发展（smart growth）。

选择检索方式和检索途径：选择高级检索（Advanced Search），限定检索字段为"Abstract，Title，Keywords"。

输入检索式：精明发展作为一个专有概念，因此用大括号 { } 实行精确检索，故检索式应表达为：(uban or city or cities) and (form or model or pattern) and { smart growth }，如图 4-20 所示，资源类型和年份都未限制，检索结果有 17 篇文献。通过对检索结果的判断，检出来的结果跟课题密切相关的，如图 4-21 所示。如果检索结果较少，可以将字段不限制，如选择 all fields 字段，可以扩大检索范围。

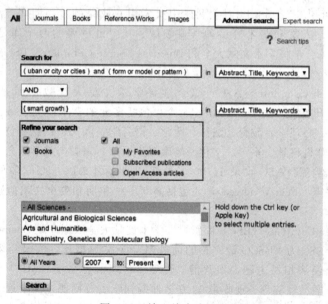

图 4-20 输入检索式界面

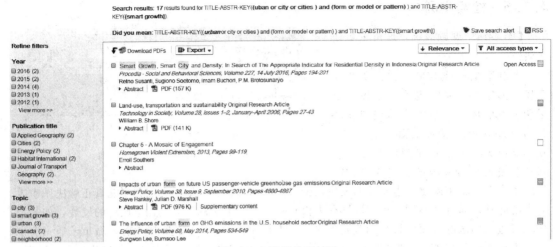

图 4-21 课题检索结果

点击感兴趣的文章标题进去详细页面，在线阅读全文，也可以在检索结果页面或者详细页面点击"pdf"图标下载全文，通过 Recommended Articles、Citing Articles 信息找到和课题相关的其他文献，扩大了检索的思路。

4.2 EBSCO 数据库

4.2.1 简介

EBSCO 是目前世界上最大的提供学术文献服务的专业公司之一，是一个具有 60 多年历史的大型文献服务专业公司，提供期刊、文献订购及出版等服务，总部在美国，在全球 22 个国家设有办事处。开发了近 400 个在线文献数据库产品，以期刊为主，其中许多是被 SCI（美国《科学引文索引》）、SSCI（社会科学引文索引）收录的核心期刊，涉及自然科学、社会科学、生物医学、人文和艺术等多种学科领域。其中最重要的两个库是 Academic Search Complete（ASC）综合学科学术文献大全和 Business Source Complete（BSC）商管财经学术文献大全。

Academic Search Complete（ASC）综合学科学术文献大全数据库是 Academic Search premier（ASP）的升级版，收录了 1887 年至今，包括多元的学术研究领域，如生物科学、工程技术、社会科学、心理学、教育、法律、医学、语言学、人文、信息科技、通讯传播、公共管理、历史学、计算机科学、军事、文化、健康卫生医疗、宗教与神学、艺术、视觉传达、表演、哲学、各国文学等。ASC 收录 16700 多种期刊的索引文摘、8500 多种全文期刊，其中 7300 多种为同行评审（Peer-reviewed），还包括 800 多种非期刊类全文出版物如书籍、报告及会议论文等。

Business Source Complete（BSC）商管财经学术文献大全数据库是 Business Source Premier（BSP）的升级版。BSC 为 EBSCO 最完整的商管财经全文数据库，收录年限从 1886 年至今，包含的主题为商业经济相关主题，如营销、管理、管理信息系统（MIS）、生产与作业管理（POM）、会计、金融、经济等。现收录 6200 多种期刊索引及摘要，其中近 3800 种全文期刊，1960 多种为 Peer-reviewed 同行评审；另外 BSC 中包括近千种书籍专著、企业背景介绍、国家经济报告、行业报告、全球知名企业高层管理人员以及财经分析家的访谈录、市场研究报告等。

4.2.2 检索方法

EBSCO 所提供的数据库都在 EBSCOHost 在线参考信息系统平台上，在此平台上提供多种 EBSCO 自己的全文数据库和其他著名信息提供商提供的数据库，如图 4-22 所示。一般登录校园网图书馆主页，进入该数据库网站：http://search.ebsohost.com。

图 4-22 EBSCOHost 平台主界面

在图 4-22 所示的平台主页上，用户点开"选择数据库"链接，在"□"中勾选一个或多个数据库，点击确定按钮后即可进入所选库的检索界面。数据库给用户提供的检索界面语种显示除英文外还有德文、法文、中文、日文等 11 种，通过 Language 的下拉菜单选择用户熟悉的语言，如中文简体，就呈现中文简体的检索界面。

EBSCO 中的基本检索功能是关键词检索。EBSCOHost 平台提供两种检索方法：基本检索（Basic Search）、高级检索（Advanced Search）。其中基本检索和高级检索又分别提供关键词（Keywords）、主题（Subject Terms）、出版物（Publications）、索引（Indexes）、参考文献（References）和图像（Images）等多种辅助检索功能。不同数据库检索界面基本一致，但提供的检索字段和辅助功能略有差异。

EBSCO 数据库主界面是基本检索界面，默认为关键词检索，可以在检索输入框中输入单一的检索词，也可以输入词组，检索词或词组之间可用检索算符连接组成检索表达式。

每个特定的数据库都有特定的检索技术和运算符，EBSCO 数据库常用的检索运算符有以下几类：

① 布尔逻辑算符逻辑与"AND"，逻辑或"OR"，逻辑非"NOT"。

AND 用于缩小检索范围，类似于"交集"概念。例如："legal case" and "civil rights" 会检索到的结果中既包含"法律案件"也包含"民事权利"。

OR 用于扩大检索范围，类似于"并集"概念。例如：college or university 检索的结果中或者包含 college，或者包含 university。

NOT 用于排除检索结果中不需要的项，类似于"非"的概念。例如，CookiesNot computer 检索的结果中只包含和烘焙曲奇相关，但不包含和计算机浏览历史记录相关的结果。

② 通配符（?，*）"?" 只替代一个字符，例如：输入 wom? n，检索结果为 woman、women。"*" 可以替代一个字符串，例如：输入 comput*，检索结果为 computer、computing 等。

③ 位置算符（Wn，Nn）用来限定关键词出现的顺序和位置关系。"Wn" 表示关键词的出现顺序依据检索词输入的顺序，检索词之间最多可以加入 n 个词，例如：tax W8 reform 可以检索出 tax reform，但不能检索出 reform of income tax。"Nn" 表示关键词出现的顺序不必依据输入词的顺序，检索词之间最多可以加入 n 个词，例如：tax N5 reform 表示在 tax 和 reform 之间最多可以加入 5 个任意词，检索出 tax reform、reform of income tax 等。

④ 该系统输入的词组不需加双引号，单复数也不需加"s"，如检索 composite，则检索结果中包含 composite 和 composites。

无论是基本检索还是高级检索都可以从主界面的检索进行检索选项的设置，通常包括限定条件和结果选项，不同的数据库也可设置不同出版物类型等条件限制。

　　a. 全文（full text）：只检索有全文的文章，没有全文的文章则不会在检索结果中出现。

　　b. 学术期刊［Scholarly (Peer Reviewed) Journals］：检索有专家评审的期刊中的文章。

　　c. 出版物（Publication）：在限定的出版物中检索。

　　d. 出版物类型（Publication Type）：在限定的出版物的类型中检索，如：期刊、报纸、书等。

　　e. 出版日期（Published Date）：在限定的文献的出版时间范围中检索。起、止时间可以填一个也可以两个都填，以表示：在一个时间之前、在一个时间之后、在两个时间之间。

　　高级检索（Advanced Search）提供更多检索方式和检索选项，适合有各种需求的读者使用，使检索更加快捷、准确。在检索框中根据需要选择检索字段，输入检索词，使用下拉菜单选择逻辑算符，进行逻辑组配。可供检索的检索字段有：TX所有文本、AU作者、TI标题、SU主题语、AB文摘、SO来源、ISSN和ISBN，如图4-23所示。检索输入框可以增加至12个，点击"＋"便可展开。在高级检索界面可以直接设定检索模式，进行条件和结果的限制，如出版物名称、是否全文、出版日期、出版物类型、同行评议期刊和图片等。

图 4-23　高级检索界面

　　同样可以利用限制检索和扩展检索，功能与基本检索相同，所不同的是高级检索有一个检索历史记录表，其中出版物类型指只检索发表在指定类型的出版物上的文章，可多选；封面报导指在期刊封面上着重介绍的文章；附带图像的文章指检索有图片的文章。

　　另外，与基本检索相比，高级检索增加了"检索历史/快讯"功能，帮助使用者记忆检索过程、方便表达式构建，在高级检索中点击"Search"按钮进行新的检索，都会在历史记录表中产生一条新的检索历史。每一条历史记录有一个编号，可以用这个编号代替检索命令用于构建检索表达式。用历史记录构建表达式去检索会产生一条新的历史纪录。可以打印和保存历史记录表，以便再次检索时使用。

　　不论在基本检索或高级检索中，除了最基本的关键词检索功能外，如果只选择一个数据库检索如Academic Search Complete，则可使用主题词（Subjects）、出版物（Publications）、索引（Indexes）、参考文献（References）、图片（Images）等辅助检索功能，辅助检索功能依据选择的数据库不同而不同。

① 出版物检索（Publications）。点击"出版物"（Publications），可浏览或直接键入刊名进行检索，如图 4-24 所示。可以检索数据库中收录的所有刊物，点击某一刊名，能浏览到该刊的刊名、出版商、文摘、全文的收录年限等信息。

图 4-24　出版物检索界面

② 公司概况检索（Company Profiles）。在单独检索商业资源 Business Source 系列数据库时，点击 Company Profiles 即可打开公司概况数据库的检索界面，如图 4-25 所示，可以浏览或检索公司名称。检索结果提供某一公司的基本情况，具体内容包括公司名称、所属国家、城市

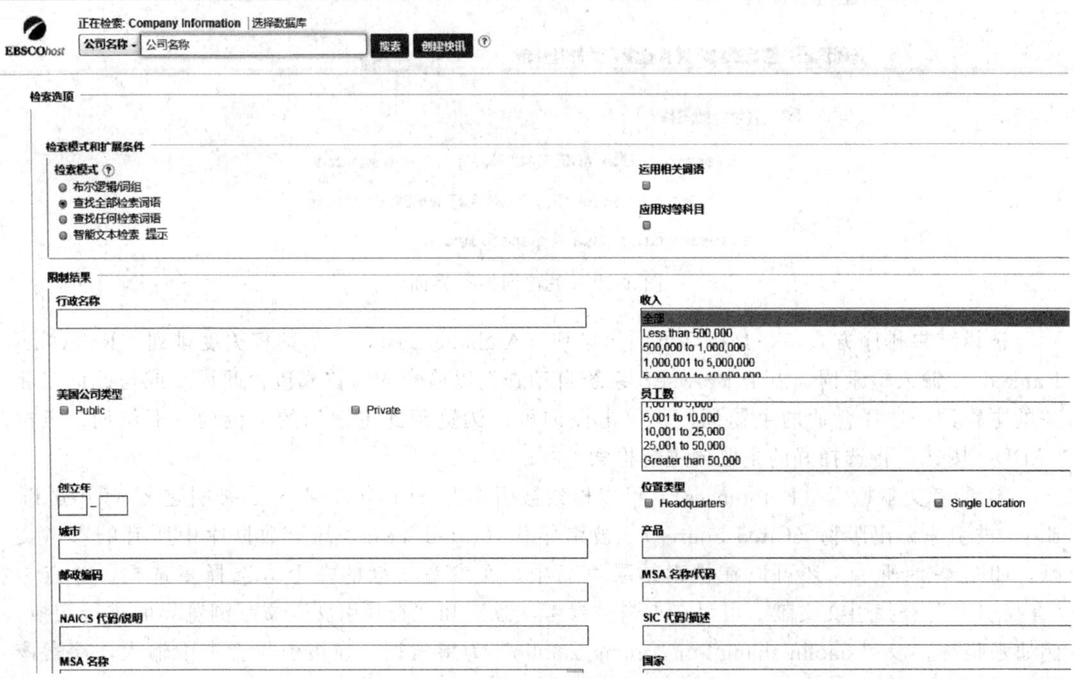

图 4-25　公司概况检索界面

和州及收入等信息，点击链接，则显示公司的详细情况。例如，以"amazon"为关键词检索，可查看与亚马逊公司相关信息，如图4-26所示。

图 4-26　亚马逊公司的检索界面

③ 主题词检索（Subject Terms）。"Subject Terms"是一个非常有用的途径，不同数据库的中文界面翻译不同，如 ASC（Academic Search Complete）为"主题词语"导航栏，BSC（Business Source Complete）数据库则为"辞典"导航栏，所有数据库主题检索则为"科目"导航栏。通过 EBSCO 自建的主题词表进行检索，该主题词表是按主题词的字母顺序排列的，可翻页浏览，查看需要的主题词；也可以在浏览输入框中输入检索词，如图4-27所示。

图 4-27　主题词检索界面

选择结果排序方式：一是按字母顺序排列（Alphabetical），二是按相关度排列（Relevancy Ranked）。输入检索词，点击 Browse，系统自动查询以检索词为首或包含此词、或与此词最相关的主题词；选择合适的主题词，并单击该词可以浏览到此主题词的上位词、下位词；点击"ADD"按钮，将选择好的主题词进行检索。

④ 参考文献检索（References）。可以检索被引作者（Cited Author）、被引题名（Cited Title）、被引来源出版物（Cited Source）、被引年代（Cited Year）甚至数据库中所有的参考文献，如图4-28所示。还可以在检索结果页面中，在参考文献的左上方选择复选框，并点击"查找引文"查找引文文献。可以在点击"参考文献"和"查找引文"文献浏览界面进行切换。例如张晓林，以"xiaolin zhang"or"zhang xiaolin"为检索词，在被引作者书中输入，检索该作者的参考文献如图4-29所示。

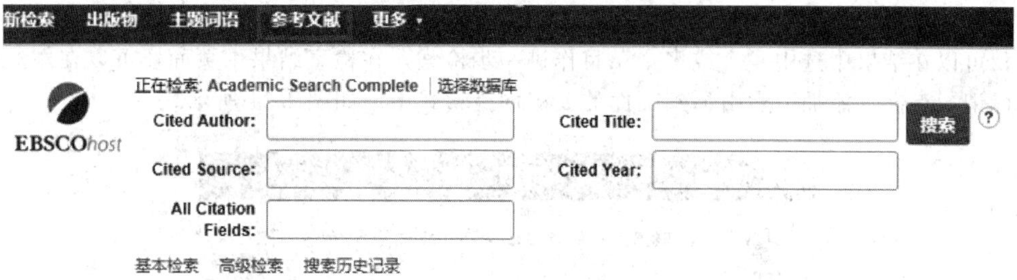

第 4 章 外文期刊全文数据库

图 4-28 参考文献检索界面

图 4-29 被引作者参考文献检索界面

⑤ 索引检索（Indexes）。如图 4-30 所示，在导航栏中"更多"按钮，可以在浏览索引下拉框中选择某一字段如作者、刊名、ISSN、语种、主题词等，在检索框中输入某一索引词全

图 4-30 索引检索界面

部或部分，点击"浏览"就可以检索到相关的索引信息，从而列出数据库收录的所有该范围的条目，可以在结果中选中一个或多个条目作进一步检索，在检索结果中页面还可以在左边方框中作标记，点击"添加"索引词到上面的关键词检索式中。如图 4-31 所示。

图 4-31　作者索引检索界面

⑥ 图像检索（Image Collections）。输入检索词，检索词之间可用逻辑算符组配。如在 ASC 数据库图像检索中，在检索框中输入图像描述词，选择检索模式以及图像类型，点击检索即可检索数据库中相关的图像及描述信息。例如：检索关于 baseball and Boston 图片，可利用提供的选项进行特定种类的图像的检索，提供的选项有：人物图片（Photos of people）、自然科学图片（Natural science photos）、某一地点的图片（Photos of places）、历史图片（Historical photos）、地图（Maps）或国旗（Flags），如果不作选择，则在全部图片库中检索，如图 4-32 和图 4-33 所示。

图 4-32　图像检索界面

图 4-33　检索结果详细页面

4.2.3　检索结果及处理

点击"检索（Search）"按钮，就会出现检索结果清单，清单将显示数据库名称及检索式，并可点页面底端上一页或下一页。每一条记录包括如下信息：文章题名、作者、来源报刊、卷期、页码、主题及图表。另外，如果有全文，系统会根据全文的类型（PDF Full Text、HTML Full Text）用不同的图标显示，且文章有 HTML 格式，可以在线看全文，包括翻译功能，并有朗读功能，可选择不同国家口音。

例如以 ASC 和 BSC 为检索来源数据库，以"big data"为关键词检索，检索结果如图 4-34 所示。检索结果显示页面左方，可分面精确，如限制全文、参考文献及期刊类型、出版日期、资源类型、出版者、主题、公司和数据库等，页面右方提供公司信息、通讯社和图像等相关内容链接。

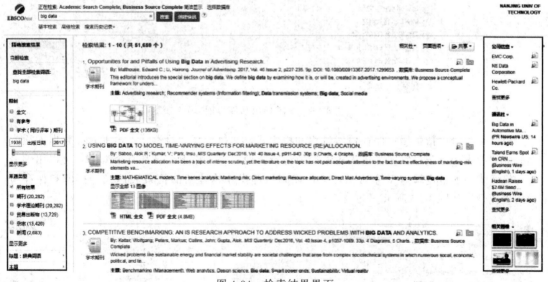

图 4-34　检索结果界面

点击文章详细页面，打印 PDF 的全文，使用 PDF 浏览器提供的打印功能打印。

E-mail：可以选用 E-mail 发送摘要信息、全文，也可以选择用其发送可以连接到数据库中的文章的链接地址。

存盘：可以保存文章、保存链接和保存书目信息。

在文献检索结果页面，添加到文件夹，便可以短期内收藏到文件夹中，如果想下次永久保存，应登录我的个人文件夹，首先需要创建我的 EBSCOhost 账号，并且登录，如图 4-35 所示。

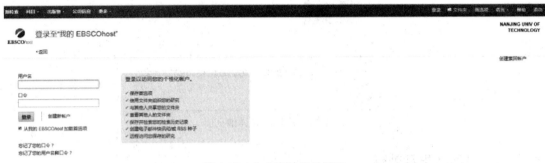

图 4-35　个人账号登录界面

登录之后，在文献检索结果页面，点击检索记录右边可以添加增加至文件夹，登录我的个人文件夹界面，可以新建文件夹，并给予命名。也可以对添加进的文献内容进行删减编辑。

引用界面提供参考文献格式，然后导出至文献管理软件，也可邮件发送，如图 4-36 所示。

图 4-36　文献导出功能界面

检索历史可以帮忙用户保存检索过程和检索式，并执行复杂检索。点击 Ebsco 数据库检索界面的"搜索历史记录"即可进入检索历史记录界面，每条检索记录都有个编号，可以用编号代替检索式，通过逻辑运算符 AND、OR 或删除等操作构建新的检索表达式，打印和保存检索历史记录，如图 4-37 所示。

图 4-37　搜索历史记录保存界面

可以设置感兴趣的检索内容和期刊定期推送。

4.2.4 检索实例

【例 4-2】 检索有关软件知识产权滥用的法规方面的外文文献。

课题背景：软件产生于 19 世纪 50 代，随后对软件的知识产权保护便成了一个很重要的法律问题。学界对计算机软件的知识产权保护的研究由来已久，形成了一定的共识。总的来说，对软件的保护都是通过知识产权制度进行保护，只是在具体知识产权制度上有所不同，同时对计算机软件的保护一般多主张进行版权保护，虽然经过了几十年的探讨，在现实中，无论是软件的权利人，还是软件的使用者，对软件保护的现状仍不理想，要解决这种矛盾，对计算机软件保护的法律制度的完善是必要的。

确定检索词：软件（software）、知识产权（intellectual property）、滥用（abuse, abusing—abus * ），其中知识产权又包括专利法（patent）和版权法（copyright），滥用的相关词还有盗版（piracy, pirate, pirated—pira * ）、保护（protect, protection—protect * ）。

选择数据库：选择数据库为 Business Source complete 和 Academic Source complete。

选择检索方式和检索途径：选择高级检索（Advanced Search），限定检索字段为篇名（Title），用户可以根据自己的喜好确定检索途径。

输入检索式：如图 4-38 所示，得到 86 条结果，经对结果进行判断，基本符合课题要求。

图 4-38 检索结果界面

4.3 SpringerLink 数据库

4.3.1 简介

Springer 于 1842 年在德国柏林创立，是世界上著名的科技出版集团，在全世界，Springer 获得了 500 余家学术协会及专业社团的出版授权。SpringerLink 是全球最完整的科学、技术和医学数据库在线资源，引领世界学术潮流。在全世界，Springer 获得了 500 余家学术协会及专业社团的出版授权。作为世界领先的研究平台，SpringerLink 拥有超过 800 万篇文献，包括图书、期刊、参考工具书、实验指南和数据库。Springer 电子期刊回溯数据库包含超过 200 万篇文章，可回溯至第一卷第一期。

Springer 电子期刊每年可访问期刊超过 1800 种，回溯年份最早至 1997 年，涵盖了自然科学、技术、工程、生物学和医学、法律、行为科学、经济学等 11 个学科。IP 控制，无并发用户限制，随时出版、随时更新。Springer 出版的期刊 60％ 以上被 SCI 和 SSCI 收录，一些期刊在相关学科拥有较高的排名。如 Acta Mathematica（数学学报）、Analytical and Bioanalytical Chemistry（分析和生物分析化学）、Journal of High Energy Physics（高能物理学报）、The Astronomy and Astrophysics Review（天文学和天体物理学评论）、Landslides（地质滑坡）、Acta Neuropathologica（神经病理学报）、Brain Structure and Function（脑结构和功能）、The Oretical and Applied Genetics（理论与应用遗传学）、Archives of Sexual Behavior（性行为纪要）、Psychonomic Bulletin & Review（心理环境通报与评论）、Journal of Economic Growth（经济增长期刊）等。

4.3.2 检索方法

登录检索平台网址（http://link.springer.com），检索界面如图 4-39 所示。该检索平台适应各种移动终端、智能手机。

从主页看出分为三种部分：搜索功能、浏览功能和个性化内容提供。

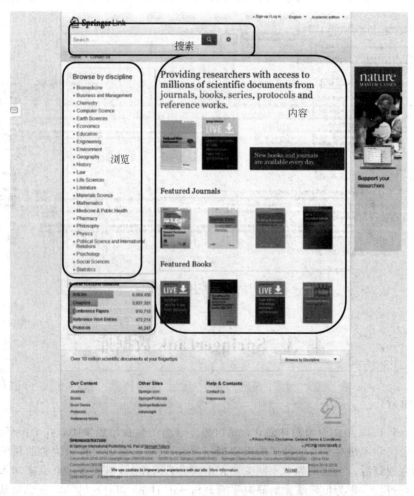

图 4-39 SpringerLink 数据库主页

最上方为搜索检索区,左边按照学科浏览,右边为内容类型提供。页面脚注可浏览内容分为内容类型、其他 Springer 链接、协助和联系方式等。

如图 4-39 所示,它可以提供 800 万篇以上文献。按照颜色识别客户类别,橙色表示匿名用户,紫色代表可识别客户。图示为紫色,为自动在可识别的 IP 范围内登入,将自动识别为该机构的一部分。

主页左方提供按照主题浏览检索,有 24 个主题。点击主题分类下的任一主题类型,如生物医学(Biomedicine)进入检索结果文章浏览页面,如图 4-40 所示,可以浏览该主题下面所有的资源类型、各类型的数量统计。

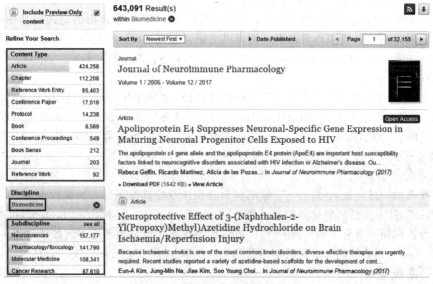

图 4-40　主题浏览检索结果界面

搜索功能设置在主页最明显和突出的位置,数据库主页默认提供快速检索,直接输入检索词,关键词可以是一个单词也可以是多个单词,支持逻辑运算符,如图 4-41 所示,提供高级检索和搜索帮助按钮。搜索输入框有关键词自动建议功能(以谷歌关键字数据为准),如图 4-42 所示。

图 4-41　快速检索界面

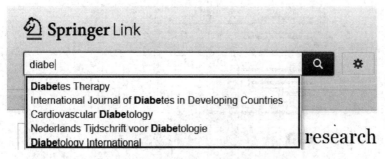

图 4-42　搜索关键词自动建议功能界面

4.3.2.1 检索技巧

平台常用的检索技巧如下。

（1）支持词根、词干及单复数检索

如搜索"running"将返回包含"runner""run""ran"等匹配项。

（2）短语检索

使用英文双引号""作为词组检索算符，在检索时将英文双引号内的几个词作为一个词组检索。在 SpringerLink 中短语检索的表示方法是在检索词上加上英文半角状态下的双引号。短语检索时，系统会对检索词进行自动词根检索。

（3）支持逻辑运算符，不区别大小写

AND：检索出的记录包括由 AND 分开的所有的词；OR：检索出的记录包括由 OR 分开的任意一个词；NOT：缩减检索范围，检索出的记录包括 NOT 前的词，但是不包括 NOT 后的词。如果在搜索中包含多个运算符，则按以下优先顺序："NOT""OR""AND"。

（4）位置算符

系统提供"NEAR"和"ONEAR"2 种位置算符。"NEAR"表示 2 个检索词之间最多可以插入 10 个词，位置不限；"NEAR/n（n<10）"，表示 2 个检索词之间最多可以插入 10 个词，位置不限；"NEAR/n（n<10）"，表示 2 个检索词之间最多可以插入 n 个词，位置不限；"ONEAR"表示 2 个检索词紧挨着，位置可不变。

（5）通配符的应用："＊"及"？"

作为搜索的一部分输入的"＊"被解释为替换任意数量的字母，例如搜索 hea＊ 将返回包含以"hea"开头的任何单词的结果，例如"head""heats""health""heated"和"heating"等。若作为搜索词一部分中输入问号"？"被解释为替换任何单个字母。例如搜索 hea? 将仅返回包含以"hea"开头的四个字母的单词的结果，例如"head""heat"和"heal"等。

4.3.2.2 高级检索

在数据库首页快速检索栏的设置 ✱ 标识下拉框中点击 Advanced Search 可进入高级检索界面，如图 4-43 所示。

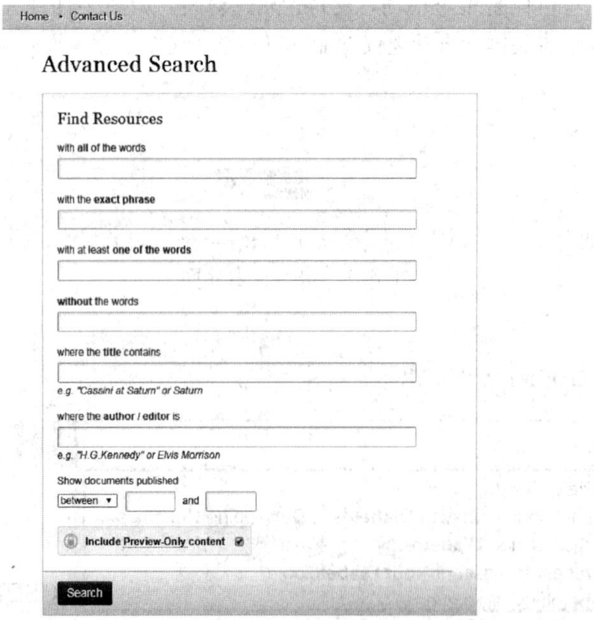

图 4-43 高级检索界面

高级检索界面中包括关键词检索、短语检索、标题检索，包括逻辑运算符运算应用如 AND、OR 及 NOT。限制作者字段及出版时间范围，如果只显示权限范围内文章，去除只能预览的论文勾选框，点击检索按钮。

在数据库首页选择内容类型浏览方式，单击"Our Content"下面的"Journals"进入期刊检索界面，如图 4-44 所示。选择权限范围内可查看的期刊，检索结果如下。期刊列表包括所有期刊题名、刊名图片和卷期信息。

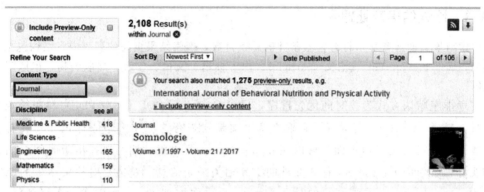

图 4-44　期刊浏览界面

① 单击刊名（Journal）：例如点击"统计与计算（Statistics and Computing）"进入期刊浏览界面，如图 4-45 所示，得到期刊介绍信息，包括期刊封面图片、ISSN，期刊内容如影响因子、卷期数、文章总数、开放存取文章总数量、可获得的出版卷期，相关主题及最新出的文章。

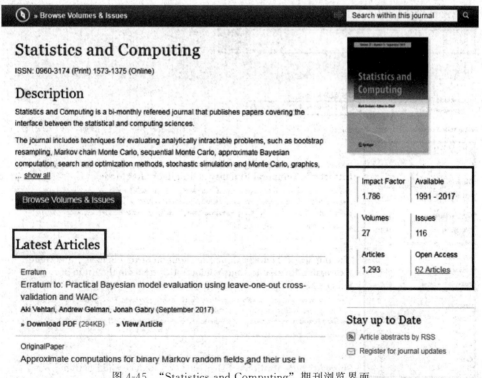

图 4-45　"Statistics and Computing"期刊浏览界面

② 浏览卷期 Browse Volumes & Issues ，查看所有的卷期信息链接。
③ 单击文章篇名，可以在线看全文信息，下载 pdf，导出引文，社交网络媒体共享文章。
④ 查找卷期，如果知道具体是某期，可以输入卷期，直接查找某期文章。
⑤ 搜索功能，如果想要在本刊中检索相关内容，可以输入检索词，查找本刊内的相关内容。
⑥ RSS 订阅本刊最新文章推送信息。

4.3.3 检索结果及处理

检索结果页面通常显示符合检索条件的总条目数，搜索结果页面的列表内容结构包括有文章类型，如期刊（journal）、论文（Article）、内容标题、文摘、作者、出版刊物、出版时间和卷期等。

文章排序默认方式为按时间优先排序，提供 Download PDF（下载 PDF）和在线查看全文链接（View Article）。若为开放存取文章，文献列表有 Open Access 标识。列表右上方可以输入页码跳转到任何页面，可以在 data published（出版日期）选择出版时间范围；点击箭头标识 可以下载 CSV 格式文件的文献相关题录信息。左边是对检索结果的二次限制检索（Refine your search），如从 Content Type（资源类型）、Discipline（学科）、Language（语言）等不同检索维度进一步缩小检索范围，根据用户需要提高检准率。每一个限制类目下有资源总量统计，可以帮助用户分面检索。还可在检索输入框输入检索词进行在原有结果中进一步限制检索，例如输入"gene（基因）"关键词，并将资源类型限定为"article"，缩小检索范围。如图 4-46 所示，检索结果总数范围缩小。检索结果页面左侧"Refine your Search"上方有一个选项"Include Preview-Only content"即是否要显示只能预

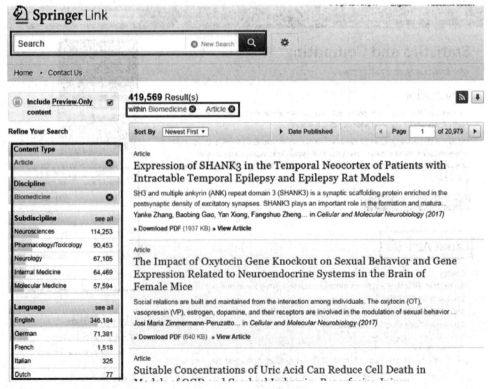

图 4-46 二次检索结果界面

览的论文（没有全文下载权限，但可以阅读第一页内容）。如果只需阅读在访问权限内的文献，可以去除勾选。

4.3.4 检索实例

【例 4-3】 查找基于物联网的智能家居研究与发展相关的外文文献。

课题背景：随着时代的进步，科技不断进入社会与家庭，为人们提供了各种便利和需求，智能家居的概念开始走向大众并成为一段时间以来科技界的热门话题，其广阔的应用前景和市场需求，吸引各大电子厂商纷纷投入到智能家居系统的研发中，并取得了长足的进步。物联网作为新一代信息技术的重要组成部分，受到了科技界的广泛关注，是继计算机、互联网与移动通信网之后的世界信息产业第三次浪潮。当今社会人们的需求不断提升，物联网智能家居则是这种不断提升需求的服务产品。因此，基于物联网的智能家居也成为当前人们课题研究的热点之一。

确定检索词：智能家居的英文关键词有："smart home""home Automation""homenet" "intelligent home""Network Home"和"intelligent household"；物联网英文关键词为："internet of things"。

检索方式可选择简单检索，输入检索式：（"smart home" OR "home Automation" OR "homenet" OR "intelligent home" OR "Network Home" OR "intelligent household"）AND "internet of things"

查看检索结果，符合要求的如图 4-47 所示，通过对检索结果判断，符合课题需求，若检索范围过大，可根据左边分面栏目进行二次精炼。

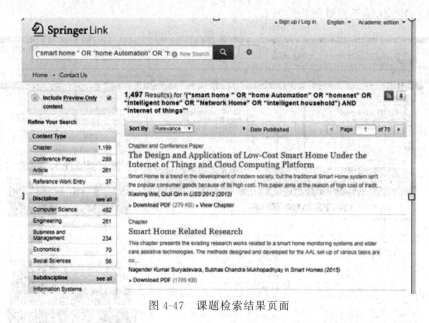

图 4-47 课题检索结果页面

4.4 其他数据库

前三节介绍的电子期刊全文数据库学科具有综合性，本节将在其他数据库中简要列出一些专业学会出版的期刊全文数据库。

4.4.1 ACS 美国化学学会数据库

美国化学学会简称 ACS（American Chemical Society），成立于 1876 年，现已成为世界上最大的科技学会之一，ACS 一直致力于为全球化学科研机构、企业及个人提供高品质的文献资讯及服务。全球拥有超过 16 万会员，是世界上最大的科技学会之一，其权威性和影响力受到全球化学界人士认可和推崇。ACS 数据库包含 1400 多本同行评审的电子书，ACS Symposium Series 会议录系列（1974~2016）及 C&EN 化学与工程新闻，包括科研、技术、教育、商务、立法、政策等方面，并报道美国化学会的会务和活动。

其中 ACS 电子期刊内容涵盖 24 个主要的化学研究领域，有 46 种 ACS 期刊被 SCI 收录，有 21 种 ACS 期刊的影响因子超过 5。

2015 年《期刊引用报告》（JCR），被誉为化学领域中被引用次数最多的期刊。ACS 出版物内容，截止到 2017 年，期刊有 49 种，OA 期刊 2 种，还有 1400 本电子书周刊杂志。

ACS 期刊涵盖 20 多个与化学有关的学科，主要包括经典化学、化学工程、能源与环境科学、生物化学、药物化学、材料科学、纳米技术、农业与食品化学、理论化学、信息化学、地球化学等，并且有多种跨学科化学期刊。如化学研究述评：化学与生物化学领域的基础研究与应用的评论性文章。化学评论：非常高的 IF 影响因子，最新的重要的化学研究的综述性文章。化学教育：与化学教育学有关的期刊。

用户访问 ACS 数据库时不需要支付国际流量费，不限制并发用户数量，采用 IP 地址控制访问权限。登录 ACS 网站主要界面，如图 4-48 所示。从该主界面看，有 ACS 作者每周编辑精选 OA 文章的图片滚动报道。正下方为 ACS 出版物的列表，右边为邮件订阅推送提醒服务，右下方为 C&EN 化学工程最新新闻列表。

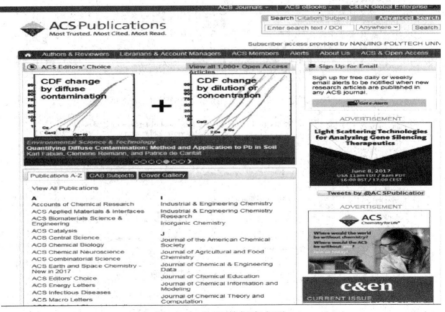

图 4-48　ACS 数据库主页

在 ACS 数据库主页导航栏 ACS Journals，可以查看 ACS 所有期刊按照 A-Z 字母排序显示，也可从主页下方的 view all publications 可以查看所有出版物期刊，主页界面提供三种方式列出，如字母 A-Z 顺序，按照学科分类及出版物实物图导航列表。

例如，以 Journal of the American Chemical Society《美国化学学会会志》JACS 期刊为例，

点击进入，如图 4-49 所示，该刊包括文章图片滚动报道，收录文章文献显示列表（显示有题名、作者、收录卷期、出版时间、图片、表格图片、PDF 下载等）。文章显示按照栏目分类选择列表，如 Articles ASAP，在纸本期刊出版前看到当月最新文章，已经做过技术编排；Just Accepted 为该刊最新收录的文章，经过同行审阅，未交付技术编排；Most Read 为被访问最多的文章；Virtual Issues 为虚拟专题期刊，ACS Editors'Choice 为期刊编辑为读者挑选的文章，可免费获取。期刊右边为该刊的详细介绍，显示刊物的影响因子，出版文章和参考引文总量。右下方为 C&EN 化学与工程新闻内容，点击标题链接可以进入文章详细列表页面。

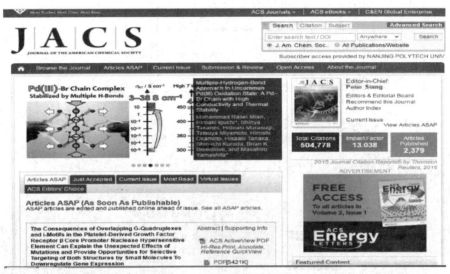

图 4-49　JACS 期刊主页

ACS 期刊主页页面右上方提供三种快速检索方式：关键词检索、查询指定期刊卷期号及学科检索（CAS 的学科分类），如图 4-50 所示。

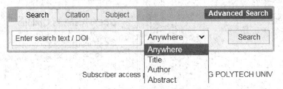

图 4-50　快速检索输入框

如图 4-51(a) 所示，在高级检索（Advanced Search）界面中，用户可以设置多个条件进行复合条件检索，提高检索结果与预期目标的匹配度，使检索结果更加精确。

用户可在字段对应的检索框中输入检索式：文献、文章任意处、题名、作者、文摘、图/表标题进行复合条件检索。

如图 4-51(b) 所示，其他限定选项的检索界面，可限定检索资源、学科类别，用户只需在 Content Type 区域，点击 Modify Selection 选择资源类型和学科分类，点击 update 完成设置，即在选定的资源和学科类型中查找。

限定出版日期，从 Publication Date 中选择年份，限定时间范围；对检索结果是否为开放存取文章、预出版的文章及化学工程新闻中表格和广告是否被检索出都设置了限定选项。

用户可以在检索结果页面中查看检索结果或重新组织检索结果，如筛选、下载、保存检索式、定制 RSS Feed 服务等。

ACS 数据库提供四种方式检索全文，如图 4-52 右侧所示：① Full Text HTML 格式，可

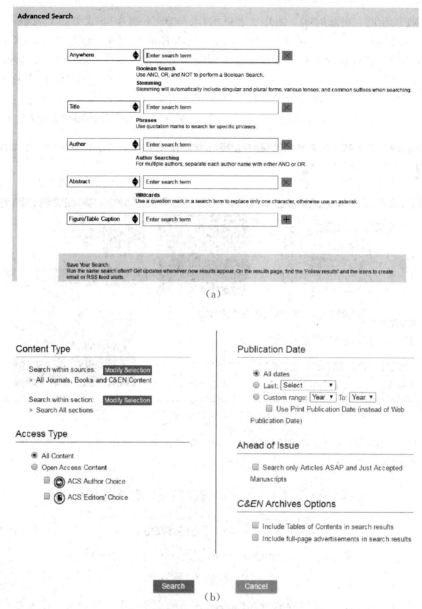

图 4-51 高级检索界面

下载文献中的图片,也可链接到参考文献;② PDF 格式的图片无法选取保存,引文和参考文献没有链接,文件占内存,适用于打印。③ PDF w/Links 点击图片可查看高分辨率大图,图片和参考文献都有链接,无法为全文标示重点和增加批注文件较小,适合保存。④ ACS ActiveView PDF 开启全文需要的时间比较短,并有编辑功能,可以添加批注,通过 Reference QuickView 窗口查看参考文献。

检索结果页面左侧包括分面检索按钮如 "CONTENT TYPE"(资源类型)、"AUTHOR"(作者)、"PUBLICATION"(出版物)、"MANUSCRIPT TYPE"(文稿类型)、"SUBJECT"(主题)、"PUBLICATION DATE"(出版时间)多个维度,方便用户进行筛选,二次检索,如图 4-52 所示。

在检索结果页面及详细结果页面,可以选中该文章前面的复选框,点击 Add to ACS ChemWorx

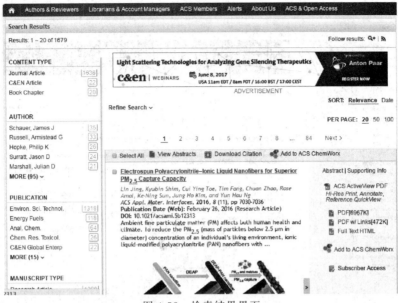

图 4-52　检索结果界面

将该文献导出到参考文献格式，如图 4-53 所示。

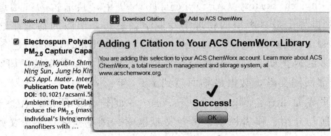

图 4-53　导出参考文献

为提高检索效率，应注册 ACS 个人账户，拥有 ACS 个人账户，可以使用个性化服务，如保存检索式、获取 ACS 推荐的文献列表等。点击 ACS 期刊主页上的左上方 Log In　Register 注册"Register"按钮，即可开始注册登录个人账户，设置个性化服务。

【例 4-4】　检索锂离子电池正极材料研究方面的外文文献。

课题背景：锂离子电池作为新一代环保高能电池，已经成为电池产业发展的重点之一。对于锂离子电池而言，其主要构成材料包括点解液、隔离膜、正负极材料等。正极材料是锂电池中最为关键的原材料，由于正极材料在锂电子电池中占有较大比例，因此它决定了电池的安全性能和成本，锂离子电池正极材料的发展引领了锂离子电池的发展。

确定检索词：锂离子电池（lithium ion battery、li-ion battery、lithium ion batteries、li-ion batteries），正极材料（cathode material、cathode materials）

选择检索方式和检索途径：选择高级检索（Advanced Search）方式，将检索字段设为标题（TITLE）。

输入检索式：（lithium ion batter* OR li-ion batter*）AND（"cathode material" OR "cathode materials"），如图 4-54 所示。通过对检索结果的判断，检出来的结果跟课题密切相关。

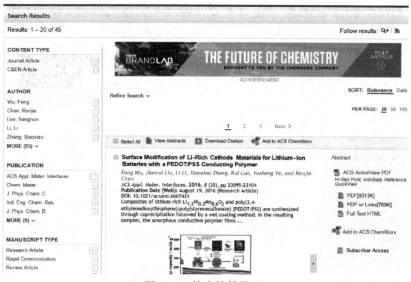

图 4-54　检索结果界面

4.4.2　APS 美国物理学会数据库

The American Physical Society（APS）成立于 1899 年，其宗旨为"增进物理学知识的发展与传播"。APS 是世界上最具声望的物理学专业学会之一，出版的物理评论系列期刊：Physical Review、Physical Review Letters、Reviews of Modern Physics，分别是各专业领域最受尊重、被引用次数最多的科技期刊之一，在全球物理学界及相关学科领域的研究者中具有极高的声望。APS 提供全部回溯文献，数据最早回溯到 1893 年。

登录数据库主页界面 http：//journals.aps.org/，如图 4-55 所示。APS 数据库期刊页面，导航栏包括期刊导航与介绍、作者检索、参考文献检索、浏览检索、参考文献、新闻报道记者及 RSS 订阅。

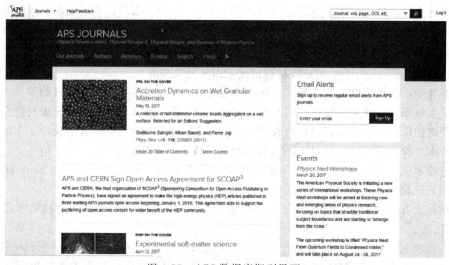

图 4-55　APS 数据库期刊界面

在期刊界面左上方的 journals 下拉框选项中选择期刊，以 Physical Review Letters 为例，进入该刊的详细界面，如图4-56所示。主页是当前期刊收录最新的文章列表，第一篇文为封面文章，其次是编辑的推荐文章，每篇显示的文章记录都包括图片、题名、出版日期、作者和出版物等。通常收录的文章列表上方都会显示文章类型，如封面文章、编辑推荐、新闻和评论及主题聚类。

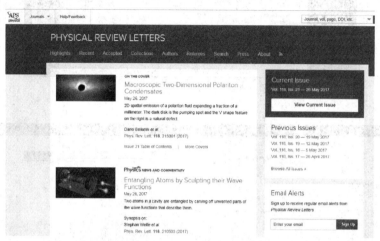

图 4-56　Physical Review Letters 期刊主页

右边有 Current Issue 可查看当前的卷期信息；Previous Issues 查看以前的卷期信息；Email Alerts 可以输入邮箱，可以推送期刊最新信息通知，每篇文章都会有相关介绍。Collections 聚合主题文章信息。

点开文章标题，进入详细页面，如图4-57所示。导航栏包括文章正文内容、参考文献、引用文献、补充材料信息，下载PDF，在线HTML全文浏览及引文导出。页面主要内容是文章摘要及图片内容，下方是作者和机构信息，作者可以提供链接。

图 4-57　期刊文章详细页面

点击数据库右上侧的文本输入框的下拉框，可以进入简单检索界面，如图4-58所示。

可选择字段包括作者、摘要、摘要/题名、题名、机构、引用作者、合作者及所有字段等，输入检索词；第二个输入框输入DOI号；第三输入框可以输入刊名卷期等信息。

点击主页导航栏 search 进入高级检索界面，如图4-59所示。高级检索界面搜索输入框可以增加，各个检索输入框可以通过逻辑运算符"AND""OR""NOT"执行检索。检索字段和简单检索所述一样。

检索结果的排序方式可以选择按照相关度、时间和被引用量。

图 4-58　简单检索界面

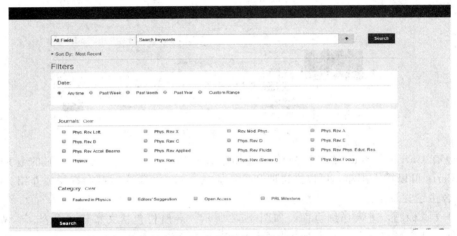

图 4-59　高级检索界面

检索结果的分面检索可以选择按照日期、期刊和文章类型三种方式。检索结果的时间范围可选择任何时间、最近一周、最近一个月、最近一年及自定义时间范围；期刊可以选择刊名；分类可以选择物理学科的特色文章，编辑推荐文章，开放获取文章及物理评论快报的里程牌意义的文章。

4.4.3　ASCE 美国土木工程协会数据库

The American Society of Civil Engineers（ASCE）美国土木工程师学会——全球土木工程领域领导者，成立于 1852 年，是美国最早成立的科技类学协会之一，另一个是 ASME，拥有 150 多年丰厚历史的国家专业工程师学会。服务来自 159 个国家的近 14 万的专业会员，为会员提供各种在线培训和研讨会。ASCE 是被美国国家标准研究所（ANSI）认证的学术组织。

ASCE 每年举办 20 场左右的学术会议，作为全球最大的土工技术类出版社 ASCE 学会，其出版物类型包括学术期刊、会议录、学会杂志、图书、手册和标准。

ASCE 的期刊，包括 36 种同行审阅期刊（1983-present），超过 420 卷会议录（1996-present），含近 1000 篇文章的《土木工程》杂志回溯刊（2005～2016），近 12 万篇文献，每年新增超过 7000 篇；36 种土木工程核心期刊，最早回溯至 1983 年，每年更新 240 多期。其中 27 种已被 SCI 收录，占总数约 3/4，由 ASCE 下属研究所管理和编辑，每篇文章都经过同行评审，注重实践价值。

ASCE 期刊数据库涵盖工程项目管理、施工、环境工程、城市规划、测量工程、地质技术及交通运输等多个主题。2015 年，ASCE 推出两种新刊，分别是《建成环境中的可持续用水》和《工程系统中的风险和不确定性，A 辑：土木工程》。该期刊数据库包含具体的期刊网址：

http://ascelibrary.org/action/showPublications?pubType=journal。

2017 年起 ASCE 使用自己设计的数据库平台,收录其所有电子出版物,全球最大的土木工程资源库,中国机构用户最多可访问超过 11 万篇文献(期刊、会议录、杂志),2016 年全年中国高校用户下载量超过 87 万,平均单篇成本低于 1 美金,在全球范围产生每月 50 万次的下载量,用户可以下载整卷会议录的 PDF 全文。ASCE 数据库登录平台如图 4-60 所示,网址为:http://ascelibrary.org/。

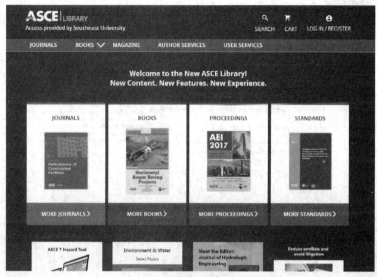

图 4-60　ASCE 数据库主页

点击 journals 导航栏进入检索界面,期刊浏览界面左侧是按照字母顺序浏览和按照主题分类筛选期刊。点击刊名进入具体期刊介绍界面,可以查看单本刊的研究范围,如图 4-61 所示。网址:http://ascelibrary.org/action/showPublications?pubType=journal。

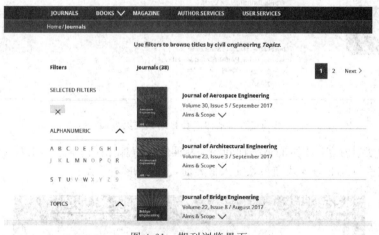

图 4-61　期刊浏览界面

以"Journal of Structural Engineering"(结构工程)期刊主页为例,如图 4-62 所示。

从导航栏左侧可以了解该期刊的基本研究范围以及编辑队伍、主编精选文章。导航栏为该刊当前卷期和所有卷期信息,左侧为该刊相关介绍,页面中间为 Most Recent 最新的文章,下方的 most read 为阅读量最多的文章,most cited 为引用量最多的文章,Related Content 为相

图 4-62 《结构工程》期刊主页界面

关的电子书和期刊内容，主页右侧为期刊相关新闻杂志信息，征稿信息和主题文集。

点击导航栏 search 进入快速检索输入框界面，如图 4-63 所示。

图 4-63 快速检索界面

高级检索点击快速检索附近的 Advanced Search 可以进入高级检索，如图 4-64 所示。

快速检索搜索框可以进行全文、题名/副题名、摘要、作者、ISSN、ISBN、doi 字段选择，若检索相关主题学科可以进入高级检索界面，选择出版物检索和出版时间等。搜索输入框支持

图 4-64　高级检索界面

关键词自动匹配功能，如搜索词为 bridge，输入框会自动跳出 bridge engineering、bridge design、Journal of Bridge Engineering 等匹配词组。

例如搜索民用建筑工程相关文献，输入检索词"civil engineering"，可以进入检索界面，如图 4-65 所示。

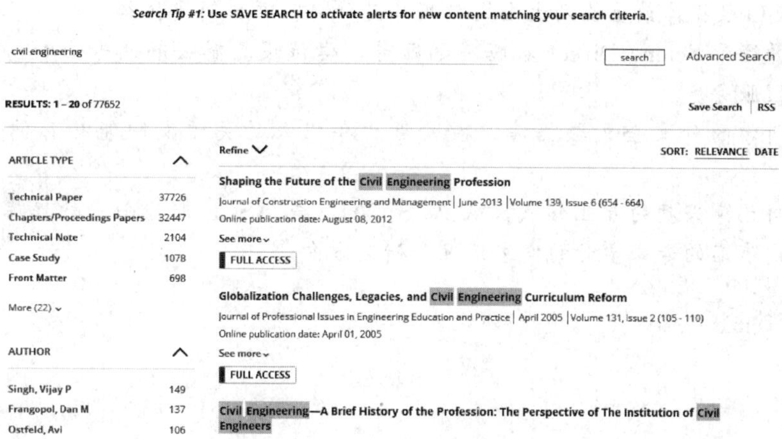

图 4-65　检索结果页面

检索结果可按相关度和时间排序，默认为按相关度排序。页面左侧进行多维度的二次筛选：文章体裁、作者、出版时间、研究主题、出版物类型、地理区域和书名。

文章体裁有以下类型：Technical Article 研究性技术论文，Technical Note 技术说明，front matter 前言，closure 结论，Primary Opinion 原始观点，Case Report 案例报告，Brief Report 快报，Book Review 书评，Discussion 会议或讨论的结果，Chapter 会议录和电子书，Prelim 序言或目录的检索结果，Corrections 勘误说明，Editorial 编者的话（介绍某期刊新一年发展方向和新编委成员作者）。显示 fulltext 标识是已经订购可获取全文。

点击 refine 可进行限制检索，限制选项和高级检索一样，还可以查找和保存过去的检索式。

进入该文章详细全文页面，可查看这篇文章题名信息，文章类型为技术性文章及被下载次数。查看摘要信息，点击 download 可下载全文，Add to Favorites 可以加收藏夹，track citations 可以追踪引用文献，Share 导航功能可分享社交网络工具。右侧 Details 可以看到该篇文章的作者及联系地址信息，Figures 查看图表信息，Referencs 查看参考文献，Related 查看推荐的相关主题文章。

点击 fulltext 可以查看 html 格式全文，查看 sections 可以进入该篇文章，可浏览文章各部分内容。

下载 PDF 全文，其格式有两种：普通格式和互动式格式（参考文献在线链接）。互动式格式是指在该界面可以标记和添加批注的工具。在互动式 pdf 格式中有以下功能：了解作者信息，参考文献信息，推荐相关内容信息；直接拷贝引文信息到自己的论文中，Add to Library 添加到个人账号的收藏夹中，点击 🔍 实现该篇文章的文本检索。

在该数据库主页导航栏目 User service 用户服务下设置研究方向的内容提醒。

本章小结

本章主要介绍了三大综合性商业出版外文期刊全文数据库和三大专业学会出版的外文期刊全文数据库，并对这些数据库的资源内容、数据库的检索方式策略和步骤、检索结果的分析和处理及数据库的个性化服务等进行了详细阐述和说明。

思考题

1. 外文期刊全文数据库通常有哪些检索方式和方法？说明每一种检索方式的特点？
2. EBSCO 数据库最重要两大全文数据库是什么？并作简要介绍。
3. 注册并登录 ScienceDirect 数据库的账号，尝试设置感兴趣的专业和研究方向，并设置邮件提醒服务。
4. 利用所学的外文全文数据库，检索近十年以来的关于太阳能热存储方面的外文文献。
5. 选择自己感兴趣的专业领域，从 ACS、APS 或 ASCE 期刊全文数据库任选一个库查找该领域内有名的专家学者的发文情况和研究方向。

第 5 章　引文索引数据库

引文索引数据库是以引文为检索起点的数据库，它在索引的编制、检索途径以及功能作用等方面，都区别于传统的文献检索数据库，为用户提供了一种新的检索思路。本章对引文索引数据库的概况作简单的介绍，并选取几个典型的引文索引数据库，对其检索过程作详细讲解。

5.1　基本知识

5.1.1　引文

"引文"这一概念，是由美国情报学家 Dr. Eugene. Garfield 最先提出的。引文又称被引文献或者参考文献，在科技论文、图书、报告等各种形式的文献末尾、章节之后或者脚注的位置出现，作为文章中某个观点、某个概念或者某句话的参考依据。与之相对应的另一个概念是来源文献，又称施引文献，表示引用"引文"的论文、著作等文献。

由此引申出两个概念：耦合文献和同被引文献。耦合文献又称共引文献，表示引用相同参考文献的文献。如文献甲的参考文献有 A、B、C、D、E，文献乙的参考文献包括 A、B、C、D、E，甲和乙共同引用了参考文献，此时甲、乙为耦合文献。通常可以用共引文献的多少来定量测算两篇文献之间的静态联系程度，共同引用的文献数量愈多，说明两篇文献的相关性愈强。同被引文献则是指与本文同时被作为参考文献引用的文献，与本文共同作为进一步研究的基础。

5.1.2　引文分析法

基于对引文概念的认识，文献计量学领域的专家就是利用各种数学及统计学的方法进行比较、归纳、抽象、概括等的逻辑方法，对科学期刊、论文、著者等分析对象的引用和被引用现象进行分析，形成了以揭示其数量特征和内在规律的一种信息计量研究方法，这就是引文分析法。5.1.1 中提及的耦合文献、同被引文献是引文分析法中重要的研究对象，如文献的耦合强度主要通过共引文献量表示，数量越多，文献之间的关联性越强。当两篇（多篇）论文同时被其他论文引用时，则称这两篇论文具有"同被引"关系，引用它们的论文的多少，即同被引程度，称为同被引强度。另外，引文分析法中常用的测度指标还包括以下几个：

总被引频次：指该期刊自创刊以来所登载的全部论文在统计当年被引用的总次数。该指标可以客观地说明该期刊总体被使用和受重视的程度，以及在学术交流中的作用和地位。将该指标应用在论文层面上时，表示某篇论文在统计当年被引用的总次数。被引频次越高，说明论文受关注度越高，学术影响力越大。同理，被引频次也可用在某位学者、某个机构的层面。该指标经常用来衡量期刊、论文、学者、机构等的学术影响力。

自引率：在引用文献的过程中，限于主体本身范围内的引用称之为"自引"。包括同一类学科文献的自引、同一期刊文献的自引、同一著者文献的自引、同一机构文献的自引、同一种文献的自引、同一时期文献的自引、同一地区文献的自引。自引率就是对主体本身范围内文献引用的次数与主体引用的文献总数的比值。

影响因子：影响因子是 Dr. E. Garfield 于 1972 年提出的，是一个应用于期刊层面的测度指标。现已成为国际上通用的期刊评价指标，它不仅是一种测度期刊有用性和显示度的指标，而且也是测度期刊的学术水平，乃至论文质量的重要指标。一般来说影响因子高，期刊的影响力就越大。

具体计算方法是，某年某杂志在过去两年中发表的论文总被引频次为 B，在过去两年内该刊发表的论文总数为 A，则影响因子 $IF=B/A$。

值得注意的是：不同学科的期刊，影响因子可能相差很大。比如，生物和医学类的期刊，这类期刊一般情况下就比较容易有较高的影响力，这类期刊的影响因子相对较高。而有些学科领域内的期刊影响因子相对较低，因此，不同学科领域之间的期刊影响因子不具可比性。

5.1.3 引文索引

引文索引就是以科技期刊所引用的参考文献的作者、题名、出处等内容，按照引证与被引证的关系进行排列而编制成的索引。

传统的检索方法是从题名、主题词、作者、出版年等角度出发，输入检索条件，检索系统返回与检索条件相符合的结果。传统检索方法的缺点在于，在进行主题检索或分类检索时，有时难以选定主题词或分类号。

引文索引法是对传统检索系统的补充，从文献之间相互引证的角度，为实施检索提供了一种新思路。它既能揭示作者何时在哪种刊物上发表了哪篇论文，又能揭示这篇论文曾经被哪些研究人员在哪些文献中引用过。不仅能像一般检索系统一样反映出收录的期刊在某个时间段内发表的论文，也能反映大量有关的早期文献。同时，基于共引文献，还能检索主题词可能不同、但内容上具有内在相关性的耦合文献。因此，利用引文索引，用户检索出的文献越来越旧、越查越新、越查越深。

引文索引在科学研究中具有重要作用，得益于它揭示了科技文献之间引证与被引证的关系，展示了科技文献在内容上的联系。这种索引由于遵循了科学研究之间承前启后的内在逻辑，从而在检索过程中大大降低了检索结果的不相关性。借助引文索引，可以不断扩大检索范围，获取更多的相关文献。

科研人员在使用引文索引的过程中，将从以下几个方面获益：
① 检索同一主题的相关文献；
② 了解某项研究的最新进展及其延伸；
③ 跟踪当前研究前沿和热点；
④ 了解某篇论文/某部论著被引用情况以及影响力；
⑤ 作为科学研究的学术评价的手段之一；
⑥ 确定核心期刊。

目前，常用的引文索引数据库包括国外的科学引文索引（SCI）、社会科学引文索引（SSCI），以及国内的中国科学引文索引（CSCD）、中文社会科学引文索引（CSSCI）。

5.2 科学引文索引数据库

5.2.1 简介

科学引文索引（Science Citation Index，SCI）是由美国科学信息研究所（Institute for Scientific Information，以下简称 ISI）创办出版的引文数据库，也是当今世界著名的三大科技文献检索系统（SCI，EI 和 ISTP）之一，是国际认可的科学统计与科学评价的主要检索工具。

为何 SCI 越来越被看重？这要归功于 SCI 创始人、ISI 前所长 Dr. E. Garfield 独特的科学思路。他认为传统的从著者、分类、标题等角度来检索，往往会由于研究人员理解的偏差或对所选专业词汇的偏爱，而遗漏很多重要的文献资料，特别是在跨学科或边缘科学的研究领域；如果利用科学文献之间内在的联系来查找，就可以大大提高检索结果的相关性，得到比传统检索工具更为科学、客观的信息。E. Garfield 发现的这个"联系人"，正是每一篇科学论文均要引证的参考文献。

由于论文的著者为了给自己的著作提供某种佐证、前例或背景材料，往往都要参考引用前人或同代人的著作，以便用户了解该文吸取或采用了何人在何处提出的概念、理论、方法或装置。若在文献中引用了别人的成果，则列出参考文献后便可免除剽窃别人成果的嫌疑。因此文献的引证与被引证关系显示了科学文献之间甚至是学科之间的内在联系，遵循了科学研究之间承前启后的内在逻辑。

E. Garfield 认为通过先期的文献被当前文献的引用，来说明文献之间的相关性及先前文献对当前文献的影响力是定量的、科学的。据此思路，他提出了按照论文被引用的次数来评价成果的观点，即除了和传统检索体系一样，收录文献的著者、题目、源期刊、摘要、关键词等以外，还将论文的参考文献收录进来，从而把一篇论文和其他论文之间有意义的联系勾划出来。SCI 就是在此理念上产生的。它是对传统检索系统的一种补充和改革，它能将不同学科、不同领域、不同时间的相关研究连接起来，如图 5-1 所示。

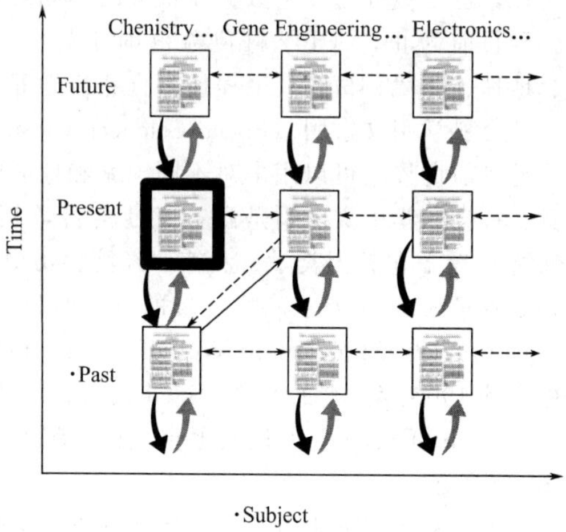

另外，SCI 有很多独特的重要概念，下面借助图 5-2 来说明。

（1）引文（Citing Literature）和被引文献（Cited Literature）

图 5-1 SCI 的检索特点

在文献 A 中提到或描述了文献 B，并以文后参考文献的形式列出了文献 B 的出处，其目的在于指出信息的来源、提供某一观点的依据等。这时，便称文献 A 为文献 B 的引文（Citing Literature）或来源文献（Source Item 或 Source Document）或引证文献，而文献 B 为文献 A 的被引文献（Cited Literature）或参考文献（Reference）。被引文献 B 的著者被称为 Cited Author。

（2）母记录（Parent Records）

通过检索提问得到的记录称为母记录（Parent records），图 5-2 中文献 A 就是母记录。

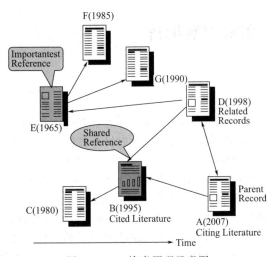

图 5-2　SCI 检索原理示意图

（3）共享文献（Shared Reference）

当文献 A 将 B 作为参考文献，同时文献 B 也是文献 D 的参考文献，则文献 B 即为文献 A 和 D 的共享文献（Shared Reference）。SCI 认为既然 A 与 D 拥有共同的文献 B，则说明它们之间存在着某种相关性，而且共享的文献越多，其相关度就越大。

（4）相关记录（Related Records）

与母记录共同引用同一参考文献的记录称为相关记录（Related Records），共同引用的参考文献越多，说明两位科技工作者工作间的联系越密切。图 5-2 查出文献 A 和 D 拥有共享文献 B，则 D 是 A 的一条相关记录。

基于图 5-2，从文献 A 出发，查到与其拥有共享文献（文献 B）的相关记录 D；从相关记录 D，又可以得到重要文献 E；以重要文献 E 作为新的检索起点，寻找引用此文献的文章便可得到文献 F 和 G（"越查越新"）。这样查出的文献既像滚雪球一样，越来越多，又像一张网把原本貌似毫无联系，其实有千丝万缕关系的科研工作联系了起来，实现了不同学科、不同领域的相关研究的相互连接。这就是 SCI 的检索原理。

因此 SCI 的被引文献（Cited Literature）检索和相关记录（Related Records）检索是其精髓所在，也是 SCI 与其它数据库最大的不同之处。

到目前为止，SCI 学科覆盖范围涉及数、理、化、农、林、医、生物学、生命科学、天文、地理、环境、材料、工程技术自然科学等各领域，收录期刊多达 12000 种。

社会科学引文索引（Social Sciences Citation Index，SSCI）为 SCI 的姊妹篇，亦由 ISI 创建，是目前世界上可以用来对不同国家和地区的社会科学论文的数量进行统计分析的大型检索工具。社会科学引文索引是涵盖了社会科学领域的多学科综合数据库，资源深度可以追溯到 1900 年，覆盖包括人类学、法律、经济、历史、地理、心理学等 50 多个学科领域，直到 2016 年，共收录 3236 种社会科学领域的权威期刊。

自 1997 年 ISI 公司推出 Web of Science 检索系统以来，用户可以在这个平台上的核心合集中检索从 1900 年至今的 SCI、SSCI 数据，以及 100 年来的学术引文。Web of Science 核心合集是基于 Web of Science 的检索平台，目前版本为 5.25。Web of Science 核心合集检索初始界面如图 5-3 所示。

首先在初始界面上方选择"Web of Science 核心合集"，再从"更多设置"里选择 SCI 或者 SSCI 数据库。时间范围包括某一具体数据库时间段（所有年份、最近 5 年、本年迄今、最近 4 周、最近 2 周和本周）及自选数据库时间段（如选择 2006~2016）（注：数据的年代指文献信息进入 ISI 数据库的时间，不是文献出版的时间）。

5.2.2　检索方法

Web of Science 核心合集提供了基本检索、被引参考文献检索、高级检索、作者检索、化学结构检索 5 种检索方式，如图 5-3 所示。

5.2.2.1　基本检索

在 Web of Science 核心合集的初始界面中，提供了基本检索，如图 5-3 所示。直接输入检

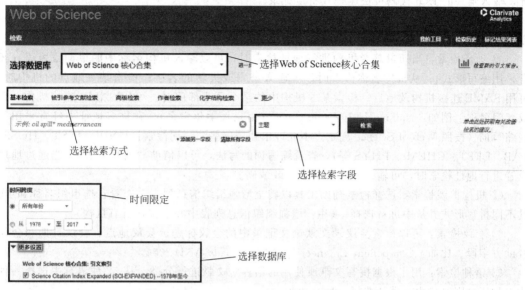

图 5-3　Web of Science 核心合集检索初始界面

索词或词组进行检索，一般为表示文献主题内容的关键词，进行主题检索。检索词间可以使用各种逻辑算符（AND、OR、NOT、SAME）组配检索，也可以使用各种截词符（*、?、$）。

基本检索的检索字段还包括标题、作者、作者识别号、团体作者、编者、出版物名称、DOI、出版年、地址、机构扩展、会议、语种、文献类型、基金资助机构、授权号、入藏号、PubMed ID 检索；可在一个或多个字段中输入检索词，检索词之间可以使用逻辑算符或截词符，不同字段之间的逻辑关系默认为 AND，即可实现不同字段间的组配检索。

选择相关字段进行检索时，需要以下检索规则：

① 主题检索：输入"主题"检索词，将在标题、摘要、作者关键词中进行检索。主题词是词组短语时，默认是进行模糊匹配，单词之间是执行 AND 的匹配运算。要检索精确匹配的短语，需使用引号。例如：注意 radioactive decay 与 "radioactive decay"。

② 标题检索：指期刊文献、会议录论文、书籍或书籍章节的标题。另外，同主题检索。

③ 作者检索：输入作者姓名，将在作者、书籍作者、书籍团体作者和团体作者中检索。首先输入姓氏，再输入空格和作者名字首字母，如 John A. Pople，可为 "Pople JA"；当只知其姓，不知其详名时，可加截词符，即 "Pople J*" 或 "Pople *"。

④ 作者标识符检索：指 ResearcherID 或者 ORCID 标识符，表示唯一的研究人员，解决学术交流中作者姓名不明确的问题。有关 ResearcherID 和 ORCID 的更多信息，可分别访问 researcherid. com 和 orcid. org。

⑤ 团体作者检索：是指被赋予来源出版物（如，文献、书籍、会议录文献或其他著作类型）著作权的组织或机构。输入团体作者的姓名以检索全记录中的以下字段："机构作者"和"书籍团体作者"。

⑥ 编者检索：输入编者的姓名可检索记录中的"编者"字段。请注意，机构作者也可以是编者。

⑦ 出版物名称检索：输入出版物名称，将在期刊标题、书籍、书籍名称、丛书标题、书籍副标题、丛书副标题等。输入完整或部分出版物名称，后跟通配符（*、?、$）。例如 Journal of Cell Transplantation 或 Journal of Cell *。

⑧ DOI 检索：数字对象标识符（DOI）是用于永久标识和交换数字环境中知识产权的系

统，输入唯一的 DOI 代码可快速查找特定记录。

⑨ 出版年检索：可以输入四位数的年份或时间段检索，如 2015，2006～2016，2008 OR 2010。

⑩ 地址检索：当通过著者机构进行地址检索时，可以输入机构名称中的单词或短语（经常采用缩写形式）；从机构名称检索时，可输入公司或大学的名字；检索某一地点的机构时，可用 SAME 连接机构及地点；检索某一机构中的某个系或部门时，可用 SAME 连接机构、系或部门名称。例如：Nanjing Univ Same Chem（南京大学化学系）。在许多地址中经常采用一些缩写词（按照 Web of Science 规定，不允许单独用这些缩写词检索：UNIV、INST、HOSP、LAB、DEPT、CHEM、PHYS 等），查看缩写词的写法，可以借助"缩写列表"。当通过地理位置进行地址检索时，可输入国家、省或邮政编码。

⑪ 机构扩展检索：选择检索辅助工具以转至增强组织信息列表，查看首选组织名称和/或其不同拼写形式并从中进行选择。（注：增强组织信息列表中并未包含所有机构）。

⑫ 会议检索：可以检索会议录文献论文记录中的会议标题、会议地点、会议日期和会议赞助方字段。比如：Component Engineering AND Canada AND 2004。

⑬ 语种检索：用于根据撰写文献所使用的语种对文献进行分类。从 52 种语言中选择一种或多种语种限制检索，默认选择是所有语种。

⑭ 文献类型检索：文献类型检索应与至少一个其他字段检索相组配，例如"主题"或"作者"，对文献类型进行筛选限定。

⑮ 基金资助机构：输入基金资助机构的名称可检索记录中"基金资助致谢"表中的"基金资助机构"字段。可以输入机构的完整名称（National Agency for the Promotion of Science and Technology），也可以输入构成机构名称的特定词语（National Agency AND Science）。

⑯ 授权号检索：输入授权号可检索记录中"基金资助致谢"表内的"授权号"字段。

⑰ 入藏号检索：入藏号是与产品中各条记录相关的唯一识别号码。它由入藏号（一种产品识别代码）和序号组成。输入唯一的入藏号可以快速查找特定记录。例如，WOS：000301236900016 查找与此唯一入藏号相关的记录。

⑱ PubMed ID 检索：PubMed ID 是指定给每条 MEDLINE 记录的一个唯一标识符。例如 14847410 将找到 PubMed ID 为 14847410 的记录。注意：数据库中的每条记录都带有一个入藏号。但并不是所有记录都有 PubMed ID。只有在 MEDLINE 中存在该记录的匹配记录时，才会有 PubMed ID。

在 Web of Science 核心合集的基础检索中，检索结果排序（sort）的功能较为有用。对检索结果可选择按出版日期、被引频次、使用次数、相关性、第一著者、来源出版物名称和会议标题等进行排序，其中相关性和被引频次最为有用。前者反映了检索词在该篇文献中出现的频率，频率越高，相关度越大；后者反映了该篇文献被引用的次数，由此可以评价该篇文章的水平，是否热点等，这是 SCI 与传统检索工具最大的不同之处，也是 SCI 的核心和基石。

5.2.2.2 被引参考文献检索

查找引用个人著作的文献。检索字段包括以下几个：

被引作者字段：输入引文著者，格式同作者检索；检索结果中若该作者前有"…"，表示该作者不是第一作者。

被引著作字段：检索被引期刊、被引会议、被引书籍和被引书籍章节等引用的著作。输入期刊标题缩写，或在"期刊标题缩写列表"中查找被引著作的缩写。输入书籍名称中第一个或前几个重要词语，并配合星号（*）截词符使用。比如：J Comput Appl Math*。

被引年份字段：输入四位数的年份或有限的年份范围。引文的发表时间，输入年代或年区间，如 1979，1992～1998，2002 OR 2005。注：知道被引年份，尝试在不指定被引年份的情况下检索参考文献。通常，同一被引参考文献的不同形式，特别是书籍的参考文献，会显示不同的年份。

被引卷：被引文献期刊的卷号。

被引期：被引文献期刊的期号。

被引页码：被引页码可能包含数字（例如，C231 或 2832）或罗马数字（例如，XVII）。请始终使用发表内容的开始页码。不要使用页码范围。

被引标题：同基础检索中的标题检索字段。

美国的 Walter Kohn 获得 1998 诺贝尔化学奖，希望查一下 Walter Kohn 于 1965 年发表在 PHYS REV A 上的文章被引用情况，其检索式为：①被引作者＝Kohn W *；②被引著作 ＝ PHYS REV A；③被引年份＝1965，如图 5-4 所示。如果省略②，检索出的结果则为 Walter Kohn 于 1965 年发表的所有文章的被引文情况。

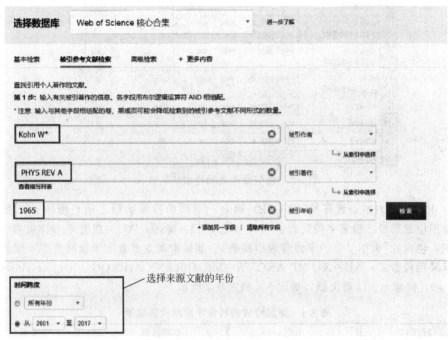

图 5-4　Web of Science 核心合集被引参考文献检索界面

点击"检索"，出现"被引参考文献索引"界面，界面上列出了命中的引文文献。被引著者前如有省略符号，表示该著者不是来源文献的第一著者。根据 ISI 公司的规定，做引文检索时，被引文献是 1994 年以前的，则只能从第一著者检索，1994 年之后的，可以从任何一个著者检索。

可在所需的引文方框内作标记，也可点击"选择页面"或"全选"将屏幕上显示的引文全作标记，点击翻页，重复前面步骤，直到最后一页。完成选择后，点击"完成检索"，便可获取所选引文文献的来源文献，如图 5-5 所示。需要注意的是，"全选"向被引参考文献检索添加前 500 个匹配项，而非所有匹配项。另外，施引文献计数适用于所有专辑和所有年份，并非仅适用于当前的专辑和年份限制。

5.2.2.3　高级检索

高级检索可以让检索人员运用普通检索和检索策略进行复杂检索。高级检索中的每个检索字段需用两个字母的代码标示出来。同一检索字段内的不同的检索词之间可用布尔算符

图 5-5 被引参考文献检索结果显示

（AND、OR、NOT）或位置算符（SAME）组合，不同的检索字段之间只能用布尔运算符组合，不能用位置算符。检索字段代码：TS＝主题，TI＝标题，AU＝作者等（详见表 5-1 字段代码标识，包含"[索引]"的字段有索引列表）。如检索南京工业大学徐南平关于膜方面的文章，可以采用检索式：AU＝XU NP AND TS＝MEMBRANE AND OG＝Nanjing University of Technology，检索出 202 篇文献，如图 5-6 和图 5-7 所示。

表 5-1 高级检索各检索字段的代码标识

字段代码	字段	字段代码	字段
TS	主题	SA	街道地址
TI	标题	CI	城市
AU	作者[索引]	PS	省/州
AI	作者识别号	CU	国家/地区
GP	团体作者[索引]	ZP	邮政编码
ED	编者	FO	基金资助机构
SO	出版物名称[索引]	FG	授权号
DO	DOI	FT	基金资助信息
PY	出版年	SU	研究方向
AD	地址	WC	Web of Science 分类
OG	机构扩展[索引]	IS	ISSN/ISBN
OO	机构	UT	入藏号
SG	下属机构	PMID	PubMed ID

图 5-6　高级检索界面

图 5-7　检索结果显示

当刊名或题名中有 AND 或 OR 时，用引号标示，以区别于运算符。在高级检索中，检索策略可以用布尔算符组合进行检索，但不能用位置算符，如：♯2 AND ♯3，如图 5-8 所示，检索策略 4 为检索策略 2 和检索策略 3 进行逻辑和的组合检索。

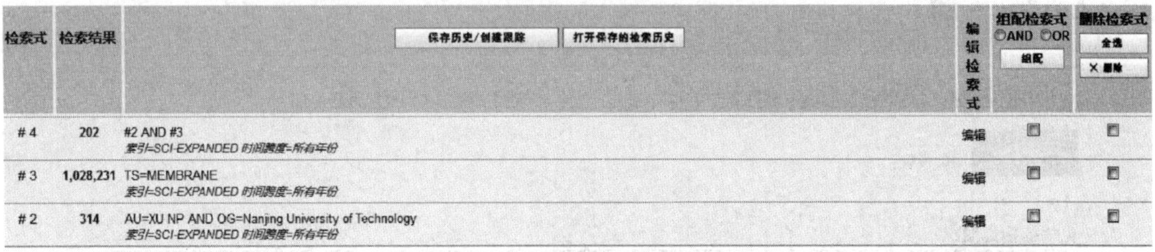

图 5-8　检索策略的组合

5.2.2.4　作者检索

使用"作者检索"功能，可以简单方便地确认并检索出特定作者的所有作品，并且可将同名的不同作者所著的作品区分开来。作者姓名的形式为：姓氏在先，名字首字母（最多四个字母）在后。姓氏可以包含连字号、空格或撇号。例如："Wilson SE""O'Grady AP""Ruiz-Gomez M"。

单击选择研究领域转至"研究领域"页面。如图 5-9 所示。选择与作者关联的研究领域和研究方向，共有五个研究领域：艺术人文、生命科学与生物医学、自然科学、社会科学、应用科学。此步骤为可选操作，或者单击完成检索直接转至"检索结果"页面。

在"研究领域"页面中,单击选择机构转至"选择机构"页面,选择与作者的已发表著作关联的机构名称列表。此步骤为可选操作,或者单击完成检索直接转至"检索结果"页面。

图 5-9　作者检索界面

5.2.2.5　化学结构检索

化学结构检索可以检索化学式或化学反应相关文献资源。初次进入化学结构检索,Web of Science 会出现提示信息:提醒用户安装插件或者 Chrome 不支持"化学结构绘图"的提示,如图 5-10 所示。此时需要更新浏览器重新登陆化学结构检索界面,并安装插件,具体见"帮助文件"。与其他检索方式不同的是,化学结构检索只针对于"Index Chemicus、Current Chemical Reactions"两个数据库的检索。

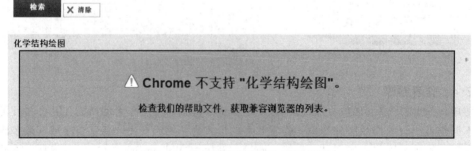

图 5-10　化学结构检索初次登录界面

化学结构检索界面分成三部分:化学结构绘图、化合物数据和化学反应数据。每一个化学结构检索都会产生两个结果集:化合物检索结果集和化学反应检索结果集,同样一个检索式在"检索历史"中被列出了两次。

① 化学结构画图。在绘图区域，用户可以根据自己的检索需要画出化学物的分子结构或整个化学反应式，然后添加到检索框中，并选择"子结构"或"精确检索"的匹配模式，提交检索，如图 5-11 所示。具体的画图软件操作，参见 Web of Science 的帮助文档。

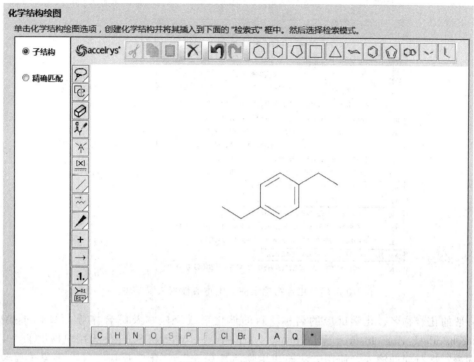

图 5-11　化学结构绘图

② 化合物数据。提供了三个检索字段：化合物名称、化合物的生物学特性和分子量；对所输入的化合物，可以进行"反应物""生成物""催化剂""溶剂"等的限定，如图 5-12 所示。

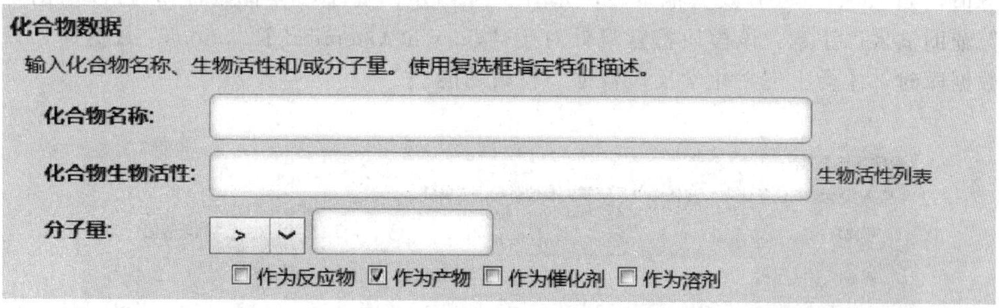

图 5-12　"化合物数据"检索

化合物字段可以输入化合物的全名，也可以采用 * 截词符，如 mycotrien *。化合物生物活性字段可以借助"生物活性列表"进行辅助输入，如想检索关于水解酶的生物学特性，在"生物活性列表"中输入"hydro *"定位，可以获取"HYDRO-LYASE INHIBITING ACTIVITY、HYDROLASE INHIBITING ACTIVITY 、PEPTIDE HYDROLASE ACTIVITY"等的相关表达式，点击"添加"按钮添加到检索框中，如图 5-13 所示。分子量字段可以输入数值或数值范围，如">500 and <1000"。

③ 化学反应数据。它提供了反应关键词和化学反应备注两个主要字段。"反应关键词"可

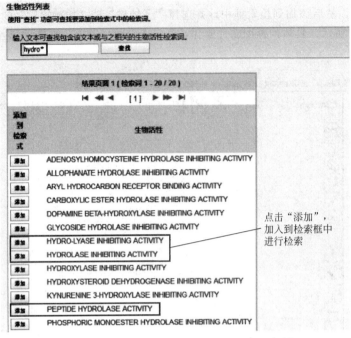

图 5-13 化合物检索的"生物活性列表"实例

以为一般的化合物名、化学反应的名称、新的催化剂或反应物及综合体等，如 Diels-Alder、oligosaccharides、ring closure、solid phase synthesis 等。Web of Science 为用户提供了"反应关键词词表"进行辅助输入，使用方法同"生物活性列表"。"化学反应备注"字段主要包括优势、不足及其他一些定性的说明词，如 explosive、commercial * AND cheap 等。

在输入化学反应关键检索词时，可以通过输入反应的条件，提高查准率。化学反应数据提供了各种反应条件相关的字段，如气体环境（如 O_2、N_2、H_2 等）、压力（Atm，如＞5 AND＜20）、回流标记、时间（小时，如 24、＜10）、温度（摄氏度，如 30、＜0）、产率（一个百分值，如 100、＜80）及其他条件，如图 5-14 所示。对于"其他条件"，可以借助"术语列表"辅助输入。注意：该模块检索只针对于"Current Chemical Reactions"数据库，只有选取该数据库时，才会出现"化学反应数据"检索功能。

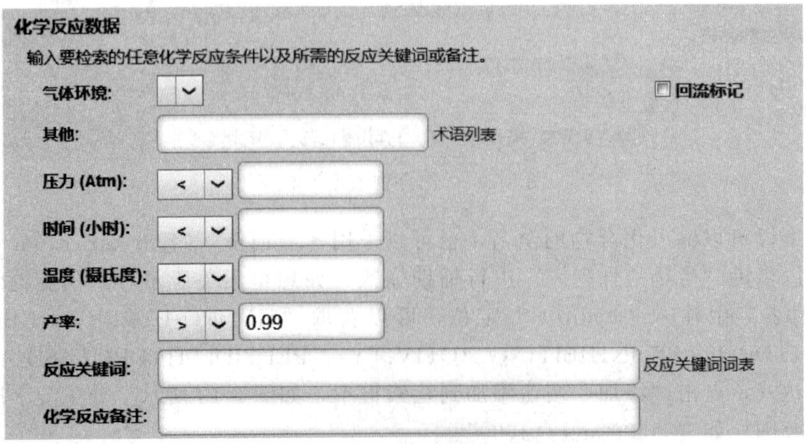

图 5-14 "化学反应数据"检索

5.2.2.6 检索历史

在 Web of Science 核心合集的一次登录检索中，所有检索过程都可以从"检索历史"重新查看、调用、组合，如图 5-15 所示。通过"检索历史"可以创建并管理定题跟踪服务。

检索历史：存储检索策略到 Web of Science 核心合集的服务器上；首次保存，需要用已有邮箱注册一个账号；对检索历史中的检索式创建跟踪服务。

打开保存的检索历史：登录注册账号，便可以打开已保存在 Web of Science 核心合集服务器中的检索策略，然后再次执行检索；或者对已经创建跟踪服务的检索式进行跟踪续订。

删除、编辑检索集：可以删除或者编辑不适合的检索集；

组配检索式：检索策略的重新组合。

5.2.3 检索结果及处理

执行一次检索后，显示检索结果页面，如图 5-15 所示。

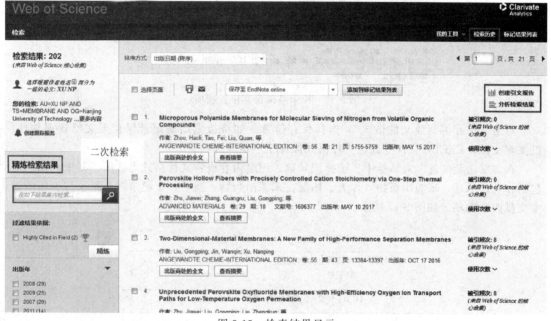

图 5-15 检索结果显示

当检索结果范围太大时，可以进行二次检索。

Web of Science 核心合集提供了对检索结果的优化功能（"精炼检索结果"）。当检索结果较多时，可以通过在过滤结果依据中通过勾选"Highly Cited in Field""Hot Papers in Field"来寻找高被引论文和热点论文。同时，可以将其按出版年、Web of Science 类别、文献类型、机构扩展、基金资助机构、开放获取、作者、来源出版物名称、丛书名称、国家/地区、编者、团体作者、语种、研究方向、Web of Science 等进行检索结果的精炼。如点击作者优化，可以显示检索结果集合中该作者所发表的文献列表。

对检索结果进行各种排序：出版日期（降序或升序）、最近添加、被引频次（降序或升序）、使用次数（最近 180 天或 2013 年至今）、相关性、第一作者（升序或降序）、来源出版物名称（升序或降序）和会议标题（升序或降序）。按被引频次降序排列，可以根据被引频次直观分析哪些文献有较高的学术参考价值，从而确定为核心论文，并优先阅读。

点击文献篇名可以浏览该篇文献全记录。在全记录屏幕上，出现引文网络的功能区域。通过点击"被引频次""引用的参考文献"及"查看 Related Records"查看被引用文献、引文文献以及相关文献，以及这些文献的全记录。点击"查看引证关系图"，查看施引文献、目标记录和引用的文献三者之间相互关系。点击"创建引文跟踪"，登录个人账户，为目标记录创建引文跟踪，目标记录每次被引用时，会自动收到电子邮件。

　　检索结果可根据用户需求保存至 EndNote 在线、ResearcherID、InCites 或者其他文件格式。以"保存为其他文件格式"为例简单说明，如图 5-16 所示。

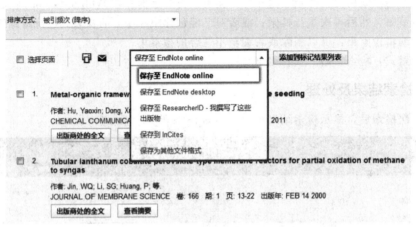

图 5-16　检索结果保存位置选项

　　点击"保存为其他文件格式"，选择保存位置。如将检索结果记录保存至文献管理软件，以文本文件、EXCLE 文件等其他文件格式保存至本地等选项。

　　在"发送至文件"对话框中，选择记录数、记录内容或者文件格式等选项。其中记录内容包括作者、标题、来源出版物，作者、标题、来源出版物、摘要，全纪录，全纪录与引用的参考文献四个选项。如图 5-17 所示。

图 5-17　检索结果保存项选择

　　如果想保存某篇或某几篇检索记录，并且希望可以自定义保存的题录信息，勾选检索记录前面的方框，并点击"添加到标记结果列表"，页面上选中的记录将被保存至"标记结果列表"；或者点开检索结果列表中某一具体文章，查看全纪录，点击页面中的"添加到标记结果列表"，同样地，此篇文献将被保存至"标记结果列表"。

　　点击"标记结果列表"，如图 5-18 所示，自由选择字段作为保存对象。

　　点击 🖶，对选中的检索记录进行打印操作。

　　点击 ✉，将选中的检索记录发送到 E-mail 账户上。

5.2.4　检索技巧

　　① Web of Science 核心合集检索不区分大小写。

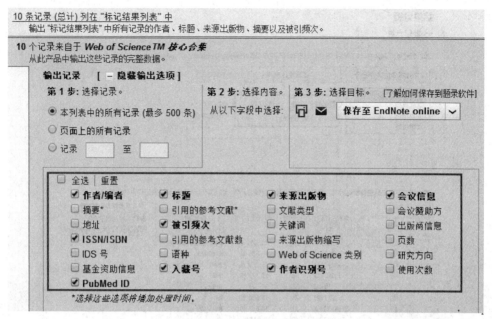

图 5-18　标记结果列表

② 对检索词加双引号""，实现精确检索，如"membrane"。需注意双引号应为半角输入状态的引号。

③ Web of Science 核心合集的特色功能。

• 分析检索结果。在检索结果界面的右侧，提供了"分析检索结果"和"创建引文报告"功能，见图 5-15。"分析检索结果"可以将检索结果按照作者、丛书名称、国家/地区、文献类型、编者、基金资助机构、授权号、团体作者、语种、机构、机构扩展、出版年、研究方向、来源出版物名称、Web of Science 类别等进行聚类分析，挖掘有价值的信息并识别隐含的趋势与模式：a. 按照作者分析，了解某个研究的核心研究人员是谁；b. 按照国家区域分析：了解核心研究国家是哪些；c. 按照文献类型分析：了解该研究通常以什么途径发表；d. 按照机构名称分析：了解有哪些机构在从事这项研究；e. 按照语种分析：了解该研究是以什么语种发表的；f. 按照出版年分析：了解该研究的发展趋势；g. 按照期刊标题分析：了解该研究通常发表在哪些期刊上；h. 按照学科分类分析：了解该研究涉及了哪些研究领域。

如将图 5-15 的检索结果，按作者进行分析，点击"分析检索结果"，出现设置对话框，选择"作者"，并进行分析上限数、显示数目等进行限制，点击"分析"，得出一个柱状分析图，如图 5-19 所示。从图 5-19 可以发现，作者"JIN WQ"在"membrane"方面的研究也是权威，进而可以通过"JIN WQ"检索获得更多相关文献。

• 创建引文报告。引文报告为检索结果提供了详细的引文分析，并提供了清晰明了的组图，包括出版物年份分布图和被引频次年份分布图。同样对上述检索结果，查看其引文报告，如图 5-20 所示。

• Journal Citation Reports（期刊引用报告）。在文献的详细记录显示页面中，右下方提供了"Journal Citation Reports"链接。通过点击，可以查看当前记录的来源期刊近五年的影响因子，直观评价期刊的学术水平，学者们也可以根据期刊影响因子的变化趋势来选择投稿。同样，可以根据影响因子走势图，分析该刊所属学科专题的发展趋势，挖掘研究热点。如图 5-21 为"CHEMICAL COMMUNICATIONS"2012~2016 年的影响因子以及期刊分区等信息。

• 创建引文跟踪。对于较为感兴趣的一些文章，可以创建引文跟踪服务，来定期通过 E-

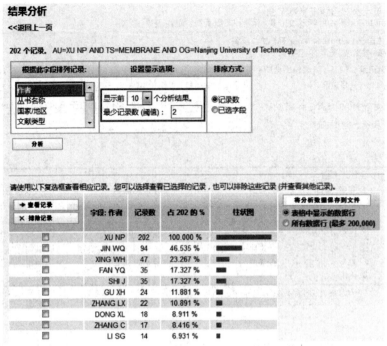

图 5-19　检索结果的作者分析

图 5-20　检索结果的引文报告

mail 收到关于未来该记录的被引情况。

5.2.5　检索实例

【例 5-1】　拟对 TiO_2 进行分子动力学研究，首先考察一下是否有前人进行这方面的工作，

JCR Year	CHEMISTRY
2016	4/521-Q1
2015	3/520-Q1
2014	3/509-Q1
2013	3/506-Q1
2012	3/513-Q1

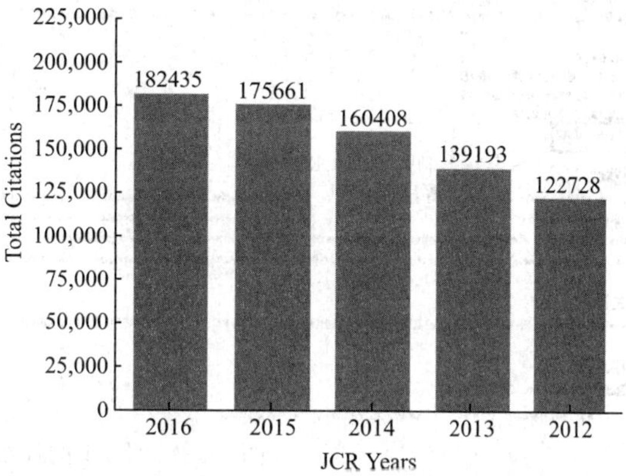

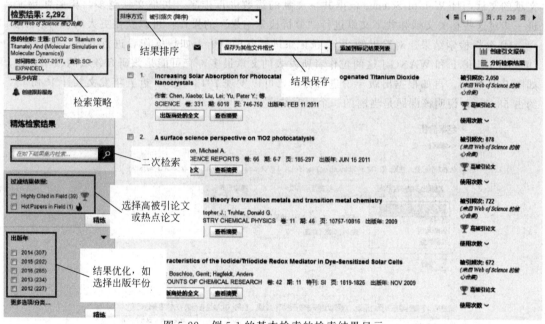

图 5-21　"CHEMICAL COMMUNICATIONS" 2012～2016 年的影响因子以及期刊分区

都进行了哪些方面的研究，目前研究的水平和发展方向是什么。

① 基本检索——主题检索：选择 SCI Expanded 数据库，年代为 2007～2017。

检索式为："（TiO_2 or Titanium or Titanate）And（Molecular Simulation or Molecular Dynamics）"，得到 2292 条记录，如图 5-22 所示。

图 5-22　例 5-1 的基本检索的检索结果显示

对于一个不太了解的课题，可先按引用次数排序，发现下面这篇文献引用次数较多，且自己对其所述内容较感兴趣。

Increasing Solar Absorption for Photocatalysis with Black Hydrogenated Titanium Dioxide Nanocrystals；Chen，XB；Liu，L；Yu，PY；Mao，SS；SCIENCE；6018（331）：746-750 FEB 11 2011，查看其详细记录，如图 5-23 所示。

从被引频次可以发现，2011 年后，该文已经被引用了 2050 次，可见是近期一个研究的热点。并点击"查看期刊信息"链接，查看该杂志最新（2016 年）的影响因子、近五年内的平

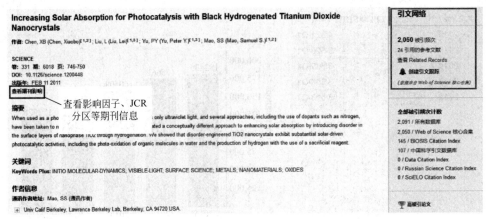

图 5-23 例 5-1 的详细记录显示

均影响因子、JCR 分区等信息，该杂志 2016 影响因子为 37.205、近五年内的平均影响因子为 38.062，JCR 分区为 Q1，可见该杂志质量很高。

② 查看"被引频次"：2050 和"引用的参考文献"：24，点击相关链接可以获取文献列表查看原文，从引文的角度获取更多相关文献，提高查全率。

③ Related Records 检索。点击 Related Records 可以获得与母记录拥有至少一篇相同参考文献的文献，且 Web of Science 根据共享文献的篇数进行排序，共享文献越多，相关度越大，进一步对这些相关文献和共享文献进行"分析检索结果"的操作，可以获得更大的科研启发。

④ 分析检索结果。对检出的 2292 条记录进行各种分析，如根据作者进行分析，可以发现 DE ANGELIS F 和 WANG J 这两位作者所发表的文章最多，有可能是该研究领域的领军人物，如图 5-24 所示。再如根据出版年份进行分析，可以发现 2013～2016 近五年发文共计 1345 篇，约占 58.7%，说明该课题是当前的一个研究热点。

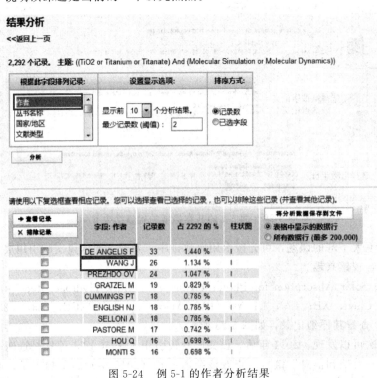

图 5-24 例 5-1 的作者分析结果

⑤ 获取全文或 LINKS。如果有查找全文的标识，可以通过点击 [查找全文] 获取全文链接或更多相关链接。

5.3 中国科学引文数据库

5.3.1 简介

中国科学引文数据库（Chinese Science Citation Database，简称 CSCD）创建于 1989 年，是我国第一个引文数据库。收录我国数学、物理、化学、天文学、地学、生物学、农林科学、医药卫生、工程技术、环境科学和管理科学等领域出版的中、英文科技核心期刊和优秀期刊千余种。CSCD 具有建库历史最为悠久、专业性强、数据准确规范、检索方式多样、完整、方便等特点，自提供使用以来，深受用户好评，被誉为"中国的 SCI"。

中国科学院创建的 Chinese Science Citation DatabaseSM 在国内已有 20 多年的历史，作为国内首个引文数据库，其在国内科技文献检索及文献计量评价等方面发挥了重要的作用。汤森路透与中国科学院合作，将 Chinese Science Citation DatabaseSM 嵌入到 Web of Science 核心合集平台中，让全世界更多的科研人员了解中国的科研发展及动态。作为 Web of Science 核心合集中的首个非英文产品，该数据库收录了约 1200 种中国出版的科学与工程核心期刊，共有近 400 万条论文记录，1700 万条引文记录。

通过 Chinese Science Citation DatabaseSM，读者能够：
① 跟踪中国研究发展趋势、了解顶尖作者、研究机构和期刊等信息。
② 确定论文是否有中文版本。
③ 发现您的著作是否曾在中国被引用。
④ 撰写反映全球发展趋势和研究情况的高质量论文。
⑤ 跟踪国内和国际研究团体的交流活动。
⑥ 确定高质量的合作者、评论者、编辑和作者。

5.3.2 检索方法

CSCD 依托于 Web of Science 平台，检索界面与 SCI 类似，在功能上略有不同。与 SCI 最大区别的地方在于，CSCD 支持用中文进行检索。首先选择"中国科学引文数据库"，在"更多设置"中，可以通过选择"英文"或"中文"来确定检索语种，如果选择"自动"，系统将自动识别检索语种。目前，CSCD 提供了基本检索、被引参考文献检索和高级检索三种检索方式，如图 5-25 所示。

5.3.2.1 基本检索

在基本检索界面中，直接输入检索词或词组进行检索，一般为表示文献主题内容的关键词，进行主题检索。检索词间可以使用各种逻辑算符（AND、OR、NOT、SAME）组配检索，也可以使用各种截词符（*、?、$）。

基本检索的检索字段还包括标题、作者、作者识别号、出版物名称、出版年、地址、语种、文献类型和入藏号检索；可在一个或多个字段中输入检索词，检索词之间可以使用逻辑算符或截词符，不同字段之间的逻辑关系默认为 AND，即可实现不同字段间的组配检索。

选择相关字段进行检索时，需要以下检索规则。

(1) 主题检索

输入"主题"检索词，将在标题、摘要、作者关键词中进行检索。主题词是词组短语时，

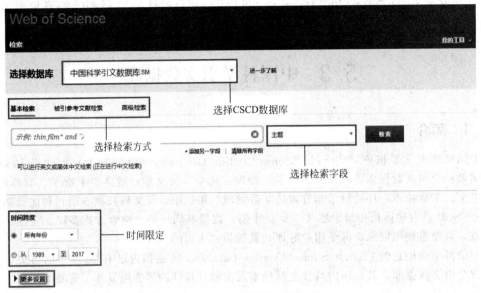

图 5-25　CSCD 检索初始界面

默认是进行模糊匹配，单词之间是执行 AND 的匹配运算。若要检索精确匹配的短语，需使用引号。

（2）标题检索

标题检索指期刊文献、会议录论文、书籍或书籍章节的标题。另外，同主题检索。

（3）作者检索

输入作者姓名，将在出版物的所有作者中进行检索，可同时检索英文与中文作者。输入姓氏，后跟名字。比如输入"张兴祥""Yang Tao""Zhou Bin*"等。

（4）作者识别号检索

作者识别号检索指 ResearcherID 或者 ORCID 标识符，表示唯一的研究人员，解决学术交流中作者姓名不明确的问题。有关 ResearcherID 和 ORCID 的更多信息，可分别访问 researcherid.com 和 orcid.org。

（5）出版物名称检索

输入出版物名称，将检索中文和英语出版物名称。输入完整或部分出版物名称，后跟通配符（*、?、$）。例如 Journal of Cell Transplantation 或 Journal of Cell *。

（6）出版年检索

可以输入四位数的年份或时间段检索，如 2015，2006～2016，2008 OR 2010。

（7）地址检索

当通过著者机构进行地址检索时，可以输入机构名称中的单词或短语（经常采用缩写形式）；从机构名称检索时，可输入公司或大学的名字；检索某一地点的机构时，可用 SAME 连接机构及地点；检索某一机构中的某个系或部门时，可用 SAME 连接机构、系或部门名称。例如：Nanjing Univ Same Chem（南京大学化学系）。在许多地址中经常采用一些缩写词，按照 Web of Science 规定，不允许单独用这些缩写词检索：UNIV、INST、HOSP、LAB、DEPT、CHEM、PHYS 等，查看缩写词的写法，可以借助"abbreviations help"。当通过地理位置进行地址检索时，可输入国家、省或邮政编码。

（8）语种检索

用于根据撰写文献所使用的语种对文献进行分类。使用此字段在检索时可以只检索中文文献或英文文献，默认选择是所有语种。

（9）文献类型检索

文献类型检索应与至少一个其他字段检索相组配，例如"主题"或"作者"，对文献类型进行筛选限定。

（10）入藏号检索

入藏号是与产品中各条记录相关的唯一识别号码。它由入藏号（一种产品识别代码）和序号组成。输入唯一的入藏号可以快速查找特定记录。例如，CSCD：4212373 查找与此唯一入藏号相关的记录。

5.3.2.2 被引参考文献检索

检索引用了发表的著作的记录。检索字段包括以下几个。

被引作者：输入引文著者，格式同作者检索。对于有多个作者的论文、书籍、数据研究或专利，输入第一作者姓名。从较早或无匹配来源记录的文献中引用的文献可能只包含第一作者的姓名。可以输入第二作者的姓名。第二作者的姓名在索引中显示时前面带有省略号，如（…）。

被引著作：检索被引期刊/被引标题。期刊可能有一个以上的缩写形式。应使用截词符以便与同一标题的几种不同缩写形式相匹配。使用 OR 检索运算符连接多个期刊标题。

被引年份：输入四位数的年份或有限的年份范围。检索被引年份时，仅将其与被引作者和/或被引著作检索相组配。

被引卷：输入被引文献期刊的卷号。

被引期：输入被引文献期刊的期号。

被引页码：被引页码可能包含数字（例如 C231 或 2832）或罗马数字（例如 XVII）。请始终使用发表内容的开始页码。不要使用页码范围。

被引标题：输入被引文献的标题。

另外，检索引擎无法在同一字段中执行中/英文混合检索。如果要同时使用作者姓名的英文和中文形式执行"被引参考文献"检索，建议执行两个单独的"被引参考文献"检索，然后在"检索历史"或"高级检索"页面组配检索结果。

5.3.2.3 高级检索

高级检索可以让检索人员运用普通检索和检索策略进行复杂检索。高级检索中的每个检索字段需用两个字母的代码标示出来。同一检索字段内的不同的检索词之间可用布尔算符（AND、OR、NOT）或位置算符（SAME）组合，不同的检索字段之间只能用布尔运算符组合，不能用位置算符。检索字段代码：如 TS=主题，TI=标题，AU=作者等。

5.3.3 检索结果

执行一次检索后，显示检索结果页面，如图 5-26 所示。

当检索结果范围太大时，可以进行二次检索。

CSCD 提供了对检索结果的优化功能（"精炼检索结果"），当检索结果较多时，可以将其按出版年、研究方向、文献类型、机构、机构—中文、作者、作者—中文、基金资助机构、基金资助机构—中文、来源出版物名称、来源出版物名称—中文、国家/地区、国家/地区—中文、语种等进行归类。如点击作者优化，可以显示检索结果集合中该作者所发表的文献列表。

对检索结果进行各种排序：出版日期（降序或升序）、最近添加、被引频次（降序或升序）、使用次数（最近 180 天或 2013 年至今）、相关性、第一作者（升序、降序或按中文姓名）、来源出版物名称（升序或降序）。按被引频次降序排列，可以根据被引频次直观分析哪些文献有较高的学术参考价值，确定为核心论文，并优先阅读。

图 5-26　CSCD 检索结果显示

点击文献篇名可以浏览该篇文献全记录。在全记录屏幕上，出现引文网络的功能区域。通过点击"被引频次""引用的参考文献"及"查看 Related Records"查看被引用文献、引文文献以及相关文献，以及这些文献的全纪录。点击"查看引证关系图"，查看施引文献、目标记录和引用的文献三者之间相互关系。点击"创建引文跟踪"，登录个人账户，为目标记录创建引文跟踪，目标记录每次被引用时，会自动收到电子邮件。

检索结果可根据用户需求保存至 EndNote 在线、ResearcherID 或者其他文件格式。以"保存为其他文件格式"为例简单说明，如图 5-27 所示。

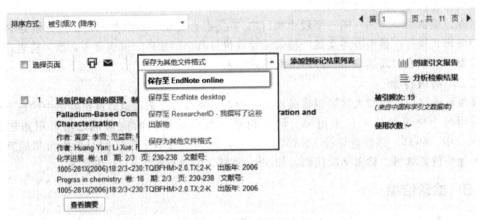

图 5-27　检索结果保存位置

点击"保存为其他文件格式"，选择保存位置。如将检索结果记录保存至文献管理软件，以文本文件、EXCLE 文件等其他文件格式保存至本地等选项。

在"发送至文件"对话框中，选择记录数、记录内容或者文件格式等选项。其中记录内容包括作者、标题、来源出版物，作者、标题、来源出版物、摘要，全纪录，全纪录与引用的参考文献四个选项。如图 5-28 所示。

如果想保存某篇或某几篇检索记录，并且希望可以自定义保存的题录信息，勾选检索记录前面的方框，并点击"添加到标记结果列表"，页面上选中的有记录将被保存至"标记结果列表"；或者点开检索结果列表中某一具体文章，查看全纪录，点击页面中的"添加到标记结果

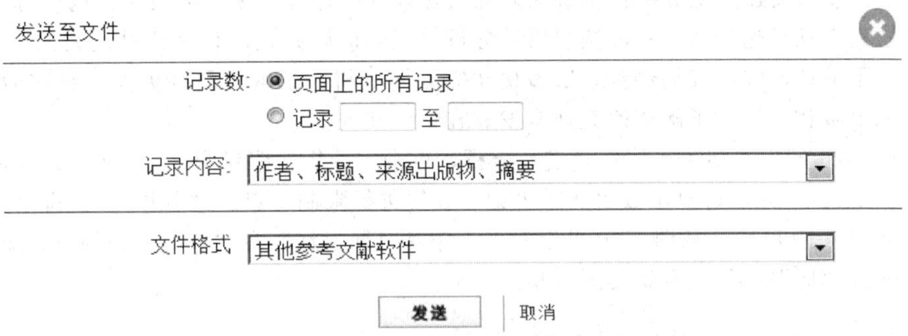

图 5-28 检索结果保存选项

列表",同样地,此篇文献将被保存至"标记结果列表"。

点击"标记结果列表",如图 5-29 所示,自由选择字段作为保存对象。

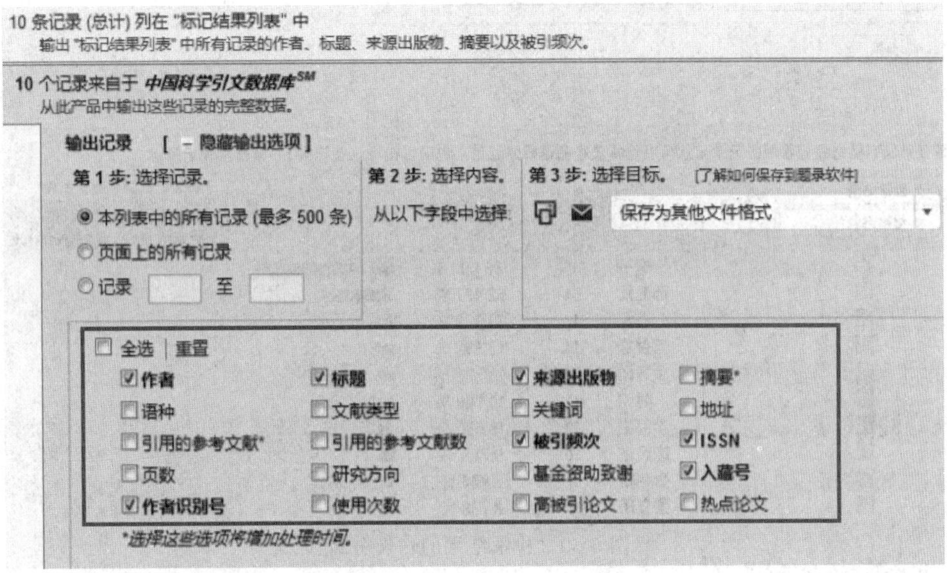

图 5-29 标记结果列表

点击 🖶,对选中的检索记录进行打印操作。

点击 ✉,将选中的检索记录发送到 E-mail 账户上。

5.3.4 检索技巧

CSCD 检索不区分大小写。对检索词加双引号" ",实现精确检索,如"membrane"。需注意双引号应为半角输入状态的引号。

CSCD 特色功能如下。

(1) 分析检索结果

在检索结果界面的右侧,提供了"分析检索结果"和"创建引文报告"功能,见图 5-26。"分析检索结果"可以将检索结果按照作者、作者—中文、国家/地区、国家/地区—中文、文献类型、基金资助机构—中文、机构、机构—中文、语种、出版年、研究方向、来源出版物名称、来源出版物名称—中文等进行聚类分析,挖掘有价值的信息并识别隐含的趋势与模式:a.按照作者分析,了解某个研究的核心研究人员是谁;b.按照国家区域分析:了解核心研究国家是哪些；c. 按照文献类型分析：了解该研究通常以什么途径发表；d. 按照机构名称分析：了解有哪些机构在从事这项研究；e. 按照语种分析：了解该研究是以什么语种发表的；f. 按照出版年分析：了解该研究的发展趋势；h. 按照研究方向分析：了解该研究涉及了哪些研究领域；g. 按照来源出版物分析：了解该研究通常发表在哪些期刊上。

如将图 5-26 的检索结果，按作者进行分析，点击"分析检索结果"，出现设置对话框，选择"作者—中文"，并进行显示数目、最少记录数等进行限制，点击"分析"，会得出一个柱状分析图，如图 5-30 所示。从图 5-30 可以发现，作者"邢卫红"在"膜"方面的研究堪称权威，进而可以通过"邢卫红"检索获得更多相关文献。

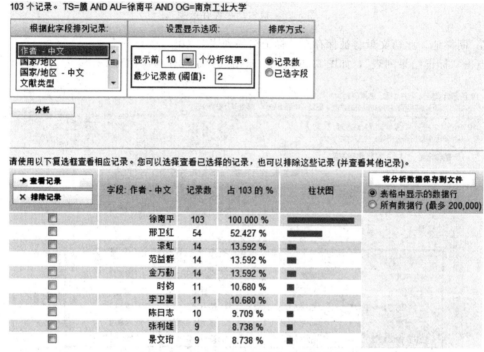

图 5-30　检索结果的作者分析

（2）创建引文报告

引文报告为检索结果提供了详细的引文分析，并提供了清晰明了的组图，包括检索结果出版物年份分布图和被引频次年份分布图。同样对上述检索结果，查看其引文报告，如图 5-31 所示。

（3）Journal Citation Reports（期刊引用报告）

如果该论文所在的期刊同时被 SCI 收录，那么在文献的详细记录显示页面中，右下方提供了"Journal Citation Reports"链接。通过点击，可以查看当前记录的来源期刊近五年的影响因子，直观评价期刊的学术水平，学者们也可以根据期刊影响因子的变化趋势来选择投稿。同样，可以根据影响因子走势图，分析该刊所属学科专题的发展趋势，挖掘研究热点。如图 5-32 为"PROGRESS IN CHEMISTRY" 2012～2016 年的影响因子以及期刊分区等信息。

（4）创建引文跟踪

对于较为感兴趣的一些文章，可以创建引文跟踪服务，来定期通过 E-mail 收到关于未来该记录的被引情况。

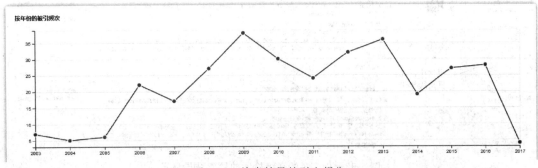

图 5-31 检索结果的引文报告

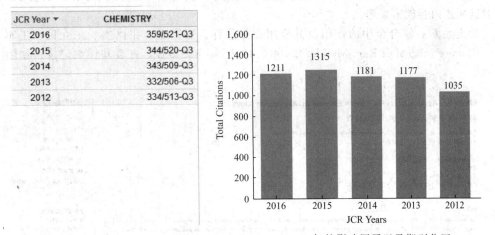

图 5-32 "PROGRESS IN CHEMISTRY" 2012～2016 年的影响因子以及期刊分区

5.3.5 检索实例

【例 5-2】 拟对"稀土元素对镁合金的腐蚀行为的影响"进行研究,尤其是在国内的发展情况。首先考察一下是否有前人进行这方面的工作,都进行了哪些方面的研究,目前研究的水平和发展方向是什么。

(1) 高级检索

选择 CSCD 数据库,年代为 2007～2017。

检索式为:TS=(("rare earth element" or "rare erath") and(corrosion behavior)and(magnesium alloy))OR TS=((稀土元素 OR 稀土) AND 镁合金 AND 腐蚀)，得到 137 条记录，如图 5-33 所示。

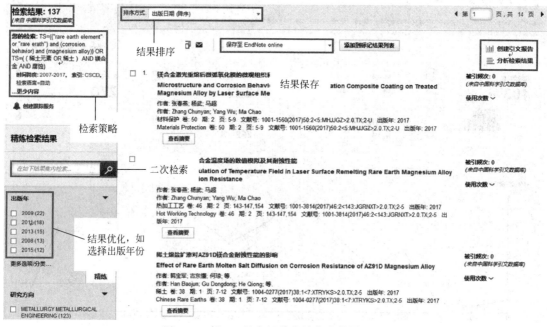

图 5-33　例 5-2 的高级检索的检索结果显示

对于一个不太了解的课题，可先按引用次数排序，发现下面这篇文献引用次数较多，且自己对其所述内容较感兴趣。

稀土元素在镁合金中的作用及其应用；张景怀、唐定骧、张洪杰、王立民、王军、孟健；Chinese Journal of Rare Metals；2008，32（5）：659-667，查看其详细记录，如图 5-34 所示。

图 5-34　例 5-2 的详细记录显示

从被引频次可以发现，2008 年后，该文已经被引用了 41 次，可见是近年来一个研究的热点。

(2) 查看"被引频次"

41 和"引用的参考文献":30,点击相关链接可以获取文献列表查看原文,从引文的角度获取更多相关文献,提高查全率。

(3) Related Records 检索

点击 Related Records 可以获得与母记录拥有至少一篇相同参考文献的文献,且 Web of Science 根据共享文献的篇数进行排序,共享文献越多,相关度越大,进一步对这些相关文献和共享文献进行"分析检索结果"的操作,可以获得更大的科研启发。

(4) 分析检索结果

对检出的 137 条记录进行各种分析,如根据作者、作者—中文进行分析,可以发现文九巴和贺俊光这两位作者所发表的中英文的文章最多,有可能是该研究领域的领军人物,如图 5-35、图 5-36 所示。再如根据出版年份进行分析,可以发现每年发表的论文数比较接近,2008~2011 近四年发文略高,共计 65 篇,约占 47.4%,说明该课题发展平稳,是当前的一个研究热点,但近期研究热度略有降低。

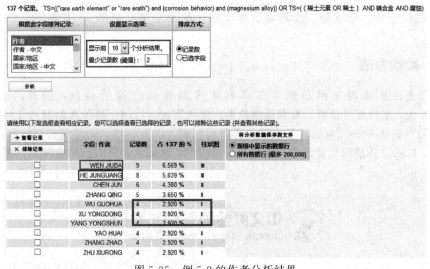

图 5-35　例 5-2 的作者分析结果

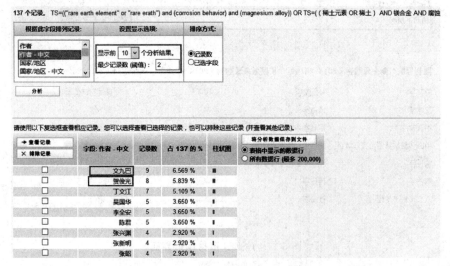

图 5-36　例 5-2 的作者—中文分析结果

5.4 中文社会科学引文索引数据库

5.4.1 简介

中文社会科学引文索引（英文全称为 Chinese Social Sciences Citation Index，缩写为 CSSCI）是由南京大学中国社会科学研究评价中心开发研制的数据库，该库收录了中文人文科学、社会科学主要学术期刊，可用于检索中文社会科学领域的论文收录和文献被引用情况，自 2000 年问世以来，已成为中文社会科学研究成果评估的重要指标。

CSSCI 来源文献的确定，以全国 3500 多种中文学术期刊为基本范围，以刊物能反映我国社会科学各学科领域最新研究成果且学术水平较高、社会影响较大、编辑出版较为规范为基本原则，通过量化刊物的影响因子，兼顾学科完整性、学科规模、地区因素、人力资源因素，并经全国 1000 多名各学科专家主观评价，最终遴选出重要刊物。到目前为止，CSSCI 已经收录包括法学、管理学、经济学、历史学、政治学等在内的 28 大类的 500 余种学术期刊。

5.4.2 检索方法

CSSCI 主要从来源文献和被引文献两个方面向用户提供信息，网址：http://cssci.nju.edu.cn。支持布尔逻辑运算和模糊检索，使用方便。CSSCI 具备来源期刊导航浏览的功能，帮助用户查找 CSSCI 收录的各个学科的期刊列表，以及各期刊的详细信息，如图 5-37 所示。此外，CSSCI 还能提供特定论文的相关文献情况，从而为研究人员的研究工作提供了极大的便利。

图 5-37　CSSCI 数据库首界面

5.4.2.1 来源文献检索

来源文献的检索途径有：所有字段、篇名（词）、英文篇名、作者、关键词、期刊名称、作者机构、作者地区、中图类号、基金细节10项。在高级检索的来源文献检索界面，如图5-38所示，还包括发文年代、年代卷期、文献类型、学科类别、学位分类、基金类别等检索条件的限定。利用CSSCI的"来源文献检索"，读者可以检索到包括普通论文、综述、评论、传记资料、报告等类型的文章。

图 5-38 来源文献检索界面

（1）检索途径

① 所有字段。输入检索词，在各检索字段中进行检索。

② 篇名（词）检索。篇名（词）检索主要是为用户提供用篇名中词段进行检索的手段。可以在篇名录入框中输入整个篇名，也可以只输入一个词，甚至一个字。支持精确检索。

③ 英文篇名检索。输入英文单词或词组，进行英文题名检索。

④ 作者检索。查找某一学者或某团体作者（如某课题组）的发文情况，可在"作者"栏中输入该学者的姓名或团体作者名称，如查找的作者为第一作者，则选中第一作者前的选择框，输入后点"检索"按钮，即可在结果显示窗口中显示本次检索的命中结果，在检索结果窗口中显示出本次检索条件及命中篇数等。

在作者检索中，选择"精确"前的选择框，可准确检索到姓名与检索词完全一致的作者的文章；可采取模糊检索或前方一致的方式进行。例如，用"李明"或"明光"查询也可以得到李明光发表的所有文章，当然，这样出现误检的可能性也增加了（如，可能把"刘明光"或"李明亮"的文章都包括进来）。

⑤ 关键词检索。关键词是用来反映论文主题意义的词汇，关键词检索提供了通过关键词找到相关论文的途径。检索式中的关键词组配对象可以有多个。支持精确检索。

⑥ 期刊名称检索。主要用于对某种期刊发表论文情况的查询。若欲查看在《心理科学》上发表的论文，可以在期刊名称录入框中输入"心理科学"，点击"检索"按钮后，可以得到

CSSCI 所收录该刊论文情况。当然也与年卷期检索组合来限制检索范围。支持精确检索。

⑦ 作者机构检索。机构检索为了解某一机构发表文章提供了最佳途径。如，想知道北京大学在 CSSCI 所收录的期刊上发表了多少篇论文，可以在机构输入柜中键入"北京大学"，查找第一机构，则选中第一机构选择框，然后点击"检索"按钮，则可得 CSSCI 上所收录的北京大学所有论文发表情况。

在机构检索中，同样可采用模糊检索或前方一致的方式，如查询"复旦大学"2006 发表的文章被 SSCI 收录的情况。可以输入"复旦大学"检索命中 1432 篇，同样"旦大"也命中 1432 篇。当然，这样易出现误检。

⑧ 作者地区检索。该检索字段出现在高级检索的来源文献检索中，检索结果限制在指定地区或者非指定地区。选择该字段，检索界面出现中国各省市行政地区以及海外其他国家（地区）的列表，选择相关地区进行检索。

⑨ 中图分类号检索。输入特定的中图分类号进行检索，或者从系统给出的类别中进行选择。

⑩ 基金细节检索。对来源文献的基金来源进行检索，包括基金类别和基金细节，可以使用精确、前方一致或模糊检索。

(2) 高级检索来源文献的检索界面

在来源文献检索的检索框下方，是检索条件限定的字段，包括以下几项。

① 发文年代。选择文献的发表时间范围，限制检索的起始年份和终止年份。

② 年代卷期。在相应的输入框中输入阿拉伯数字即可，将检索结果控制在划定的时间范围内，时间精确到文献出版的具体卷期号。

③ 文献类型。可对文献类型进行限制，如：论文、综述、评论、传记资料、报告和其他。

④ 学科类别。选择相应的学科类别进行检索。

⑤ 学位分类检索。选择相应的学位分类进行检索。

⑥ 基金类别。选择相应的基金类别进行检索。

5.4.2.2 被引文献检索

被引文献检索主要用来查询作者、论文、期刊等的被引情况。其检索途径有：被引作者、被引文献篇名、被引文献期刊、被引文献细节、被引文献年代、被引年份和被引文献类型。利用 CSSCI 的"被引文献检索"，读者可以检索到论文（含学位论文）、专著、报纸等文献被他人引用的情况。如图 5-39 所示。

图 5-39　被引文献检索界面

(1) 被引作者检索

通过此项检索，可以了解到某一作者在 CSSCI 中被引用的情况。如，查询曲格平先生的论著被引用情况，可在此框中输入"曲格平"得到结果，以及排除作者自引之后的结果。支持精确检索。

(2) 被引文献篇名检索

查询被引文献篇名的检索与来源文献的篇名检索相同，可输入被引篇名、篇名中的词段或逻辑表达式进行检索。支持精确检索。

(3) 被引文献期刊检索

被引文献期刊检索主要用于查询期刊被引情况。输入某期刊刊名，可以检索到该刊在 CSSCI 中所有被引情况。

(4) 被引文献细节检索

该检索具有较强的灵活性，可对文献题录信息进行检察，如输入某人的名字，既可以对作者为某人的文献进行检索，也可以检索篇名（词）中含有某人的文献信息。

(5) 被引年代检索

在此框中输入某刊名，可得被引年代检索，通常作为某一出版物某年发表的论文被引用情况的限制。

(6) 被引年份检索

在选项框中直接选择某一年或者某几个年份进行检索。

(7) 被引文献类型检索

被引文献类型检索主要用于查询期刊论文、报纸、汇编（丛书）、会议文集、报告、标准、法规、电子文献等的被引情况。

5.4.3 检索结果

当一次检索结果太多或不理想时，可以利用二次检索进一步精选文献。选择检索字段，输入检索词，在一次检索结果中进行再次检索。来源文献检索结果中二次检索字段包括：所有字段、篇名、第一作者、来源作者、英文篇名、期刊名称、关键词、作者机构、中图类号、基金细节。被引文献检索结果中二次检索字段包括：篇名、作者。

在精炼检索中选择限定条件中相关选项，缩小检索范围，在一次检索结果的基础上实现二次检索。如图 5-40 所示。来源文献检索的精炼检索限定条件包括类型、学科、期刊和年代。

图 5-40 来源文献二次检索

被引文献检索的精炼检索限定条件包括引文类型、引文期刊、引文年代和被引年代。如图 5-41 所示。

图 5-41 被引文献二次检索

CSSCI 根据检索方式，提供相应的来源文献结果和被引文献结果。

(1) 来源文献结果

来源文献检索提供两种形式的结果：一种是题录结果，提供来源作者、来源篇名、期刊、年卷起的显示。分年度列出检索结果，如图 5-42 所示；一种是详细结果，点击题录结果中的来源篇名即可查看，如图 5-43 所示。

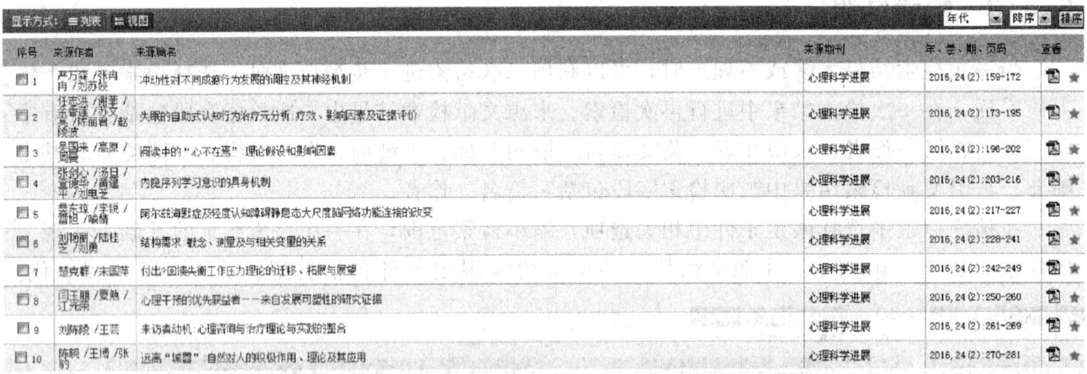

图 5-42 来源文献题录结果界面

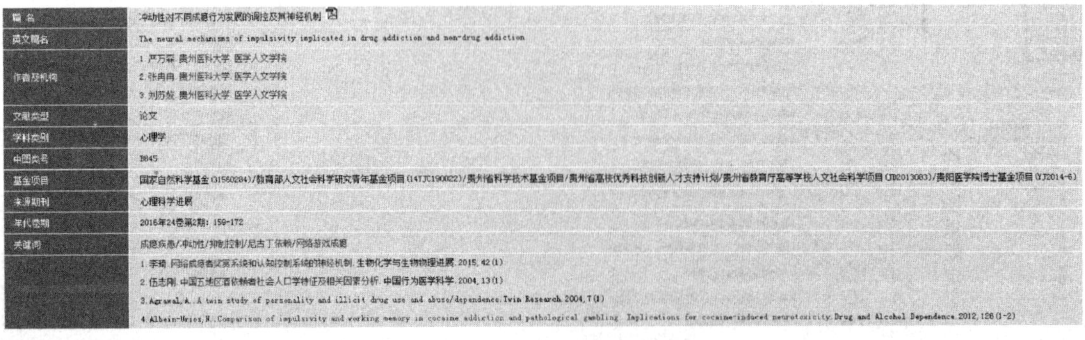

图 5-43 来源文献详细结果界面

（2）被引文献结果

被引文献检索提供两种形式的结果：一种是被引文献的列表，提供被引作者、被引文献篇名、被引期刊、被引文献出去、被引次数的显示，如图 5-44 所示；一种是引证文献（来源文献）列表，点击被引文献的被引文献篇名即可查看，所列文献数量等同被引次数，如图 5-45 所示。

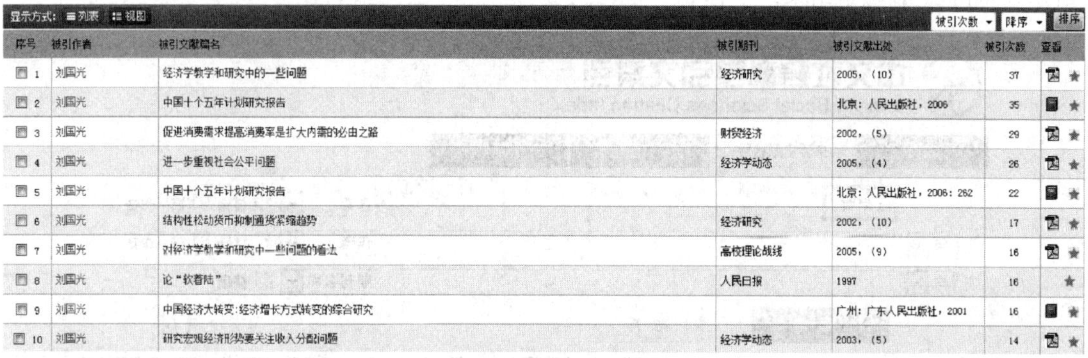

显示方式：列表　视图　　被引次数　降序　排序

序号	被引作者	被引文献篇名	被引期刊	被引文献出处	被引次数	查看
1	刘国光	经济学教学和研究中的一些问题	经济研究	2005，（10）	37	
2	刘国光	中国十个五年计划研究报告		北京：人民出版社，2006	35	
3	刘国光	促进消费需求提高消费率是扩大内需的必由之路	财贸经济	2002，（5）	29	
4	刘国光	进一步重视社会公平问题	经济学动态	2005，（4）	26	
5	刘国光	中国十个五年计划研究报告		北京：人民出版社，2006：262	22	
6	刘国光	结构性松动货币抑制通货紧缩趋势	经济研究	2002，（10）	17	
7	刘国光	对经济学教学和研究中一些问题的看法	高校理论战线	2005，（9）	16	
8	刘国光	论"软着陆"	人民日报	1997	16	
9	刘国光	中国经济大转变：经济增长方式转变的综合研究		广州：广东人民出版社，2001	16	
10	刘国光	研究宏观经济形势要关注收入分配问题	经济学动态	2003，（5）	14	

图 5-44　被引文献列表

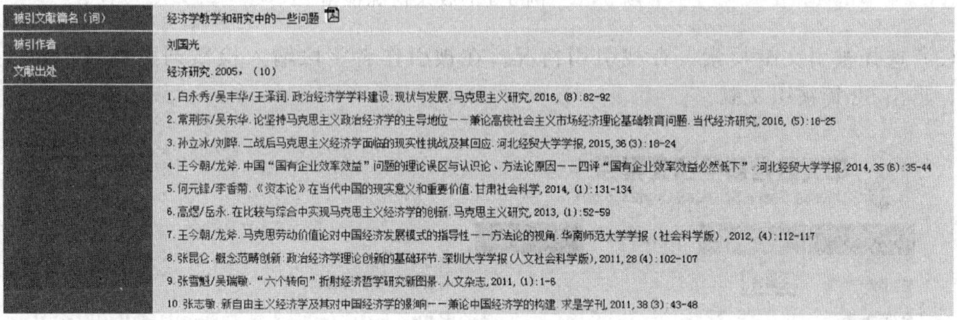

被引文献篇名（词）	经济学教学和研究中的一些问题
被引作者	刘国光
文献出处	经济研究.2005，（10）
	1.白永秀/吴丰华/王泽润.政治经济学学科建设:现状与发展.马克思主义研究,2016,(8):82-92 2.常荆莎/吴东华.论坚持马克思主义政治经济学的主导地位——兼论高校社会主义市场经济理论基础教育问题.当代经济研究,2016,(5):18-25 3.孙立冰/刘晔.二战后马克思主义经济学面临的现实性挑战及其回应.河北经贸大学学报,2015,36(3):18-24 4.王今朝/龙斧.中国"国有企业效率效益"问题的理论误区与认识论、方法论原因——四评"国有企业效率效益必然低下".河北经贸大学学报,2014,35(6):35-44 5.何元锋/李香菊.《资本论》在当代中国的现实意义和重要价值.甘肃社会科学,2014,(1):131-134 6.高煜/岳永.在比较与综合中实现马克思主义经济学的创新.马克思主义研究,2013,(1):52-59 7.王今朝/龙斧.马克思劳动价值论对中国经济发展模式的指导性——方法论的视角.华南师范大学学报（社会科学版）,2012,(4):112-117 8.张昆仑.概念范畴创新:政治经济学理论创新的基础环节.深圳大学学报(人文社会科学版),2011,28(4):102-107 9.张雪魁/吴瑞敏."六个转向"折射经济哲学研究新图景.人文杂志,2011,(1):1-6 10.张志敏.新自由主义经济学及其对中国经济学的影响——兼论中国经济学的构建.求是学刊,2011,38(3):43-48

图 5-45　引证文献列表

来源文献检索和被引文献检索的检索结果默认以列表显示，通过点击列表左上方的"视图"，更改结果显示方式。点击列表右上方"年代""篇名（词）""作者"或者"被引频次""篇名（词）""年代""被引作者"，对检索结果进行升序或降序排列。

勾选检索结果列表序号前面的方框，对选中记录的详细信息或者文献引证列表进行"显示""下载"和"收藏"的操作。收藏功能需要登录个人账号使用。

对于单条检索记录，如标有 ，能够获取全文。如标有 ，能够链接到读秀平台，通过文献传递等其他方式获取。

5.4.4 检索技巧

（1）检索框支持"and（+）""or（）""and/or""not（—）"逻辑算符检索。如在篇名（词）检索框中输入：心理学 and 研究。

（2）精确短语检索时，可在短语上使用"" 符号。

（3）通配符的使用（＊、^）。分别代表多个字符和作为开头的标识。

（4）临近算符 Same：检索词必须出现在同一句子中（指两个句号之间的字符串），检索词在句子中的顺序是任意的。

5.4.5 检索实例

【例 5-3】 检索王卓君被 CSSCI 收录和被引的情况。

(1) 确定检索词。该课题的检索词为王卓君，检索年代设为 2007~2016 年。

(2) 选择来源文献检索，查找收录情况。在作者字段，输入检索词"王卓君"，如图 5-46 所示，得出 10 篇检索结果。

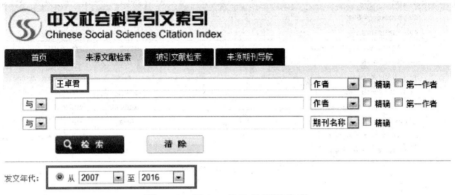

图 5-46　例 5-3 的收录情况检索

(3) 选择被引文献检索，查找引用情况。在被引作者字段输入检索词王卓君，如图 5-47 所示，得出 52 篇被引文献。

图 5-47　被引文献检索

本章小结

本章着重介绍了科学引文检索数据库、中国科学引文数据库、中文社会科学引文索引数据库的检索方法、检索结果、检索技巧，并通过检索实例进行了阐述。

思考题

1. 如何查找你所学专业的期刊目录，以及期刊所在的分区、影响因子等信息？
2. 简述在检索过程中，CSCD 与 SCI 的区别及注意点有哪些？
3. 检索近十年来我校 SCI 论文的产量，并分析南京工业大学高产作者、教师的投稿期刊偏好、研究方向、类别等。
4. 给定某位作者撰写的某本图书，如何检索这本图书中某些理论、方法等被后人的利用情况以及最新进展？

第 6 章 文摘数据库

文摘数据库一般同时收录多种文献类型的文献摘要。国外比较知名的文摘数据库有工程索引数据库、SciFinder 数据库、科学引文索引数据库等，国内文摘数据库有中国社会科学引文索引数据库、中国科学引文数据库等。本章着重介绍其中的工程索引数据库和 SciFinder 数据库，工程索引数据库侧重于工程类文献检索与分析，SciFinder 数据库侧重于大化学、大化工领域文献的检索与分析，其他数据库检索参见第 5 章引文索引数据库。

6.1 工程索引数据库

6.1.1 简介

工程索引是世界著名的检索工具，也是检索世界各国工程领域学术文献的最主要和最权威的工具之一。工程索引作为一种权威、相对客观的学术评价方式，已经被越来越多的学者接受。它也是我国用于评价个人、学术机构乃至整个国家科研水平的一种重要方式。

工程索引最初源于 1884 年华盛顿大学的土木工程教授 John Butler Johnson 博士编辑的 Index Notes，并以此为基础，美国工程信息公司（Engineering Information Inc. 简称 EI），于 1896 年正式出版了工程索引 Engineering Index，它是一种文摘型检索工具。1998 年 EI 被世界著名出版商 Elsevier Science 收购，全称改为 Elsevier Engineering Information Inc.，简称 EI。2013 年，Engineering Village 平台再次改版，优化了检索功能，工程索引数据库全称和简称也进行了调整，全称为 Engineering Village Compendex，简称 EV CPX。

从 1884 年出版至今，工程索引经历了 100 多年的发展，发展过程随着信息技术的变化，不断推出适应时代发展的产品，提供了较好的信息服务。工程索引的不同出版载体和形式，主要有以下几种。

(1) 工程索引年刊（The Engineering Index Annual）

1906 年始，出版工程索引年刊。每一年春季出版前一年的工程索引年刊，由文摘、著者索引、主题索引、来源出版物索引、会议名称索引组成。

(2) 工程索引月刊（The Engineering Index Monthly）

1962 年，创办工程索引月刊。每月编辑出版，每一期收录来自世界各地的专业期刊、会议文献、技术报告和专著的文献，大约 16000 篇，按标题的字顺排序。每一期后附相应的主题索引和著者索引。

(3) EI Compendex 数据库

在 20 世纪 70 年代，工程信息公司建成 EI 电子数据库，借助各种联机检索系统，如 DIALOG（美国）、CEDOCAR（法国）、BIDS（英国）、STIN（德国）等，实施联机检索服务。

(4) 工程索引光盘（EI Compendex）

工程索引光盘是由 EI 公司和 DIALOG 信息服务公司联合发行，是 Compendex Plus 数据库的只读光盘产品，收录 1980 年以来数据，每季度更新一次。其中 1980～1993 年为 DOS 系统下的检索界面，1994 年以后为 Windows 系统下的检索界面，该界面提供了菜单式和命令式检索两种方式。2007 年始，工程索引光盘版镜像服务单位不再提供光盘数据更新，即 EI 不再生产光盘版数据。

(5) 工程索引网络版（EV CPX）

工程索引的网络版（现简称 EV CPX），是由 EI Compendex（光盘版）和 EI Page One 合并而成的 Internet 版，是基于 Engineering Village 提供网络检索服务。2009 年开始，取消 EI Page One 数据收录，仅保留 EI Compendex 核心数据集。EV CPX 的内容来自 77 个国家的 3600 多种工程技术方面的期刊论文、9 万多册会议论文集、近 12 万篇的学位论文等，每周更新超过 2.7 万条数据，截至 2016 年 12 月，已达到 2 亿多条数据（不含回溯文档）。在 EV CPX 收录的期刊中，有 1300 多种期刊为优先出版期刊（Articles-in-press）。

2012 年 7 月，Engineering Village 检索平台改版，界面更简捷，功能更强大，并能通过 EV 进入同平台的其他数据库检索，例如 Inspec、GEOBASE、US Patents 等。EV 具有了更强大的个性化服务功能，而且 EV 在不断完善、不断推出新功能，如最新推出了数值数据检索功能。

EI 公司在 1978 年开始收录中国期刊，1978 年收录 1 种期刊；2009 年，EI 公司进行了期刊收录调整，从 2009 年 1 月开始，EI 数据库收录的中国期刊数据不再分核心和非核心数据；截至 2017 年 3 月 17 日数据，EV CPX 共收录中国期刊 214 种。EV CPX 收录的所有期刊列表，可以通过国际官网（http://www.ei.org/compendex）下载。

6.1.2 检索方法

EV CPX 与 EI 印刷版、EI Compendex 光盘版一样，是一个覆盖了所有工程领域（包括土木工程、能源、环境、地理和生物工程、电气、电子和控制工程、化学、矿业、金属和燃料工程、机械、自动化、核能和航天工程、计算机、人工智能和工业机器人等）的文摘类检索工具，是检索全世界工程技术发展的重要工具。EV CPX 在 2015 年新增 133 万条工程类文献，现在以每周 2.7 万多条记录递增，文献类型多样（包括期刊论文、会议论文、技术报告和丛书等），大约 22% 的收录内容是有主题和摘要的会议论文，90% 的原文献为英文文献。截至 2016 年年底，文献的学科领域分布，电气工程领域最多，占 29%；其次是一般工程领域，占 27%；土木工程和化学工程，各占 14%、13%；机械工程、采矿工程的文献各占 9% 和 8%。

EV CPX 的检索平台经过多次更新，如 2007 年 10 月，检索平台推出新功能"Tags & Groups"；2008 年 10 月，推出了"Thesaurus search"（Ei 叙词表检索）的免费使用。目前使用的检索平台是 engineering village.com，并于 2012 年 7 月 18 日全面更换平台界面，提供了三种检索方式：快速检索（Quick Search）、专家检索（Expert Search）、叙词表检索（Thesaurus Search）。在此检索平台，输入的检索词不区分大小写。

6.1.2.1 快速检索

快速检索界面即为 EV CPX 检索默认首页面，如图 6-1 所示。快速检索方式下可以选择检索字段，默认可进行三个字段之间的逻辑运算，也可以通过"Add Search Field"来增加新的检索字段。快速检索提供了文献类型、处理类型、文献语种、文献出版时间的限定检索以及检索结果多种排序的功能。

(1) 检索词输入（Search For）

在该检索方式下，提供了三个检索词输入框，每个检索框可以输入单个检索词或者短语。

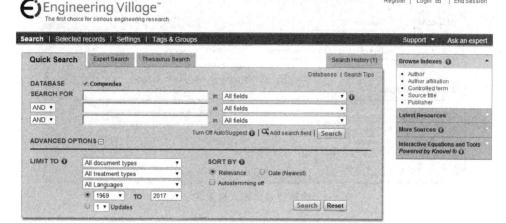

图 6-1 快速检索界面

检索词可以使用"*""?"等截词符号提高查全率。使用"*"截词符,可以置于词间、词尾,代替多个字符;使用"?"截词符,代替单个字符。如输入 comput* 可以将 computer、computerized、computation、computational、computability 等作为检索词。

在一个检索框中输入两个或两个以上关键词进行检索时,关键词之间默认为"逻辑 AND"关系,也可以使用 OR 或 NOT 来改变默认逻辑运算;若要实现关键词或关键词组的精确检索时,需使用半角状态下的双引号""或大括号 {},它们之间的关系体现为如下表达式:

solar energy= solar and energy

solar energy≠"solar energy"或 {solar energy}

"solar energy"= {solar energy}——为精确检索(完全匹配检索)

在 EI 数据库中输入的关键词,也可以使用可选框"Autostemming off"(词干检索)来控制每个检索词的精确匹配或是模糊检索。当选中"Autostemming off"时,意味着关闭"词干检索",即对输入的每个检索词进行精确匹配检索;反之对每个检索词进行模糊检索,如:在未选中"Autostemming off"情况下,输入 management 后,系统会将 managing、manager、manage、managers 等检出。

(2) 逻辑运算

每一个检索框中,可以使用布尔逻辑符号实现检索词之间的组配检索。而三个检索框之间也可以使用下拉选框选择"OR""AND""NOT"实现布尔逻辑组配检索。

需要注意的是:"快速检索"的执行顺序为检索框排列的先后顺序,即先对前两个检索框中的检索词进行组配检索,然后再与第三个检索框中的检索词实现布尔逻辑组配检索。所以在检索词的输入时,要根据检索词之间的布尔逻辑关系,按照三个检索框的执行顺序,正确输入检索词。

当遇上多个同义词或布尔逻辑关系为"OR"的一系列检索词时,建议将这些检索词在同一个检索框中输入,避免布尔逻辑符号的优先顺序和检索框执行顺序之间的冲突,导致检索错误。如检索课题"企业知识管理",初步确定检索词为:Enterprise、corporation、company、intellectual manag*、knowledge manag*,根据检索词之间的关系,确定检索式为:(enterprise or corporation or company) wn ky and (intellectual manag* or knowledge manag*) wn ky,在 EV CPX 检索中可以使用如图 6-2 所示的输入方式。

快速检索默认可进行三个字段之间的逻辑运算,若超过三个字段,可选择"Add search

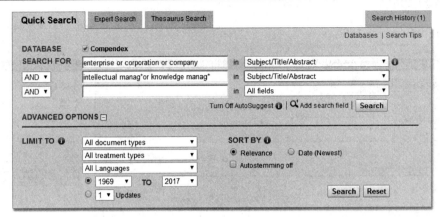

图 6-2 快速检索中输入检索式示例图

field"自行增加检索框,最多可增加到 12 个检索框。若需输入超过 12 个字段组合检索,则需要使用"Expert Search"专家检索方式。

(3) 字段选择(Search In)

对每个检索框输入的检索词,可以在后面的"Search In"下拉选框中,选取相应的字段。EV CPX 提供了 19 个检索字段,见表 6-1。

表 6-1　EV CPX 检索字段

字段名称	字段含义	检索范例
All Fields/所有字段	在数据库所提供的所有字段中检索	heat pipe
Subject/Title/Abstract/主题词/标题/摘要	在题名、摘要、主标题词和受控词中检索	stereo vision
Abstract/文摘	文献摘要	intellectual property
Author/作者	查询作者姓名,格式为:姓在前,名在后,中间用空格	Bers,D *
Author affiliation/作者单位	2001 年以前只给出第一作者单位,其后给出通信作者单位,作者单位常用缩写	Cambridge univ *
Title/题名	文献题名	solar energy
EI Classification Code/EI 分类代码	EI 的主题词表中的分类代码	619.1
CODEN/科技期刊代码	期刊与其他连续出版物的 6 位代码	CSTEDM
Conference information/会议信息	包括会议名称、日期、地点和举办者	Salt Lake City
Conference Code/会议代码	会议论文集代码	13969
ISSN/国际标准连续出版物号	9 位字符组成,中间用连字符连接两组 4 位数字	0274-9696
EI Main Heading/EI 主标题	表示文章主要概念的词	Risk management
Publisher/出版商	出版商的书写形式比较多,可参考索引字典中的出版商索引	Shanghai University
Serial title/刊名	期刊、专著或会议论文集名称	Cost Engineering
EI Controlled Term/EI 受控词	受控词,是由 EI 索引专家建立的主题词,可参考索引字典中的主题索引	Gas industry

续表

字段名称	字段含义	检索范例
Country of origin/原产国	文献的原产国	China
Funding number	基金编号,基金委员会对基金项目实行统一的编号管理	DMR 12-06707
Funding acronym	基金资助方的缩写	NSF
Funding sponsor	基金资助方	National Science Foundation

All Fields/所有字段:包含表6-1中所列18个字段,为默认字段,表示输入的检索词,在18个字段中匹配均为检索结果。

Subject/Title/Abstract/主题词/标题/摘要,Abstract/文摘,Title/题名:这三个字段为众多数据库通用检索字段,输入任意关键词,检索将在文摘、标题、标题译文、主题词表、标引词、关键词等或单独在文摘、标题字段进行。

Author/作者:不限定第一作者或是其他合作者。输入格式为:姓+","+空格+名。如:Smith, A. Brandon 或 Yuan, longping。在作者字段检索时,注意使用 *（截词符号）,可以有效避免署名不规范引起的漏检,如输入 Smith, A *,相当于检索 Smith, A. OR Smith, A. J. OR Smith, Alan J. 等作者发表的文献。要更有效地避免在EI作者字段产生的漏检,可以结合使用"Browse Indexes"的"Author"索引。

Author affiliation/作者单位:同样不限定第一作者或是其他合作者的所在单位。在EV CPX中,作者单位或机构名称,有些用全称表示,有些用缩写加全称表示,也有用缩写来表达。如剑桥大学的几种表达式:

CAMBRIDGE U.
CAMBRIDGE UNIV
CAMBRIDGE UNIVERSITY

结合"Browse Indexes"的"Author Affiliations"索引,可以有效避免因机构名称的表达不全引起的漏检。在使用"Browse Indexes"进行辅助输入时,需要大致了解一些常用机构名的简称,见表6-2。

表6-2 Author Affiliations 的缩写、全称对照举例

全称	缩写	全称	缩写
Academy	Acad	Institution	Inst
Association	Assoc	International	Int
Bureau	Bur	Laboratory	Lab
Center/Centre	Cent	Limited	Ltd
College	Coll	National	Natl
Company	Co	Published	Pub
Corporation	Corp	Publisher	Pub
Department	Dep	School	Sch
Division	Div	Society	Soc
Incorporated	Inc	University	Univ
Institute	Inst		

EI Classification Code/EI 分类代码：为 EI 的主题词表中的分类代码，由 EI 专业人员给出，用纯阿拉伯数字表示。是对不同主题的分类，也即用分类代码表达某一主题。如：

401.1 Bridges
619.1 Pipe,Piping & Pipelines

用 EI 分类代码进行检索，可以检索同属于该分类代码下的所有相关文献，类似于在中文数据库检索中，使用中国图书馆图书分类号进行检索，可以有效提高文献查全率。

CODEN/图书馆所藏文献和书刊的分类编号：CODEN（Code Number），为代码号，是美国 ASTM（American Society for Testing and Materials，美国试验材料学会）制定的科技期刊代码系统。它是国际公认代码，已经被 CA、IPA、Compendex、Ulrich 国际期刊指南等国际检索系统采用。Ei Compendex 数据库在审查新的来源期刊时，还包括 CODEN。CODEN 由六位组成：前四位为基本码，一般为期刊的英文名称每个实词（中文期刊则采用汉语拼音）词头，不足 4 个实词时，用其他词补充；第五位一般为期刊类别等代码；第六位为校验码。

例如：

Applied Mathematics and Mechanics（English Edition）的 CODEN：AMMEEQ；
中国医学科学杂志（英文版）= Chinese Medical Sciences Journal 的 CODEN：CMSJEP。

Conference information/会议信息：为会议文献的重要字段，内容包括会议的名称、日期、地点和主办者等。注意会议日期的输入格式，如 2004 年 4 月 20 日召开会议：apr 20 2004；另如 2004 年 4 月 20~26 日召开会议：apr 20-26 2004。

Conference Code/会议代码：类似于期刊的 ISSN，每一次会议都赋予了一个会议代码，具有唯一性。输入会议代码，可以检索与该会议相关的所有文献。如：会议代码 13969 的会议名称为 "Proceedings of the Gold '90 Symposium-Gold' 90"。

ISSN/国际标准连续出版物号：ISSN 是根据国际标准 ISO 3297 制定的连续出版物国际标准编码，目的是使世界上每一种不同题名、不同版本的连续出版物都有一个国际性的唯一代码标识。具体参见第 4 章 4.1.3。

ISSN 编号以 ISSN 为前缀，由 8 位阿拉伯数字构成，前后各分成 4 位数字，中间由短横线连接。前 7 位数字为顺序号，第 8 位为校验号。如：

Journal of Intelligent Manufacturing.　　　ISSN 0956-5515
环境污染与防治　　　　　　　　　　　　ISSN 1001-3865
经济管理　　　　　　　　　　　　　　　ISSN 1002-5766

EI Main Heading/EI 主标题词：由 EI 专业人员给予，用来表示文献的主题思想。在 EI Compendex 数据库的文摘显示或详细记录显示中，EI 主标题词不同于 EI 其他受控词，为粗体显示。

Publisher/出版商：为期刊等的出版商，如 Elsevier。出版商的表达方式，类似于机构名称，有全称、缩写等多种表达方式，可以借助于 "Browse Indexes" 的 "Publisher" 索引。

Serial title/刊名：为期刊、专著或会议论文集名称。中文期刊在 EI 数据库中的表达式为：中文刊名拼音/英文刊名，例如《中国激光》的刊名为：Zhongguo Jiguang/Chinese Journal of Lasers，所以用户在利用 Serial title/刊名字段检索中文期刊时，可以优先使用拼音进行检索。EI 对期刊的表达也有全称和缩写表达，如期刊《Applied Mathematics and Mechanics（English Edition）》，其缩写为 "Appl Math Meth Engl Ed"，与机构名称等字段检索一样，可以借助于 "Browse Indexes" 的 "Serial title" 索引，提高查全率。

EI Controlled Term/EI 受控词：由 EI 专业人员给予，每一篇文献通常有多个受控词。不同于 EI Main Heading/EI 主标题词，它们用于描述文献所涉及的其他的概念。EI Controlled Term 与 EI Classification Code 及 EI Controlled Term，即用于区分 EI Compendex 数据和 EI

Page One 的数据项：EI Page One 数据没有这三个字段内容，反之为 EI Compendex 数据。通过这些受控词，不仅可以为用户扩充检索词汇，还可以帮助用户进一步明确课题方向。

Country of origin/原产国：为文献的原产国，可用于限定文献的原产国，具体检索某国的相关领域的研究文献。如在该字段输入"China"，可以检索出原产地为中国的文献。

Funding number/基金编号：为文献的资助基金编号，基金委员会对基金项目实行统一的编号管理，输入基金编号可检索该基金项目发表的 Ei 文献。如在该字段输入"DMR 12-06707"，可以检索出基金编号为 DMR 12-06707 发表的文献。

Funding acronym/基金资助方缩写：为研究项目的基金资助方缩写，可具体检索该基金资助方所资助发表的所有 Ei 研究文献。如在该字段输入"NSF"，可以检索出 NSF 资助发表的文献。

Funding sponsor/基金资助方：为研究项目的基金资助方，同样可具体检索该基金资助方所资助发表的所有 Ei 研究文献。如在该字段输入"National Science Foundation"，可以检索出国家科学基金会资助发表的文献。

（4）限定检索（Limit By）

Ei 提供了四种限定检索，包括 document types（文献类型）、treatment types（处理类型）、languages（语种）和时间限定，用户可根据需求自由选择。

① document types（文献类型）限定。默认为 All document types。Ei 提供了 11 种文献类型可供限定，见表 6-3。

表 6-3　Engineering Village 的文献类型

文献类型	中文含意
All document types	所有文献类型
CORE	核心期刊
Journal article	期刊论文
Conference article	会议论文
Conference proceeding	会议录
Monograph chapter	专论章节
Monograph review	专论综述
Report chapter	专题报告
Report review	综述报告
Dissertation	学位论文
Patents(before 1970)	专利(1970 年前)

② treatment types（处理类型）限定。为 EI 专业人员根据文献内容对收录期刊的类型划分，默认为 All treatment types，EI 同样提供了 11 种处理类型，见表 6-4。

表 6-4　Engineering Village 的处理类型

处理类型	中文含意
All Treatment Types	所有处理类型
Applications	应用
Biographical	传记
Economic	经济
Experimental	试验

续表

处理类型	中文含意
General Review	一般性综述
Historical	历史
Literature Review	文献综述
Management Aspects	管理
Numerical	数值
Theoretical	理论

③ languages（语种）限定。主要是对文献的原语种的限定，可以选择的语言包括英语、汉语、法语、德语、意大利语、日语、俄语、西班牙语。

④ 时间限定。Engineering Village 提供了两种方式的时间限定：一是年限区间限定，可选区间为 1969 到现在的任意区间；二是 updates（最新更新）限定，可选择 Ei 最近一周至四周的更新数据检索。

（5）排序（Sort By）

Engineering Village 提供了两种结果排序方式：按相关度（Relevance）、按最新出版日期[Date（Newest）]，用户可以根据需要进行调整。

（6）索引词典（Browse Indexes）

在快速检索中，Engineering Village 提供了五种索引词典：作者（Author）、作者单位（Author affiliation）、Ei 受控词表（Controlled term）索引、来源名称（Source title）、出版者（Publisher），辅助用户选取合适检索词。词典具有检索、精确查找、浏览三种查找词语的功能。词典检索的结果除了提供输入的检索词外，还提供了上位概念词（broader terms）、下位概念词（narrower terms）、相关概念词（related terms），可用来扩大或缩小检索结果的范围。

索引字典的使用方法如下：

① 选择相应的索引类型，点击进入该索引。

② 选择所要检索词语的首字母或者在 Search for 栏中输入检索词，如图 6-3 在 Author 索

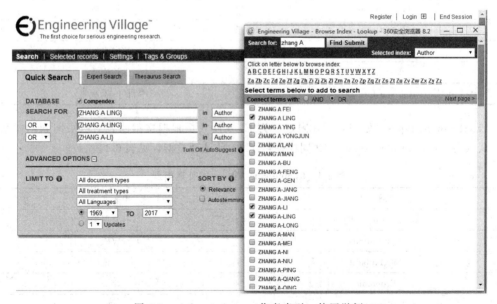

图 6-3　author indexes（作者索引）使用举例

引中输入 Zhang A，点击 Find Submit 按钮，索引字典会自动定位在相应位置。用户可通过 Previous page 或 Next page 向前或向后浏览索引。

③ 用户自行选择合适的检索词后，在快速检索中，系统会自动将检索词粘贴到第一个空检索框中，SEARCHIN 栏也将切换到相应的字段。在索引中删除一个词，该词也将从相应的检索框中删除。当用户选择超过 12 个检索词时，第 13 个检索词将覆盖第 12 个检索框中的检索词。用户还可以对索引词典中的词，选取 AND 或 OR 合理组配索引词。

④ 关闭索引，回到检索界面，设定其他检索条件后，即可开始检索。

6.1.2.2 专家检索

在专家检索中，用户可使用检索字段、检索词和布尔逻辑算符等构建检索式。专家检索需要用户手工编写检索式，增加了检索的灵活性，可以进行任意多字段和任意多个检索词之间的逻辑运算。点击"Expert Search"进入专家检索界面，如图 6-4 所示。

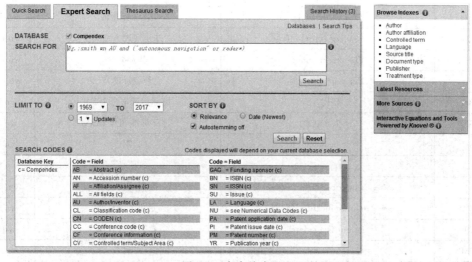

图 6-4 专家检索界面

专家检索中同样提供了检索词输入、逻辑运算的选择、检索字段限定、索引词典的使用等，具体检索方法和步骤如下：

(1) 检索词输入、检索字段的限定（SEARCH FOR）

用户在输入多个检索词时，可以使用布尔运算符（AND、OR、NOT）、位置运算符（NEAR）、通配符等连接检索词。使用"wn"（within）限定检索词所在字段，构造完整检索式。

专家检索的基本检索式为：检索词 wn 字段代码，如 project wn TI（project 在题名字段的检索）。字段代码表见表 6-5。

表 6-5 专家检索字段代码列表

字段代码	字段	字段中文名	语法
AB	=Abstract(c)	文摘	wn AB
AN	=Accession number(c)	EI 收录号	wn AN
AF	=Affiliation/Assignee(c)	作者机构/代理机构	wn AF
ALL	= All fields(c)	所有字段	wn ALL
AU	= Author/Inventor(c)	作者/发明人	wn AU

续表

字段代码	字段	字段中文名	语法
CL	= Classification code(c)	EI 分类码	wn CL
CN	= CODEN(c)	CODEN	wn CN
CC	= Conference code(c)	会议代码	wn CC
CF	= Conference information(c)	会议信息	wn CF
CV	= Controlled term/Subject Area(c)	受控词/学科领域	wn CV
PU	= Country of application(c)	应用国	wn PU
CO	= Country of origin(c)	原产国	wn CO
DOI	= DOI(c)	DOI	wn DOI
DT	= Document type(c)	文献类型	wn DT
MH	= Ei main heading(c)	EI 主标题词	wn MH
GFA	= Funding acronym(c)	基金资助方缩写	wn GFA
GFN	= Funding number(c)	基金编号	wn GFN
GAG	= Funding sponsor(c)	基金资助方	wn GAG
BN	= ISBN(c)	国际标准书号 ISBN	wn BN
SN	= ISSN(c)	国际标准刊号 ISSN	wn SN
SU	= Issue(c)	期	wn SU
LA	= Language(c)	语种	wn LA
NU	= see Numerical Data Codes(c)	数值数据代码	wn NU
PA	= Patent application date(c)	专利申请日期	wn PA
PI	= Patent issue date(c)	专利发行日期	wn PI
PM	= Patent number(c)	专利号	wn PM
YR	= Publication year(c)	出版年	wn YR
PN	= Publisher(c)	出版商	wn PN
ST	= Source title(c)	来源名称	wn ST
KY	= Subject/Title/Abstract(c)	关键词	wn KY
TI	= Title(c)	题名	wn TI
TR	= Treatment type(c)	处理类型	wn TR
FL	= Uncontrolled term(c)	非受控词	wn FL
VO	= Volume(c)	卷	wn VO

EI 新增了数值索引字段的检索，数值类型包含多种，在 EI 专家检索时采用的字段名见表 6-6。

表 6-6 数值索引各数据类型的字段名

数据类型	字段名	描述	默认单位（区分大小写）
absorbed dose	NU_ABSORBED DOSE	gray	Gy
acceleration	NU_ACCELERATION	meters per second squared	m/s^2
age	NU_AGE	year	yr

续表

数据类型	字段名	描述	默认单位（区分大小写）
amount of substance	NU_AMOUNT_OF_SUBSTANCE	mole	mol
angular velocity	NU_ANGULAR_VELOCITY	radian per second	rad/s
apparent power	NU_APPARENT_POWER	Volt-Ampere	VA
area	NU_AREA	square meter	m^2
bit rate	NU_BIT_RATE	bits per second	bit/s
capacitance	NU_CAPACITANCE	farad	F
current density	NU_CURRENT_DENSITY	ampere per square meter	A/m^2
decibel	NU_DECIBEL	decibel	dB
decibel isotropic	NU_DECIBEL_ISOTROPIC	decibel isotropic	dBi
decibel milliwatt	NU_DECIBEL_MILLIWATTS	decibel milliwatt	dBm
electric current	NU_ELECTRIC_CURRENT	ampere	A
electric field strength	NU_ELECTRIC_FIELD_STRENGTH	volt per meter	V/m
electrical conductance	NU_ELECTRICAL_CONDUCTANCE	Siemens	S
electrical conductivity	NU_ELECTRICAL_CONDUCTIVITY	Siemens per meter	S/m
electrical resistance	NU_ELECTRICAL_RESISTANCE	Ohm	Ohm
electrical resistivity	NU_ELECTRICAL_RESISTIVITY	Ohm meter	Ohm. m
electron volt energy	NU_ELECTRON_VOLT	electron volt	eV
energy	NU_ENERGY	joule	J
equivalent dose	NU_EQUIVALENT_DOSE	sievert	Sv
force	NU_FORCE	newton	N
frequency	NU_FREQUENCY	hertz	Hz
illuminance	NU_ILLUMINANCE	lux	lx
inductance	NU_INDUCTANCE	henry	H
linear density	NU_LINEAR_DENSITY	kilograms per meter	kg/m
luminance	NU_LUMINANCE	candela per square meter	cd/m^2
luminous efficacy	NU_LUMINOUS_EFFICACY	lumen per watt	lm/W
luminous efficiency	NU_LUMINOUS_EFFICIENCY	candela per ampere	cd/A
luminous flux	NU_LUMINOUS_FLUX	lumen	lm
magnetic field strength	NU_MAGNETIC_FIELD_STRENGTH	amperes per meter	A/m
magnetic flux density	NU_MAGNETIC_FLUX_DENSITY	tesla	T
mass	NU_MASS	kilogram	kg
mass density	NU_MASS_DENSITY	kilograms per cubic meter	kg/m^3
mass flow rate	NU_MASS_FLOW_RATE	kilograms per second	kg/s
molality	NU_MOLALITY	mol per kilogram	mol/kg
molar concentration	NU_MOLAR_CONCENTRATION	moles per cubic meter	mol/m^3
molar mass	NU_MOLAR_MASS	grams per mol	g/mol

续表

数据类型	字段名	描述	默认单位（区分大小写）
percentage	NU_PERCENTAGE	percent	%
power	NU_POWER	watt	W
pressure	NU_PRESSURE	pascal	Pa
radiation exposure	NU_RADIATION_EXPOSURE	coulomb per kilogram	C/kg
radioactivity	NU_RADIO_ACTIVITY	becquerel	Bq
rotational speed	NU_ROTATIONAL_SPEED	revolutions per minute	rpm
size	NU_SIZE	meter	m
specific energy	NU_SPECIFIC_ENERGY	joules per kilogram	J/kg
specific surface area	NU_SPECIFIC_SURFACE_AREA	square meters per kg	m^2/kg
specific volume	NU_SPECIFIC_VOLUME	cubic meters per kilogram	m^3/kg
spectral efficiency	NU_SPECTRAL_EFFICIENCY	bits per second per hertz	bit/s/Hz
surface charge density	NU_SURFACE_CHARGE_DENSITY	coulomb per square meter	C/m^2
surface density	NU_SURFACE_DENSITY	kilograms per square meter	kg/m^2
surface power density	NU_SURFACE_POWER_DENSITY	watts per square meter	W/m^2
surface tension	NU_SURFACE_TENSION	newtons per meter	N/m
temperature	NU_TEMPERATURE	kelvin	K
thermal conductivity	NU_THERMAL_CONDUCTIVITY	watts per meter kelvin	W/mK
time	NU_TIME	second	s
torque	NU_TORQUE	newton meter	N.m
velocity	NU_VELOCITY	meters per second	m/s
voltage	NU_VOLTAGE	volt	V
volume	NU_VOLUME	cubic meter	m^3
volume charge density	NU_VOLUME_CHARGE_DENSITY	coulomb per cubic meter	C/m^3

在专家检索中，使用布尔逻辑符号实现各检索词的组合检索，如检索"2012年4月13日召开的会议中，原语种为法语，关于国际空间站的文献"，检索式为："international space station" wn KY AND French wn LA AND Apr 13 2012 wn CF。

（2）索引词典（Browse Indexes）

与快速检索不同的是，在专家检索中，增加了 Document type（文献类型）、Treatment type（处理类型）、Language（语种）三个索引词典，提供浏览索引、辅助输入功能。使用方法同于快速检索，不同的是，在专家检索中，对索引中的选词数量没有任何限制。使用时，需要注意不同检索途径拼接时括号的层次和完整性。

（3）时间限定、结果排序

专家检索的时间限定与快速检索相同，提供了年限区间选择检索和最近一周至四周更新数据的检索。结果排序同样以相关度或者最新出版日期为选项。

（4）词干检索（autostemming off）

与快速检索不同，在专家检索中，autostemming off 默认为选中即关闭词干检索。在专家检索中，输入的各检索词，同样可以使用各种逻辑算符、位置算符、截词符等来实现不同检索词的检索需求；使用""或{}实现检索词或词组的精确检索；使用"＊"或"?"实现检索词的模糊检索；使用"＄"符号实现对某个检索词的词干检索，如：输入＄management可检索出managed、manage、manager、managers、managing、management等词。

6.1.2.3 叙词表检索

EI Thesaurus是由EI专业人员编制的主题词表，EI Compendex数据中包含的"EI Main Heading""EI Controlled Terms""EI Uncontrolled Terms"等均来自于EI Thesaurus。通过EI Thesaurus可以获得一个主题概念的上下位类主题词以及相关主题词，有效地实现主题聚类检索。

该检索模块，分为"search（一般检索）""Exact Term（精确检索）"和"Browse（浏览）"三种检索方式。如要进行全球变暖（气候变化）相关主题的论文写作，若第一个想到的关键词是Climate change，利用Engineering Village的"Thesaurus"的Exact Term（精确检索），可直接定位到Climate change这个叙词，并通过词表中的Broader Terms（上位类）、Related Terms（相关词）、Narrower Term（下位类）发现更多相关主题词，如图6-5所示。

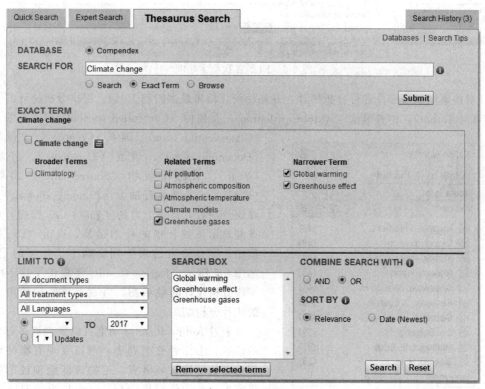

图6-5 Thesaurus检索举例

6.1.3 其他检索功能

6.1.3.1 二次检索

在EV检索平台中，提供了二次检索功能。在各个检索方式中提交一次检索后，除了左上角提供的"Refine Results"实现二次检索外，还提供了"Add a term"（增加一个检索词）进行检索，或者通过"Run new search within selected facets"实现与"Refine Results"各个分类的组合二次检索，如图6-6所示。

Refine results是EI对检索结果提供的强大分析功能，对检索结果进行细化、优选。体现

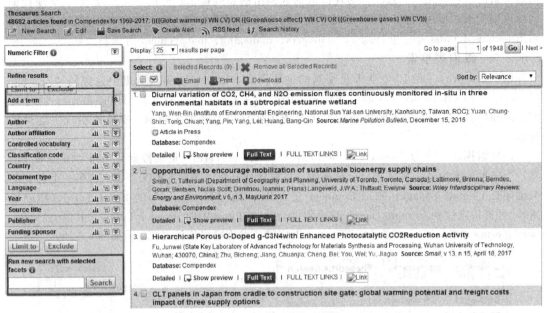

图 6-6　EI 的二次检索功能

在 EI 对检索结果按字段进行分析统计，并显示统计结果最多的前 10 项。提供分析统计的字段有作者（Author）、作者单位（Author affiliation）、受控词（Controlled vocabulary）、主题分类（Classification code）、国家（Country）、文献类型（Document type）、语言（Language）、出版年（Year）、来源出版物（Source title）、出版商（Publisher）、基金资助方（Funding sponsor）。选择统计项目，点击上方的"Limit to"按钮，可筛选并显示该统计项的检索结果，点击"Exclude"按钮，则在检索结果中剔除属于统计项的记录，如图 6-7 所示。Refine Results 还提供了这十一个字段分析统计的柱状图，直观地描绘出检出文献的统计分析结果。

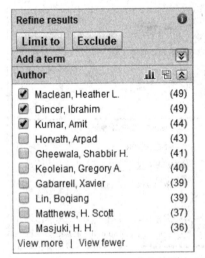

图 6-7　EI 的 Refine Results（优化结果）功能

通过 Refine Results 功能可以发现许多有价值的信息：①作者姓名列表，可以发现有哪些学者们也在从事该领域研究，挖掘该课题领域的核心研究人员；②作者机构列表，可以发现有哪些机构从事该领域研究，发现该课题领域的核心研究机构；③主题词列表，可以发现该课题领域在系统中最常使用的主题词；④分类类名列表，可以发现该课题领域所涉及的主题类目名称及分布情况；⑤国家列表，可以发现哪些国家也在从事相关专题的研究，发现该课题领域的核心研究国家；⑥文献类型列表：可以发现该课题领域的研究成果通常以什么文献类型发表；⑦语种列表：可以发现该课题领域研究成果的文献语种分布情况；⑧出版年列表：可以发现该课题领域文献发表的时间分布情况；⑨出版者列表：可以发现该课题领域的文献是由哪些出版社出版的；⑩来源出版物列表：可以发现该主题领域的文献都发表在哪些期刊或会议集；⑪基金资助方列表：可以发现该主题领域的文献都由哪些基金委员会资助研究。

Refine Results 功能的最大价值即在于用户可以从以上八个方面来评价所检出的文献，并根据评价结果及时调整和优化检索策略，跟踪核心文献，提高检索结果的查准率。例如课题"基于数据挖掘的入侵检测技术及其研究"的检索，确定核心检索词为数据挖掘 Data mining 和入侵检测 Intrusion detection，在快速检索中，对这两个检索词进行主题字段的逻辑"AM"检索后，检索 2000 年至今结果为 1794 篇，进行 country 字段的 Refine Results，点击查看其柱状分析图，如图 6-8 所示，可以发现从 2000 年至今，我国在此研究领域发表论文最多，有 456 篇，为此研究领域的核心研究国家，其次为美国 281 篇。

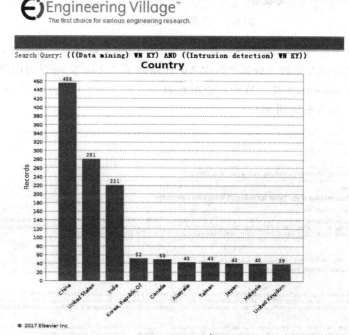

图 6-8　refine results（优化结果）根据国家分析的柱状图

Numeric Filter 是 EV 平台于 2016 年新推出的功能，可以对检索结果进行数值数据过滤。数值过滤提供了数值数据类型、数据单位、数据范围三个选项。数值数据类型涉及年龄、比特率、分贝、频率、质量、百分位、尺寸、温度、时间等，数据单位和数据范围参照选择的数据类型进行设定。

6.1.3.2　检索结果

EV CPX 检索结果提供了 5 种排序方式，3 种显示方式。

（1）检索结果排序

EV CPX 在快速检索和专家检索界面，提供了 Relevance（相关性）和最新出版日期（Date（Newest））两种可选结果排序方式。在检索结果显示页面，EI 提供了 5 种结果排序方式（Sort by）：Relevance（相关性）、Date（日期）、Author（作者）、Source（来源期刊）、Publisher（出版商）。用户可以根据需要点击任意一种排序方式，检索结果将按照相应字段重新排序。

（2）检索结果显示

① Citation（题录格式）。EV CPX 检索结果的默认显示形式即为题录形式，显示内容包含文献题名、著者姓名、第一著者所在单位名称、原文出处及语种、所属数据库，如图 6-9 所示。

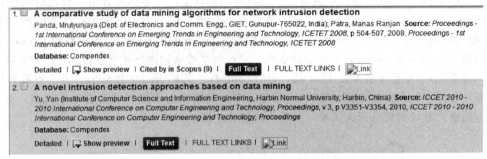

图 6-9 检索结果的题录显示

② Abstract（文摘格式）。显示内容除包含题录形式的文献题名、著者姓名、第一著者所在单位名称、原文出处及语种、所属数据库外，还增加了"文摘"，可以为用户提供内容线索。如果检索结果为 Compendex 收录数据，还增加显示"EI controlled terms"和"Classification Code"字段内容，如图 6-10 所示。

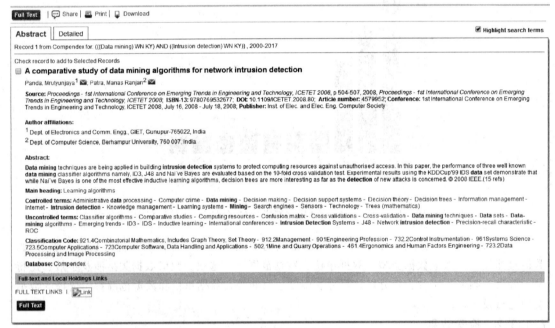

图 6-10 检索结果的文摘显示

③ Detailed Record（详细记录格式），显示内容为记录的所有字段内容。用户可以充分利用详细记录中所有的活链接，例如 EI controlled terms、Classification Code、EI main heading、author 等，扩大检索范围，获得更多相关文献。

（3）检索结果保存

EV CPX 提供了 5 种检索结果输出保存方式：E-Mail、Print、Download。在保存检索结果前，需先选取需要保存的记录，EI 提供了直接勾选、当页全部选取（page）和不超过 500 条的最大记录数选取［Maximum（up to 500）］三种方式，如图 6-11 所示，结合选择所需的结果显示方式，进行结果保存。

① E-Mail 发送。用户可将选取的检索结果通过邮件方式发送给自己或他人。点击"E-Mail"选项，系统会弹出一个电子邮件编辑框，输入接收方的正确电子邮件地址，即可发

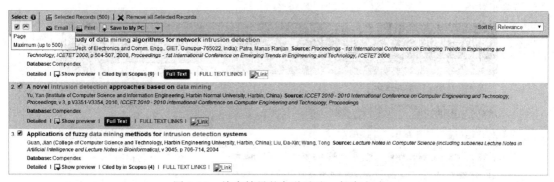

图 6-11　检索结果的各种选取、保存方式

送电子邮件。

② Print（打印）。点击"Print"按钮，首先会对选取的检索结果重新排版，然后通过打印机终端打印出纸型文件。

③ Download（下载）。点击"Download"，系统弹出一个对话框，提供了输出地址（Location）、输出格式（Format）以及输出内容的选择，如图 6-12 所示，用户可以根据自己的需要选择下载。

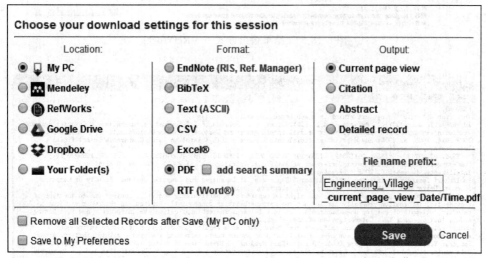

图 6-12　EI 的 Download 保存记录对话框

输出地址（Location）包含了我的电脑、Mendeley（Elsevier 公司提供的免费文献管理软件）、RefWorks（一款在线文献管理平台，见图 6-13）、谷歌 Drive 网盘、Dropbox 网盘、和自己的 EI 网络文件夹。

输出格式包含了以下几种：① EndNote（RIS，Ref. Manager）：此种格式需要下载相应软件进行管理，如可下载 EndNote、ProCite、Reference Manager 等文献管理软件。②BibTex Format：为 bibliography database 格式，需要下载相应软件（Jabref 开源软件）管理。③Text （ASCII）：为文本形式，如图 6-14 为一条详细显示的记录文本。④CSV：逗号分隔值文件格式，可以采用 excel 等软件显示。⑤其他格式如 Excel 文档、PDF 文档（可选择输出检索总结）、RTF（如 Word 文档）。

EV 网络文件夹（Your Folders）：选择这种方式保存检索结果，需要先用已有邮箱注册一个账号，Engineering Village 主页右上角提供了账号注册和登录入口，如图 6-1 所示。在此

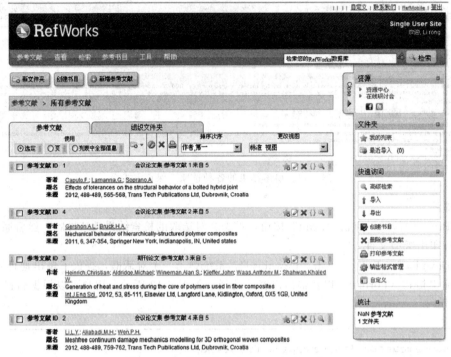

图 6-13　EI 结果输出方式——RefWorks

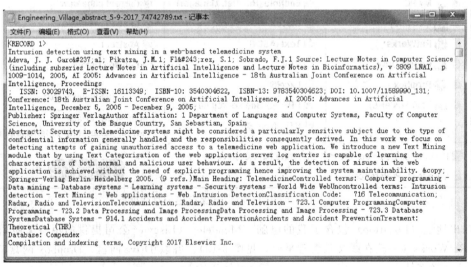

图 6-14　EI 结果输出方式——Text（ASCII）

Folder 中，用户最多可以创建 3 个子文件夹，每个子文件夹最多可容纳 50 条记录。用户登录后，将选中的检索结果保存至相应子文件夹中。这是一种网络存储方式，用户每次登录后，可查看已保存的所有记录。

其他保存方式：①Share 保存方式。在检索结果显示页面（图 6-10），直接进入记录的文摘（Abstract）或详细记录显示（Detailed），系统增加了 Share 记录保存方式，用户可以将代码复制到博客、微博或个人网站，便于以后提取阅览该记录。②Full Text Links（全文链接）。Elsevier 公司尝试将 Ei 二次文献与一次文献实现链接，目前与 Elsevier 数据库已基本实现全文链接服务，同时也与其他全文数据库如 Springer、IEEE 等建立了链接。如果用户所在的图书馆订购了收录该论文的全文数据库，就可以通过 Full text links 链接查看全文。

6.1.3.3 标签与群组

"Tags and Groups"广泛流行于博客领域，也是 EV 推出的一个特色功能模块，用户需要注册并登录个人账号，才能有效使用该功能模块。Tags（标签）为用户自定义的分类词汇，也可以称为自由分类词，在 EV 中，用户可以对每一个检索结果，由自己赋予多个标签来表达其主题和分类。对于每个新建标签，用户可以限定其访问权限：Public（所有 EV 用户可查看）、Private（只有自己可查看）、My Institution（限定与自己同属机构），如图 6-15 所示。对已经创建的标签可以进行检索、编辑、删除等操作，在"Tags＋Groups"界面，可以浏览最新创建或最常见的标签列表，点击每个标签链接，可以查看拥有相同标签的所有文献记录。

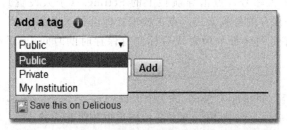

图 6-15　添加标签选择标签权限

在 EV 中所添加的任何一个 Tag（标签），只限于 EV 用户可以查看，若要将这些标签值在其他的网站中得到共享，比如网站"del.icio.us"，需要点击该网站链接进行创建提交，如图 6-16 所示。

图 6-16　将标签添加到 del.icio.us 网站

EV 提供了"View/Edit Groups"进行创建、编辑、管理 Groups（群组），如图 6-17 所示。选择"Create a New Group"创建一个新组，在弹出的新页面中填写 Group Name（组名）、Description（描述信息）、Color（对不同组设置色彩）、Invite Members（该组需要邀请的成员，输入成员邮件地址）。创建不同的 Group，用户可以邀请具有相同研究领域的学者们，共享文献信息；用户也可以自行加入到相关领域的 Group 中，群组为学者们提供了一个学术交流的平台。

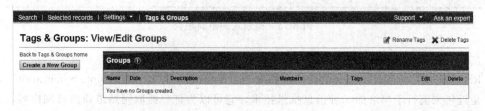

图 6-17　创建 Groups 群组

6.1.3.4 检索式处理

进入 Engineering Village 检索后,用户对 EV CPX 数据库所做的每一个检索步骤都可以在 Search History 中体现,直至 End Session。而用户需要注册、并登录个人账号(Personal account),才能对检索式进行处理。用户对检索式的处理包括保存检索式、调用检索式、删除检索式、重新组合检索式以及 RSS 服务、E-mail 专题服务。

(1)保存检索式

用户注册并登录到个人账号后,可以在 Search History(检索历史)中,选择需要保存的检索式,点击 Save 进行保存。

(2)调用检索式

一是在 End Session 前,直接查看 Search History 的各检索式,点击调用检索式,再次实施检索。二是登录到个人账号后,点击导航栏上的 Settings(个人设置),进入 Alerts & Searches,可查看用户已经保存的各检索式,点击检索式即可再次提交检索。用户所保存的检索式按保存时间的先后顺序排列(每个检索式后标注有保存时的时间)。用户最多可保存 25 个检索式。

(3)删除检索式

登录到个人账号后,同样进入 Settings(个人设置),点击 Alerts & Searches,在每个已保存的检索式前均有一个 Remove 按钮,点击此按钮可以删除相应检索式。点击 Clear All 按钮可以删除所有已保存检索式。

(4)重新组合检索式

在一次登录 Engineering Village 至 End Session 前,用户在此期间所做的任意检索步骤均会在 Search History 中体现。在 Search History 页面下方,EV 平台提供了检索式的重新组合,如图 6-18 所示。重新组合检索式即对 Search History 中的检索式,根据它们之间的布尔逻辑关系,进行检索式组配,形成新的检索式。具体表达方式如:♯1 and ♯2 not ♯3,其中♯1、♯2、♯3 分别代表 Search History 中的第 1、2、3 检索式,执行检索式 2 且排除检索式 3,并包含检索式 1 的重新组合检索。

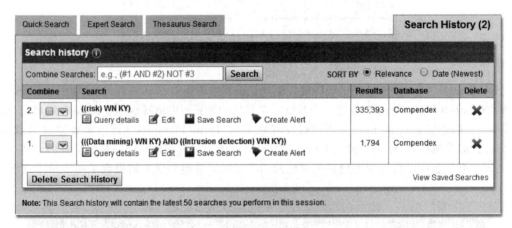

图 6-18　检索式的重新组合

(5)RSS 订阅服务

RSS 可以是 "Rich Site Summary" "RDF Site Summary" "Really Simple Syndication" 的缩写,是近年来流行于网络的一种信息推送技术,它可以为订户抓取网站最新的订阅内容,并且可以实现与他人共享文献。要享受 RSS 订阅和阅读服务,需要下载和安装 RSS 新闻阅读器或汇集器，如"看天下新闻资讯阅读器"。EV 平台提供了对检索提问的 RSS 订阅服务：用户在提交检索提问后，在检索结果显示页面中，如图 6-6 所示，点击检索式后的橙色图标"RSS"，弹出 feed 信息对话框，如图 6-19 所示，将弹出的 feed 信息拷贝至 RSS 阅读器中，进行订阅，这样便可以实现将与该检索提问相匹配的最新的检索结果推送到该用户的 RSS 阅读器中，帮助用户及时了解最新文献信息。

图 6-19　EV 中检索式的 RSS 订阅服务

（6）E-mail 专题服务（E-mail Alerts）

这是一项定题服务，提供对特定检索课题的定题推送服务，系统可根据用户指定的检索策略，定期将数据库中与该策略相关的最新文献通过 E-mail 发送给用户。用户登录个人账号后，在检索历史（Search History）栏下选择需要订制该服务的检索策略，选中 E-mail Alerts，便可以实现该检索策略的 E-mail 专题服务，如图 6-18 所示。

6.1.3.5　检索技巧

在 EV CPX 检索中，有很多值得注意的检索技巧，部分在快速检索、专家检索中也有介绍，归纳总结如下。

（1）Settings（个人设置）

该功能非常实用，既能联机存储检索结果，也可以保存、调用、管理检索式，还可以为用户提供 E-mail 专题服务，所以初次登录 Engineering Village 的用户，建议先使用已有邮箱注册一个账号。

（2）短语检索（精确检索）

使用""或 {} 实现短语检索。在 EV CPX 检索中，除了 a-z、A-Z、0-9、?、*、#、()或 { } 等符号外，其他符号均视为特殊符号，检索时将被忽略。若需要将这些特殊字符作为检索词，可以使用短语检索（精确检索），如：{n<7}。同样，使用短语检索（精确检索），可以将检索式中的停用词（如 AM、OR、Not、Near）作为检索词检出，如："block and tackle"，适用于固定搭配词的检索。

（3）通配符的使用

* 为截词符号，可置于词间、词尾，置于词尾时，表示无限右截断，可检索出相同词干的任意多个变化的词。通配符"?"代替一个字符，例如 wom？n，将检索出 woman 或者 women。"$"为词根算符，置于词首，对该词自动取词根，将检索出以输入词词根为基础的、与该词根具有同样语义的所有派生词。

（4）位置算符 NEAR 和 ONEAR

可以用于限制两个检索词在检出文献中的词间距离和词序，表达式分别为：①检索词 A NEAR/n 检索词 B，表示检索词 A 和 B 均在结果中出现，且词间距离不得超过 n 个词，A 和 B 词序可以互换；②检索词 A ONEAR/n 检索词 B，表示检索词 A 和 B 均在结果中出现，且词间距离不得超过 n 个词,但是 A 和 B 词序固定。如 space NEAR/0 stations,表示 space 和 stations 两个检索词紧密相连(词间可以出现标点符号),但词序可以互换。

(5) autostemming off

其功能与"＄"词根算符类似,不同的是"＄"词根算符只局限在对加了该符号的检索词进行词根检索,而 autostemming 可以对检索框中没有限定精确检索的检索词实施全部词根检索或不实施词根检索。

(6) Browse Indexes

在使用作者、作者单位、刊名、出版商、受控词等字段检索时,建议使用 Browse Indexes,帮助用户选择用于检索的适宜词语。值得注意的是,在 Quick Search(快速检索)中,用户在索引中若选择了超过 12 个词语,第 13 个词语将覆盖第 12 个检索框中的词。所以当需要选择 12 个以上索引词时,建议使用 Expert Search(专家检索)。

(7) 检索框的执行顺序

在 Quick Search(快速检索)中,总是先合并检索前两个文本框中的词,然后再检索第三个文本框中的词。如:A OR B AND C 检索的顺序为(A OR B)AND C。所以在检索框的输入时,需要根据检索词间的布尔逻辑关系,正确处理检索词的输入顺序。

6.1.4 检索实例

【例 6-1】 检索生物材料的腐蚀与疲劳的外文文献。

课题背景:近年来,研究人员已将生物材料泛指为:"与人体组织、体液、血液接触和相互作用,而对人体无毒副作用、不凝血、不溶血、不引起细胞突变、畸变和癌变,不引起免疫排斥反应的一类材料"。目前,国内外使用的生物材料已有 90 多个品种、1800 余种制品。但是,现实中的生物材料却经常出现这样或那样的问题,如腐蚀和疲劳等。

材料和环境发生化学或电化学作用而导致材料功能损伤的现象称为腐蚀。疲劳的定义为:"在某点或某些点承受扰动应力,且在足够多的循环扰动作用之后形成裂纹或完全断裂的材料中所发生的局部的、永久结构变化的发展过程"。

生物材料作为生命科学研究最重要的领域之一,既关系人类的健康,又关系到高新技术经济的发展,因而加速研究和开发具有良好生物相容、耐蚀性、耐磨性、耐疲劳性的生物材料具有十分重要的意义。

确定检索词:结合课题背景,确定"生物材料""疲劳""腐蚀"为该课题的三个中文检索词。翻译成英文关键词时,也注意同义词的使用:

生物材料:biomaterial＊, biological Material＊

腐蚀:corrosion, erosion

疲劳:fatigue

检索式:(corrosion OR fatigue OR erosion) AND (biomaterial＊ OR biological material＊)

选择专家检索(Expert Search)方式:EV CPX(2000-2017):Expert Search

检索策略 1:

(corrosion OR fatigue OR erosion) wn KY AND (biomaterial＊ OR biological material＊) wn KY ·· 命中 3756 篇

> 虽然查到的文献很多,但是并不代表查全率就高;通过阅读相关文献可知,一些学者使用生物医学材料作为关键词,英文为:biomedical material。

检索策略 2：

（corrosion OR fatigue OR erosion）wn KY AND（biomaterial* OR biological material* OR biomedical material*）wn KY ·· 命中 4971 篇

> 检索的结果过多，需加一些限制。在刚开始研究一个问题时，可以先看些综述性的文章，会有很多启发。因此增加限定条件使 Treatment type 为 General Review。

检索策略 3：

（corrosion OR fatigue OR erosion）wn KY AND（biomaterial* OR biological material* OR biomedical material*）wn KY AND {GEN} WN TR ················· 命中 31 篇

> 利用 Refine Results 的 Author 功能模块，发现检索策略2的4971篇文献中，Niinomi, Mitsuo、Chu, Paul K.和 Akahori, Toshikazu 的相关文献最多，分别有65篇、38篇和37篇，可以判定这些作者在此领域研究较为权威，可对这三位作者进行检索。

检索策略 4：

{Niinomi，Mitsuo} wn au or {Chu, Paul K.} wn au or {Akahori, Toshikazu} wn au ······
·· 命中 1665 篇

【例 6-2】 检索 21 世纪以来 EV CPX 收录南京工业大学发表论文的情况。

课题背景：此课题为 Author affiliation/作者单位检索。南京工业大学，于 2001 年由原南京化工大学与原南京建筑工程学院合并组建而成，所以检索 21 世纪以来 EV CPX 收录南京工业大学发表论文的情况，需要同时检索"南京工业大学""南京化工大学""南京建筑工程学院"，英文全称分别为"Nanjing Tech University""Nanjing University of Technology""Nanjing University of Chemical Technology""Nanjing Institute of Architectural and Civil Engineering"。机构名称在 Ei 数据库中有多种表达方式，要检索得全面和准确，可以借助索引字典（Browse Indexes）中的 Author affiliation/作者单位选择适宜的词进行检索，提高查全率。具体的检索步骤如下。

① 点击索引字典（Browse Indexes）中的作者单位（Author affiliation），进入作者单位索引词界面（Look-up），在 Search for 检索框中输入 nanjing，则出现以 nanjing 为首的检索词的检索界面，如图 6-20 所示。

② 鉴于①中以 nanjing 定位的检索结果比较多，为了更快速定位，结合学校的英文全称，参照表 6-2，在 Search for 检索框中输入"nanjing univ、nanjing inst、nanjing tech"等，并在所列的词中查找到课题所需要的检索词，共找到南京工业大学及前身学校的多种写法，在前面的空白框中打"√"，并选择布尔逻辑符"OR"，如图 6-21 所示。

③ 系统自动把选择好的词粘贴在检索框中，如图 6-22 所示，因为 EI 机构索引中南京工业大学及其前身有超过 12 种写法，因此采用专家检索（Expert Search）中的 Author Affiliation 索引。

④ 限定检索年代为 2000 年至现在，点击 Search 实施检索，共检索到 489 篇文献。

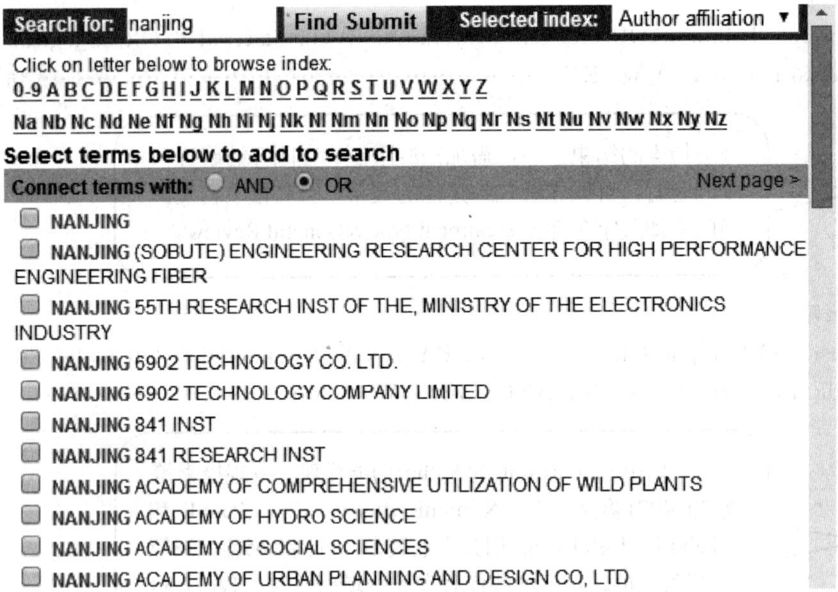

图 6-20 Author affiliation 中输入 nanjing 定位

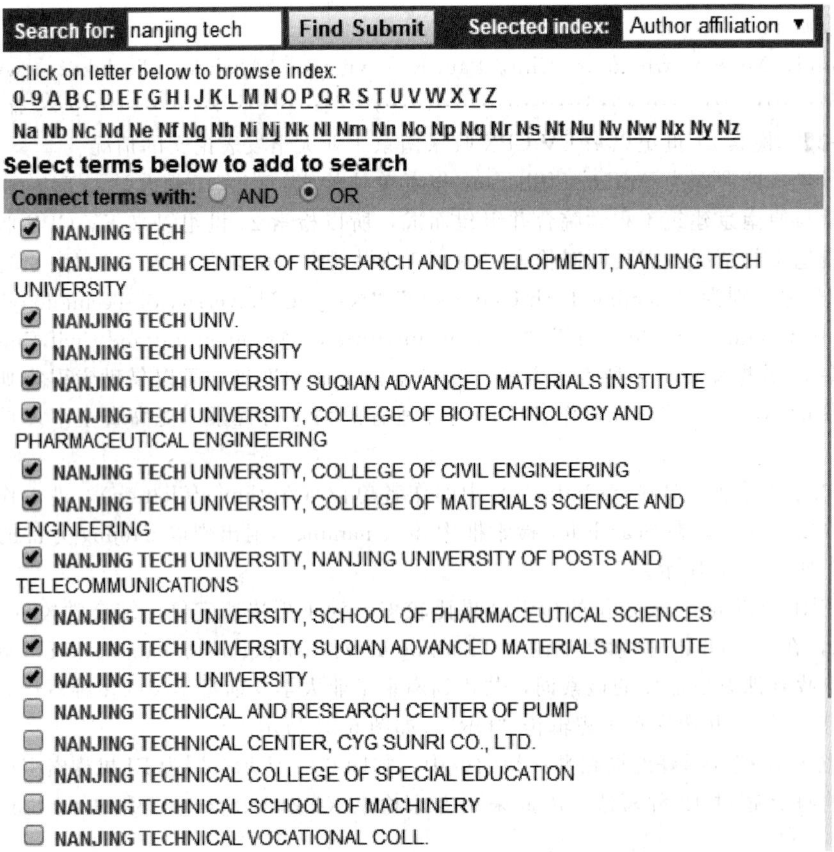

图 6-21 索引字典中查找南京工业大学的写法

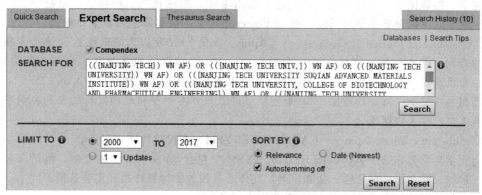

图 6-22　机构索引专家检索式界面

6.2　SciFinder 数据库

6.2.1　简介

SciFinder 是美国化学学会所属的化学文摘服务社（Chemical Abstracts Service，简称 CAS）所出版的《化学文摘》（Chemical Abstracts，简称 CA）的网络版数据库，是全世界最大、最全面的化学化工及其相关领域的学术信息数据库。

CA 于 1907 年创刊，1969 年它合并了具有 140 年历史的德国《化学文摘》，成为世界上最大的专业性文摘。CA 被认为是世界上最负盛名、应用最为广泛的化学化工文献检索工具。正如 CA 的封面上写着：Key to the World's Chemical Literature（开启世界化学文献的钥匙）。随着计算机和网络技术的发展，CA 的出版形式也经历了印刷版、光盘版（CA on CD）和网络版（SciFinder）三个阶段。

（1）印刷版

CA 以印刷版形式创刊出版，从未间断过。CA 创刊时为半月刊，每年出版一卷，分 30 大类。几次调整，自 1967 年至今为周刊，每年出版两卷，每卷 26 期，分 80 大类。

（2）光盘版

1996 年 CAS 推出了光盘版化学文摘——CA on CD，其收录的年限从 1977 年起，内容与印刷版 CA 相对应，数据库文献内容按月更新。CA on CD 在充分吸收印刷版 CA 精华的基础上，利用计算机检索技术，进一步提高了化学化工文献的检索效率。

（3）网络版

1995 年，CAS 推出的网络版化学资料电子数据库 SciFinder，囊括了化学文摘 1907 年创刊以来的所有期刊文献和专利摘要以及四千多万的化学物质记录和 CAS 登记号所有内容，更整合了 Medline 医学数据库、欧洲和美国等近 50 多家专利机构的全文专利资料等。通过 SciFinder 可以自由访问由 CAS 全球科学家构建的全球最大的并每日更新的化学物质、反应、专利和期刊数据库，同时 SciFinder 提供一系列强大的工具，便于用户检索、筛选、分析和规划，迅速获得研究的最佳结果，从而节省宝贵的研究时间。

SciFinder 具有如下特点。

（1）收录内容广泛、更新快

CA 报道的内容几乎涉及了化学家感兴趣的所有领域，其中除包括无机化学、有机化学、分析化学、物理化学、高分子化学外，还包括冶金学、地球化学、药物学、毒物学、环境化学、生物学以及物理学等学科领域。而 SciFinder 可检索的数据库包括以下几种。

① Patent and Journal References——CAplus。提供 1907 年以来的世界上 50 多个专利发行机构的专利（含专利族）文献、9000 多种期刊论文、会议录、技术报告、图书、学位论文、评论、会议摘要、电子期刊、网络预印本。内容基本同印刷版 CA 和光盘 CA on CD。

数据每日更新，每日约增加 3000 条记录。对于 9 个主要专利机构发行的专利说明书，保证在两天之内收入数据库。

② Substance Information——CAS REGISTRYSM。查找结构图示、CAS 化学物质登记号和特定化学物质名称的工具。CAS REGISTRYSM 中包含 8900 多万个化合物，包括合金、络合物、矿物、混合物、聚合物、盐和序列，此外还有相关的计算性质和实验数据。

数据每日更新，每日约新增 4000 个新物质记录。

③ Regulatd Chemicals—— CHEMLIST。查询备案/管控化学信息的工具。用户可以利用这个数据库了解某化学品是否被管控，以及被哪个机构管控。

包含 25 万多备案/被管控物质。数据库每周更新。

④ Chemical Reactions——CASREACT。帮助用户了解反应是如何进行的。包含 1840 年以来的 1300 万多个单步或多步反应。

数据每周更新，每周新增 600～1300 个新反应。

⑤ Chemical Supplier Information——CHEMCATS。帮助用户查询化学品提供商的联系信息、价格情况、运送方式，或了解物质的安全和操作注意事项等信息，记录内容还包括目录名称、订购号、化学名称和商品名、化学物质登记号、结构式、质量等级等，包含 2000 万个化学品信息。

⑥ MEDLINE。MEDLINE 是美国国家医学图书馆出品的书目型数据库，主要收录 1951 年以来与生物医学相关的期刊文献。

(2) 独一无二的化学物质登记体系及完善的索引体系

SciFinder 作为 CAS 的产品之一，继承了 CAS 建立的独一无二的化学物质登记体系和索引体系。

针对化学物质常常一种物质多种名称，因而难以全面检索的问题，CAS 对所收录文摘中的具有明确组成和分子式的物质分别给定一个专门的登记号（CAS Registry Number，简称 CAS RN）。登记号由用短横线相联的三段阿拉伯数字组成。第一段数字最多是 6 位数，第二段数字是 2 位数，第三段数字是 1 位数（系计算机核对符号）。

每一个 CASRN 代表一种物质，即一种化学物质不管它有几个名称，只有一个登记号。CAS RN 已被全世界公认为是化学物质的身份证号。在 CA 的出版体系中，在美国化学会（ACS）出版的图书、期刊中，在许多参考工具书、专利说明书、商品目录、期刊等中，化学物质无论采用何种命名，其后往往都注有 CAS 登记号。

为了方便检索，CAS 逐步建立了比较完善的索引系统，包括期索引（Issue Indexes）、卷索引（Volume Indexes）、累积索引（Collective Indexes）、关键词索引（Keyword Index）、登记号索引（Registry Number Index）、资料来源索引（CAS Source Index）等，CAS 同时提供《索引指南》《登记号手册》《资料来源索引》等方便检索。

(3) 使用方便简洁、检索功能强大

随着 SciFinder 的不断完善，现今的 SciFinder 不仅拥有与其他检索系统类似的普通检索和高级检索方式，还可以对检索结果进行分析、保存、管理和导出分享等，使用户使用更加方便，可以更加专注于研究课题本身，而不必花大量的时间来学习如何使用检索软件。

SciFinder 还具有多种先进的检索方式，特别的结构检索功能以及独特的排列、分析、限定功能,这些强大的检索和检索后处理功能,最大限度地满足了相关领域科研人员对科技信息的需求,使他们能以科学家的思维方式进行更全面、准确、迅捷、有效率的科学研究。

(4) 多系统联合

更新后的 SciFinder,在其原有的基础上增设 SciPlanner、PATENPAK 产品,实现 CAS 产品之间的链接,便于科研工作者管理学习。

6.2.2 检索方法

目前的 SciFinder 主界面,如图 6-23 所示,主模块分为 Explore 检索、SavedSearch 检索保存和 SciPlanner 三部分。Explore 检索包含了 REFERENCES(文献)、SUBSTANCES(物质)和 REACTIONS(反应)三大类检索方式。中间为对应检索界面。右上角为 Preferences 和 Help 服务。右侧为保存(SAVED ANSWER SETS)及提醒服务(Keep Me Posted/KMP)。

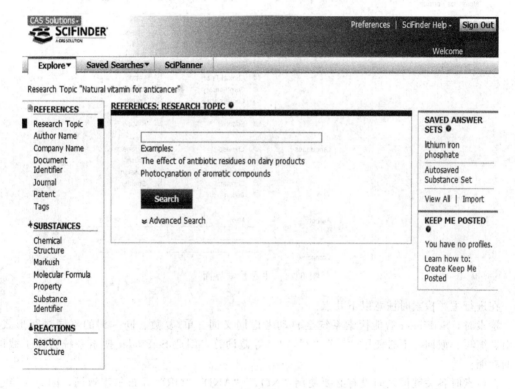

图 6-23　SciFinder 主界面

下面主要介绍 SciFinder 平台的文献、物质和反应三种方式的检索及检索结果的处理。

6.2.2.1 文献检索

(1) 检索途径

在文献检索项选项中,设有 Research Topic(主题)、Author Name(作者)、Company Name(组织名称)、Document Identifier(文件标识)、Journal(期刊)和 Patent(专利)6 项检索字段。

① 主题检索(Research Topic)。主题检索界面如图 6-24 所示,输入所需要查找的英文关键字、词、句,甚至是一些描述性的语言,输入框下方的"Example"提供了检索词格式,可作为参考。也可以选择高级检索(Advanced Search)进行发表时间(Publication Years)、文献

类型（Document Types）、语言（Languages）、作者（Author）及机构（Company）对检索范围进行限定。

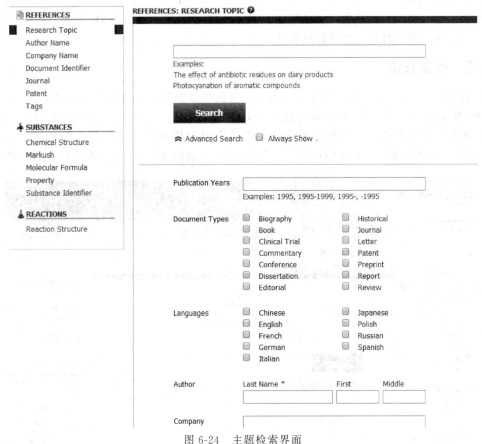

图 6-24　主题检索界面

在进行主题检索时注意以下几点。

检索时，SciFinder 智能检索系统会自动考虑同义词、单/复数、同一词的不同拼写形式、索引、缩写、截词，不必使用"*""?""!"等截词符，因此 SciFinder 搜索系统去掉了截词符的功能。

在检索时各关键词之间没有必要使用"NOT""AND""OR"等布尔逻辑词，因为在经过 SciFinder 检索系统处理检索结果后会给出所有可能的组合方式，用户甚至可以直接输入想查询的文献的题目，SciFinder 一样可以处理并准确得到所需要的信息。

当输入多个概念词的时候，尽量使用介词去连接这些关键词。

例如检索课题：磷酸铁锂在锂离子电池中的应用。进入"REFERENCES-Research Topic"主题搜索界面，输入"lithium iron phosphate in lithium ion battery"，点击 Search 图标进行检索。匹配检索结果如图 6-25 所示，可以看出共出现 5 项目检索结果，该检索结果分别表示：出现"lithium iron phosphate in lithium ion battery"的文献有 114 篇；"lithium iron phosphate"与"lithium ion battery"在文献中同时出现，并且位置十分贴近，即"Closely associated with one another"的文献有 2681 篇；"lithium iron phosphate"与"lithium ion battery"在文献中同时出现，即"Present anywhere in the reference"的文献有 4640 篇；文献中仅仅包含关键词"lithium iron phosphate"的有 6149 篇；文献中仅仅包含关键词"lithium ion battery"的有 136655 篇。

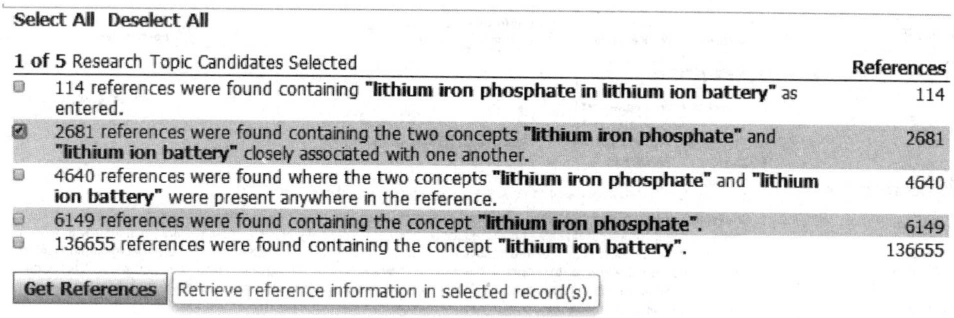

图 6-25 检索结果界面

除上述选项外，可能会出现的候选项有"as entered"表示不考虑词语的单复数以及各种变形，严格按照次序；"contain the concept"表示考虑词语的单复数以及各种变形。

② 作者姓名检索（Author name）。输入作者的姓名（英文或拼音）均可。注意：必须填入 Last name（姓）；不区分大小写；对于复姓如 O'Sullivan，Chace-Scott，or Johnson Taylor 可直接输入；如果带有元音变音的，输入字母即可，或在后面接一个"e"，会同时搜索名、姓以及姓、名；对于不确认的名，可以输入首字母。

③ 组织名检索（Company Name）。使用此搜索选项检索特定组织、大学、政府机构或非营利组织的发布文献资料。

以南京工业大学为例，可以发现由于学校的校名变迁以及论文中对单位的写法差异等存在多种表达方式，这给我们试图利用机构名称检索某作者的论文带来困难。在这里仍可以使用邮政编码均为 210009 作为检索字段，可包括南京工业大学所发表的论文。因此，检索组织机构论文，最好在机构字段检索特征字（Berkeley，Harvard）或者是邮编。

④ 文件标识检索（Document Identifier）。文件标识包括 CA 登记号（CA Accession Number）、文件编号（Document number）、专利号（Patent number）、PubMed ID 号（MEDLINE 数据库的文档编号）及数字化对象标识符 DIO 号（Digital Object Identifier）等。

利用文件标识检索可精确搜索到某一篇文献或专利资料。

⑤ 出版物检索（Journal）。在相应的字段输入期刊名、卷、起始页、结束页等相关信息，便可以检索要找的期刊和文献。

⑥ 专利检索（Patent）。专利号以国家代码或专利机构代码加上专利号组成，专利号可以是授权号，也可以是申请号或优先权号。利用专利号索引，我们既可以获得某专利的具体信息，也可以获得相关专利族的信息，也可以通过发明人姓名及出版年进行范围限定搜索。

⑦ 标签（Tags）。该项为用户对文献的自定义管理，用户可以从参考文献集和参考细节管理标签，还可以对管理的主题文献实现导出或打印等服务。

（2）检索结果处理

图 6-26 为文献检索的结果界面，可以通过"Display Options"更改每页的答案数量或显示的抽象文本数量。在该界面点击"Quick View"快速浏览可以查看选定文献的摘要、期刊卷号等信息；可通过"PATENTPAK"打开专利参考或专利家庭成员的全文 PDF。通过点击"Other Sources"其他来源按钮，显示全文本文件可能来自用户网站特定的图书馆来源，或者用户指定的免费提供的网页资源，需要订阅或费用。CAS 全文选项会话在单独的浏览器窗口中打开以列出您的选项。

检索结果的后处理如下：

① 排列（Sort by）。文献检索的结果按照 Accession Number（引用被输入到数据库中时分

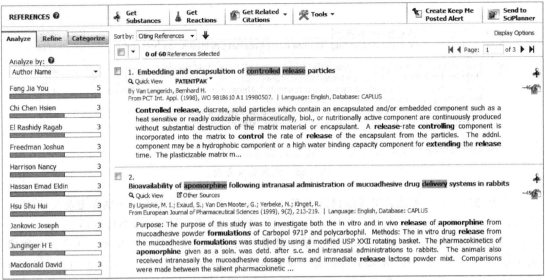

图 6-26　文献检索结果界面

配的登录号)、Author Name(作者姓氏的字母顺序)、Citing References(被引用的数量)、Publication Year(出版年份的时间)和 Title(标题字母顺序)6 种方式来排列,通过↑或↓箭头图标进行排序。

② 分析(Analysis)。文献的 Analysis 分析模块分为以下 12 种分析手段,分别是 Author Name、CAS Registry Number、CA Section Title、Company—Organization、Database、Document Type、Index Term、CA Concept Heading、Journal Name、Language、Publication Year 和 Supplementary Terms。通过上述分析功能不仅可以获得学科、机构、语言分布等很多有价值的信息外,还可以对检索内容进行调整来优化检索策略。表 6-7 为分析模块的字段名及可以获取的信息的含义。

表 6-7　Analysis 分析及含义

字段名	含义
Author Name	作者,发现某一领域中发文章最多的研究者
CAS Registry Number	即 CAS RN,了解文献出现的物质及应用
CA Section Title	学科领域,了解在不同学科的分布情况,指 Chemical Abstracts^{TM} 的 80 种学科分类
Company-Organization	组织机构,发现某一领域研究最多的研究机构
Database	数据库,分析查询结果是来自 CAPLUS 还是 MEDLINE
Document Type	文献类型,了解文献的种类
Index Term	索引词,帮助分析该领域中文献的内容
CA Concept Heading	CA 标题类别
Journal Name	来源期刊,发现相关的学术期刊
Language	文献语种,了解有关文献的语种分布情况
Publication Year	出版年,了解该领域的研究历史和发展
Supplementary Terms	辅助索引词,帮助分析该领域中文献的内容

还可以通过界面选项"keepanalysis""clear analysis"对分析结果进行保存和清除。

③ 分类（Categorize）。在完成搜索后，还可以使用自动分类实现快速筛选。该功能可以自动将选定的文献按学科进行分类，用户在左边的类别（category）选择栏中选择自己感兴趣的学科，右边的显示框便会进一步显示该学科中更加详细的分类，当检索文献超过 15000 条时，该选项无法使用。图 6-27 即为 Categorize 界面。

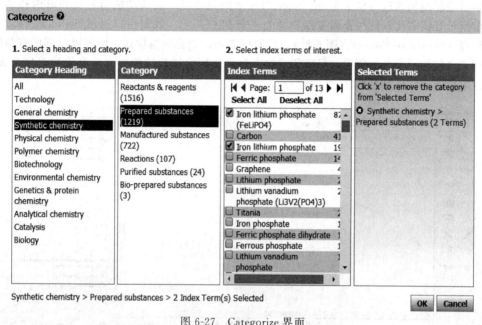

图 6-27　Categorize 界面

④ 限定。数据库的限定。在工具"Tools"中通过"RemovedDuplicates"CAplus^{SM} 记录重复的 MEDLINE$^©$ 记录的清除。

可以通过"Keep Selected"或"Remove Selected"手动选择引用来修改当前的答案集，然后选择保留或删除所选的引用。

通过添加"Refine"限定模块进行条件设置限定。文献的 Refine 限定模块分为 Research Topic（主题）、Author Name（作者）、Company Name（机构）、Document Type（文献类型）、Publication Year（出版年）、Language（文献语种）和 Database（来源数据库）7 种限定手段，用户可以对初次结果通过上述 7 种手段进行二次检索以达到细化检索范围的目的。图 6-28 即为 Refine 模块的操作流程界面。

⑤ 全文的获取。专利文献可通过 PATENTPAK 查看参考专利或专利族的全文 PDF，但此功能需要订购 PATENTPAK 产品才能使用。另外一种途径便是通过"Other Sources"其他来源链接到 SciFinder 之外的全文源。

⑥ 保存和分享。用户可以在界面通

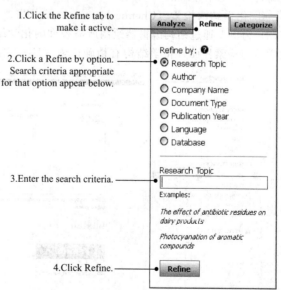

图 6-28　文献结果的 Refine 操作界面

过"Save""Print""Export"实现检索结果的保存打印及输出分享,也可以使用"Save Reach"实现保存及近期检索历史的回顾等,使用"Tags"对检索的检索进行分类备注,与其他检索数据库类似,此处不作赘述。

6.2.2.2 物质检索

通过绘制结构式进行检索是 Scifinder 的一个闪亮之处,这项功能给有机领域的科学家带来了前所未有的方便,使得查询复杂物质也一样轻松简单。我们可以通过 Scifinder 自带的结构编辑器(Structure Editor)(图 6-29),绘制所需查询的化学结构式,便可以得到所有与绘制的结构式(包括更复杂的物质,只要其结构中包含你所绘制的结构单元)有关的信息及文献,这一点对科研工作极具帮助。

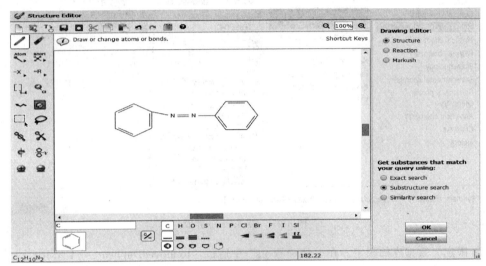

图 6-29 结构编辑器界面

(1)检索途径

在物质检索中分别设化学结构和马库什结构的结构检索以及物质的分子式、特性和标识符检索选项。

① 化学结构检索(Chemical Structure)。以 "5-Indancarboxylic acid,4-hydroxy-,acetate (7CI) 为例" 通过结构编辑器绘制所需查询的化学结构式,然后点击"OK"进入如图 6-30 的化学结构检索界面。化学结构有精确检索(Exact Structure)、亚结构检索(Substructure)和

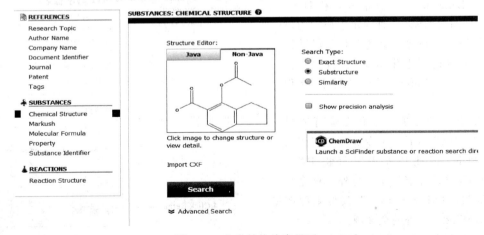

图 6-30 化学结构检索界面

相似检索（Substructure Similarity）三种方式。在精确检索中，检索结果完全按照输入的物质结构进行检索；在亚结构检索中，检索结果含带有额外取代基的相关物质；而在相似检索中，检索结果包括输入结构或与之相似结构的多种结构的组合。图 6-31 即为三种检索方式的比较。

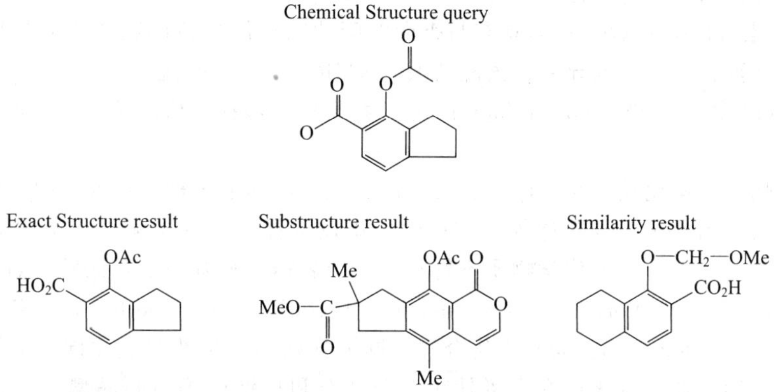

图 6-31　精确检索、亚结构检索及相似检索的比较

② 马库什结构检索（Markush）。在化学专利中用来揭示一个"类属"化合物发明的通式通常被称为马库什结构（Markush Sturetuer）或马库什图像（Makrush Repersentation）。按照美国专利审查程序手册《Washington DC（1961）》给出的定义，马库什结构是包含有一个或多个变化结构的一般（类属）化学结构式，其变化量是由可替换的列举数目所确定的。马库什结构检索的界面和化学结构式的检索界面相同，检索方法类似。图 6-32 即为马库什结构与精确结构及亚结构的对比图。

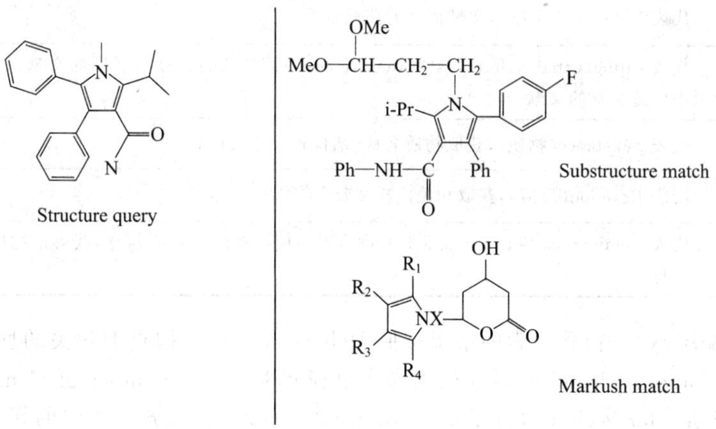

图 6-32　精确结构、亚结构与马库什结构

马库什结构检索通过设定一些检索参数，便可直接检索和结构相关的专利的文献，不仅能检索到通过化学结构式检索不到的专利，还会给出一类相关的 Makrush 结构相关的专利文献，可用于专利的初步评估分析。

③ 分子式检索（Molecular Formula）。通过分子式进行检索：SciFinder 会分析您所输入的分子式，并重新编排原子，使之成为能被计算机识别的 Hill System Order，并显示匹配结果。

对于大多数的物质，分子式和科研工作者使用的分子式写法一样，如硫酸（H_2SO_4），二氧化钛（TiO_2），但要注意区分元素的大小写。对于一些盐类物质是按照其母体酸或碱被索引的，要输入其对应的母体分子式，再配合关键词进行检索。对于聚合物的分子式是再组分单体的括号外后缀 X 表示，用 "." 号区分不同的组分。例苯乙烯和丁二烯的共聚物分子式为

$(C_8H_8 \cdot C_4H_6)X$。

如果输入的原子是模糊的,则弹出窗口提示修改,如元素符号的上标、下标,元素符号之间以空格隔开等(多数情况下会自动修正);如果是多组分的物质如聚合物、盐类等,则各个组分之间以英文的句号"·"隔开。如 Component1. Component2。

④ 特性检索 (Property)。检索具有与查询匹配的物理属性值的物质实验特性或者预测属性,如沸点、沸点、密度、电导率、核磁共振(NMR)谱、拉曼光谱等。

⑤ 物质标识符检索 (Substance Identifier)。物质标识包括物质的英文名,英文别名,CAS RN 等。

由于化学物质结构比较复杂,同一物质可以有几个不同的名称,在检索中,当涉及具体化学物质的检索时,用分子式或名称等方式检索,难以选择正确的检索词,采用 CAS RN 是既简单又全面的方法。因为一种化学物质不管它有几个名称,只有一个登记号。如聚四氟乙烯有 PTFE、Teflon、Politef、Polytetrafluoroethylene、Tetrafluoroethylene Resin 等多种名称,但它们的 CAS RN 都为 9002-84-0。同时,化合物的同分异构体,虽然组成相同,但结构不同,它们的登记号也不同;如二氧化钛存在锐钛矿、金红石和板钛矿等不同晶型,它们各自的 CAS RN 依次为 1317-70-0、1317-80-2、12188-41-9。

(2) 检索结果处理

表 6-8 列出了在物质检索结果中几种常见的图标及对应的含义,除了与文献结果类似的快速浏览、结果保存和限定之外,物质检索结果的排列、分析和限定方式几乎与文献检索的方式完全不同。

表 6-8 物质检索结果的图标及含义

图标	含义
	代表 Reference(文献),文献信息的获取查看
	代表 Citing/Cited References("Cited References"已选的文献所引用的文献;"Citing References"引用已选文献的文献。)
	代表 Substance(物质),获取物质名称、结构式等相关信息
	代表 Reaction(反应),获取相关反应文献
	代表 Commercial Sources(商业源),即查看对应物质的商业源信息,获得该物质的供应商及纯度等信息

① 排列 (Sort by)。物质检索的结果按照 Relevance(与结构查询相关的性)、CAS Registry Number、Number of References(相关参考文献的数量)、Number of Commercial Sources(商品来源)、Molecular Weight(分子量)、Molecular Formula(分子式中的元素)和 Similarity Score(结构相似性)来排列,通过↑或↓箭头图标进行排序。

② 分析 (Analysis)。不同于文献的 Analysis12 种分析手段,物质检索的 Analysis 模块基于 CAS REGISTRYSM、CAplus^{SM} 和 CHEMCATS© 等中的数据分为 Bioactivity Indicators(生物活性)、Commercial Availability(是否有商业品来源)、Elements(物质所有的元素)、Reaction Availability(是否有反应信息)、Substance Role(物质的职能符)和 Target Indicators(靶标) 6 种分析手段。

③ 限定 (Refine)。物质限定的限定手段部分与文献限定类似,但其 Refine 限定模块相应分析手段的不同也不同于文献检索的 Refine 模块。

物质检索结果的 Refine 限定模块分为 Chemical Structure(化学结构)、Isotope-Containing(是否含同位素)、Metal-Containing(是否含金属元素)、Commercial Availability(是否有商业

品来源信息)、Property Availability(是否有特性)、Property Value(特性参数)、Reference Availability(是否有相关文献)和 Atom Attachment(原子取代基)8 种限定手段。

④ SciPlanner。在物质检索界面可以看到右上角位置的"Send to SciPlanner"按钮和中间位置的"SciPlanner"按钮。SciPlanner 是 CAS 推出的一个新的产品,用户可根据检索得到相关物质或者反应保存至"SciPlanner",界面如图 6-33 所示,SciPlanner 实现了化学工作者快速、高校、便捷管理化学物质(反应)的目的,用户可以在该可视化工作界面对化学物质(反应)进行编辑、保存、分享、打印以及获取相应文献等。

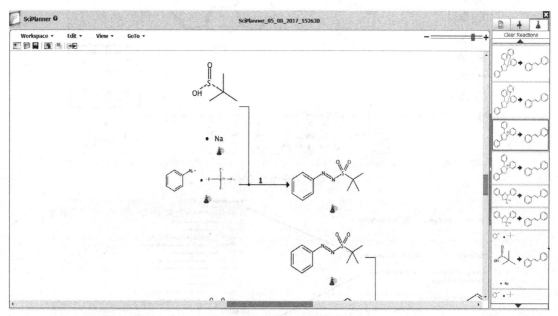

图 6-33 SciPlanner 界面

化学反应检索(Reaction Structure)的界面和化学结构式的检索界面类似,使用者只要给定特定物质或反应,就可以得到含该物质或反应的所有信息。在化学反应检索中,可以检索含某种物质的反应,可以根据物质的"Reaction Roles(反应角色)"选项栏如图 6-34 所示,选择该物质作为产物(product)、反应物(reactant)或试剂(reagent)等角色进行特定检索。

6.2.2.3 反应检索

化学反应检索还可以通过在结构编辑器中绘制反应过程,如图 6-35 所示,对含有该反应步骤的反应进行检索。与化学结构式检索类似,反应式检索分为"Variable only at the specified position"与"Substance of more complex structure"两种检索方式,前者意味着检索仅含有该特定物质,而后者系统会自动扩展检索结果,类似于结构检索中的亚结构检索。这种扩展检索方式对科研人员的研发工作极具帮助。当合成一种新物质(特别是极为复杂的物质),有可能还没有被 CAS 收录,如果把物质的结构画得完整了,那就可能在 Scifinder 中找不到任何信息,因此建议在使用这种方法检索时,只要画出所要查物质的核心结构单元即可,利用扩展检索的特性让自己获得更多更好的信息。

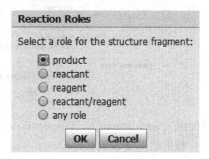

图 6-34 反应角色选项栏

同时,也可以打开高级检索选项页面,如图 6-36 所示,指定反应溶剂(solvent)、未参与反应

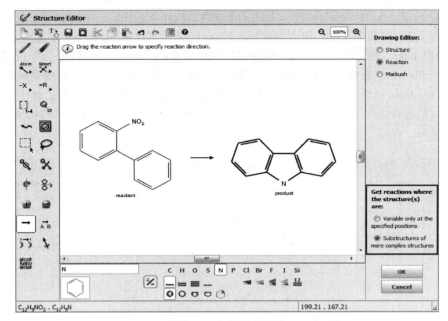

图 6-35　化学反应编辑

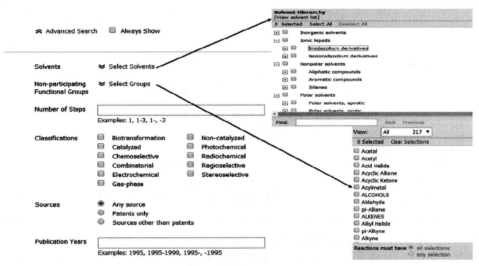

图 6-36　反应检索的高级检索界面

功能组（Non-participating Functional Groups）、反应步骤（Number of Steps）等来限定检索范围。

检索结果处理如下：

① 分组（Group）。为了更好的帮助用户评估检索答案，可以通过 Transformation（反应，按转换类型分类）或 Document（文档，每个文档显示一个代表性反应）对反应进行分组。

② 排列（Sort by）。化学反应结果按照 Relevance（相关性）、Accession Number（收录号）、Experimental Procedure（实验程序数据的可用性）、Number of Steps（反应步数）、Product Yield（产率）、Publication Year（时间）和 Similarity（相似性）来排列，通过↑或↓箭头图标进行排序。

③ 分析（Analysis）。化学反应结果的 Analysis 模块分为 Author Name、Catalyst（催化剂）、Company-Organization、Document Type、Experimental Procedure、Journal Name、Language、MethodsNow（MethodsNow 协议是否可用）、Number of Steps、Product Yield、Publication Year、Reagent（试剂）和 Solvent（溶剂）共 13 种分析手段。

④ 限定（Refine）。该部分的 Refine 模块下分为 Reaction Structure（通过结构编辑器绘制反应式限定）、Product Yield、Number of Steps、Reaction Classification（反应类型，如电化学、光化学、放射化学等）、Excluding Reaction Classification（排除反应类型）和 Non-participating functional groups（指定组、类不参与该反应功能组群）6 种限定手段。

从上面的叙述中可以看出，Scifinder 针对文献、物质、化学反应其"Analyze/Refine"几乎完全不同，这也是 Scifinder 的最精彩之处，这种强大的检索后处理功能，使科研人员可以对不同的检索结果进行特定的分析、排序和二次检索，通过对检索结果的分析和限定，层层推进，最终找到最适合的检索结果，提高查全率和查准率。

6.2.3 检索实例

【例 6-3】 检索天然维生素在抗癌方面的文献，在这些文献中是否有关于这方面的专利？美国有哪些研究单位在进行这些研究？

分析课题："天然维生素""抗癌"均为主题词，采用"REFERENCES-Research Topic"方式检索，输入"Natural vitamin for anticancer"，点击 Search 图标检索，匹配检索结果界面如图 6-37 所示。在出现的备选结果里，选择 Natural vitamin 与 anticancer 这两个概念出现在同一句话中的结果项，即"Natural vitamin"and"anticancer""closely associated with one another"，共有 541 条相关文献信息。

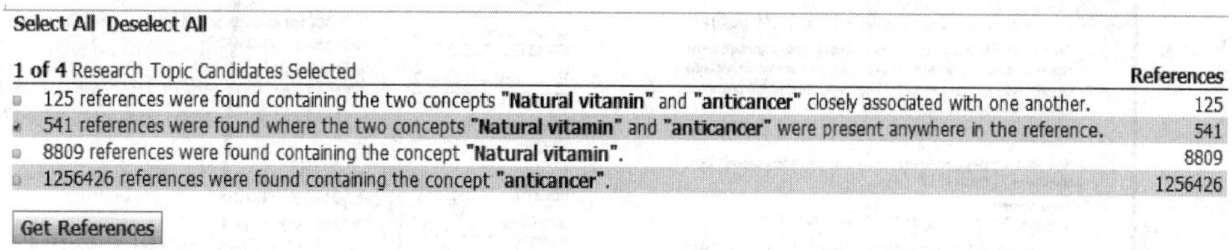

图 6-37　检索词匹配检索结果界面

考虑到接触主题开始由于对主题定位不明确等引起的文献漏检，下面利用"Analyze-Index Term"功能，对文献进行词条索引分析，以便获得更好的检索词，提高文献的查全率。通过系统分析结果发现，在 541 条相关文献中，与主题相关且出现频率较高的词条为"Antitumor agents（抗肿瘤药物）"（260 次）和"Neoplasm（肿瘤）"（78 次），分析结果界面如图 6-38 所示。

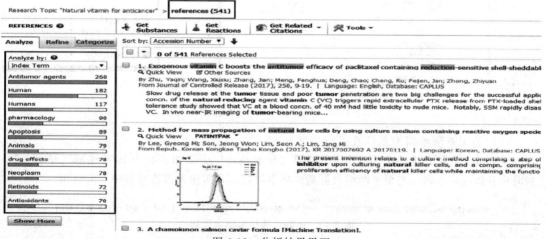

图 6-38　分析结果界面

因此使用新的检索词条替代"Natural vitamin for anticancer",即用"Natural vitamin in Antitumor agents"重新进行主题检索(Research Topic),检出相关文献 379 条;而用"Natural vitamin for Neoplasm"进行主题检索,检出相关文献 913 条;可以看出合理善用分析功能有助于获得更丰富更完整的文献信息。

在上述检索的基础上,对检索的文献进行下一步分析。

(1)关于这方面研究的专利:

使用"Refine-Document Type-Patent"对文献类型进行专利二次检索,共检索到 128 篇。点击专利文献详细信息页面的"PATENPAK"图标,如果专利的专利链接可用,可以点击链接打开该专利的全文 PDF。专利分析流程图如图 6-39 所示。

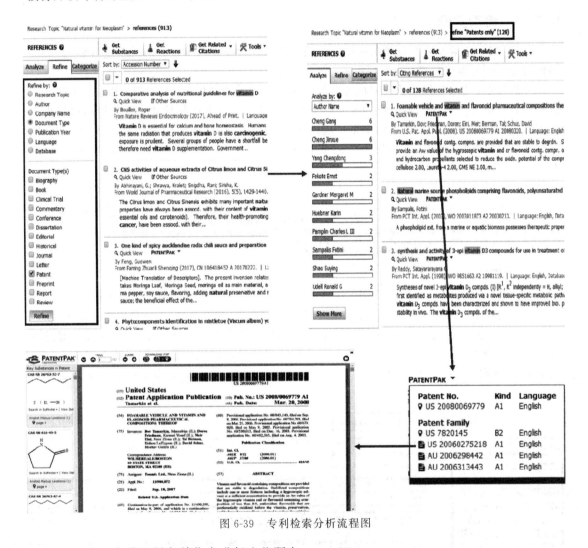

图 6-39 专利检索分析流程图

(2)美国有哪些研究单位在进行这些研究:

Scifinder 精彩之处还体现在其检索结果"导航痕迹"为如图 6-40 所示的递减式排列,检索时可直接选定上级(甚至上两级及更高)检索限定,直接进入该答案集中检索引用。

Research Topic "Natural vitamin for Neoplasm" > references (913) > refine "Journal" (744) > get reactions (1576)

图 6-40 递减式的检索结果排列

因此，直接点击"references（913）"字段检索返回上级检索结果，在此基础上重新使用"Refine-Company Name"对文献类型进行研究机构二次检索，输入"USA"，检索出美国研究机构公开发表的论文 315 篇。然后利用"Analyze"功能，对这 315 篇文献进行研究机构分析（Company-Organization），并让结果按照发表时间进行排列（Sort by Publication Year），如图 6-41 所示。通过系统文献分析图，可以发现目前美国在天然维生素抗癌研究上前几名的研究机构分别为：University of Louisiana at Monroe（10），USA（9），Dartmouth Medical School（4），Harvard Medical School（4），Temple University School of Medicine（4），University of Alabama at Birmingham（4），University of Texas at Austin（4），注意此处机构名"USA"特指 USA 的专利文献。

图 6-41　研究机构限定分析流程图

【例 6-4】　检索不使用催化剂三步合成偶氮苯的方法。

偶氮苯的合成，使用"REACTIONS—Reaction Structure"通过"Structure Editor"画出偶氮苯的结构图，选择该物质作为"product（产物）"进行检索，流程图如图 6-42 所示。

不使用催化剂三步合成偶氮苯。

采用"Refine"限定功能进行双重限定来进一步探索。流程图如图 6-43 所示，在"Refine"界面栏下选择"Excluding Reaction Classification-Catalyzed"去除反应过程中含有催化剂的反应，在"Number of Steps"输入"3"，即限定反应为三步合成步骤。在此基础上同学们还可以针对产率（product yield）、作者、发表时间等进行分析和限定。

通过上述例子可以发现，SciFinder 能以一种简单的方式引领你进入课题，并通过对检索结果的不断分析处理，使你既检索到所需要的文献，又能对该课题的研究历史和发展方向有更加深刻的认识和了解。因此 SciFinder 的出现，不仅使得以往繁琐的文献检索工作变得更加轻松而富有效率，同时通过这种分析处理，拓展科研工作者的知识领域，从而帮助他们获取更多以前不知道的信息。

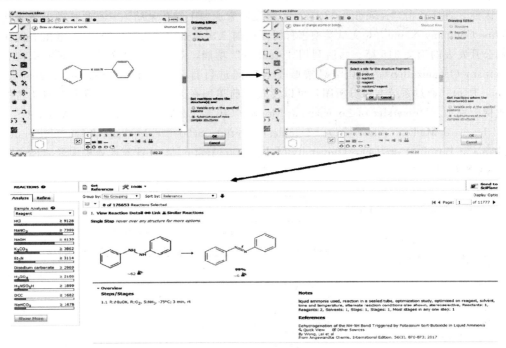

图 6-42 检索合成偶氮苯的流程图

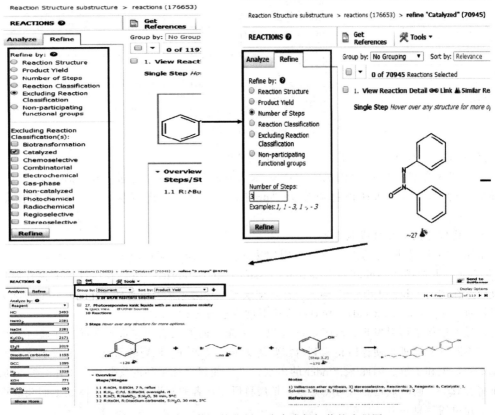

图 6-43 检索不使用催化剂三步合成偶氮苯的流程图

本章小结

本章对工程索引和 SciFinder 两个文摘数据库的发展历史、不同出版载体形式等进行了简介,分别对其检索方式、检索方法、检索结果的分析、检索结果的保存、检索式的处理等进行了详细介绍,并根据不同数据库特点展开了案例检索与分析。

思考题

1. 网络版工程索引数据库提供了哪几种检索方式?
2. 利用网络版工程索引数据库,检索课题"基于微粒群算法的智能控制系统研究与应用",写出具体的检索实施过程。
3. 检索南京工业大学英文名更名为"Nanjing Tech University"至今被 CA 收录的文献,思考使用 Refine 限定检索与使用高级检索途径的异同。
4. 检索"高纯度 NaY 分子筛膜的合成与应用"的文献,并对该领域的研究状况进行检索分析,找出目前的研究热点和主要的研究人员。

第 7 章 特种文献数据库

特种文献是指出版发行和获取途径都比较特殊的科技文献，特种文献一般包括会议文献、科技报告、专利文献、学位论文、标准文献、科技档案、政府出版物七大类。本章主要介绍专利文献、标准文献和学位论文这三类特种文献数据库的检索方法。

7.1 专利文献数据库

7.1.1 基本知识

7.1.1.1 知识产权与专利

一般地说，产权可分为三类：可动产权、不动产权和知识产权。知识产权（Intellectual Property）是指人们的创造性智力劳动成果依照知识产权法享有的权利，它包括工业产权和版权两大类。工业产权包括专利权、商标权和制止不正当竞争等方面。版权则是指法律规定的特定年限内，向著者授予的印刷、出版或以其他形式复制其原始作品的独占权。

专利是专利权的简称，是指发明人或设计人所作的发明、实用新型和外观设计，经申请被批准后，在法律规定的有效期限和地域内，授予受保护的专利权，即专利权人享有独占的权利。如果他人要使用该项专利，应取得专利权人的许可，并付给一定的报酬；如果他人没有得到专利权人的同意而使用其专利，则视为侵权，并将受到法律的追究。保护期满后，专利即从个人占有变为共有，成为社会的公共财产。

7.1.1.2 中国专利的类型

（1）发明专利

发明专利指对产品、方法或者其改进所提出的新的技术方案。发明分为产品发明、方法发明和改进发明。产品发明是人们通过智力劳动创造出的新物品，包括新产品、新材料、新设备、新仪器等；方法发明是把一种产品改变成另一种产品所使用的方法或手段的发明；改进发明是人们对已有产品发明或方法发明提出实质性改革的新的技术方案，但并没有从根本上突破原有产品或方法的格局。

（2）实用新型专利

实用新型专利是指对产品的形状、构造或者其结合所提出的适于实用的新的技术方案。实用新型专利必须针对某一具体的产品，该产品实用并具有一定的创造性。

（3）外观设计专利

外观设计专利是指对产品的形状、图案或者其结合以及色彩与形状、图案的结合所作出的富有美感并适于工业应用的新设计。

7.1.1.3 同族专利

同族专利，按照一般理解，是指同一专利族中每件专利或专利申请之间的一种互称，而专利族是由具有共同优先权的在不同国家或国际组织多次申请、公开、批准的内容相同或基本相同的一组专利或专利申请组成。

简单同族专利：众所周知，在一个专利族中，维系同族专利关系的要素主要是优先权。如果所有同族专利共同拥有一个或多个优先权，我们通常称其为简单同族专利。

复杂同族专利：在同一专利族中，每个专利申请或专利，不论其有几个优先权，至少共同拥有同一个优先权，我们把这样的专利族称为复杂同族专利的专利族。

扩展同族专利：在同一专利族中，每个专利申请或专利，不论其有几个优先权，至少与另外一个专利申请或专利共同拥有同一个优先权，我们把这样的专利族称为扩展同族专利。

仿同族专利：没有共同的优先权，但内容相同或基本相同的一组专利申请或专利称仿同族专利。

7.1.1.4 专利文献

专利文献是实行专利制度的国家及国际专利组织在审批专利过程中产生的官方文件及其出版物的总称。广义的专利文献，包括专利局出版的各种报道和检索性工具书，狭义的专利文献，指的是专利申请说明书和专利说明书。专利文献是一种标准化的连续出版物，内容极其丰富，及时反映了世界各国科学技术的发展成就与水平，在技术引进、科研、生产、进出口贸易、国际合作、科技查新等许多方面都起着重要的作用。作为一类特种文献，专利具有以下5个显著的特点：

（1）信息丰富，利用广泛

专利文献集技术、法律和经济信息于一体，是一种数量巨大、内容广博的战略性信息资源。每一份专利说明书记录着解决一项技术课题的新方案，同时又是宣告发明所有权和权限范围的法律文件，而且能为想采用这项技术的企业提供洽谈购买专利许可证的对象，用来分析产品和技术的销售规模、潜在市场等情况，这同时也是专利文献优于其他文献最突出的一点。

（2）内容新颖，反映新技术快

申请的专利必须满足新颖性的要求，要求申请的专利内容在国内外没有公开发表或使用过。而且大多数国家还实行优先申请原则，所以一般发明人在发明成果公开前必须向专利部门提出申请，发明者为保护自己的利益，需抢先向专利局提出申请，这就使专利文献对新技术的报道早于其他文献，因此每份专利文献包含了先进、新颖的科学技术。

（3）质量较高，技术内容可靠

专利文献必须经过接受专利申请国家专利机构的严格审查，申请人提交的说明书内容必须符合新颖性、创造性和实用性的要求，才有可能成为专利。申请专利需要花费较大的精力和费用，申请人只会选择最有价值的发明创造去申请专利，申请文件大部分是受过专门训练的专利代理人与发明人认真磋商后撰写的，准确性较高、质量可靠。

（4）内容完整详尽，实用性强

为了使发明创造满足专利的要求以及获得最大限度的法律保护，申请人必须在说明书上详细阐述发明的技术内容，往往还要用公式和图表帮助阐明技术内容。因此专利说明书详尽到本行业的普通技术人员可根据说明书中所介绍的方案进行制造和使用的程度。查阅专利文献可帮助科技人员掌握一项技术或产品的具体细节。专利文献的内容都是能够实施应用的技术方案，因而具有较强的实用性，在此基础上开展研究工作，可以收到事半功倍的效果。

（5）时间性强，重复报道量大

由于大多数国家都采取了先申请制、早期公开和延迟审查制，使得发明人尽早公开发明变得至关重要。因而专利文献是报道新技术最快的一种信息源。另外，各国都规定了专利权的有效期限，一般是从申请日或公告日算起，短的3～5年，最长的20年。超过专利的有效期限，就是失效专利。全世界每年公布的专利文献约百万件，仅有35万件左右的新发明，有很大一部分都是重复的。原因主要有两个：一是同一个发明向不同的国家或地区申请专利，出现不同文字的等同说明书；二是实行延迟审查制度的国家在受理和审批申请的过程中，不同的阶段重复出版，造成专利文献的重复。

7.1.1.5 国际专利分类法

随着专利制度的国际化，逐步产生了国际上通用的国际分类表。目前许多国家普遍采用的分类表是《国际专利分类表》（International Patent Classification，简称 IPC）。虽然英、美等少数国家仍在采用自己的专利分类表，但在说明书及相应的检索工具的著录中都附有国际专利分类号。

IPC 的第一版于 1968 年正式生效。以后为了改进分类体系和适应技术的不断发展，分类表定期进行修订。我们现在采用的是第八版，常常以 Intcl® 表示。

IPC 将技术内容按部、分部、大类、小类、主组、分组逐级分类，形成完整的分类体系。

IPC 共有八个大部，将世界上现有的专利技术领域进行总体分类，每个部包含了广泛的技术内容，分别由 A～H 的八个大写英文字母表示。八个部的技术范围如下：

A 部人类生活必需（Human Necessities）

B 部作业、运输（Operations and Transporting）

C 部化学、冶金（Chemistry and Metallurgy）

D 部纺织、造纸（Textiles and Paper）

E 部固定建筑物（Fixed Construction）

F 部机械工程；照明；采暖；武器；爆破（Mechanical Engineering；Lighting；Heating；Weapons；Blasting）

G 部物理（Physics）

H 部电学（Electricity）

部的下面设分部，分部只有标题，不用分类符号表示。如 B 部下设有分离、混合；成型；印刷；交通运输四个分部。

大类是"部"之下的细分类目，其类号由有关部的符号加上两位阿拉伯数字构成，如 C07、A01 等。

小类是大类之下的细分类目，小类的类号由大类的类号加上一个大写字母组成（A、E、I、O、U、X 除外），如 A01B、C07D 等。

小类下设主组和分组。主组类号由小类类号加上 1～3 位数字，后再加/00 来表示，如 C07D473/00。如斜线后用 2～5 位数字表示，如 C07D473/02，G6F3/04 等，这个类号就是分组类号。分组是主组的展开类目。分组类名前的圆点数表示各分组的从属关系。

以下是 IPC 的一个样例：

C	化学、冶金	部
C07	有机化学	大类
C07D	杂环化合物	小类
C07D473/00	含嘌呤环系的杂环化合物	主组
C07D473/02	有氧、硫或氮原子直接连在位置 2 和 6	分组
C07D473/04	两个氧原子	分组

7.1.1.6 专利文献的编号体系

中国国家知识产权局出版的专利公报和专利说明书，其编号体系可分为四个阶段。

（1）1985～1988 阶段

① 专利公报的编号。申请号是专利局在受理申请时给每件专利申请案的一个编号。由三部分共 8 位数字组成。前两位数表示申请年份；第三位数表示专利类型代号，1 表示发明专

利,2 表示实用新型专利,3 表示外观设计专利。后面五位数字表示当年的专利申请的顺序号。对于同一件专利,自申请到授予都采用同一个编号,但依专利申请本身所处受理、审批阶段的不同,分别被称为公开号、审定号、公告号、专利号(分别冠以 GK、SD、GG、ZL 字头)。

② 说明书编号。编号前冠以国别代号 CN,编号后标有单个字母以区别专利处于不同阶段的说明书,A——发明专利公开说明书,B——发明专利审定说明书,C——经异议审查后,有重大修改的发明专利说明书,U——实用新型公告说明书,Y——经异议审查后,有重大修改的实用新型专利说明书。

(2) 1989~1992 阶段

① 专利公报编号。申请号由 8 位数改为 9 位数,前 8 位数意义不变,小数点之后标有计算机校验码。专利号与申请号相同。

发明专利申请公开号、审定号、实用新型专利和外观设计专利申请公告号,均改变为 7 位数号码,首位表示专利类型,顺序号不再采用年编号而采用流水号的编排方式。前面冠以国别代号,最后面标注专利阶段代码字母,A——发明专利申请公开,B——发明专利审定公告,U——实用新型专利申请公告,S——外观设计专利申请公告。

② 说明书编号。公开说明书、审定说明书与公告说明书同专利公报号。

(3) 1993~2004 年 6 月阶段

① 发明专利申请的公开号和公开说明书没有改变、专利号与申请号仍共用相同的号码。

② 专利局对授予专利权的专利作公告时给予一个编号,称为授权公告号,发明专利授权公告号后面的标注字母为 C,实用新型专利和外观设计专利公告号后面的标注字母分别为 Y 和 D。

(4) 2004 年 7 月至今

由于中国专利申请量的急剧增长,原来申请号中的当年申请的顺序号部分只有 5 位数字,最多只能表示 99999 件专利申请,在申请量超过十万件时,就无法满足要求。于是,国家知识产权局不得不自 2003 年 10 月 1 日起,开始启用包括校验位在内的共有 13 位(其中的当年申请的顺序号部分有 7 位数字)的新的专利申请号及其专利号。

为了满足专利申请量的急剧增长的需要和适应专利申请号升位的变化,国家知识产权局制定了新的专利文献号标准,并且从 2004 年 7 月 1 日起启用新标准的专利文献号。

① 三种专利的申请号由 12 位数字和 1 个圆点(.)以及 1 个校验位组成,按年编排,如 200310102344.5。其前四位表示申请年代,第五位数字表示要求保护的专利申请类型:1——发明;2——实用新型;3——外观设计;8——指定中国的发明专利的 PCT 国际申请;9——指定中国的实用新型专利的 PCT 国际申请,第六位至十二位数字(共 7 位数字)表示当年申请的顺序号,然后用一个圆点(.)分隔专利申请号和校验位,最后一位是校验位。

② 自 2004 年 7 月 1 日开始出版的所有专利说明书文献号均由表示中国国别代码的字母串 CN 和 9 位数字以及 1 个字母或 1 个字母加 1 个数字组成。其中,字母串 CN 以后的第一位数字表示要求保护的专利申请类型:1——发明;2——实用新型;3——外观设计,在此应该指出的是"指定中国的发明专利的 PCT 国际申请"和"指定中国的实用新型专利的 PCT 国际申请"的文献号不再另行编排,而是分别归入发明或实用新型一起编排;第二位至第九位为流水号,三种专利按各自的流水号序列顺排,逐年累计;最后一个字母或 1 个字母加 1 个数字表示专利文献种类标识代码。

7.1.2 检索途径

专利文献的检索通常有以下的检索途径,会随着检索工具的不同有些差异。

(1) 分类途径

分类途径是查阅专利文献的主要途径之一,各国在受理的专利申请和批准的发明专利文献上，都按规定的分类规则确定专利分类号。印刷型的专利检索工具一般都有分类索引。根据所查课题的学科内容，利用《国际专利分类表》，首先确定课题所属的部，按学科的体系结构逐级确定类、小类、主组、分组，组成一个完整的国际专利分类号（IPC 号），利用 IPC 号，检索各种专利索引的 IPC 索引和各种数据库的 IPC 字段，就可以检索到专利号，根据专利号索取印刷型专利说明书或浏览、下载专利说明书图像。

(2) 姓名（名称）途径

姓名（名称）检索，是通过发明人、专利权人或受让人的姓名（名称）查找专利文献。专利公报、专利文摘都附有这种索引，索引按字顺排列，每个姓名（名称）后列有专利号。许多国家出版累积索引和年度索引以及单卷本，查找很方便，只要掌握某人（或某单位）确切的姓名（或名称），即可从这一途径入手，查找专利公报或年度索引中相应的名称，即可得到所需专利号，从而索取说明书。各种专利数据库都有姓名（名称）的检索入口。

(3) 号码途径

包括专利文献号（公开号、公告号、专利号）和收到专利文献时的登记号等。号码途径常常是用来进一步扩大检索范围。登记号是德温特公司的独创，它对自己收到的每件基本专利都给予一个登记号，用这个登记号发表由不同国家批准的同一内容的发明专利，即每件相同专利都以其基本专利的登记号为自己的登记号，因此用登记号可以检索到用不同语种发表的相同专利。已知专利号就可以索取专利说明书，印刷型的专利说明书的获取较难，因特网上的许多专利数据库可提供专利说明书全文的浏览和下载，因而号码途径常用于数据库的检索。

(4) 关键词途径

关键词途径广泛应用于各种数据库的检索。就是选择最能反映发明本质和特征的技术词汇，在数据库的题名和文摘等字段中检索。每一版的国际专利分类表都附有一本单独出版的《关键词索引》。

(5) 其他检索途径

许多专利文献检索工具还编制独特的索引，如美国专利公报中的"发明人地区索引"，可根据地区进行检索。一些综合性和专业性的检索工具如美国《化学文摘》亦报道大量的专利文献，由于《化学文摘》有化学物质索引和分子式索引，如已知分子式和化学物质的名称利用《化学文摘》检索专利文献也是一种方便的途径。

7.1.3 国家知识产权局专利数据库

国家知识产权局专利数据库（http：//www.pss-system.gov.cn/），是我国知识产权局为公众提供免费专利说明书的系统，提供专利申请、专利审查、专利保护、专利代理等服务，介绍专利申请、审查、保护方面的知识。数据库于 2001 年 11 月开通，数据库内容包括自中国专利局接受专利申请（1985 年 4 月 1 日起）的所有专利公报、专利申请说明书、权利要求书及附图等，还收录了 103 个国家、地区及组织的专利数据，包括有中国、美国、韩国、英国、欧洲专利局和世界知识产权组织等。

国家知识产权局专利数据库的门户页面如图 7-1 所示。

该数据库具有常规检索、高级检索、导航检索三种主要的检索模式，还可对检索到的专利文献进行多角度的统计分析，并生成相应的专利分析报告。

7.1.3.1 高级检索

在门户网站中，选择菜单导航中的"专利检索"，并选择下拉菜单中的"高级检索"，或通过"我的常用功能"中的快捷入口都可以进入高级检索页面，高级检索界面主要包含三个区域：检索范围筛选区、高级检索区和检索式编辑区，如图 7-2 所示。

第 7 章 特种文献数据库

图 7-1 国家知识产权局专利数据库门户页面

图 7-2 国家知识产权局专利数据库高级检索界面

（1）选择检索范围

左侧检索范围筛选区，可选择对中国全部专利进行检索，并可以进一步点击发明专利、实用新型、外观设计、香港、澳门或台湾对应的方框进行更细范围的检索；还可以通过点击美国、日本、英国、EPO、WIPO 等方框，选择检索其他国家或组织的专利文献。

（2）检索字段

中间为高级检索区，有申请号、公开（告）号、申请日、公开（告）日、发明名称、IPC分类号、申请（专利权）人、发明（设计）人、优先权号、优先权日、摘要、说明书、权利要求书、关键词这 14 个字段可供选择。

申请号、公开（告）号、优先权号这三个字段对应的是号码检索途径，申请号由文献申请国＋申请流水号组成，公开（告）号由文献申请国＋公开流水号＋公布级别组成，优先权号是同族专利中基本专利的申请号，点击这三个字段检索输入项旁的操作助手按钮，系统可提供文献申请国的英文代码。例：检索申请流水号为 123456789 的中国专利,则在申请号字段输入 CN123456789；若连续输入两个申请号 CN123456789 和 CN987654321,系统会默认按照检索式 "CN123456789 or CN987654321" 进行检索。

申请日、公开（告）日、优先权日这三个是日期检索途径,它们的日期由年、月、日三部分组成,各部分之间无需间隔,"年"为四位数字,"月"和"日"为 2 位数字。优先权日是同族专利中基本专利的申请日期。这三个输入日期的字段都设有下拉框 = ▼,一共有 6 个选项,"="表示检索的是对应输入时间的专利,选择":"可以将检索时间限定在一个时间区间内,例如选择":"输入 20160101 20170101,表示的是对应时间介于 2016 年 1 月 1 日到 2017 年 1 月 1 日之间的专利,选择">"表示检索的是输入时间之后对应的专利,选择">="表示检索的是输入时间以及之后对应的专利,选择"<"表示检索的是输入时间之前对应的专利,选择"<="表示检索的是输入时间以及之前对应的专利。

发明名称、摘要、说明书、关键词、权利要求书这五个字段对应的是关键词检索途径,其中的关键词字段则在专利的发明名称、摘要和权力要求书中进行检索。这五个字段输入字符数不限,支持布尔逻辑算符"与""或""非"的检索,分别用"AND""OR""NOT"表示。例：检索专利名称中包含"信息"和"装置"的专利,应选择发明名称字段,输入检索式"信息 AND 装置"。

申请（专利权）人申请（专利权）人可为个人或法人,输入字符不限。支持布尔逻辑算符"与""或""非"的检索,分别用"AND""OR""NOT"表示。

分类号支持布尔逻辑算符"与""或""非"的检索,分别用"AND""OR""NOT"表示。

点击检索输入项旁的操作助手按钮 ❓ ,还可以进行 IPC 号的查询。

在高级检索界面检索时,用户既可以对单个字段输入检索式进行检索。也可同时在多个检索字段输入检索式,各个检索字段之间自动执行逻辑与的检索。

（3）结果显示

输入检索式后,点击屏幕左下方的"检索"按钮,进行结果界面,上部显示检中的专利数,下部是检中专利的题录信息,如图 7-3 所示。

点击每条检索结果的"法律状态"按钮,可以查看专利当前的法律状态,以及之前涉及的法律状态变化情况。点击"详览"按钮,可以查看专利的摘要信息。点击"申请人"按钮,可以查看专利申请人的详细地址信息。

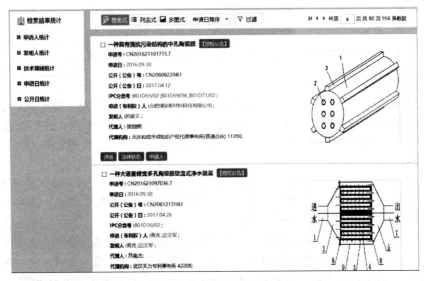

图 7-3　检索结果显示界面

182

（4）专利全文下载

中国国家知识产权局专利数据库中，需要用户先在网站注册，登录后才能下载专利全文。注册分普通用户和高级用户两种，普通用户可以下载专利全文并且对不超过10000条的专利文献进行多角度的分析，高级用户注册需要填写"高级用户申请表"，并由地方知识产权局审核批准，与普通用户相比，高级用户可以分析更多条数的专利文献，还带有其他的分析管理功能。

免费注册后，文献检索结果界面，如图7-4所示。

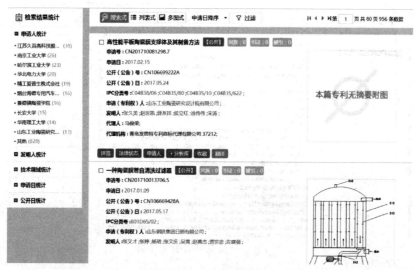

图7-4 注册登录后的检索结果显示界面

注册登录后，检索结果的左侧"检索结果统计"栏可对不超过10000条的检索结果进行申请人、发明人、申请日、公开日以及专利的技术领域角度的统计分析，其中专利的技术领域对应于专利的IPC分类号。每条专利记录还新增了同族专利信息和专利引证信息，此时点击"详览"按钮，显示如图7-5所示。

图7-5 检索结果"详览"界面

点击"全文文本"可以显示专利权力要求书及专利说明书全文,如图 7-6 所示,点击左上角的"下载"按钮可以下载专利的 PDF 全文。

图 7-6 专利说明书全文界面

7.1.3.2 常规检索

点击门户网站,"专利检索"菜单下的"常规检索",即进入常规检索界面,如图 7-7 所示。

图 7-7 常规检索界面

与高级检索中表格式的检索不同,常规检索中只能选择单一的检索途径进行检索,点击 ⊕ 按钮选择专利文献的检索范围,检索范围的选择与高级检索模式一样,如图 7-8 所示。点击 ▼ 按钮选择检索字段,常规检索中提供了 7 个检索字段,自动识别、检索要素、申请号、公开(公告)号、申请(专利权)人、发明人、发明名称。如图 7-9 所示。选择"自动识别"字段时,系统将自动识别输入的检索要素类型,并自动完成检索式的构建,识别的类型包括号码类型(申请号、公开号),日期类型(申请日、公开日),分类号类型(IPC、ECLA、UC、

FI\FT)，申请人、发明人等，选择"检索要素"字段时，系统将在专利的名称、摘要、权利要求书和分类号中同时检索。

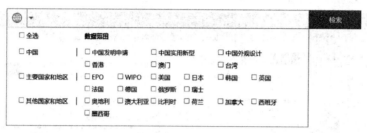

图 7-8　选择常规检索的文献检索范围

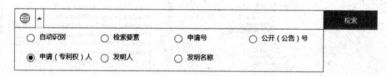

图 7-9　常规检索中的检索字段选择

7.1.3.3　导航检索

点击门户网站，"专利检索"菜单下的"导航检索"，即进入分类检索界面，如图 7-10 所示。

图 7-10　导航检索界面

在 IPC 的 8 个部类中，点击各个类名系统自动在分类号字段中添加类目代号。例如点击

"A—人类生活必需大部",系统自动在分类号字段添加 A,并可以逐级点击文件夹,层层选取符合检索需求的 IPC 号,如图 7-11 所示,并点击符合检索需求的 IPC 号旁边的"检索"按钮进行检索。

图 7-11 导航检索界面

【例 7-1】 检索新型太阳能制冷与供热联合循环方式利用在住宅方面的中国专利。

课题背景:随着我国新型城镇化的推进,建筑能耗在全社会能耗中所占比例不断增加。除较为成熟的太阳能供热技术以外,从能源转换角度看,利用太能能也可以进行供冷,利用太阳能供冷有两种方式:一是先把太阳能转化为电能,再利用电来制冷;二是把太阳能的光热转换为热能,再利用热能驱动热力制冷机组进行制冷。

思路一:采用关键词检索途径选择"高级检索"模式,在"摘要"字段,输入检索策略"太阳能 and 制冷 and 供热 and 住宅",点击"检索"按钮,得到 16 条结果。检索结果有些偏少,可在检索策略中去掉检索词"住宅",扩大检索范围,在"摘要"字段输入检索策略"太阳能 and 制冷 and 供热",得到 567 条结果。

思路二:采用分类检索途径首先点击"IPC 分类检索"进入分类检索界面,点击"IPC 分类检索",点击 F 部进入 F 部的下一级类目,选择"F24 供热,炉灶;通风","F25 制冷或冷却;加热和制冷的联合系统;热泵系统;冰的制造或储存;气体的液化或固化",并通过在"摘要"中输入检索词"太阳能"限定供热或制冷的方式,得到 1458 条结果。

在围绕一个课题检索专利文献时,要注意综合利用关键词和 IPC 分类号进行检索。

【例 7-2】 检索南京工业大学徐南平院士的职务专利。

在字段检索界面中的"发明(设计)人"字段输入"徐南平",得到检索结果 404 条,由于课题要求是职务发明,所以必须在申请(专利权)人字段进行限定。考虑到南京工业大学的多种表达方式,在申请(专利权)人字段输入"南京工业大学 or 南京化工大学 or 南京化工学院"得到检索结果为 363 条,去除了非职务发明的部分。通过对检索得到的专利进行简单分析,发现徐南平院士最核心的研究领域主要分布在膜分离领域,涉及的 IPC 分类号主要包括B01D71/02、B01D67/00、C02F1 等。

7.1.4 esp@cenet 专利数据库

欧洲专利局在 1998 年夏季与欧洲专利组织（European Patent Organization）的成员国共同在 Internet 上推出了面向公众的免费专利服务系统 esp@cenet，它不仅提供欧洲专利的免费检索，而且可以检索世界上其他一些国家的专利信息。esp@cenet 中的 worldwide 数据库包括有欧洲专利局收集来的 90 多个国家的专利文献，具体的起始时间根据不同国家（或组织）而异。欧洲专利说明书全文都以图形方式存储（PDF 格式），用户应当在电脑中安装 Acrobar Reader 软件才能阅读和下载，专利说明书用本国文字。对于 1970 年以后公开的文献，数据库中每件同族专利都包括一件带有可检索的英文发明名称和文摘的专利文献。

输入网址 https：//worldwide.espacenet.com/进入检索主界面，如图 7-12 所示。欧专局的 esp@cenet 数据库提供检索的是 Worldwide 数据库，不仅包括有欧洲专利局自己出版的专利，还包括欧专局收集到的 90 多个国家和地区的专利文献。esp@cenet 数据库提供三种检索模式，快速检索（Smart Search），高级检索（Advanced Search）和分类检索（Classification Search）。

图 7-12 欧洲专利检索主界面

7.1.4.1 快速检索（Smart Search）

进入欧专局的 esp@cenet 数据库，首先呈现的是快速检索（Smart Search）界面，检索时可在检索提问框输入关键词、专利号或公司名称进行检索，如图 7-12 所示。

7.1.4.2 高级检索（Advanced Search）

在主界面上点击"Advanced Search"进入高级检索界面，如图 7-13 所示。

① Title、Title or Abstract 这两个字段对应关键词检索途径，输入的检索词参考检索框右边的示例，Title 是指所发表专利的原始题名，而 Title or Abstract 文摘则是把原专利的文摘翻译成英文。可以输入一个检索词，也可以输入多个检索词，各个检索词之间的关系是布尔逻辑"与"的关系。把短语用""括起来，检索结果则会精确匹配该短语。

例如查找美国在 2000 年发表阻蚀剂方面的专利文献，可在 Title 字段中输入阻蚀剂（inhibitor），在 Publication Number 字段中输入 US，在 Publication Data 字段中输入 2000，如图 7-14 所示，执行检索后，检中 451 篇专利。

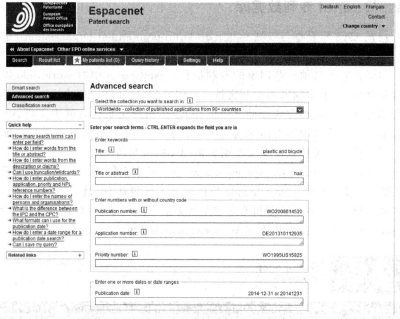

图 7-13 世界各国专利库检索界面

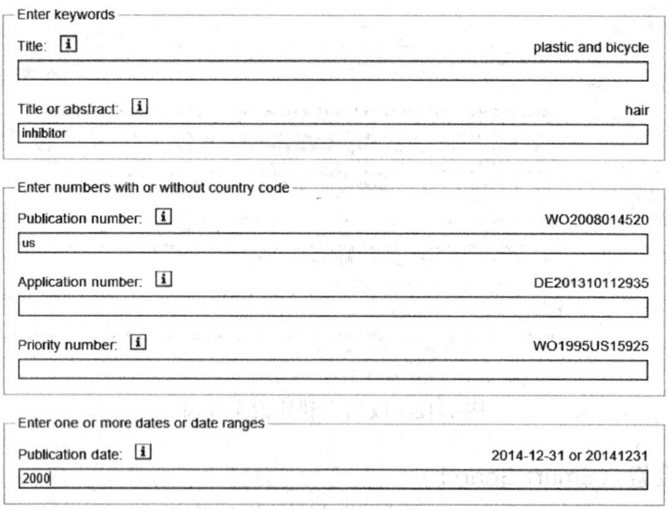

图 7-14 专利检索实例

② 申请号（Application Number）检索 如果已知某个专利的申请号，在 Application Number 字段输入该申请号就可以进行检索。申请号由两个字母的国家代码和一系列数字组成。如在该字段只输入两个字母的国家代码，则可以查询指定国家的专利，输入格式如 US、EP。如输入国家代码，再在出版日期框中输入年份、日期，则可检索在该段日期中某国家公布的专利。此字段允许对多个申请号使用逻辑"与"、逻辑"或"和逻辑"非"进行逻辑运算。

③ 公告号检索（Publication Number）检索 公告号是由两个字母的国别代号和一系列数字组成。输入公开/公告号时在国别代码与序列号之间不能有空格；如要检索某个国家或地区公开/公告的所有专利，可以只输入最前面两位字母的国别代码，如：GB。此字段允许对多个公开/公告号使用逻辑"与"、逻辑"或"和逻辑"非"进行逻辑运算。

④ 优先号（Priority Number）检索如已经找到一篇某国的专利，希望了解别的国家与之相同的专利，以克服语种的障碍，可以把该篇专利中优先权号输入到 Priority number 字段中进行检索。

⑤ 申请人、发明人（Applicant、Inventor）检索如果要检索某一个人或者某个公司所发表的专利，可以用申请人（Applicant）或发明人（Inventor）字段来检索。一般而言，如果申请人是发明人，那么应在 Inventor 字段中检索，如果申请人是公司，那么就在 Applicant 字段中检索。在 Inventor 字段中，人名的格式是姓在前，名在后，该字段同样支持布尔逻辑关系检索，如果已知发明人的全名，则应把全名用""括起来。

7.1.4.3 分类检索（Classification Search）

分类检索提供了按照关键词检索 IPC 分类号的功能，用户可以在 Cooperative Patent Classification 中输入关键词，点击"Search"，检索获得含有关键词的 IPC 号。用户可以根据课题选择合适的 IPC，并在对应 IPC 前的方框前打钩，选定的 IPC 号会出现在左下方的"Selected Classification"中，选定的多个 IPC 号之间是逻辑"或"的关系，最后点击"Find Patents"进行检索，如图 7-15 所示。

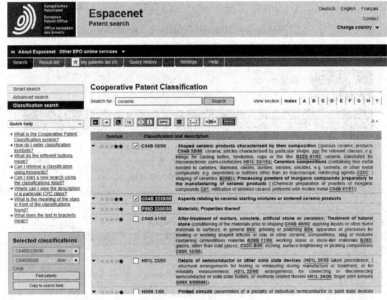

图 7-15　分类检索界面

7.1.4.4 结果的显示和处理

在执行检索以后，直接进入专利的题录显示界面，如图 7-16 所示。

点击专利的题名进入专利的详细显示界面，如图 7-17 所示。

可以通过详细显示界面上的"Original document"获取专利全文，点击"INPADOC patent family"可以获取该专利的同族专利。专利文献的全文图像格式是 PDF，可以用 Adobe 公司的免费软件 Acrobat Reader 浏览。

【例 7-3】　检索高架桥的振动对于环境和建筑物的影响方面的欧洲专利。

课题背景：目前，发展公共交通是世界上很多国家解决城市交通问题的主要手段之一。城市高架桥具有快速、安全、运距长、能耗低、解决交通高峰时期拥堵等优势，在城市公共交通中有着不可替代的地位。最近几十年以来，作为城市轨道交通重要组成部分之一的高架桥系统，在我国有着迅猛发展。高架桥的建设已成为不可阻挡的历史潮流。但是，高架桥也给人们生活和工作的环境带来一些负面影响。有关振动试验表明，振动加速度达 69dB 时，轻睡的人

图 7-16　专利题录显示界面

图 7-17　专利详细显示界面

将被惊醒；振动加速度达 74dB 时，除酣睡的人，一般情况下，其他人将惊醒。从人体力学效应来看，对人的影响较大。另外，通过土层传递和衰减后，影响建筑物的高架桥振动以低频为主，较接近建筑物自身的频率特性，会影响建筑物内部精密仪器的工作。接踵而来的流动噪声污染越来越严重，高架桥交通噪声扰民的投诉事件呈逐年上升趋势，人们渴望舒适文明和幽静的生活环境从此遭到了破坏。因此，如何降低高架桥带来的噪声为人们日益所关注。

　　确定主要关键词：高架桥：viaduct；噪声：noise、buzz；减振：vibration

　　登录 esp@cenet，点击"Advanced Search"，进入专利高级检索界面，在"Keyword（s）in title or abstract："中输入检索式 viaduct and vibration，得到 28 条检索结果，比较相关，但检索结果偏少，进一步扩大检索思路，在"Keyword（s）in title or abstract"中输入检索式 viaduct and（noise or buzz），得到 55 条检索结果。

通过已经检索到的专利，从分类号途径进行入手，发现该课题相关的专利主要集中在 E01D 类目中，经 IPC 查询得知，E01D 对应于"桥梁、高架道路或高架桥梁的建设"领域，进一步对检索策略进行调整，在 IPC 中输入 E01D，在"Keyword（s）in title or abstract："中输入检索式 vibration or noise or buzz，结果得到 2555 条检索结果，如图 7-18 所示，通过引入 IPC 检索途径达到了扩检的目的，但也会引入一些与课题无关的检索结果，可以根据结果的阅读再次调整检索词，对检索结果进行精简。

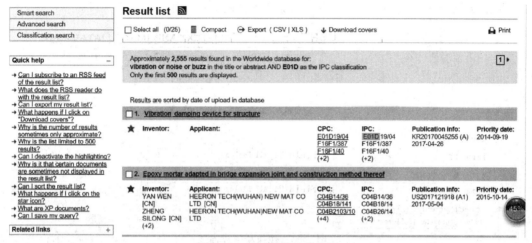

图 7-18　专利检索结果界面

7.1.5　美国专利商标局专利数据库

美国专利商标局 USPTO（The US Patents and Trademark Office）通过 Internet 免费提供 1790 年以来到最近一周发表的美国专利的检索服务，并可以免费浏览检索到的专利标题、文摘等信息，安装专门的软件和浏览器插件，可以浏览 TIFF 格式的专利全文扫描图像。美国专利与商标局 USPTO 提供有授权专利库（PatFT：Patents）和申请专利库（AppFT：Applications），输入网址：http：//www.uspto.gov/patft/index.html 即可进入美国专利数据库检索界面，如图 7-19 所示。

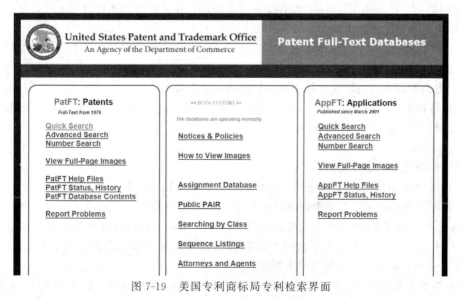

图 7-19　美国专利商标局专利检索界面

左边是授权专利库（PatFT：Patents），可检索 1790 年到现在的授权专利（其中 1790 年至 1976 年的专利全文全是扫描格式，1976 年以来的专利全文为纯文本格式），右边是申请专利库（AppFT：Applications），可以检索到 2001 年 3 月 15 日以后专利申请公开说明书的全文扫描格式。两个数据库的检索方法基本相同，有快速检索、高级检索和专利号（申请号）检索三种检索模式，以下以授权专利库为例介绍检索方法。

7.1.5.1 快速检索（Quick Search）

点击 Quick Search 选项即可进入快速检索界面如图 7-20 所示。

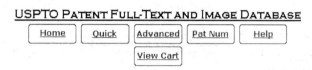

图 7-20 快速检索界面

快速检索允许用户使用两个检索词进行简单的逻辑组配来检索，数据库使用的逻辑算符是 AND、OR、ANDNOT，另外它还具有字段检索、短语检索和年代范围检索功能。检索步骤如下。

① 选择检索年份，在检索界面上的 Select years 下拉菜单中点击检索的时间段，数据库可以选择的检索时间段有两个：一个是 1976 年至今，一个是 1790 年至今。

② 输入第一个检索词，在检索界面上的 Term 1 框中输入检索词，包括关键词、号码、人名、分类号、地名等，也可以是短语，如输入短语，则需加上""；输入人名时，姓在前，名在后；字母的输入不分大小写；可以使用右截断，即在检索词（包括人名）词尾使用通配符 $（""中的短语不能使用）；一些没有检索意义的词，在某些字段的检索中无效，这些词在系统帮助中有一表格详细列出。

③ 选择合适的检索字段，在 Term 1 框右边的 Field 1 下拉菜单中，有 All Field（全字段）和 Title（专利名称）、Abstract（文摘）、Patent Number（专利号）等 30 个字段供选择，用检索字段对检索词进行限定。缺省则系统默认为全字段。

④ 选择逻辑运算符，在位于 Term 1 和 Term 2 两输入框之间的下拉菜单中，根据需要选择逻辑运算符 AND、OR 和 ANDNOT。

⑤ 在 Term 2 框输入第二个检索词。

⑥ 选择限定第二个检索词的字段。

⑦ 点击"Search"按钮，系统进入检索状态，并输出检索结果。

⑧ 浏览命中的记录，若命中记录较多，每一页列出 50 条记录，每条记录有专利号及专利名称。点击"Next 50 Hits"按钮或窗口上部的"Next List"按钮可逐页进行浏览。单击选中的专利号或专利名称，进入该专利的全文数据窗口供浏览下载，点击全文浏览界面上部的"Images"按钮，可浏览、下载说明书图像。

如果想缩小检索结果的范围，显示窗口可提供 Refine Search（精确检索），在 Refine

Search 框中根据原检索再输入进一步限定的检索词或检索式，点击"Refine Search"按钮，可进行进一步检索。

7.1.5.2 高级检索（Advanced Search）

高级检索的提供布尔逻辑式检索，即可通过逻辑运算符把检索式、不同字段、词组等灵活地组配起来进行检索，如图7-21所示。检索步骤为如下。

① 点击主界面上的"Advanced Search"按钮进入菜单检索界面，在操作界面的Select years下拉菜单中点击检索所需的年份。

② 在Query输入框中输入检索式。检索式可以是检索词、短语、各字段加检索词、逻辑运算式，也可以是通过逻辑运算符将上述几种检索标识组配起来的多种组合。在Query输入框右侧，系统提供了一个检索式范例，可作为编辑检索式时参考。字段的输入格式是字段名代码/检索词，如IN/发明人姓名，CLAS/分类号等。在操作界面下方列有字段名代码与字段名对照表，可供查找。

图 7-21　高级检索界面

系统提供了丰富的检索字段，见表7-1。

表 7-1　美国专利检索字段

字段代码	字段英文名	字段中译名
ABST	Abstract	摘要
ACLM	Claim(s)	权力要求
ACN	Assignee Country	专利权人所在国家
AN	Assignee Name	专利权人名称
APD	Application Date	申请日
APN	Application Serial Number	申请号
APT	Application Type	专利申请类型
CCL	Current US Classification	现行美国分类号
ICL	International Classification	国际专利分类号
ICN	Inventor Country	发明人所在国家
IN	Inventor Name	发明人姓名
ISD	Issue Date	出版日期
PCT	PCT Information	PCT信息
PN	Patent Number	专利号

续表

字段代码	字段英文名	字段中译名
PRIR	Foreign Priority	国外优先权
REIS	Reissue Data	再公告日
SPEC	Description/Specification	说明书
TTL	Title	发明名称

日期字段（如 APD、ISD、REIS）在检索时可采用以下三种输入方式：

年月日：年代为 4 位数，月、日采用 2 位数。例如 20050314。

月/日/年：月份既可以用阿拉伯数字表示，也可以用英文单词或英文缩写来表示，日为 2 位数，年用 4 位数。例如：06-15-2004、june-15-2004、jun-15-2004。

月/日/年：月份既可以用阿拉伯数字表示，也可以用英文单词或英文缩写来表示，日为 2 位数，年用 4 位数。例如 06/15/2004、june/15/2004、jun/15/2004。年代范围检索的方法是在检索式中加限定句法，如 ISD/11/1/1985-5/12/1986，将检出数据库中公布日期为 1985 年 11 月 1 日到 1986 年 5 月 12 日的专利。

号码字段（如 APN）：不足 6 位，在号码前添加数字"0"。

分类字段（如 CCL、ICL）：国际专利分类号的输入格式为 ICL/B01d053/00。美国专利分类号的输入格式为 CCL/96/134。

7.1.5.3 专利号检索（Patent Number）

若用户已经知道所要检索专利的专利号，则可直接在专利号检索中输入专利号码进行检索，使用时系统自动对 1790 年至今的数据库进行检索，不需限定年限。从数据库主界面点击 Patent Number Search，进入专利号检索界面，如图 7-22 所示，检索步骤是首先在 Query 输入框中输入一个或多个专利号，专利号之间用空格隔开，不必用任何符号，随后就可以点击"Search"按钮，浏览、下载等操作同布尔逻辑检索。

图 7-22 专利号检索界面

专利号检索时，要注意在 Non-utility 专利号中出现的前缀，如 PP8901，RE35312 等。"D"代表 Design Patents（外观设计专利），"PP"代表 Plant Patents（植物专利），"RE"代表 Reissue Patents（再公告专利），"T"代表 Defensive Documents（再审查专利），"H"代表 SIR（防卫性公告专利）。

【例 7-4】 检索用固体吸附剂在变压条件下分离 CO 的专利。

课题背景：分离 CO 的方法主要有深冷分离法、液体吸收法、固体吸收法，本课题主要研究的是固体吸收法分离 CO 的相关专利技术。本课题可采用的关键词有一氧化碳 carbon monoxide、吸附 adsorption、吸附剂 adsorbent、分离 separation、变压 pressure swing、深冷 cryogenic、液体 liquid 等。

检索：输入网址 http：//www.uspto.gov/patft/index.html 进入专利检索界面，选择授权专利库（PatFT：Patents），点击"Quick Search"，年份选择为1790-present。首先在检索提问框中分别输入"separation""carbon monoxide"，字段选择 Abstracts，两个检索词逻辑关系选为 AND，如图 7-23 所示。

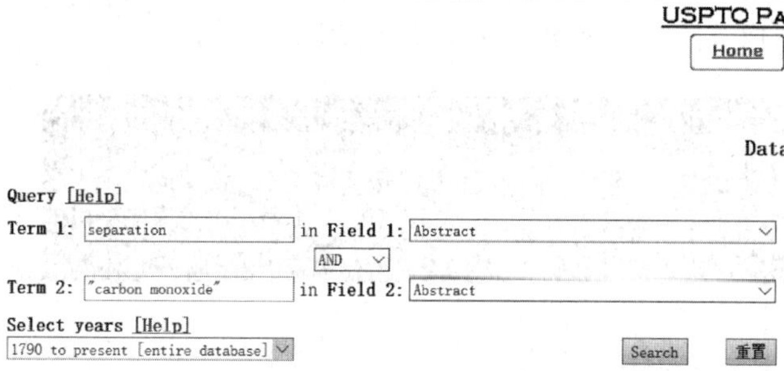

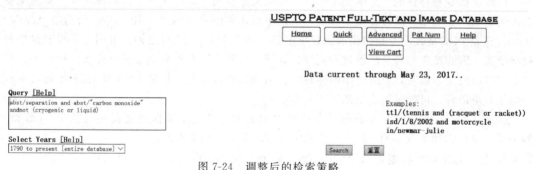

图 7-23　初步检索策略

结果检中 259 篇专利，显示其中的前 50 个结果，结果发现有一些无关的专利文献，究其原因主要是 CO 的分离方法有很多，结果中包含有多种分离方法的专利文献。

进一步调整检索策略，点击"Advanced"按钮，进入高级检索界面，年份选择为 1790-present，在"Query"中输入检索式：abst/separation and abst/"carbon monoxide" andnot (cryogenic or liquid)，如图 7-24 所示，点击"Search"按钮，检中 36 篇专利，点击专利号可得本专利的文摘、引用专利、权项、说明书等。

图 7-24　调整后的检索策略

【例 7-5】　检索离子液体在电沉积中的应用的专利。

课题背景：离子液体具有热稳定性、不挥发、不燃烧、离子导电率高、电化学窗口宽等适合在电化学中应用的优点，作为电解液既可以起溶剂的作用，又可以起电解质的作用，因而在二次电池、光电池、双电层电容器、金属电沉积以及电有机合成等许多方面可得到应用。作为金属的电沉积的电解质，熔盐一般温度较高，离子液体作为电解质是合适的选择；以离子液体为金属电沉积的电解液，进行金属的加工如分离提纯、电镀等，也是离子液体的重要应用。

确定检索词：ionic liquid（离子液体），electrodeposit（电沉积）

输入网址 http：//www.uspto.gov/patft/index.html 进入专利检索界面，点击"Quick Search"，年份选择为 1790-present，在检索提问框中分别输入 ionic liquid、electrodeposit，字段选择 Abstracts，两个检索词逻辑关系选为 AND，检索结果为 0，调整检索词，输入 ionic、electrodeposit，其他检索条件不变，命中 2 条检索结果。

7.1.6 其他国家专利文献数据库

7.1.6.1 加拿大专利数据库

加拿大专利数据库（http：//www.ic.gc.ca/opic-cipo/cpd/eng/search/basic.html？wt_src=cipo-patent-main）是加拿大知识产权局（The Canadian Intellectual Property Office，简称CIPO）建设的专利数据库，该库包括1920年以来的加拿大专利文献，包括专利的著录项目数据、专利的文本信息、专利的扫描图像，图7-25所示即为数据库首页。

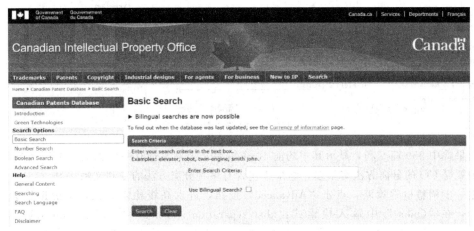

图7-25 加拿大专利数据库检索界面

该库提供专利号查询、基本文本查询、布尔文本查询、高级文本查询四种途径。从浏览器直接浏览到的专利扫描图像分辨率较低，可以下载图像的PDF文件，用Adobe公司的Acrobat Reader浏览PDF格式的专利扫描图像效果很好。1978年8月15日之前批准的专利没有摘要和权利要求，因此这些专利只能通过专利号、标题、发明人、专利分类号进行检索。加拿大专利可以用英语或法语撰写，数据库中的标题为英语和法语两语种，但是1960至1978年间的专利的标题是单语种，可能是英语或法语。

欧洲专利局的esp@cenet的各国专利库中加拿大专利著录数据的覆盖年代从1970开始，如果要系统检索加拿大专利，则应检索CIPO的加拿大专利数据库。

7.1.6.2 日本专利数据库（http：//www.jpo.go.jp/）

日本专利说明书在世界专利说明书中占用相当重要的作用。日本专利与美国专利、欧洲专利堪称世界三大专利文献体系。日本专利局给予保护的工业知识产权主要有四种，分别是："特许""实用新案""意匠"和"商标"，其中前三项专利等同于我国的"发明专利""实用新型专利"和"外观设计专利"。日本专利说明书的类型主要分为专利说明书、公告说明书和公开说明书三种形式。专利说明书是指专利申请人向专利局递交的申请案经专利局审查批准后，按专利号的顺序出版公布的说明书（1950年以前）。公告说明书是经过新颖性、创造性、实用性审查合格批准的专利说明书，质量较高、成熟、可靠、实用性强。日本特许厅从1950年开始出版这种说明书。公开说明书是指未经新颖性、创造性、实用性审查，在申请后满18个月予以公开的一类专利说明书，公开说明书自1971年开始出版发行。

日本专利数据库（https：//www.j-platpat.inpit.go.jp/web/all/top/BTmTopEnglish Page）是日本专利局（Japan Patent Office，JPO）建设的专利数据库，图7-26即为日本专利数据库首页。

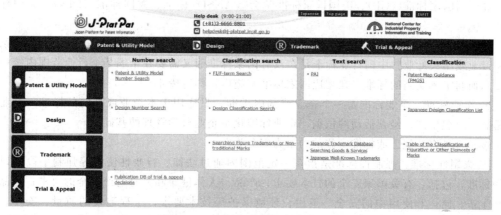

图 7-26 日本专利数据库检索界面

7.1.6.3 韩国专利数据库（http://www.kipris.or.kr/english/index.html）

韩国专利数据库网站由韩国知识产权信息中心（KIPRIC）建立，其英文版本的网址为 http://www.kipris.or.kr/english/index.html。韩国知识产权信息中心（IPRIC）成立于 1995 年 7 月，是韩国专利局（KIPO）下属的信息机构。该机构的主要任务是向公众提供全方位的知识产权信息服务和数据加工服务，促进韩国科技竞争力的提高。该机构自成立以来一直致力于知识产权信息的传播、提供专利文献检索服务、项目评估服务、商标检索服务、数据提供服务。1998 年正式在因特网上建立主页，2000 年 1 月开始通过因特网向公众提供免费专利信息检索服务。目前该数据库收录 1980 年 1 月～2000 年 3 月之间未经实质审查的专利申请公开；1970 年 1 月～1998 年 2 月之间经实质审查批准的专利，数据库中的文摘和附图是以 SGML 格式存储的，浏览时必须使用 SGML 浏览器。用户可以从该数据库网站下载安装 SGML 浏览器。

7.2 标准文献数据库

7.2.1 基本知识

标准文献是记录和反映标准的技术文献。每件标准都是独立的、完整的技术资料，作为规章性技术文件，对标准化对象的描述的详尽性、完整性和可靠性，是其他类型的文献无法比拟的。

7.2.1.1 标准文献的分类

标准可按其适用范围、研究的内容、标准实施的约束力和标准的性质四个方面进行分类。中国按 1989 年 4 月 1 日起正式实施的《中华人民共和国标准化法》将标准分为五级：

① 国际标准：国际标准是指由国际权威组织制定并为国际上承认和通用的标准，如国际标准化组织（ISO）标准、国际电工委员会（IEC）推荐的标准、国际理论与应用化学联合会（IUPAC）标准等。

② 区域性标准：区域性标准是指适用于世界某一区域的，由区域性标准化组织及参与标准化活动的区域团体所制定并通过的标准。国际上权威的区域性标准化组织如欧洲标准化委员会（CEN）、欧洲电工标准化委员会（CENELEC）等。

③ 国家标准：国家标准是经全国性标准化组织批准、发布，在全国范围内统一实施的标

准。如中国国家标准（GB）、美国国家标准学会（ANSI）标准、德国标准（DIN）、英国标准（BS）等。

④ 行业标准：行业标准是经某一专业统一组织或专门部门通过的标准，用于一个国家的某一专业或相关专业。中国行业标准是在没有国家标准而又需要在全国某个行业范围内统一技术要求而制定和实施的标准，在相应国家标准实施后，即行废止。

⑤ 企业标准：企业标准是一个企业或部门批准，只适用于本企业或部门的标准。企业标准是企业组织生产、经营活动的依据，企业标准化是企业科学管理的基础。

按是否具有法规性或标准实施的约束力划分为：

① 强制性标准：强制性标准是指在一定范围内通过法律、行政性法规等强制手段加以实施的标准，包括：有关国家安全的技术要求；产品与人体健康和人身财产安全的要求；产品及产品生产、储运和使用中的安全、卫生、环境保护等技术要求；工程建设的质量、安全、卫生、环境保护要求及国家需要控制的工程建设的其它要求；污染排放限值和环境质量要求；保护动植物生命安全和健康的要求；防止欺骗、保护消费者利益的要求；国家需要控制的重要产品的技术要求；与以上要求相配套的试验方法等。

② 推荐性标准：推荐性标准是指在生产、交换、使用等方面，通过经济手段或市场调节的方法，国家鼓励企业自愿采用的标准。推荐性标准又称自愿性标准或非强制性标准。

7.2.1.2 标准文献的编号

国外标准文献编号由代表标准制定机构或组织代号＋顺序号＋制定或修订年份构成。例如，国际标准化组织的标准代号为 ISO，ISO 标准号的结构形式为：标准代号＋顺序号＋制定（修订）年份，标准 ISO 8156：2005，题名为"Dried milk and dried milk products——Determination of insolubility index"，表示 2005 年发表的奶粉及奶粉产品的不溶性指数测定标准。若 ISO 标准分成若干部分，则在顺序号后加上部分的代号，例如 ISO 6145—2：2014。

中国标准文献编号，则根据不同的标准类型有所不同，具体如下：

① 国家标准。国家标准的代号，由两个大写汉语拼音字母"GB"构成；强制性国家标准的编号：GB＋顺序号＋制定或修订年份；推荐性国家标准的编号：GB/T＋顺序号＋制定或修订年份。例如：GB 10146—2015 食用动物油脂；GB/T 10184—2015 电站锅炉性能试验规程。

② 行业标准。行业标准的代号，由两个代表行业的大写汉语拼音字母构成，如教育行业标准的代号为"JY"：教育行业强制性行业标准的编号：JY＋顺序号＋制定或修订年份；教育行业推荐性行业标准的编号：JY/T＋顺序号＋制定或修订年份。

③ 地方标准。地方标准的代号由汉语拼音字母"DB"加上省、自治区、直辖市行政区划代码的前两位数字组成。如江苏省行政区划代码的前两位数字是"32"。江苏省强制性地方标准的编号：DB32＋顺序号＋制定或修订年份；江苏省推荐性地方标准的编号：DB/T32＋顺序号＋制定或修订年份。

④ 企业标准。企业标准代号为"Q"。企业标准的编号为：Q/企业标准代号＋顺序号＋制定或修订年份。

7.2.1.3 国际标准分类法（ICS）

ICS 分类法由三级类目构成。一级类包含标准化领域的 40 个大类，每一大类号以 2 位数字表示，见表 7-2，如 29 电气工程、71 化工技术。二级类号由一级类号和被圆点隔开的 3 位数字组成，如 71.080 有机化学。40 个大类分为 407 个二级类，407 个二级类中的 134 个又被进一步分成三级类。三级类的类号由二级类的类号和被一个圆点隔开的 2 位数组成。

表 7-2　国际标准分类法的一级类目

类别	类目名称	类别	类目名称
01	综合、术语学、标准化、文献	49	航空器和航天器工程
03	社会学、服务、公司(企业)的组织和管理、行政、运输	53	材料储运设备
07	数学、自然学	55	货物的包装和调运
11	医药卫生技术	59	纺织和皮革技术
13	环保、保健与安全	61	服装工业
17	计量学和测量、物理现象	65	农业
19	试验	67	食品技术
21	机械系统和通用件	71	化工技术
23	流体系统和通用件	73	采矿和矿产品
25	机械制造	75	石油及相关技术
27	能源和热传导工程	77	冶金
29	电气工程	79	木材技术
31	电子学	81	玻璃和陶瓷工业
33	电信、音频和视频技术	83	橡胶和塑料工业
35	信息技术、办公机械设备	85	造纸技术
37	成像技术	87	涂料和颜料工业
39	精密机械、珠宝	91	建筑材料和建筑物
43	道路车辆工程	93	土木工程
45	铁路工程	95	军事工程
47	造船和海上建筑物	97	家用和商用设备

7.2.2　标准网

标准网（http://www.standardcn.com）是由机械科学研究院中机生产力促进中心建设并维护的我国工业行业的标准化门户网站。网站主要内容包括国家发展和改革委员会负责管理的轻工、纺织、黑色冶金、有色金属、石油、石化、化工、建材、机械、汽车、锅炉压力容器、电力、煤炭、包装、制药装备、黄金、商业、物流和稀土等十九个行业的行业标准管理与服务信息。图 7-27 为标准网首页，网站设置了十个主要栏目：标准动态、标准公告、标准计划、工作平台、组织机构、信息查询、文章精选、标准书市、专题栏目、相关产品等。

其中，"信息查询"栏目提供了标准目录高级查询、政策法规、标准机构、技术法规、出版信息和标准期刊。选择标准目录高级查询，可以对标准网所收录的标准进行主题检索和分类浏览。

标准网的检索有如下方法。

① 主题检索。现行标准查询提供了"标准选择""标准号""标准名称"和"标准英文名称"四个字段，这四个字段间均为逻辑"与"的关系。"标准选择"提供的标准有：机械、轻工、化工等 22 个行业标准以及国家标准。标准作废代替查询提供了"标准编号"的字段查询。

② 分类查询。网站提供了"行业标准分类查询"和"国家标准分类查询"点击每种分类的细目，均可直接获得相关标准列表。如点击"行业标准分类查询"下的"化工行业标准（HG）"，可以获取标准网收录的 3594 条标准列表，点击每个标准的中文名称或英文名称，可

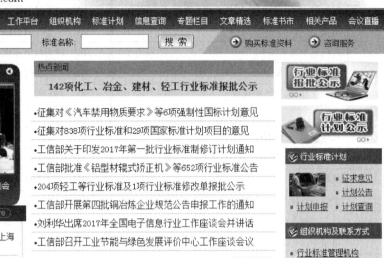

图 7-27 标准网首页

以获得其简单信息,如图 7-28 所示。

图 7-28 标准网检索结果显示

【例 7-6】 检索关于"建筑抗震"方面的国家标准。

① 进入如图 7-29 所示的检索界面；
② 标准选择"国家标准"，标准名称输入"建筑抗震"，提交"查询"；
③ 获得 4 条相关标准，如图 7-29 所示。

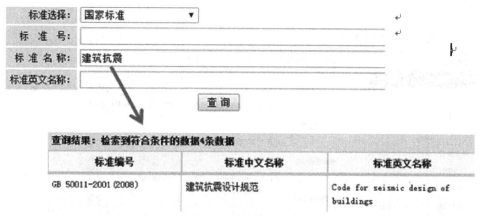

图 7-29　标准网检索"建筑抗震"国家标准

7.2.3　国家标准文献共享服务平台

"标准文献共享服务网络建设"是国家科技基础条件平台重点建设项目之一，由国家质量监督检验检疫总局牵头，中国标准化研究院承担。"国家标准文献共享服务平台"门户网站（http://www.cssn.net.cn）提供标准动态跟踪，标准文献检索，标准文献全文传递和在线咨询等功能。主页如图 7-30 所示。

图 7-30　国家标准文献共享服务平台主页

共享平台为注册用户提供标准文献、技术法规、期刊、专著四类资源检索以及 ASTM 标准、内容指标及强制国标这三种专类检索。其中标准文献的检索方式分为简单检索、高级检索、专业检索以及分类检索。

① 高级检索。高级检索提供了 8 个字段供选择，包括关键词、标准号、国际标准分类、中国标准分类、采用关系、标准品种、年代号及标准状态。字段间的关系以用逻辑算符"与"进行组配，注意所选定的逻辑算符适用于所有字段，所以检索时注意各检索词之间的关系。如图 7-31 所示。

图 7-31　国家标准文献共享服务平台高级检索界面

② 专业检索。专业检索由检索公式和标准品种两部分组成。检索公式提供 18 种字段选择，可以进行多个字段的逻辑组配检索，并且可以添加"括号"调整检索顺序，还可以对检索词进行模糊或精确检索。标准品种包含了中国国家标准、中国行业标准、中国地方标准、国外国家标准、国外学协会标准及国际标准六大类标准，点击相应标准后，可根据需要选择对应的标准品种进行查询。如图 7-32 所示。

③ 分类检索。标准分类检索为导航式检索，由大类到小类，逐层点击，直到获取相关标准列表，它分为国际标准分类检索和中国标准分类检索。

④ ASTM 标准。中国标准化研究院标准馆与 ASTM 合作多年。如图 7-33 所示 ASTM 提供了标准号、中文名称、英文名称、发布日期、确认日期、中标分类号、国际分类号、中文主题词和英文主题词等 9 个字段，可以进行多个字段的逻辑组配检索，还可以对检索词进行模糊或精确检索，对检索结果显示进行相关设定。

按标准号检索：注意标准的年份需用四位数表示，并且分类代码与标准序号之间必须加空格，如"D 4672-2000"。

按中文名称检索：支持多个检索词，*表示"AND"，+表示"OR"，如"聚氨酯*多元醇*含水量"。

按分类号检索：可以通过中标分类号和国标分类号检索。如图 7-33 所示。

用户检索到自己所需的标准后，点击标准名称，页面就会出现显示出，该标准的基本信息、适用范围、关联标准、标准分类号等方面的信息。用户如需了解全部内容，可点击订购购买标准。

图 7-32 国家标准文献共享服务平台专业检索界面

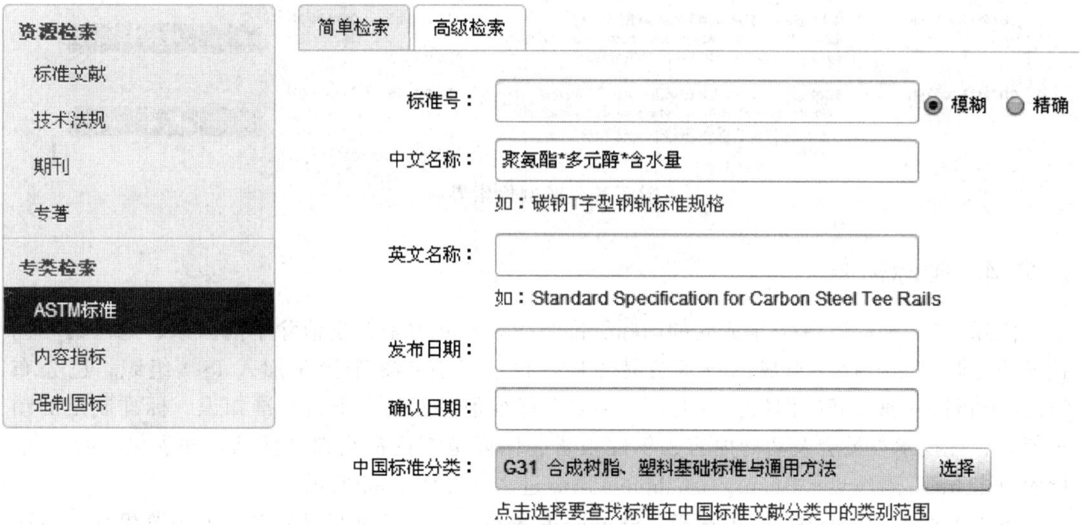

图 7-33 ASTM 标准高级检索界面

【例 7-7】 检索关于"婴幼儿食品"方面的中国国家标准。
① 进入国家标准文献共享服务平台的专业检索界面;
② 检索公示中选择"中文标题"并输入"婴幼儿",增加一条公式"中文标题"并输入"食品",选择字段关系为"与";
③ 标准品种中点击"中国国家标准"并勾选"国家质检总局"
④ 点击检索,得到 34 个检索结果,如图 7-34 所示。

图 7-34　案例检索界面

7.2.4　国际标准

国际标准 ISO 为 1947 年成立的国际标准组织，成立的宗旨是消除不同国家、地区的相同技术非协调标准的存在形成的技术贸易障碍，目前已有 163 个国家加入 ISO 组织，已公布 21610 项国际标准。ISO 网站主页上，提供多个标准信息专栏，报道标准知识、标准制定的动态消息、各技术委员会及活动内容、年度报告、国际范围内的会议、活动，并提供 ISO 标准检索点击 http：//www.iso.org/iso/home.htm 进入，如图 7-35 所示。

点击主页上的"Store"，再选择"Standards catalogue（标准目录）"进入浏览界面，系统提供了两种浏览方式：Browse ISO standards by ICS 和 Browse ISO standards by TC。

点击 Browse by ICS，进入国际专利分类浏览界面如图 7-36 所示，系统列出不断细分的 ICS 分类号。用户可以对标准类型进行选择"Published standards""Standards under development""Withdrawn standards""Projects deleted"。

系统提供了两种检索方式：快速检索和高级检索，主页上提供快速检索界面，输入关键词后，可以检索标准、出版物、新闻以及文档。点击"Advanced search"进入高级检索界面，如图 7-37 所示。

系统提供的主要检索途径有：

第 7 章 特种文献数据库

图 7-35　ISO 标准检索主界面

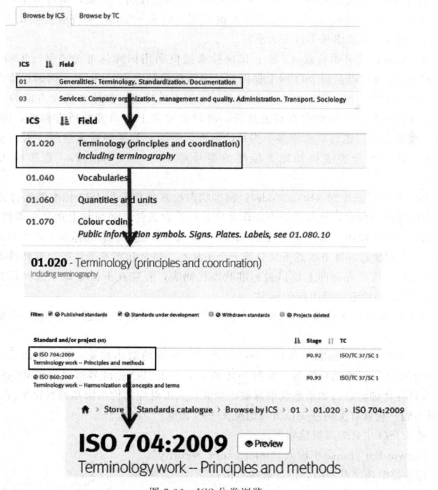

图 7-36　ICS 分类浏览

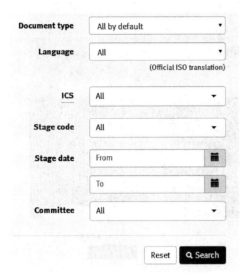

图 7-37　ISO 标准高级检索界面

① ISO 标准号码检索（ISO number）：如果已知标准号码，直接输入标准号码即可完成检索。例如：直接输入 9001，可以检出 ISO9001 标准信息；而对于包含数个部分的标准，可以在 Part number 中输入相应的号码。例如：ISO number 中输入 2382，Part number 中输入 36，可以检索到 ISO 2382—36：2013 标准信息。

② 关键词或短语检索（Find keyword or phrase）：在系统提供的关键词检索框内，可以输入一个或一个以上的关键词进行检索。如果依次输入多个检索词，系统默认检索词之间为"and"逻辑算符，并且检索词之间的顺序是任意的。如果用户希望系统检索到任一检索词，则需要再输入的关键词之间加"or"逻辑算符。如果已经知道标准名称或需要进行精确词组检索，需要用双引号将标准名称或词组括起来进行检索。例如检索"water quality"。除此之外，用户还可以利用 * 作为通配符。例如，输入 ship*，系统会将 ships、shipbuilding、shipping 等词都识别为检索词；输入 *land，系统会检索出 inland、sub-land 等词。同时，该检索项不区分大小写。

③ ICS 国际标准分类检索（ICS）：该项检索提供利用国际标准分类号（ICS）检索标准信息。ICS 的号码可以参阅 ISO 网上提供的《国际标准分类表》（ICS）。例如：检索环境、健康、安全类的标准，ICS 类号为 13。如果希望了解有关环境、健康和安全方面的国际标准有哪些，可以直接在 ICS 的检索框点击选择，将检出包含上述内容的所有标准，同时包括 13 的所有下级类标准。也可以检索多个类目的标准，例如：如果想检索空气、水、土壤质量的国际标准，由 ICS 分类表得知此类标准的类号是 13.040—13.080，直接输入 13.040：13.080。

④ ISO 标准状态检索（Stage code）：标准状态检索是指采用 ISO 标准制定过程中的 4 位有效状态代码进行检索，此项检索不能作为独立的检索条件，必须与上述其它条件共同使用，作为辅助检索条件使用。需要说明的是，ISO 标准从准备提议状态到标准正式生效或撤销，分 9 个不同的协调状态，每个状态下又分若干个子状态。每个状态及子状态均有特殊的状态协调代码。检索时，可以查阅网上提供的标准状态代码表，直接在下拉菜单中选择状态代码，例如：选择 60.60，检索已经出版的标准。

⑤ 还可以利用日期检索和技术委员会检索（Committee）来进一步提高标准检索的准确性。

结果显示界面列出标准的名称、ISO 标准号、标准的版本状态、ICS 分类号、所属的语言、标准的格式、标准的价格等，如图 7-38 所示，点击 ISO 标准号可以得到某一标准的包括摘要、修订等详细信息。如果想获取标准的全文，点击对应的价格添加到购物车。

【例 7-8】　检索有关信息安全方面的英文 ISO 标准。

① 进入 ISO 主页的高级检索界面；
② Keyword or phrase 中输入"Information Security"；
③ 标准类型选已发布的，语言选择英语；
④ 点击检索，结果如图 7-39 所示。

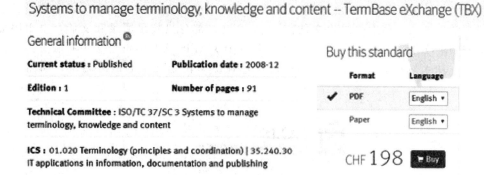

图 7-38　ISO 标准结果显示界面

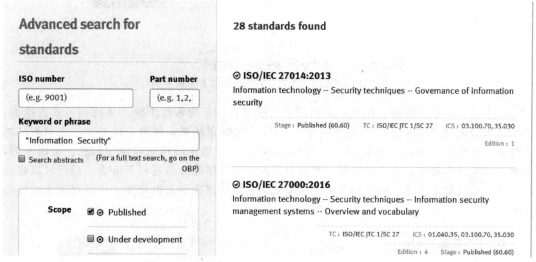

图 7-39　信息安全方面的英文 ISO 标准检索结果

7.3　学位论文数据库

学位论文主要指博士和硕士研究生为了获得博士、硕士学位资格而提交的学术研究论文。学位论文专业性强，内容新颖，具有一定的创新性；是在导师指导下经 2～3 年甚至更长时间而完成的科研成果，文献质量有保证；学位论文的参考文献数量多且全面，是很重要的信息源。学位论文的专业性、创新性，也决定了学位论文在信息资源中所占的一席之地。目前国内外均出版发行了学位论文数据库，其中最具代表性的 CALIS 高校学位论文数据库、万方数据中国学位论文全文数据库、CNKI 学位论文全文数据库和 PQDT 博士、硕士论文数据库等。

7.3.1　CALIS 高校学位论文数据库

CALIS 高校学位论文数据库是由 CALIS 全国工程文献信息中心负责组织，各高校图书馆合作建设的学位论文数据库，采用同一规范、分散加工、集中建库的运作模式。该项目 1999

年3月启动，2000年4月开始逐步向高校用户提供学位论文查询、文献索引浏览、最新文献报道、全文提供等配套服务。

该数据库收录包括北京大学、清华大学等全国著名大学在内的222个CALIS成员馆的博士、硕士学位论文。该库收录论文的前16页全文，部分只收录题录和文摘，全文服务通过CALIS馆际互借系统提供。2011年12月27日CALIS三期学位论文中心服务系统正式对外服务。输入www.etd.calis.edu.cn/进入CALIS学位论文中心服务系统，如图7-40所示。

图7-40 CALIS学位论文中心跟服务系统界面

CALIS学位论文库的检索界面非常简洁，用户直接在检索框中输入关键词，点击检索。例如输入关键词"纳米技术"，点击检索后，得到2633条结果，如图7-41所示。系统对"纳米技术"的概念、知识关联都有介绍，点击后可以看到更多的相关知识与信息。页面左侧，系统对结果从出版年、语种、学科、收录数据库、收录馆等方面进行了分类，用户可以根据需求进一步增加限定项。用户如果检索到需要的学位论文需要获取全文，可以通过文献传递服务。

图7-41 CALIS学位论文检索结果

7.3.2 万方数据中国学位论文全文数据库

《中国学位论文全文数据库》是由国家法定学位论文收藏机构中国科技信息研究所提供，并委托万方数据加工建库，精选相关单位近几年来的博硕论文，涵盖自然科学、数理化、天文、地球、生物、医药、卫生、工业技术、航空、环境、社会科学、人文地理等各学科领域。学位论文资源包括中文学位论文和外文学位论文，中文学位论文收录始于 1980 年，年增 30 万篇，涵盖理学、工业技术、人文科学、社会科学、医药卫生、农业科学、交通运输、航空航天和环境科学等各学科领域；外文学位论文收录始于 1983 年，累计收藏 11.4 万余册，年增量 1 万余册。

输入 http：//new.wanfangdata.com.cn 进入万方数据新主页页面，如图 7-42 所示。

图 7-42　万方数据检索界面

检索框出现在页面上方的醒目位置，方便用户对期刊、学位、会议、图书、专利等不同文献类型进行检索。系统提供两种登录方式，对于教育网的用户直接可以点击 IP 登录，对于非教育网的用户可以进入进行注册，获得用户名和用户口令后登录。

选择"学位"后，点击检索框，就会出现题名、关键词、摘要、作者、学科专业、导师及学位授予单位等检索字段。选择合适的检索字段，并在检索框中输入相对应的信息，系统也会自动提供相近的检索词供选择。例如检索关键词中含有"抗震"的学位论文，检索结果如图 7-43 所示，分为三块区域，页面左侧，将检索结果按照授予学位、年份、语种、学科等进行了分类，中间是检索结果的概览区，页面右侧系统显示了相关研究的趋势图以及相关热词。用户可以在此基础上，增加检索限定，进一步提高查准率。

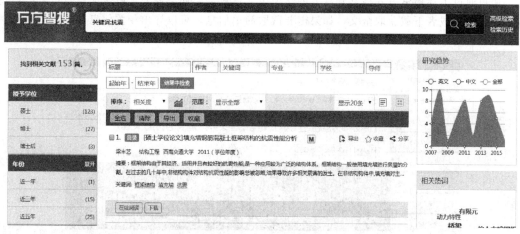

图 7-43　中国学位论文全文数据库简单检索结果

点击"高级检索"进入高级检索界面,如图7-44所示。高级检索中主要对文献类型、语种、检索信息以及发表时间作了限定。

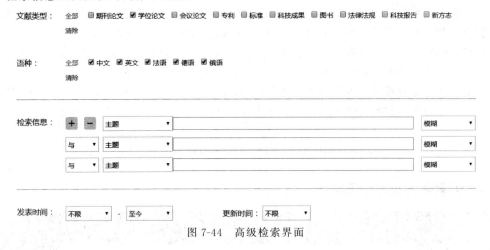

图 7-44　高级检索界面

点击"专业检索"进入专业检索界面,如图7-45所示。可参考页面右侧的指南,自行编写专业检索式进行检索。

图 7-45　专业检索界面

用户通过上述检索方式检索到需要的学位论文信息后,如果需要了解全文信息,可以通过点击在线阅读或者下载获取全文,如果需要截取简单信息,可以导出相关信息,具体信息类别如图7-46所示。

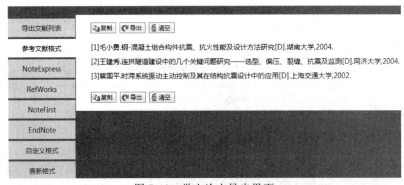

图 7-46　学文论文导出界面

【例 7-9】 利用万方数据，检索近五年来有关生物膜和纳米研究的相关学位论文。
① 进入万方数据中国学位论文全文数据库的高级检索界面；
② 文献类型中勾选"学位论文"，语种勾选"全部"；
③ 检索信息中选择"题名或关键词"的检索字段，输入"生物膜"；增加一条"题名或关键词"的检索字段，输入"纳米"，两者是逻辑"与"的关系。考虑到对相关概念的表述可能存在多样性，对检索词进行模糊检索；
④ 发表时间选择 2012 年至今；
⑤ 点击检索，结果如图 7-47 所示。

图 7-47　检索实例结果

7.3.3　中国学位论文数据库

中国基础设施工程 CNKI 中的中国学位论文数据库包含中国优秀硕士学位论文全文数据库（CMFD）和中国博士学位论文全文数据库（CDFD），目前国内相关资源较完备的中国博硕士学位论文全文数据库。数据库分为十大专辑：基础科学、工程科技Ⅰ、工程科技Ⅱ、农业科技、医药卫生科技、哲学与人文科学、社会科学Ⅰ、社会科学Ⅱ、信息科技、经济与管理科学。十大专辑下分为 168 个专题。两个数据库的检索界面相同，图 7-48 即为中国优秀硕士学位论文全文数据库检索界面。

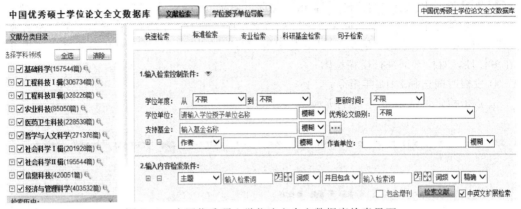

图 7-48　中国优秀硕士学位论文全文数据库检索界面

该数据库提供文献检索与学位授予单位导航两大检索类别。而文献检索包含快速检索、标准检索、专业检索、科研基金检索以及句子检索这五个检索方式。用户可以根据需求以及已掌握的相关信息选择合适的检索方式检索。

7.3.4　PQDT 博士硕士论文数据库

PQDT（ProQuest Digital Dissertations & Theses）是美国 ProQuest Information and Learning（原 UMI）公司出版的博士、硕士论文数据库，主要收录了来自欧美国家 2000 余所知名大学的 53 万多篇优秀博硕士论文，涉及文、理、工、农、医等多个领域，是目前世界上最大的、使用最广泛的学位论文数据库，该数据库大量提供前 24 页可以免费预览，特别是对于 1997 年以后出版的论文，该数据库为周更新。

2002 年开始，为满足国内对国外博硕士论文全文的广泛需求，建立了 ProQuest 博硕士论文全文数据库中国镜像站，实现了学位论文的网络共享，国内检索平台为 http://pqdt.calis.edu.cn/。如图 7-49 所示。

图 7-49　ProQuest 博硕士论文全文数据库国内检索平台

在 PQDT 数据库的主页面的正中就是简单检索的输入框，直接输入检索词或短语即可检索。多个关键词用空格或"and"隔开，如"digital library"或"digital and library"，这两个词将同时出现在标题、正文或摘要中；如果输入的关键词本身包括空格并且不希望被分割，可以在关键词两边加上西文双引号，如"digital library"；搜索多个关键词中的任一词，如"digital or library"，这时搜索结果将包含这两个词中的任一个或全部；排除包含指定关键词的搜索结果，如"digital library and not study"，这时搜索结果将同时包含前两个词，但不包含"study"。

点击"高级检索"，进入高级检索界面。如图 7-50 所示。检索字段包括标题、摘要、学科、作者、学校、导师等。检索词可以是一个或多个词语或短语，检索字段中间可利用"并且""或者""排除"构成逻辑关系。同时，用户还可根据需求对学位论文的出版年度、学位、语种等信息进行限定。

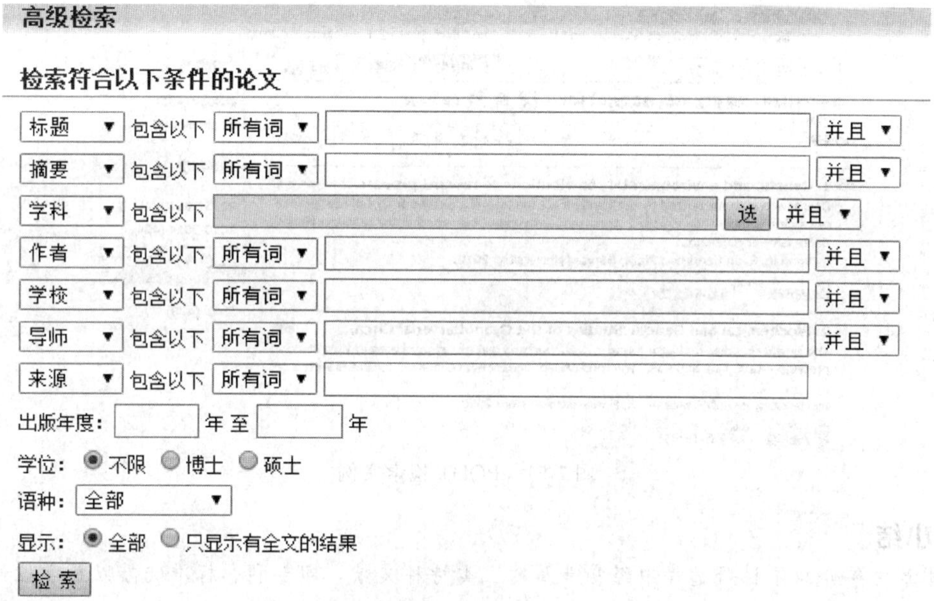

图 7-50　PQDT 高级检索界面

用户点击检索到的学位论文下方的查看详情，可以查看到论文的题名、作者、学校、学位、学科、摘要等信息，而如果需要阅读全文，可以通过点击查看 PDF 全文下载全文。但是该本数据库仅限于购买了学位论文全文使用权的学校和机构使用。

【例 7-10】　利用 PQDT 数据库，检索哈佛大学 2010～2017 年生物学科方面的博士学位论文。

① 进入 PQDT 博士、硕士学位论文全文数据库高级检索界面；

② 检索信息中选择"学科"的检索字段，在后面的检索框中选择"Biological Sciences"点击添加，并确定；

③ "学校"的检索字段后面的检索框中输入"Harvard University"；

④ 出版年度选择 2012～2017 年；

⑤ 学位选择"博士"；

⑥ 点击检索，结果如图 7-51 所示。

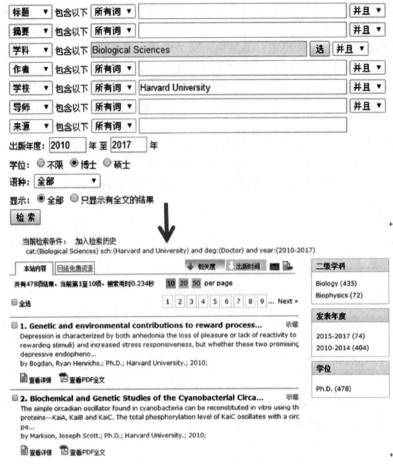

图 7-51　PQDT 检索实例

本章小结

本章主要介绍了科研过程中经常涉及的三类特种文献，即专利、标准文献以及学位论文检索。专利文献检索重点介绍检索中国专利、欧洲专利和美国专利数据库的方法。标准文献检索着重介绍标准网、国家标准文献共现服务平台以及 ISO 标准网站的检索方法。学位论文检索着重介绍具有代表性的 CALIS 高校学位论文数据库、万方数据中国学位论文全文数据库、CNKI 学位论文全文数据库和 PQDT 博士、硕士论文数据库的检索方法。

思考题

1. 检索日本三星公司在我国申请的专利。
2. 检索有关陶瓷膜制备的国内外专利文献，并从申请时间、申请人、发明人等角度对检索到的专利文献进行分析。
3. 检索有关食品安全的国家标准，写出 5 个标准名称和标准号。
4. 检索有关无机化学的国际标准。
5. 利用 PQDT 数据库检索加利福尼亚大学近 5 年来，历史学科的博士论文。

第 8 章　网络信息资源

网络的开放性和信息资源的共享性，吸引越来越多的机构和个人利用网络发布、查询和使用信息，信息量以爆炸的方式迅速膨胀。互联网的发展给人们带来便利的同时，如何从浩瀚的信息中找到自己所需的信息，如何利用计算机对信息进行快速准确地检索和利用，已成为摆在人们面前的现实问题。本章主要介绍用于检索公共信息资源的工具——搜索引擎，以及用于检索学术信息资源的百链云图书馆、开放获取等相关网络信息资源。

8.1　搜索引擎

8.1.1　基本知识

搜索引擎是指根据一定的策略、运用特定的计算机程序对互联网上的信息进行收集、处理，并将处理后的信息存储在数据库中，通过交互界面为用户提供检索服务的系统。从用户的角度来看，搜索引擎提供一个包含搜索框的页面，在搜索框输入检索词，通过浏览器提交给搜索引擎后，搜索引擎就会返回与检索内容相关的信息列表，用户通过点击信息列表中超链接就可以直接打开原始网页。

按照不同的标准，可以把搜索引擎分为不同的类别。

8.1.1.1　按照检索范围划分

（1）综合搜索引擎

综合搜索引擎是指在资源收录的范围、类型等方面没有作明确限制的搜索引擎。这类搜索引擎收录范围包括整个互联网，资源类型涉及网页、视频、音频、图像、文件等所有常见资源类型。比较知名的综合搜索引擎有百度、谷歌、必应、Yahoo、搜狗等。

（2）垂直搜索引擎

垂直搜索引擎是指资源收录范围限制在某一特定领域或特定类型的专业搜索引擎，是搜索引擎的细分和延伸，是对互联网中特定领域内的信息进行整合，是针对综合搜索引擎查准率较低、检索深度不够等不足提出的搜索引擎服务新模式。

垂直搜索引擎种类繁多，综合搜索引擎也有独自的垂直搜索功能，如 MP3 搜索、图片搜索、地图搜索、新闻搜索等。独立的垂直搜索引擎也逐渐受到用户的青睐，在生活搜索、娱乐搜索、行业搜索、学术搜索、本地搜索等方面出现了较为成熟的搜索产品。目前比较典型的搜索引擎既包括综合搜索引擎相继推出的垂直搜索产品，也包括专业的垂直搜索引擎，如去哪儿网、一淘、优酷等。

8.1.1.2　按照工作机制划分

（1）独立搜索引擎

独立搜索引擎是指独立拥有搜索器、索引器、索引数据库、检索器、用户接口，工作不依赖其他搜索引擎的搜索引擎，比较常见的独立搜索引擎有谷歌、百度、必应等。之所以强调"独立"，是因为主要相对于元搜索引擎（meta search engine）和集成搜索引擎而言。

（2）元搜索引擎

元搜索引擎是指通过一个统一的用户界面帮助用户在多个搜索引擎中实现检索，并对检索结果进行优化处理的搜索引擎。用户只需一次输入检索式，便可检索一个或多个独立搜索引擎。例如，Excite可实现对谷歌、Yahoo!、Ask.com、About.com等多个搜索引擎的检索，检索结果可按相关度和不同的搜索引擎分别进行查看。MEDBOT汇集Yahoo!、谷歌等多个综合性搜索引擎以及Medical Matrix、MedWeb、MedGuide等医学专业搜索引擎，用户最多可同时选择其中4个，只需在统一的检索框中输入检索式，系统将同时检索选中的多个数据库并在同一页面显示各搜索引擎的检索结果。

有的搜索引擎是独立搜索引擎与元搜索引擎的集成。如"万维搜索"在初级检索状态下相当于独立搜索引擎，而在高级检索状态下是元搜索引擎，集中文的百度、新浪、搜狐、天网、雅虎、谷歌以及英文的谷歌、Yahoo!等8个搜索引擎统一界面，在同一时间内启动并实现8大搜索引擎并行工作，搜索速度快，搜索结果可按相关度、时间、域名等多种方式排序。

8.1.2 百度

百度（http：www.baidu.com）是由李彦宏、徐勇携在2001年创建的，"百度"二字源自辛弃疾《青玉案》中的"众里寻她千百度"，它象征着百度对中文信息检索技术执著的追求。它是目前全球最大的中文搜索引擎和重要的中文信息检索与传递技术供应商，现为我国网民最常用的搜索引擎。

百度搜索引擎面向用户提供了初级检索和高级检索两种检索方式。

8.1.2.1 初级检索

初级检索是百度默认的主界面，只要在输入框中输入检索词，点击"百度一下"就可以进行搜索了。在初级检索界面上，系统还提供了专门针对视频、图片、贴吧、地图等的检索功能。输入多个词语搜索（不同字词之间用一个空格隔开）或一句话，可以获得更精确的搜索结果。Baidu严谨认真，要求"一字不差"，分别输入"百度"和"百渡"，会得到不同的结果。Baidu不区分英文字母大小写，所有的字母均当作小写处理，输入"OICQ"或"oicq"或"Oicq"，结果都是一样的。

8.1.2.2 高级检索

在搜索框中除了根据提示输入相关关键词以外，还可以根据提示设置一些查询条件，如图8-1所示。

8.1.2.3 百度的高级搜索语法

① 布尔逻辑关系运算符：

a.逻辑关系"与"。同时输入多个词语，词间以一个空格隔开，可以获得更精准的搜索结果。实际上，百度自动在以空格隔开的词语之间加上了"＋"，并提供全部符合查询条件的结果，把最相关的网页排在最前面。

b.逻辑关系"或"。以"A｜B"的格式来搜索包含"A"或者包含"B"或者包含"A"和"B"的网页，如输入"计算机｜网络"，会把有关计算机或者网络或者计算机网络的网页都搜索出来。

c.逻辑关系"非"。如果检索的结果中有一类内容是不想看见的，而且这些网页都包含特定的关键词，那么可以在这个词前面加一个"－"，但前一个关键词和"－"号之间必须有空

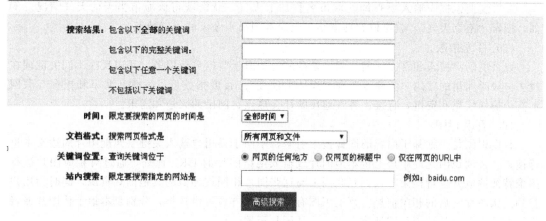

图 8-1　百度高级检索界面

格，如输入"计算机－网络"检索的结果中就去除了网络以外的计算机相关的结果。

② 限定搜索范围在网页标题中——intitle。例如，查找计算机相关的图书，可以输入"图书 intitle：计算机"。注意，"intitle："和后面的关键词之间不要有空格。

③ 限定搜索范围在特定站点中——site。例如，在南京工业大学网站中查找高等数学相关的信息，可以输入"高等数学 site：njtech.edu.cn"查询。注意，"site："后面跟的是站点域名，不要带 http：//；另外，"site："和站点域名之间不留空格。

④ 限定搜索范围在 url 链接中——inurl。例如，查找关于 python 的教程，可以输入"python inurl：jiaocheng"。这个查询串中，"python"可以出现在网页的任何位置，而"jiaocheng"则必须出现在网页 URL 中。

⑤ 精确匹配——双引号和书名号。如果输入的查询词很长，百度在经过分析后，给出的搜索结果中的查询词可能是拆分的，搜索结果可能不满意，这时给查询词加上双引号，双引号中的内容会作为整体搜索出来，达到不拆分的效果。书名号是百度独有的一个特殊查询语法，加上书名号的查询词，又两层特殊功能：一是书名号会出现在搜索结果中；二是被书名号括起来的内容不会被拆分。书名号在某些情况下特别有效，如查询名字很通俗和常用的那些电影或者小说。比如，查询电影《搜索》，如果不加书名号，很多情况下出来的是搜索引擎或权威搜索网站，而加上书名号后，搜索结果就都是关于电影方面的了。

⑥ 专业文档搜索。百度支持对 Office 文档（包括 Word、Excel、PowerPoint）、PDF 文档、RTF 文档进行全文搜索。搜索这类文档，就在普通的查询词后面加一个"filetype："文档类型限定。

百度在网页搜索上具有一些自身特色的功能，主要表现在以下几点。

(1) 百度快照

百度拍下很多网页的快照，为用户存储大量的应急网页，解决了用户上网经常遇到死链接的问题。

(2) 相关搜索

检索过程中常常会因为检索词选择不当，造成检索结果不佳。百度会在搜索结果的下方提供"相关搜索"，为用户提供一些相似的检索词。

(3) 股票、列车时刻表和飞机航班查询

在百度搜索框中输入股票代码、列车车次或者飞机航班号，就能直接获得相关的信息。例如,输入火车车次"T731",就可以得到该列火车的时刻表。

(4) 天气查询

在百度搜索框中输入要查询的城市名称加上天气,就能获得该城市当天的天气情况。例如,搜索"南京天气",就可以在搜索结果上面看到南京今天的天气情况。

(5) 百度指数

以百度网页搜索和百度新闻搜索为基础的免费海量数据分析服务,用以反映不同关键词在过去一段时间里的"用户关注度"和"媒体关注度"。百度指数可以发现、共享和挖掘互联网上有价值的信息和资讯,直接、客观地反映社会热点、网民的兴趣和需求。

(6) 百度识图

百度识图是一款基于内容的图像搜索引擎,不同于靠用户输入关键字匹配图片周边文本进行搜索,百度识图允许用户上传本地图片或输入网络图片的 URL 地址,通过对相应图片进行图像特征抽取并进行检索,找到互联网上与这张图片相同或相似的其他图片资源,同时为用户找到这张图片背后的相关信息。百度识图有三种输入方式可供选择,分别是本地上传图片或者直接在输入框中粘贴图片网址或者直接拖拽图片至搜索框。

8.1.3 必应

必应(Bing)(http://www.bing.com)是美国微软公司于 2009 年推出的用以取代 Live Search 的全新搜索引擎服务,是针对中国用户的搜索特点而提供的互联网搜索引擎。主要提供图片、视频、词典、资讯、地图、必应导航、当前热点、图片故事等。

必应搜索引擎于 2009 年才在中国正式上线,故其搜索特色并不像百度一样被用户熟知。必应的搜索特色主要体现在如下几个方面。

(1) 首页美图

将来自世界各地的高质量图片设置为首页背景,并配上与图片紧密相关的热点搜索提示。必应缤纷桌面每天帮助用户更换桌面壁纸,还可查看热门资讯,让用户在体验美图的过程中学习相关知识。必应集成的首页美图与 Window8.1 深度融合,为用户提供美观、高质量、国际化的中、英文搜索服务。用户无需打开浏览器,直接在 Window8.1 的搜索框中输入关键词,就能获得来自互联网、本机以及应用商店的准确信息,颠覆了传统意义上依赖于浏览器的搜索习惯,实现了搜索的"快捷直达"。

(2) 图片搜索无止境

一般的搜索引擎都是以"页"为单位,看完一页翻一页。必应的图片搜索引擎结果是无论如何也拖不到底的。而当我们需要更多结果时,只需滑动滚轮或直接拖拽滚动条,就会有更多的图片显示出来。而且随着每一次拖拽,必应都会自动加入更多的内容,使得搜索结果完全能够满足用户需要。

(3) 视频悬停预览

"必应"的视频搜索结果可以让读者体验悬停预览的功能,当我们对结果中的某一视频感兴趣时,只需将鼠标悬停到影片缩略图上,当前影片内容提要便可一览无遗,用户通过阅读其提要可判断该视频是否是自己所要的。

(4) 以图搜图

当你用必应搜索框查找图片时,能够快速查找到一组与当前图片接近的图片资源。如当你搜索到一张自己想要的图片时,可将鼠标悬停到照片上,点击"显示类似图片"即可。

(5) "侧边栏"

在必应搜索引擎结果的很多模块中,都能见到一个出现在页面右侧的"侧边栏",它的作用是将谷歌的搜索建议与分类筛选功能合二为一,其中"智能化"就是它的最大亮点。

(6) 新闻做成 RSS

这项功能就是将用户感兴趣的资料直接制成 RSS 链接，然后再由专业的 RSS 阅读器进行解读。当用户进入必应资讯版块，找到或搜索到自己感兴趣的内容资料时，可点击左下角的 RSS 订阅按钮，该资讯就会添加到"常见源列表"中生成 RSS 链接，来获取实时新闻了。

(7) 影响力

所谓"影响力"，是指一个人对他人产生影响的能力。随着互联网的普及，许多人的影响力都通过网上行为大量体现。必应影响力就是根据来自多个社交网络、搜索引擎和媒体网站的海量数据，运用科学的方法进行分析从而产生的影响力分数和排名。

(8) 必应导航

必应导航是根据用户在互联网上访问的习惯，把必应所有信息分成热门、视频、新闻、购物、游戏、邮箱、军事、音乐、小说、生活等 10 个大类，每一个大类里都分别列出用户使用最多的 15 个网站，方便用户从分类途径进行网络检索。如果想了解有关军事方面的网站，则可点击军事大类，在其二级类目中再点击中华网军事，则可打开该网站。

8.1.4 谷歌

谷歌（http://www.google.com）是美国斯坦福大学博士生佩基和布林在 1998 年创立的，谷歌的名字源于 googol，意为 10 的 100 次方。谷歌可检索的网页高达 13.27 亿个，该网站每天的访问量高达 4000 万人次。谷歌具有非常强大的检索功能，主要包括：①谷歌支持多语种检索，其支持的语种超过 132 种；②谷歌的搜索速度极快，可以在几秒钟内精确定位想要查找的信息；③谷歌的专业网页级别技术——PageRank 能够提供高命中率的搜索结果；④谷歌的"网页快照"功能，能从谷歌服务器里直接取出缓存的网页。

谷歌搜索引擎面向用户提供了初级检索和高级检索两种检索方式。

8.1.4.1 初级检索

初级检索是谷歌默认的主界面，只要在输入框中输入检索词，点击"谷歌搜索"就可以进行搜索了；若点击"手气不错"按钮将自动进入谷歌检索到的第一个网页，而完全看不到其它的搜索结果。在初级检索界面上，系统还提供了专门针对视频、图片、要闻、地图、博客搜索、热榜和网站导航信息等的检索功能。如点击进入"要闻"，就可以进行"财经""科技""体育""娱乐""社会"等方面资讯信息的检索。

8.1.4.2 高级检索

在高级检索界面中，可以对语言、文件格式、日期、字词位置、网域以及使用权限进行限定。

使用谷歌搜索引擎，还需注意以下问题。

① 选择正确的搜索字词。选择正确的搜索字词是找到所信息的关键。先从明显的字词开始，例如，如果你查找夏威夷的一般信息，不妨试试"夏威夷"。通常应该使用多个搜索字词。如果打算安排一次夏威夷度假，则搜索"度假夏威夷"比单独搜索"度假"或"夏威夷"效果会更好。而"度假夏威夷高尔夫"甚至可能会生成更好的结果。要想获取更准确的信息还需要看一下自己的搜索字词是否足够具体，要仔细选择搜索字词。

② 不区分大小写。当键入的检索词为英文字符串时，所有字母都会视为是小写的。查询时不需要使用 AND，只需在两个关键词时间用空格隔开，谷歌会在关键词之间自动添加 AND。

③ 自动排除常用字词。谷歌会忽略常用字词和字符，如 where、how 以及其他会降低搜索速度却不能改善检索结果的耽搁数字和单个字母。如果必须使用某一常见字词才能获得需

要的结果,可以再该字词前面放一个"＋",从而将其包含在查询字词中。另一个方法是执行词组检索,就是说用引号将两个或更多字词括住。词组搜索中的常用字词会包含在搜索中。

④ 手气不错。在输入搜索字词后,可以尝试使用手气不错按钮,它可以将用户直接带到谷歌针对用户的查询所找到的相关性最高的网站。用户完全看不到搜索结果页,不过如果看到了,"手气不错"网站会列在最顶端。

8.1.5 检索实例

【例 8-1】 检索英国白金汉宫附近的地图。

选用谷歌搜索引擎进行相关信息的检索。

检索策略 1：在搜索栏中输入"白金汉宫地图",可以得到约 566000 个搜索结果。

检索策略 2：输入"白金汉宫电子地图",可以得到约 63900 个搜索结果

检索策略 3：输入"白金汉宫卫星地图",可以得到约 16300 个搜索结果

通过检索策略 1 虽然获得结果较多,但其中包含较多无用信息,策略 2、3 虽然结果较策略 1 少些,但是其更加准确,并且在搜索过程中发现国内有许多地名也叫"白金汉宫",为了更加准确获得信息,可以输入英国白金汉宫（电子地图 OR 卫星地图）进行搜索。得到结果约有 5890 个,信息的相关度较高。

【例 8-2】 电脑在使用的过程中经常出现自动关机现象,不知道是什么原因？

利用百度的"知道"搜索答案以及解决的办法。目前的搜索引擎大都不能很好地处理自然语言。因此在提交搜索请求时,要将想法或问题,提炼成能够满足检索要求的检索词。本例提炼出的检索词为：电脑、计算机、自动关机,将这些检索词用一定的布尔逻辑运算符连接并输入检索框中,点击"搜索答案"进行搜索,如图 8-2 所示。

图 8-2　例 8-2 检索策略

结果搜索到相关问题 5757 条,发现早已有人就类似的电脑问题进行了提问,也已有热心网友给出了解决的办法,具有重要的参考意义。结果如图 8-3 所示。

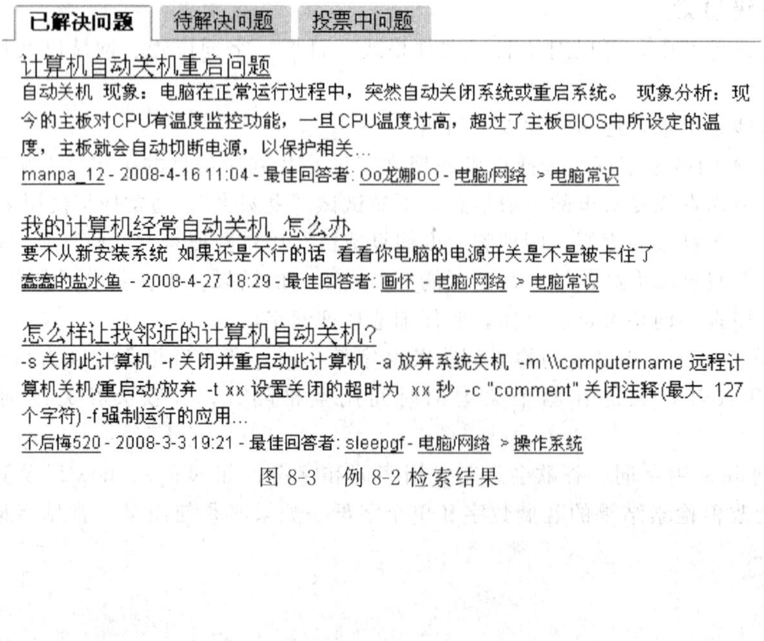

图 8-3　例 8-2 检索结果

8.1.6 谷歌学术

在谷歌搜索引擎的基础上，2004 年谷歌推出了免费的学术文献搜索服务产品——谷歌学术搜索（Google Scholar）（http://scholar.google.com），并引用牛顿的名言"站在巨人的肩膀上（Stand on the shoulders of giants）"作为口号。谷歌学术搜索是一个可以免费搜索学术文章的谷歌网络应用，内容涵盖自然科学、人文科学、社会科学等多种学科。

谷歌学术搜索为科研用户提供了一个强有力的学术搜索工具，弥补了部分专业数据库学科面太窄的缺点，也弥补了科学引文索引（SCI）只重视期刊影响因子（IF）而忽略了文章内容的水平评价的缺陷，使科技评价更加公正和全面。

目前，谷歌学术搜索中 80% 以上为英文资源，也包括了中文、法文、德文等少量的其他语种资源。谷歌学术搜索和 300 多个数据库建立了交叉链接，是一个功能完善、覆盖范围广、使用简便并且免费的网络学术文献检索工具。谷歌学术搜索包含的资源类型有：期刊论文、学位论文、图书、预印本、文摘、技术报告等学术文献，文献源主要来自学术出版物、专业学会、预印本库及网上学术论文等。

谷歌学术搜索的检索方式包括简单检索和高级检索，检索技术和谷歌基本相同。检索途径有两种。

(1) 作者检索

格式为：author：姓＋空格＋名。名可以是全称也可以是缩写，缩写代表执行模糊检索。例如检索陆小华教授的文章，在简单检索框内输入 author：lu xiaohua。

(2) 主题词检索

支持布尔逻辑算符以及词组检索。

谷歌学术搜索返回的记录可能是论文、图书、引文和 PS 文件等几种形式的文献。谷歌学术搜索的每一个搜索结果都提供了文章标题、作者以及出版信息等相关信息。另外，谷歌学术搜索对于检索到的文章还提供了以下几项功能，方便检索者使用：① "被引用次数"链接，该项功能能让用户发现文献被引用的次数；② "相关文章"链接，提供与这篇文章类似的其他论文；③ "同组文章"链接，用于提供与该项研究成果相关的一组文章，其中有文章的预印版本、学术会议上宣读的版本、期刊上发表的版本以及编入选集的版本等；④ "网页搜索"链接，提供谷歌搜索中关于该项研究的所有相关信息；⑤ "图书馆搜索"链接，将得到的搜索结果和收藏该文献的图书馆之间建立链接。

谷歌学术搜索按照相关性对检索结果进行排序。跟谷歌 Web 搜索一样，最有价值的信息会显示在页面顶部。谷歌排名技术会考虑到每篇文章的完整文本、作者、刊登文章的出版物以及文章被其他学术文献引用的频率。谷歌学术搜索的统计指标是谷歌 2012 年 4 月 1 日发布的学术计量（Google Scholar Metrics），是谷歌进入引文分析领域的一个重要标志。谷歌学术搜索的统计指标是提供英、中、葡、德、西、法、意、日、荷 9 种文种中热门出版物和引用次数最多的文章。谷歌学术统计指标采用 H5 指数和 H5 中位数。H5 指数是指在过去整整 5 年终所发表文章的 H 指数；H5 中位数是指出版物的 H5 指数所涵盖的所有文章获得的引用次数的中位值。

例如：使用谷歌学术搜索查找有关"房地产泡沫"方面的文献，输入关键词"房地产泡沫"，并用双引号进行精确限定，可以快速检索到一系列文章。大部分检索结果都会在底下显示"被引用次数""相关文章""网页搜索"，有的检索结果还会显示"同组文章"和"图书馆搜索"，如图 8-4 所示。

在这些检索结果中，可以通过文献的被引用次数，选择性阅读和下载文献。如本例中的第二条检索结果，袁志刚发表的文章《房地产市场理性泡沫分析》，它的引用次数相对较高，进

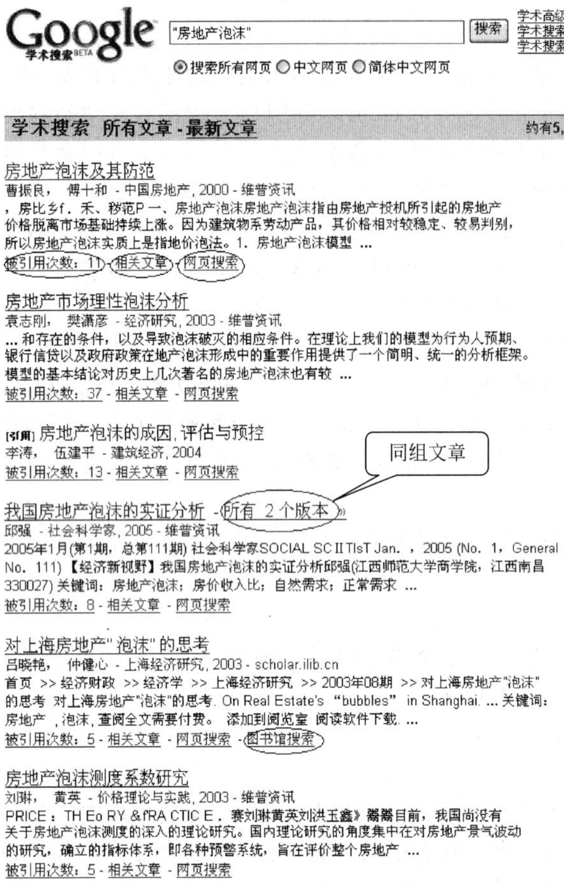

图8-4 谷歌学术搜索——输入关键词"房地产泡沫"的检索结果

一步点击"被引用次数""相关文章"可以分别链接到引用该篇文章以及与该文章有类似研究内容的文章,如图8-5、图8-6所示。

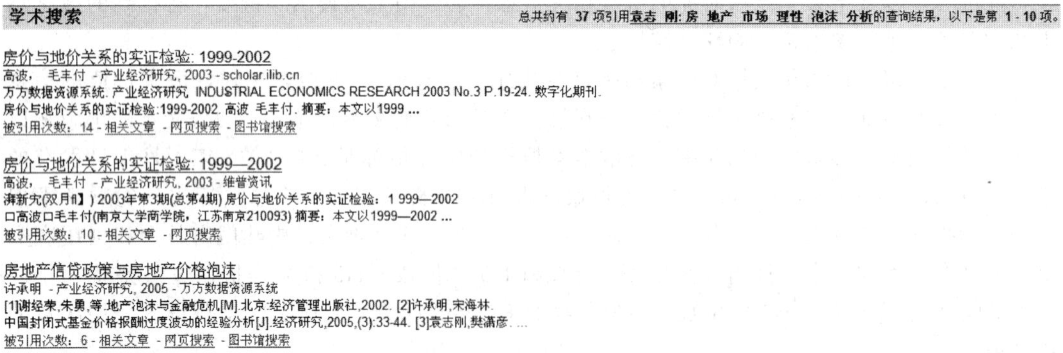

图8-5 谷歌学术搜索——链接"被引用次数"的检索结果图

另外,还可以进行"网页搜索"链接。在进行这项链接时,有时会查询不到相符的网页,如图8-7所示。这时谷歌会给出搜索不到相符网页的原因和搜索建议,用户可以据此调整检索策略。此例中,把双引号中字与字之间的空格去掉,便可以得到结果,如图8-8所示。

第 8 章 网络信息资源

学术搜索　　　　　　　　　　　　　　　　　与 袁志 刚: 房 地产 市场 理性 泡沫 分析 有关的搜索结果约有 101 个，以下是第 1-10 个。

房地产市场理性泡沫分析
袁志刚，樊潇彦 - 经济研究, 2003 - 维普资讯
袁志刚,樊潇彦: 房地产市场理性泡沫分析房地产市场理性泡沫分析* 袁志刚樊潇彦(复旦大学经济学系
200433) 内容提要: 在目前我国居民消费平淡、投资渠道有限的情况下 …
被引用次数: 37 - 相关文章 - 网页搜索

中国地产泡沫实证研究
丰雷，朱勇 - 管理世界, 2002 - 维普资讯
《管理世界》(月刊) 中国地产泡沫实证研究口丰雷朱勇谢经荣2002年第10
期对中国地产泡沫问题进行较为系统深入的分析,采用案例分析、回归分析等方法 …
被引用次数: 14 - 相关文章 - 网页搜索

[引用] 地产泡沫与金融危机
谢经荣, 朱勇… - M], 北京: 经济管理出版社2002 年版
被引用次数: 67 - 相关文章 - 网页搜索

上海城镇住房消费需求实性分析 - 所有 2 个版本 »
蒋达强 - 软科学, 2001 - 维普资讯
《软科学》2oo1年一第第15卷一第期上海城镇住房消费需求实证性分析蒋达强(上海交通大学科技和社
会发展研究所, 上海200240) 摘要、上海市房地产业能否真正为今市的支柱产业 …
被引用次数: 4 - 相关文章 - 网页搜索

图 8-6　谷歌学术搜索——链接"相关文献"的检索结果图

找不到和您的查询 "袁志刚""房地产市场" 相符的网页。

建议:

- 请检查输入字词有无错误。
- 请换用另外的查询字词。
- 请改用较常见的字词。
- 请减少查询字词的数量。

图 8-7　谷歌学术搜索——链接"网页搜索"的检索结果图 1

约有1,580项符合"袁志刚" "房地产市场"的查询结果,以下是第1-10项

房地产市场理性泡沫分析经济研究 - 作者:袁志刚樊潇彦
在目前我国居民消费平淡、投资渠道有限的情况下, 发展房地产业, 拉动内需, 带动经济整体
增长显然有着重要的意义, 但促进地产市场健康发展的同时也要防止房地产过热, …
engine.cqvip.com/content/citation.dll?id=7524338&SUID= - 类似网页

房地产市场理性泡沫分析3文档下载
袁志刚,樊潇彦:房地产市场理性泡沫分析①②如果我们设贴现率β< 1, 结论基本一致,因此我们采
用上面更为简洁的模型. 美国 1980—1992年储蓄和贷款协会在地产泡沫破灭时发生 …
www.1wen.com.cn/pdf/fangdichanshichang-lixing/ - 66k - 网页快照 - 类似网页

完善房地产市场的新思路
国内房地产市场目前存在看经营不规范,消费环境滞后等现象,给国民经济发展造成不良影响。…
[1]袁志刚,樊潇彦.房地产市场理性泡沫分析[J].经济研究,2003,(3). …
scholar.ilib.cn/Abstract.aspx?A=angydxxb-shkxb200403011 - 类似网页

房地产泡沫问题研究兼论我国房地产市场价格泡沫
对房地产市场价格泡沫的分析,一般是在股票市场羸利折现模型的基础上,来分析房地产市场的价
格泡沫,而该文借鉴了(袁志刚和樊潇彦,2003)房地产市场理性泡沫模型, …
lib.hzu.edu.cn/q.htm?39333 - 9k - 网页快照 - 类似网页

图 8-8　谷歌学术搜索——链接"网页搜索"的检索结果图 2

223

8.2 其他网络信息资源

8.2.1 百链云图书馆

百链是超星集团推出的资源补缺型服务产品。目前，实现了 368 个中外文数据库系统集成，利用百链云服务可以获取到 900 多家图书馆几乎所有的文献资料，为读者提供更加方便、全面的获取资源服务。

百链拥有 5.9 亿条元数据（包括文献有：期刊、学位论文、会议论文、专利、标准等），并且数据数量还在不断增加中，百链可以通过 368 个中外文数据库中获取元数据，其中收录中文期刊 10100 万篇元数据，外文期刊 21785 万篇元数据。利用百链不仅可以从获取到图书馆所有的文献资料，包括纸本和电子资源，例如期刊、论文、标准，专利和报纸等，还可以通过文献传递方式获取到图书馆中没有的文献资料。中文资源的文献传递满足率可以达到 96%，外文资源的文献传递满足率可以达到 90%。

登陆百链云图书馆，选择文献类型，在搜索框中输入查询词，点击"中文搜索"或"外文搜索"按钮，将在海量的资源中查找相关文献。其中，"中文搜索"搜索中文语种文献，"外文搜索"搜索外文语种文献。

浏览结果如图 8-9 所示。

左侧聚类是对搜索结果按类型、年代、学科等进行的聚类，能帮助读者精确搜索结果；搜

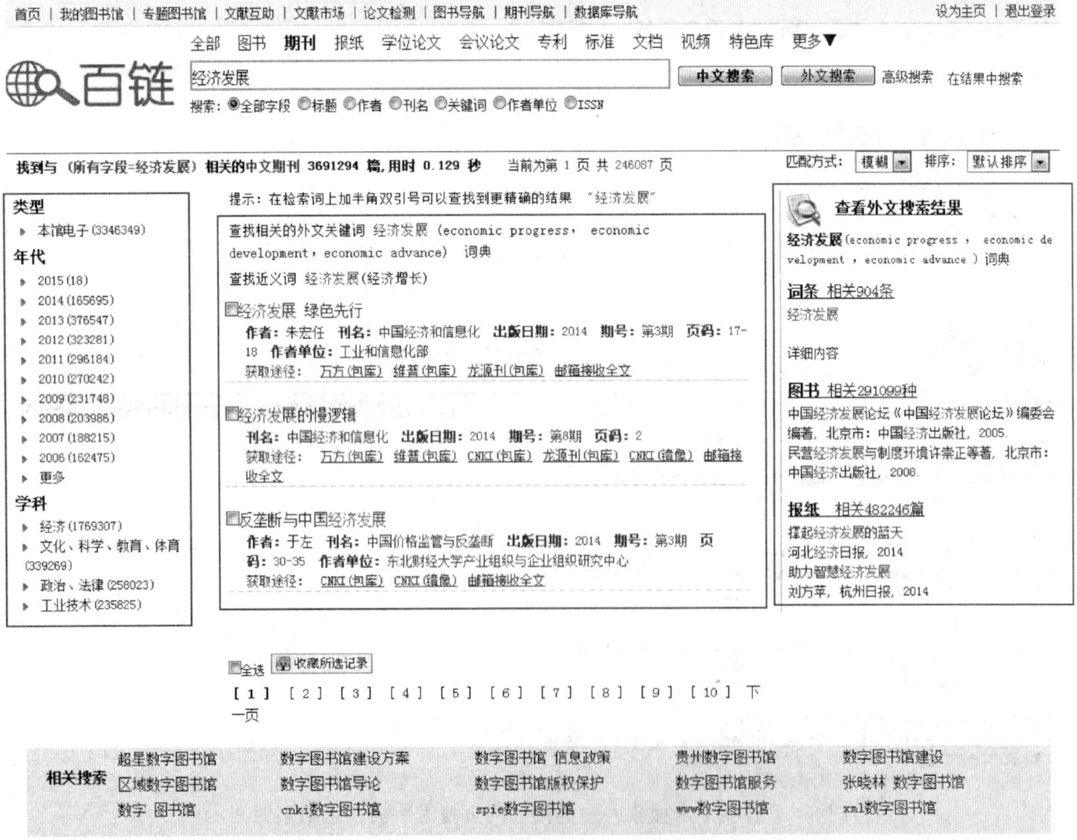

图 8-9 百链的检索结果界面

索结果显示文献相关信息和获取途径；可收藏喜欢的文献到"我的图书馆"或"专题图书馆"；如果搜索结果不佳，可以选择相关查询词再次搜索，可以选择模糊搜索和精确搜索，百链默认为模糊搜索，选择精确搜索将不对查询词进行拆分处理；词典功能可点击翻译后的词，直接按该词进行搜索。用以下案例说明如何利用百链获取文献资源。

在搜索结果页面选择需要的文献，进入详细页面，如图 8-10 所示，查看文献详细信息，并从页面右侧"获取资源"栏目获取文献。

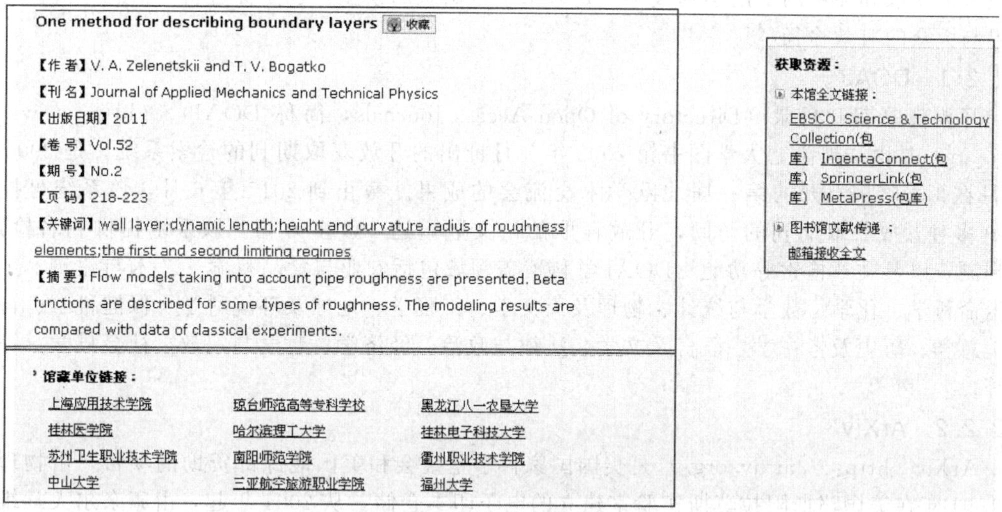

图 8-10 百链文献详细界面

查看文献相关信息，包括作者、出版日期、页码、全国拥有该文献的单位，获取该文献资源的方式等。

获取方式一：本馆全文链接——如果有"本馆全文链接"，可直接点击进入图书馆数据库的详细页面阅读和下载全文。

获取方式二：邮箱接收全文——没有"本馆全文链接"的文献，点击"邮箱接收全文"方式共享获取。进入"全国图书馆参考咨询服务平台"页面，填写自己常用的邮箱地址和验证码，点击"确认提交"。查看填写的邮箱，将会收到所需文献。申请外文图书，除了需要填写常用的邮箱和验证码，还要填写申请的页码范围。

提示：如果长时间没收到邮件，请尝试以下方法：
① 邮件可能被误识为垃圾邮件，请检查被过滤的邮件中是否有回复给您的信件；
② 请更换邮件地址再次提交参考咨询申请；
百链具有以下的使用技巧：
（1）高级搜索
点击搜索框后面的"高级搜索"链接，进入高级搜索页面，通过高级搜索更精确地定位需要的文献。
（2）二次检索
在搜索结果页面输入新查询词，点击"在结果中搜索"，将在当前搜索结果页面中再进行搜索。
（3）精确匹配
在搜索结果中，长查询词可能被拆分，为了达到精确搜索的目的，可以给查询词加半角双引号，百链将不对查询词进行拆分。

8.2.2 开放获取

开放获取兴起于20世纪90年代，是一种依托网络技术，采用"发表付费，阅读免费"的新型学术信息传播形式，是国际科技界、学术界、出版界、信息传播界为推动科研成果利用因特网自由传播而发起的运动，是一种学术信息共享的自由理念和出版机制。在这种出版模式下，学术成果可以无障碍的传播，研究人员可以在任何地点和任何时间不受经济状况的影响平等免费地获取和使用网上的学术成果，是未来学术出版的模型，也是促进科研信息交流、沟通学界与大众的有效途径。

8.2.2.1 DOAJ

开放获取期刊目录（Directory of Open Access Journals，简称 DOAJ）（http://www.doaj.org）是由瑞典隆德大学图书馆2003年5月推出的开放获取期刊的检索系统，是2002年10月在哥本哈根召开的第一届北欧学术交流会的成果。截止到2017年6月，该系统可提供6000多种开放获取期刊的访问，开放存取的论文数量达190多万篇。该系统提供刊名检索、期刊浏览以及文章检索等功能。DOAJ学科覆盖领域包括农业与食品科学、艺术与建筑、生物及生命科学、化学、数学与统计、物理及天文学、工程学、地球及环境科学、保健科学、自然科学总类、历史及考古学、语言及文学、法律与政治、经济学、哲学与宗教、社会科学、综合性等。

8.2.2.2 ArXiv

ArXiv（http://arxiv.org/）是美国国家科学基金会和美国能源部资助的项目，由物理学家1991年在美国洛斯阿拉莫斯实验室建立的电子印本仓储，从2001年起，由康奈尔大学维护和管理，是当今全世界物理研究者最重要的交流平台。随着用户的增加，其覆盖领域也从单一的物理理论扩展成为涵盖数学、计算机科学、非线性科学、定量生物学和统计学的重要开放存取知识库。除作者提交的论文外，它还收录了美国物理协会、英国物理学会等出版的电子期刊全文。支持全部研究论文的自动化电子存储和发布，已经收集了超过100万篇学术性文献，目前已在俄罗斯、德国、日本、英国等17个国家和地区设立了镜像站点，在我国的站点设在中科院理论物理研究所。目前包含物理学、数学、非线性科学、计算机科学和量化生物等五个学科。研究者按照一定的格式将论文进行排版后，通过E-mail、FTP等方式，按学科类别上传至相应的库中。ArXiv电子印本文档库没有评审程序，不过同行可以对文档库的论文发表评论，与作者进行双向交流。论文作者在将论文提交E-print ArXiv的同时，也可以将论文提交学术期刊正式发表，论文一旦在某种期刊上发表，在E-print ArXiv中的该论文记录中将会加入文献正式发表期刊的卷期信息。

8.2.2.3 HighWire Press

HighWire（http://highwire.stanford.edu/）是由美国斯坦福大学图书馆1995年创立的科学与医学文献库，是目前世界上最大的免费期刊文献全文数据库之一。目前其网站上可提供阅览的包括该出版社协助出版的期刊1300多种，其中30多种为免费期刊，200多种为延时开放获取期刊，还有700多种单片付费的学术论文，电子刊通常比印刷本提前2~3天出版，具备完备的全文检索功能，实现与PubMed中的全部期刊交叉查询。主要覆盖学科领域有生命科学、医学、物理学以及社会科学。

8.2.2.4 麻省理工学院的开放式课件

麻省理工学院的开放式课件（https://ocw.mit.edu/index.htm）是全世界教师、学生和学者不可多得的，基于因特网电子出版倡议的免费开放教育资源。开放的目标是位世界各地的学习者提供免费的教育教材，公布麻省理工学院的所有的本科和研究生课程的材料，以扩大麻省理工学院开放式课程的影响和范围。

8.2.2.5 古登堡项目

古登堡项目（http://www.gutenberg.org）是由美国伊利诺伊大学创建的，目的是鼓励电子图书的创造和传播。由志愿者合作，将版权过期的书籍转化为电子版，为全世界的读者提供免费下载。澳大利亚古登堡计划、德国古登堡计划、欧洲古登堡计划相继启动。其中图书主要是 txt 格式，少量的 THML 和 PDF 格式。网站除文本内容外，还包括音频资料。这个网站全部依靠志愿者的合作和捐款来维持和发展。目前已有几十种语言的书籍纳入了其体系，有 5 万多种电子图书供读者下载。

8.2.2.6 中国科学论文在线系统

中国科技论文在线（http://www.paper.edu.cn/）是经教育部批准，由教育部科技发展中心主办，针对科研人员普遍反映的论文发表困难、学术交流渠道窄，不利于科研成果快速、高效地转化为现实生产力而创建的科技论文网站。其利用现代信息技术手段，打破传统出版物的限制，免去传统的评审、修改、编辑、保护版权、形式灵活、查询方便的交流渠道，具有发表速度快、保护版权等特点。内容主要是自然科学，社会科学领域仅涉及教育学、管理学、经济学。根据文责自负的原则，只要作者所投论文符合该网站的投稿要求，均可以在一周内发表。论文格式多为 PDF 格式。该网站提供论文发表时间的证明，并允许作者向其他专业学术刊物投稿，使更多的科研人员尽快的分享科研成果，并保护作者的知识产权。

8.2.2.7 中国预印本服务系统

中国预印本服务系统（http://www.nstl.gov.cn/preprint/main.html? action=index）由中国科学技术信息研究所与国家科技图书文献中心联合建设，于 2004 年 3 月开通使用，以提供预印本文献资源为主要服务目的，由国内预印本服务子系统和国外预印本门户子系统构成。国内预印本服务子系统主要收录国内科研人员自由提交的预印本文章，国外预印本门户子系统是由中国科学技术信息研究所与丹麦技术知识中心合作开发完成，实现对全球 17 个知名预印本系统的一站式检索，并可获得全文。收录范围覆盖自然科学、农业、医药、工程与技术、图书情报学等，目前已经累积 70 多万条预印本文献记录。

本章小结

本章对搜索引擎、百链云图书馆、开放获取等网络信息资源进行了介绍，其中搜索引擎着重介绍了百度、必应、谷歌搜索引擎的检索方法及技巧。

思考题

1. 你知道哪些网络搜索引擎，介绍它们的主要特点及检索功能。
2. 通过网络搜索你感兴趣的国内外高校以及与你专业对口学院的研究生招生信息。
3. 利用学术搜索引擎查找你感兴趣的课题。
4. 利用开放获取查找课题相关的内容。

第 9 章 信息检索策略优化

在信息爆炸的今天，科研人员的苦恼并不是因为信息匮乏，而是因为信息过多造成研究者时间和精力上的极大浪费。如何在浩如烟海的信息中既快又准地找到与自己课题密切相关的信息，是广大科研工作者最为关心和孜孜以求的。检索策略是整个检索过程的灵魂，它直接影响检索效果的优劣。但正确的检索策略不是一成不变的，也不是一蹴而就的，随着对课题理解地不断深入，需时时修改、不断调整。本章介绍信息检索策略的优化问题，主要讨论信息检索过程中误检和漏检的原因以及策略优化，最后给出一些信息检索综合案例，帮助读者理解其过程。

9.1 误检和漏检的原因分析及对策

信息检索常见问题是误检和漏检，就检索本身而言，误检和漏检是检索策略制定不恰当而常常出现的问题。误检会造成检索效率低下；漏检会导致科研低水平重复，浪费人力、物力。如何避免误检、漏检，最大限度地提高检索和科研效率，是每一位科研工作者必须时刻思考的问题。造成误检和漏检的原因很多，但归结起来，主要有以下几点。

（1）课题分析不透

在制定检索策略前，如果没有理解课题的真正含义，会造成检索过程的最大失误。"望题生义"是检索者最易犯的错误，他们往往不对课题进行深入分析，仅从字面上理解课题并制定检索策略，结果不是造成漏检就是误检。例如：查找有关"玻璃钢"制造工艺方面的资料，如果从字面含义着手，以为它属玻璃工业或金属材料的范畴，而事实上，玻璃钢既不是属硅酸盐工业里的玻璃类，也不是属金属材料里的钢铁制品，而是合成树脂与塑料工业里的增强、填充塑料制品。

有些课题的实质性内容往往很难从课题的名称上反映出来，因此必须发掘隐含概念。隐含概念是指课题中没有明确指出的，但是又与课题密切相关的概念，通常包括相关的概念和上下位概念以及同义词。通常需要从专业角度作深入分析，才能提炼出确切反映课题内容的检索概念。检索词没有表达出课题的隐含概念，也是造成漏检的重要原因，如关于"垃圾处理方面"的研究，其"处理"一词隐含着"回收"和"再生"等具体的处理方法。

【例 9-1】 检索"计算机动画电影"方面的文献。

检索策略 1：Computer and Animation and Movie

检索策略 2：Computer and （Animat* or Cartoon or Graphic） and （Movie Or Motion or Picture or Cinema or Film）

点评：与检索策略 1 相比，检索策略 2 尽可能地列出动画电影的同义表达，这样有利于保证文献的查全率。另外，考虑到英文单词的单、复数形式，动、名词形式、英美拼法等，检索策略 2 中注意了截词符的使用，也有利于提高查全率。

【例 9-2】 课题"核磁共振在混凝土外加剂研究中的应用"。

初始检索策略:"混凝土 and 核磁共振",在所有数据库和网上检索,文献非常少,即使有,相关性也很差。

分析:请教导师后得知,核磁共振的主要应用之一是材料微结构的分析。混凝土里有水泥、砂子、石子、水、外加剂,不可能放在一起分析,其主要成分是水泥,所以这个课题实际上就是"核磁共振在水泥中的应用"。

最终检索策略:"水泥 and 核磁共振",在谷歌学术搜索上检索到一篇非常相关的文献《固体高分辨核磁共振在水泥化学研究中的应用》,同时,在中国期刊全文数据库上检索到 10 篇,相关性都非常好。

点评:刚刚接触课题,在对课题一无所知的情况下,用"望题生义"的方法入手是对的,但心中一定要有数:仅仅用课题的表面表述作为关键词来查找的检索策略是不完美的,必须抓住课题最本质的性质和特点,不断修正和完善策略。

【例 9-3】 在 EI 数据库中检索有关"中国城市化道路的探索研究"的文献。

检索词的选择:

① 由课题的题目,可列出四个检索词:中国、城市化、道路、探索

② 挖掘课题的隐含概念,扩展检索词:选择、发展方向

③ 找出上述检索词的同义词,并翻译成英文。进一步扩展和翻译的检索词如下:中国(china)、城市化(urbanization)、道路(road, way, approach)、选择(choos *, choice *, select *)、发展方向(development direct *)、趋势(development trend)、进程(development process)、探索(explor *)、研究(research *, study *)、讨论(discuss *)。

检索策略:Subject/Title/Abstract = china urbanization AND(road OR way OR approach)AND(explor * OR research * OR study * OR discuss *)

检索结果:37 篇文献,相关性较好。

点评:此例中检索词的选择比较到位,大致经过了三个步骤:①从检索课题中提取出最能表现检索主题的关键词。②采用发散性思维,从不同的角度、不同的层次对课题进行拓展,并提取出其中的关键词。③尽可能地列举出上述关键词的同义词。另外,在检索外文文献的过程中,要注意检索词的翻译,应尽量选用国外通用的专业词汇,而不是国内通用的翻译,否则会造成外文文献的漏检、误检。

【例 9-4】 课题"混凝土抗冻性能的研究"。

背景:混凝土的冻融破坏是我国建筑物老化病害的主要问题之一,严重影响了建筑物的长期使用和安全运行。

初始检索策略:"混凝土 and 抗冻",检索到 115 篇,但相关性差。

分析:本课题的抗冻性能属于耐久性方面的研究,若加"耐久性"后可能会准一些。检索策略改为"混凝土 and 抗冻耐久性",检索到 21 篇;查准率果然提高!另外,阅读查到的文献后发现:文章里的关键词用的大部分是"抗冻循环",有的是"冻融循环"。因此,改变检索策略如下:

最终检索策略:混凝土 and(抗冻耐久性 or 冻融循环 or 抗冻循环)检索到 45 篇,查准率、查全率同时提高。

点评:检索策略的准确性与对课题了解深度有关。

从上面的几个例子可以看出分析课题的重要性。因此在开始检索之前,一定要对该课题所属的学科范畴、相关背景知识、研究目的、检索要求等进行充分了解;对课题涉及的名词术语如该物质的学名、俗名、商品名、缩写、同义词和分子式等尽可能了解清楚,特别是在用非母语检索工具之前,这些名词术语的各种英文表达更是不能疏漏。总而言之,对新课题的了解越

多,所走的弯路就越少。

那么,用什么手段来分析课题?首选手册、百科全书、专著等三次文献作为分析课题的手段,因为这些三次文献是该领域的学术专家和权威对以往研究的总结,既有高度又有深度和广度,能使人对该领域的研究有一种全局的了解和把握,同时可以对背景知识和相关术语作全面的了解。在此基础上去查询新的文献,就可以较准确地获得信息。

(2) 检索词概念过大或过小

检索过程中,检索者不知道如何正确定位课题的主题概念,往往不是大了,就是小了。选择的检索词范畴太大易造成大量没用的信息被误检,太小则造成重要信息被漏检。信息检索就如同在大海中捕鱼,根据鱼的不同选择网眼大小不同的鱼网。检索词好比网眼,不可太宽,也不可太窄。检索词范畴的定位在检索期刊文献和图书这两种不同类型的文献信息的时候表现得尤为突出,在检索期刊文献的时候往往容易选择概念过大的检索词,在检索图书时常会因为选择的检索词范畴过小而检索结果为零。

【例9-5】 在中国期刊全文数据库中检索"聚烯烃基材料熔融挤出过程"方面的期刊文献。

检索策略1:聚烯烃 AND 熔融挤出

检索结果:12篇,但相关性很差。

检索策略2:(聚乙烯 OR 聚丙烯) AND 熔融挤出

检索结果:61篇,相关性很高。

点评:检索策略1采用了一个具有较大概念范畴的检索词"聚烯烃",而通过了解知道聚烯烃主要是聚乙烯和聚丙烯。大多数的期刊文献在报道相关研究成果时往往都是只提及研究的具体物质,而不会采用一类物质的总称,所以在进行期刊文献检索时最好能将检索词定位于一些具体的概念,如本例中的检索策略2。

【例9-6】 检索"企业生产线的优化"方面的期刊文献。

检索策略1:企业生产线 AND 优化

检索策略2:(企业生产线 OR 生产线) AND 计算机系统

点评:检索策略1检索出结果极少,分析由于"企业生产线"这个主题词概念定位太小,通过分析,所谓生产线的优化实际上是有关运用计算机系统管理生产线的问题,所以检索策略2中调整检索词,将主题概念具体化。

上面两个例子均是针对期刊文献检索的,下面是一个关于图书检索时检索词范畴定位的例子。

【例9-7】 利用"汇文书目数据库"检索有关"配送中心仓储管理信息系统研究与设计"方面的图书。

分析:如果不假思索,直接将"配送中心仓储管理信息系统"作为检索词进行检索,其结果只会是检索不到相关图书。在检索图书的时候,我们要注意图书和期刊论文这两种信息源的不同特点,一本图书的内容比一篇期刊论文要宽泛得多,检索词的选择不能太窄,要选择较大学科范畴的检索词,我们要检索的相关内容有隐藏在书的某些章节中的可能。对本例而言,配送中心仓储管理信息系统是管理信息系统中的一个部分,且通过阅读得知仓储管理很多时候会被称为物流管理。

检索策略:(仓储管理 OR 物流管理) AND (管理信息系统)

检索结果:11本图书,阅读书的简介,发现检索结果具有较好的相关度!

由上面的例子可见,检索词的选择一定要注意词义的大小。这在一定程度上取决于检索者的专业知识。拥有的专业知识越丰富,给出的检索策略就越正确。当然,检索词概念是太大还是太小其实是要视检索结果而定,要根据检索结果不断进行调整。

(3) 选择的检索词过多

对于由 A、B、C、D、E 多个主题组合的多主题概念课题，如果将所有主题混在一起同时组配，会造成"零结果"现象。因为，只要 A、B、C、D、E 其中之一的检索结果为零，经过布尔逻辑"和"的运算，检索结果就会为零。实际上对于多主题概念的检索课题，只有一个或少数几个是关键词，检索过程中必须使用关键词为检索词。例如课题"针对激光辐射源的单站无源测距系统"，其中的关键词为"测距"，其他的词都是限定"测距"的，检索过程中可根据检索情况取舍。

【例 9-8】 检索课题"银杏外种皮成分分析的研究"的相关文献。

课题背景：银杏外种皮有很大的药用价值，但由于其具有广泛的化学成分，药理作用与毒性交织，情况比较复杂。该课题通过对银杏外种皮成分的研究，了解其药理与毒理，进一步开发利用银杏资源。

检索词：银杏（A），外种皮（B），药理（C），毒理（D），化学成分（E）

点评：这是一个多主题概念的课题，如果将以上所有检索词同时组配 A and B and C and D and E，检索结果可能会为零。可以用 A and B and C 或 A and B and D 或 A and B and E 分别检索。

【例 9-9】 在汇文书目数据库中检索课题"城市污水处理公私合作（PPP）模式研究"方面的图书。

检索策略：城市污水 AND 处理 AND 公私合作 AND 模式

检索结果：0

点评：由于"城市污水处理"属于环境领域内的技术范畴，与"公私合作"属于不同的技术领域，对二者同时进行检索时无相关检索结果。因此，对"城市污水处理公私合作（PPP）模式研究"方面图书的检索应从"城市污水处理"和"公私合作"两方面分别进行，然后再选择综合两部分的检索结果。

上面的两个例子说明了：在检索过程中必须掌握简化或拆分多主题概念的检索课题。

(4) 布尔逻辑运算符使用不当

在检索策略的制定过程中，选定检索词后，接下来就是确定检索词间的逻辑关系。一般逻辑和（AND）和逻辑或（OR）用得比较多，逻辑非（NOT）用得很少，若能巧妙利用"NOT"算符，排除与主题无关概念，将会大大提高检索的查准率，起到事半功倍的效果。同时，还要注意逻辑运算符"NOT""AND""OR"的运算顺序，否则会产生错误。布尔检索式优先执行的顺序是"NOT""AND""OR"，在有括号的情况下，先执行括号内的逻辑运算，在多层括号时，先执行最内层括号中的运算。

【例 9-10】 检索关于"分离甲醇新方法"的文献报道。

分析："甲醇分离"这个概念太大，通过初步的文献检索可知，传统的用于分离甲醇的方法有萃取精馏、加盐精馏、减压精馏等。因为所要检索的是一些新的甲醇分离方法，所以可以将检索策略制定如下：（甲醇 AND 分离）NOT（萃取精馏 OR 加盐精馏 OR 减压精馏），以提高检索过程的查准率。

(5) 人机"语言"不一致

电子信息检索的特点与其说是人机对话，不如说是文献标引人员与检索人员的对话，只有标引人员与检索人员所表达的"语言"一致，才能顺利实现信息检索。检索词通常有两大类：自由词和主题词。所谓自由词是检索提供者自行采用的未经规范化限定的词。例如：检索"六行程发动机"的资料，把"六行程"作主题词时，就不能找到相关资料，而用六冲程作为主题词就可以找到。又如：

自由词：维生素 C（Vitamin C）标引词，抗坏血酸（Acid，Ascorbic）

自由词：艾滋病（Aids）标引词，AcquiredImmunodeficiencySyndrom

自由词对检索者来说，容易使用，但其专指度差。而主题词是从自由词中优选出来并经过规范化处理的词语，其专指度较高，但选词较为苛刻，需要使用专业主题词表对照后方能使用，对于一般用户来说较难掌握。现在的数据库有的采用自然语言编制文档，有的采用主题词编制文档，也有的两者同时使用。因此具体检索时需了解数据库的用词特点，方能做到有的放矢。

（6）没有选择合适的检索途径

不同数据库的检索途径基本相同，有篇名、摘要、关键词、全文、作者、作者单位、期刊名、分类号等。对检索途径的选择，遵循"宽进严出"的原则，根据检索结果的多少来调整途径。若检索结果多了，只使用篇名途径；少了，则使用全文途径。

值得一提的是"主题词"及"标识词"检索途径，这两个检索途径是早期手工检索时代两种十分重要的检索途径。在计算机检索越来越方便的今天，这两种途径似乎正在被"自由词"途径所取代。如 EI 中的"Subject/Title/Abstract"是"自由词"；它不像"主题词"那样严格，即只要在文章中出现过，就能被检索到，这给初学者来说是一个福音，但同时也带来了困难——漏检。而"标识词"是具有专业水平的标引人员从文献的内容或题目中抽选出的，经过规范处理，用以描述文献内容特征的词和词组，因此用它检索就可以避免漏检。CA 的"登记号（CAS RN）""普通主题（General Subject）"和"化学物质（Compound）"以及 Ei 中"Ei controlled term"和"Ei main heading"途径均是由标引人员规范处理过的检索途径，它能帮助避免漏检。下面通过 SciFinder 数据库的一个检索实例来说明不同的检索途径，带来的不同的检索结果。

【例 9-11】 用 SciFinder 检索聚四氟乙烯方面的文章。

检索策略 1：① PTFE（缩写） 2395 篇
② Polytetrafluoroethylene（全称） 946 篇
③ Polytetraflouroethylene（拼写有误） 7 篇
④ Polytetrafloroethylene（拼写有误） 1 篇
⑤ Polytetrafluorethylene（拼写有误） 1 篇
⑥ Teflon（美国人习惯用法） 534 篇

检索策略 2："CAS RN"： ［9002-84-0］ 6604 篇

检索策略 3："Compound"：Ethene，Tetrafluoro，Homopolymer 6604 篇

点评：从上述检索途径可以看出，用"自由词"检索出的文章比用它的"标识词"化合物"Compound"或 CAS 登记号"CAS RN"途径检索出的要少得多。"自由词"顾名思义是非常自由的，文章著者往往根据自己的习惯和爱好来表达，如检索策略 1 中的①②⑥；即使无意间拼写错误，检索工具也会原封不动放上去，如检索策略 1 中的③④⑤；而"标识词"意味着规范，它是专业人员将表达文献内容特征的词抽选出来，并经过重新处理得出的。另外，对于化学物质确定的课题，采用 CAS 登记号检索是一条既准、又全、又快的最佳途径。显然对于本例而言，用"标识词"或"CAS 登记号"途径检索可以避免人为的错误和随意性，提高查准率和查全率。

【例 9-12】 在汇文书目数据库中检索相关的"信息检索"教材。

检索策略 1：主题词＝信息检索

检索结果：0 本

检索策略 2：主题词＝情报检索

检索结果：174 本

检索策略 3：题名＝信息检索

检索结果：48 本

点评：采用检索策略 1 得到检索结果为零的原因是选错了检索途径，这里的检索词"信息检索"是自由词而不是主题词，只能在题名中进行检索，如检索策略 3。实际上通过翻看大部分的信息检索教材的版权页就可知此类书对应的主题词一般是"情报检索"，因此可以采用检索策略 2 进行检索，并且策略 2 中采用的是主题词，可以避免由于书目中不含"情报检索"而导致的漏检。

选择不同的检索途径各有利弊，在文献检索的初期可以选用"自由词"这样相对宽松的检索途径，对课题了解深入之后，在数据库检索规则允许的前提下，建议采用类似"标识词"的检索途径进行检索。尤其是对于一些化学化工类课题，这类课题中涉及的一些物质往往有商品名、俗名等多种说法，如果采用"标识词"或 CAS 登记号进行检索就能保证既快又准。

（7）对各种数据库不熟悉

目前，数据库种类繁多，各具特色，它们收录的文献学科、类型、国别、语种范围均各有侧重。检索过程中对数据库的不熟悉表现之一就是不清楚数据库收录的文献类型及学科范围，如在中国期刊网中检索图书，在学位论文数据库中检索期刊文献等。

对数据库不熟悉的另一个表现就是，没有掌握数据库的检索规则。不同数据库有各自不同的规则。譬如逻辑算符、通配符、中英文符号（半角全角）等问题，每个数据库有不同的要求。在欧洲专利中，检索不出带逗号和短横的分子式如 1,3-Propanediol，但在 Ei 中却能将其检索出来，但若更复杂的加 "{}" 或 "'" 则也检索出来，如检索 {3-(1,3-dithian-2-ylidene)pentane-2,4-dione}，（2-Amino-4′-fluoro-benzophenone）结果均为零。对于这些复杂的物质只有依靠 SciFinder 了。此外，不同数据库检索框的检索顺序均不尽相同，如果不了解就会造成漏检或误检。

【例 9-13】 在中国专利数据库中检索有关"甲乙酮合成"方面的专利。

检索策略 1：摘要：甲乙酮 * （合成＋制备）

检索结果：99011 条

检索策略 2：摘要：甲乙酮

检索结果：88 条

点评：对比上面的两次检索结果可以发现，检索策略 1 的限制条件多于检索策略 2，但结果却多于采用检索策略 2 得到的结果。对于这个问题可以采用破案的方法来层层剖析，先试试交换"合成"与"制备"的位置，即用甲乙酮 *（制备＋合成）检索，检索结果有了变化为 30507 条，那么可以肯定是布尔逻辑错了，但 "*" "＋" 是中国专利数据库中允许使用的布尔逻辑运算符，会不会是括号"（）"有问题呢？去掉括号会怎么样呢？即用"甲乙酮 * 合成＋制备"检索，结果仍然是 99011 条。说明，确实是"（）"出了问题。再用英文括号"甲乙酮 *（合成＋制备）"试着检索，结果检索到 18 条，逐一检查发现相关性极好！说明在中国专利中括号一定要用半角（英文）的()，而不能用全角（中文）的（）。

【例 9-14】 在网络搜索引擎谷歌中检索有关苏氨酸的合成方面的信息。

检索策略 1：threonine (synthesis OR composition OR preparation)

检索结果：1,100000 篇

检索策略 2：threonine(synthes * OR composit * OR preparat *)

检索结果：531 篇

点评：查看检索策略 1 的检索结果发现，每一条记录均有较好的相关性，说明该策略是正确的。而检索策略 2 是错误的，因为在谷歌中并不支持通配符"*"，在检索策略中输入通配符"*"会造成信息的漏检。

【例 9-15】 检索有关紧凑型住宅设计研究方面的文献。分析检索关键词为：紧凑、住宅、

另外考虑到"紧凑"有两个同义词"高密度""密集"。

问题：有学生给出了如图9-1所示的检索策略1，结果发现检索出文献与课题相关度极差，那这位学生到底错在哪里呢？

图9-1 例9-15检索策略1检索界面

分析：中国期刊全文数据库检索式的运算顺序是按检索框排列先后顺序，即先运算第一和第二个检索框，再第三个检索框、第四个检索框……。即上述检索实际上实现的是：（住宅 and 紧凑）or 高密度 or 密集。而题目要求的是：住宅 and（紧凑 or 高密度 or 密集），因此应该制定如图9-2所示的检索策略2，检索结果检查与课题全部相关。

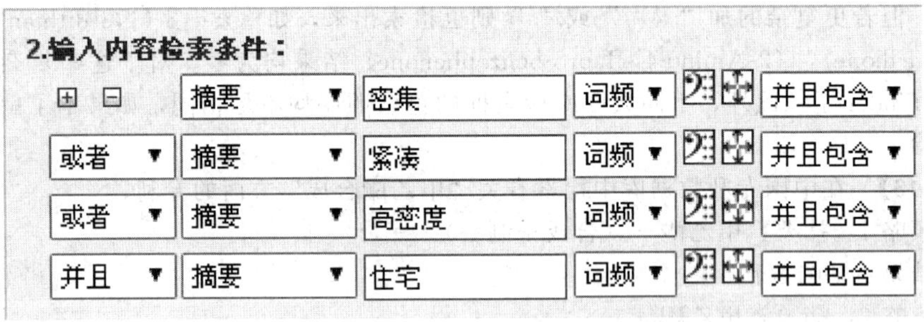

图9-2 例9-15检索策略2检索界面

从上面的三个检索实例可以看出，要力求掌握各个数据库的检索方法、检索的规则，譬如逻辑算符、通配符、中英文符号（半角全角）、检索框顺序等问题。这些问题虽小，但往往被人忽视，引起不小的麻烦。检索是一项注重细节的工作，容不得半点马虎。

9.2 信息检索策略优化

好的检索策略不是一成不变的，而是"与时俱进"的！"变"是检索策略永恒的主题，它会随着对课题理解的深入而改变，"检索→阅读→策略修改→再检索……"，不断调整，不断完善。图9-3即表示了文献阅读与策略调整的关系。

图9-3 检索策略与文献检索和阅读的关系

当经历一次检索得到结果时，通过阅读文摘，往往会发现检索结果并不尽如人意，或相关性较差，或检索结果太多或太少，这时需要调整检索策略，具体有如下几种情形。

① 如果检索结果相关性较差，就要重新分析课题，找出隐含在课题题名后面的相关检索词，比较好的方法是，先从检索结果中选出你认为相关性高的几篇文献线索，得到它们的原文，然后研读，找出它们所表达的关键词，然后再用这些关键词去检索。

② 如果检索结果太多，则需要细化检索，即缩小检索范围，采取的措施有：

a. 提高检索词的专指度，选用下位词或专指性较强的检索词。

b. 将检索词的检索范围限定在篇名、主题词、关键词字段，或进行出版时间、语种、文献类型等的限定。

c. 用 NOT 算符排除无关的术语和词组。

d. 在检索策略中增加限定词，并将增加的检索词用 AND 算符加入检索式中。

e. 浏览部分中间检索结果，从检出的记录中选取新的检索词对中间结果进行限制。

③ 如果是检索结果太少，则需要扩展检索范围，采取的措施有以下几种。

a. 对已确定的检索词进行其同义词、同义的相关词、缩写和或全称检索，用 or 运算符把增加的同义词或相关词连接起来，保证文献的查全率，防止漏检。

b. 利用系统的助检手段和功能，有的系统提供树形词表浏览，使我们可以用规范词、相关词、更广义的上位词进行扩展。

c. 降低检索词的专指度，选用上位词或相关词检索。

d. 选用在所有字段或文摘字段中检索。

e. 去除文献类型、年份、文种等文献外表特征的限定。

f. 删除检索策略中某一些次要概念的限定。

g. 注意英文检索词中截词符的使用。

h. 选择更合适的数据库进行查找。

i. 通过阅读相关性高的文献，找出该领域惯用关键词、领军人物、核心期刊等，利用这些隐含信息重新检索。

总之，检索策略的制定是一个试错的过程，在检索中要勤于总结、寻找规律，实践、总结、再实践、再总结。

【例 9-16】 某学生欲进行有关西藏传统建筑空间的研究。

分析：课题的初始阶段，检索词拟定为：传统建筑、古建筑、建筑、西藏、西藏地区、藏族。

检索策略：（传统建筑 or 古建筑 or 建筑）and（西藏 or 西藏地区 or 藏族）

检索结果：675 条。

> 检索结果太多，分析是由于课题研究内容及范围不明确导致，了解到西藏地区建筑大致可分为寺院宫殿、园林、塔、住宅四种类型，调整课题研究内容为寺院宫殿这一类型的建筑空间研究。

二次检索：检索关键词为"寺庙、寺院、宫殿"

检索结果：124 条。

> 通过浏览检索结果和部分文字摘要的阅读，进一步分析，明确课题的演技内容，将课题的研究内容缩小为研究"藏传佛教的寺院建筑"。

再次二次检索：检索关键词为"藏传佛教"
检索结果：52 条。

> 阅读检索到的文章，通过综述文章可以查到一大批里面所"引用"的具有参考价值的文章，可以达到事半功倍的效果。了解到汪永平教授是西藏传统建筑领域专家，还可以通过对汪永平教授的研究论文和成果进行检索，获得与课题有帮助的文献资料。

课题调整：由原来的"西藏传统建筑空间研究"调整为"西藏地区藏传佛教的寺院建筑的营造思想及空间研究"。

【例 9-17】 在中国期刊全文数据库中查找与课题"超临界水气化制氢气的传热传质模拟"相关的期刊文献。

课题背景：超临界流体（SCF）是热力学状态处于临界点以上的流体，它既不是气体也不是液体，而是一种高压稠密流体。常见的超临界流体介质有多种，其中 CO_2 和 H_2O 最为常用。超临界水气化技术是逐渐发展起来的一项高新技术，受到越来越多的关注。水在临界点以上时，临界区的水表现出很多独特的性质，如对有机物的高溶解性和对盐类的低溶解性等。超临界水气化技术是以水为介质，利用在超临界条件（温度大于 374℃，实际反应温度大于等于 500℃，压力大于 22MPa，实际反应压力大于等于 25MPa）下不存在气液界面传质阻力来提高反应速率，将超临界水与生物质相结合，实现生物质的气化，从而产生清洁能源。本课题的研究重点在于对生物质与超临界水相结合气化产生氢气的传热传质过程进行分析，并通过软件模拟对反应过程加以阐述。

检索策略的调整过程：

检索策略 1：摘要＝超临界水 and 气化 and 制氢 and（传热 or 传质）
检索结果：2 篇

> 结果太少，文献检索中应遵循"宽进严出"的原则，调整检索策略。

检索策略 2：摘要＝气化 and 制氢
检索结果：336 篇。

> 检索结果太多，需二次检索。分析课题的重心在于对生物质气化制氢过程中传热传质的数值模拟。

二次检索：摘要＝ 数值模拟
检索结果：5 篇。

> 相关性很好，但结果太少。查看原文及文献被引频次，发现西安交通大学的郭烈锦是该领域的领军人物，因此采用作者途径检索，以便对该领域有深入了解。

检索策略 3：作者＝郭烈锦 AND 机构＝西安交通大学

检索结果：285 篇。

> 结果太多，阅读上述相关文献，发现文章的关键词多为"生物质气化"，故以此进行二次检索。

二次检索：摘要＝生物质气化
检索结果：17 篇，相关性较好。

【例 9-18】 在 EI 中检索有关"生物厌氧发酵间歇过程的建模研究"方面的研究论文。

课题背景：进入 21 世纪，在未来经济的发展中，随着人口的增长，化石资源与能源危机、环境社会危机日益加剧，以化石资源为原料的生产面临严峻的形势。世界经合组织（OECD）指出："生物（酶）催化技术是工业可持续发展最有希望的技术"。为了摆脱对有限化石资源的依赖，化学工业必须进行革命性转变，转向以生物可再生资源为原料，环境友好的高效的绿色工业（生物化工）制造。大规模利用生物技术生产大宗化学品将是人类第二次现代化的核心内容之一。但是由于生物发酵过程中高度的非线性和多种不确定性，难以得到过程的精确数学模型，使得依赖于被控对象模型的传统控制理论的各种方法在生物发酵过程控制的实际应用中受到种种局限。本课题针对生物发酵过程，主要是针对间歇厌氧发酵过程中某些关键参数不能在线检测的问题，计划运用软测量技术和计算机软件 MATLAB 对这些参数进行软测量的建模研究。

检索策略的调整过程：
检索策略 1：Subject/Title/Abstract ＝ biological fermentation
检索结果：1278 records。

> 检索结果较多，要加一些限制。在研究开始阶段，看一些综述性文章可以帮助自己全面了解该领域；此外综述性文章会列出许多有用的参考文献，大大节省时间。

检索策略 2：增加检索词，通过布尔逻辑关系对检索词之间进行关系限定。
Subject/Title/Abstract ＝ biological fermentation AND model
检索结果：171 records。

> 结果发现相关性不是很好，对增加的检索词调整。因为 "model" 有模型的意思，但该课题侧重的是"建模"的动作，故用 "modeling" 更能代表建模，考虑到可能出项 "modeling" 的表示方式，用逻辑"或"将两次并列。

检索策略 3：Subject/Title/Abstract ＝ biological fermentation AND（modeling OR modelling）
检索结果：85 records。

> 相关性有了很大提高，进一步缩小检索范围，该课题是针对发酵过程采用软测量的建模方法，因此添加检索词 "soft sensing"。

检索策略 4：Subject/Title/Abstract ＝ biological fermentation AND modeling AND soft sensing

检索结果：4 records。

> 相关性很好，但通过阅读文献范围，这几篇文章涉及"厌氧间歇发酵建模"的内容不多，因此将检索词换成"anaerobic fermntation"再次检索。

检索策略 5：Subject/Title/Abstract ＝ anaerobic fermentation AND modeling

检索结果：42 records。

> 相关性很好，在阅读文献过程中，想侧重了解如何采用神经网络方法建模，因此在检词中增加"neural network"再次检索。

检索策略 6：Subject/Title/Abstract ＝ anaerobic fermentation AND modeling AND neural network

检索结果：3 records。

【例 9-19】 在汇文书目数据库中检索有关"主应力轴旋转对饱和黏性土累积变形和孔压的影响"方面的图书。

课题背景：随着城市轨道交通的发展，地铁列车运行引起的地基沉降问题日益严重。交通循环荷载引起的软土地基长期沉降已成为研究人员需要解决的问题。交通荷载作用下的地基土单元的应力状态比较复杂，主要是因为自重应力引起的初始主应力轴偏转和交通循环荷载引起的主应力轴旋转的共同作用。因此，地铁列车荷载引起的沉降已经成为重要研究课题之一。

检索策略的调整过程：

检索策略 1：题名＝主应力轴旋转 and 饱和黏性土累计变形 and 孔压

检索结果：0 本。

> 考虑多主题课题核心词过多，无检索结果；又分别以"主应力""粘性变形""孔压"为题名进行检索，同样检索不出结果，分析"图书"主题的概念大于"课题"主题概念，所以扩大检索词限定范围。

检索策略 2：主题词＝主应力

检索结果：1 本。

> 结果与课题相关度较大，查看书目附注项，获取学科主题、分类号等线索，扩大检索范围，再次检索，提高检索全面性。

检索策略 3：分类号＝ TU43

检索结果：207 本。

> 结果过多,利用系统提供主题词缩小检索范围,同时利用检索结果的排序功能,尽快获取最新的研究成果信息。

二次检索:分类号=TU43 AND 主题=土动力学
检索结果:9本。

> 有4本书与课题关系密切。再次深入分析课题内涵,本课题主要是研究地铁列车荷载引起的沉降问题,故以"地铁"为辅助检索词,提高课题检索全面性。

检索策略4:题名=地铁
检索结果:41本。

> 检索结果中有3本与课题相关性较好。但书目涵盖的信息量比较大,采用二次检索提高检索精度。

二次检索:题名=地铁 AND 主题=(地铁隧道 OR 饱和软黏土)
检索结果:1本,其中《地铁行车载荷作用下饱和软黏土的动力响应与变形特征研究》这本书和本研究的相关度很高。

> 查看书目附注项,利用分类号结合学和主题再次检索。

检索策略5:分类号=U45 AND 主题=岩土工程
检索结果:2本,其中《隧道设计与施工:岩土控制变形分析法》与课题相关度较高。

【例9-20】 在中华人民共和国国家知识产权局网站中检索有关紧凑型住宅设计方面的中国专利。

课题背景:住宅是和我们每个人的生活息息相关的场所,随着人们经济水平的提高,人们对于住宅舒适度和个性化的要求也相应提高。怎样使我们住上户型合适、价位适中、符合时代特征的住宅,是每一个建筑师不断设计研究的目标。随着我国城市化进程的加快,人口不断向城市集中,城市土地资源十分紧张。面对这一现实情况,许多建筑设计院均把研究的重点投向"紧凑型住宅"的设计开发。

检索策略的调整过程:

检索策略1:摘要=(紧凑型 OR 高密度 OR 节地型) AND 住宅
检索结果:发明专利6条+实用新型10条,相关性不是很好。

> 通过阅读检索到的专利文献发现,有些关于住宅设计的专利虽然没有明确指出设计的是紧凑型或高密度住宅,但整个设计围绕着如何最大限度的节约土地资源展开,因此放宽检索策略。

检索策略2:摘要=住宅设计

检索结果：发明专利14条 + 实用新型3条。其中有2篇十分有借鉴价值的专利：一篇是错位组合式复层住宅充分利用空间的方法，另一篇是变位跃错式住宅提高土地利用率的方法。

【例9-21】 查找有关课题"顾客参与对企业自主创新能力的影响研究"的外文文献。

课题背景：近年来，我国掀起以企业自主创新能力提升为主要表现特征的创新型国家体系优化和建设的浪潮。企业自主创新能力提升的问题日益成为大众关注的焦点。事实上，熊彼特最早提出了"创新"，而"自主创新"则是针对现阶段我国经济社会发展面临转型挑战的特定背景而提出的组合名词。自主创新不等于自我创新，应该是一种多主体参与的开放式创新模式，诸如顾客这样的外部主体也同样可以成为企业自主创新的主体之一。

检索策略的调整过程：

首先利用Elsevier数据库检索

检索策略1：Abstract/Tile/Keywords＝customer participat* And independent innovation ability

检索结果：0 record。

> 无检索结果，分析课题中"自主创新能力"是针对我国经济社会发展提出的特定名词，是"自由词"，不是"标识词"，所以用上位词或同义词"创新能力""创新"替换。

检索策略2：Abstract/Tile/Keywords＝customer participat* And（independent innovation ability OR innovat*）

检索结果：53 records。

> 检索结果中有8条与课题具有一定的相关性，结果较少，更换检索途径。了解到本学科领域中较权威的学者是Eric Fang，用作者途径进一步检索。

检索策略3：Special author＝Eric Fang And Title/Abstract/Keywords＝customer

检索结果：1 record。

> 检索结果少，且相关性不高，但该作者是该领域的领军人物，考虑会不会是Elsevier数据库收录该学者或该课题的文献资源不多？重新选择数据库进行检索。

更换为Ebsco数据库重新检索

检索策略4：TX＝customer participat* AND TX＝innovat*

检索结果：174200 records。

> 结果太多，缩小检索词限定范围。将范围限定在摘要中，结果仍有407篇，继续缩小范围，将检索词限定在篇名中。

检索策略5：TL＝customer participat* AND TL＝innovat*

检索结果：4 records，有3篇与课题相关性很好。

> 再次尝试作者途径检索。

检索策略 6：AU=Eric Fang AND TL=customer
检索结果：6 records，其中 4 篇与课题相关性很好。

> 利用 Endnote 整理检索出的相关文献，发现大部分文献出自期刊《Industrial Marketing Management》，所以可以通过查看该期刊以期获取该课题更全面的研究成果。

检索策略 7：Abstract/Tile/Keywords=customer participat * And innovate * AND Publication title=Industrial Marketing Management
检索结果：5 records，与课题相关性均较高。

9.3 信息检索综合案例

信息检索是一个综合能力，除了要会制定检索策略外，还必须学会综合利用各种数据库以及网络资源。通过检索"我不仅能知道我需要知道的东西；而且能知道我不知道的东西；并能发现我不知道自己不知道的东西"。信息的检索和分析评价最终目的是为了最大限度地吸收和利用信息。

【例 9-22】某房地产协会为了避免会员之间恶性竞争，拟运用"博弈论"的理论来规范行业的发展，请查找目前"博弈论在房地产中的应用"方面的研究成果。

课题背景：近几年，无论我们走到中国哪一个城市都会猛然发现大楼迅速升高，城市迅速扩大，许多城市都在以三四倍的速度扩张，城市变得巨大而靓丽了。在城市迅速变化的同时，房价也一路攀升。但随着房地产的发展，土地的供应日趋紧张，价格越来越高。为了取得土地，各个地产商进行了或明或暗的无序竞争，也因此引发了一系列的不良反应。博弈论又称对策论、竞赛论，用于分析竞争的形势。在存在利益冲突的竞争中，竞争的结果不仅依赖于某个参与者的抉择、决策和机会，而且也依赖于竞争对手或其他参与者的抉择。由于竞争结果依赖于所有局中人的抉择，每个局中人都企图预测其他人的可能抉择，以确定自己的最佳对策。

解决办法：可以分别检索与"博弈论在房地产中的应用"相关的图书和期刊。

① 以汇文书目数据库为例，检索图书。当输入检索策略"博弈论 AND 房地产"或"对策论 AND 房地产"或"竞赛论 AND 房地产"或"冲突 AND 房地产"时均无相关书籍。放宽检索范围，检索策略：题名=博弈，同时限定模糊匹配，可得 78 本书，均是关于博弈论理论或应用的。通过看书的附录项，筛选出相关的书四本，尤其是其中有一本书，题名为《博弈大师地产大亨特朗普》作者是地产大亨罗伯特·斯莱特著，从作者的身份和背景判断，这本书应该具有比较大的参考价值。

② 以中国期刊网为例，检索期刊文献。首先考虑检索词，可能用到的基本检索词包括：博弈论、房地产。辅助检索词包括：对策论、竞赛论、冲突分析、局中人、策略、收益、最佳对策；房价、原材、房地产泡沫、房地产供求。通过检索策略的不断调整，检索到共 35 篇有关博弈论在房地产中应用的文章，浏览摘要可知文章涉及博弈论在房地产市场形势，房地产企业，房地产投资，市场失灵等方面的应用。

【例9-23】 某同学在实验中要求利用气相燃烧合成的方法在陶瓷膜衬底上涂一层膜，但却苦于不知如何确定实验条件。

解决办法：到别人的研究工作中去寻找答案！通过对国内外文献的检索，得到两篇比较有价值的文献，一是丹麦研究者 Thybo S 于 2004 年 4 月发表在《Journal of Catalysis》上的《Flame spray deposition of porous catalysts on surfaces and in microsystems》（简称文章1），另一篇为发表在某大学学报上的《SnO_2 薄膜的喷涂法制备》（简称文章2），这两篇文章采用的涂膜方式十分类似，都是一种热喷涂的方法，其中都有关于衬底温度控制的论述，而两个作者却有两种完全不同的看法，前一篇的作者认为："衬底的温度高一些较好，喷涂前最好对衬底进行一下加热"，但后一篇作者却认为"衬底的温度低一些更利于提高喷涂效果"。那么到底衬底的温度是高好还是低好呢？

在这种情况下，我们就要用文章的被引次数（Time Cited）以及文章所发表的期刊影响因子来分析。文章1的被引次数为1次，由于检索这篇文章的时间与文章发表的时间仅相差半年，所以用引用次数还难以判断。《Journal of Catalysis》的影响因子为3.276，在此领域应该还是比较高的，而某大学学报目前还没有被 SCI 收录，因此我们更倾向于认可发表在《Journal of Catalysis》杂志上那篇作者的观点。

【例9-24】 某公司研发人员在一篇期刊文献中看到有一篇被著录为 "Silveira，M。M。，and Jonas，R。（1994），Brazilian patent PI 9。403。981-0" 的专利和他最近负责研发的课题十分相关，他首先想到用号码 PI 9。403。981-0 在欧洲专利中进行检索，但却一无所获。

解决办法：通过分析可以看出，该篇专利应该是篇巴西专利（Brazilian patent），但不能确定巴西专利的代号就是 PI。在谷歌上输入"巴西专利 PI"，得到以下信息："巴西，A：发明专利申请说明书。（未经审查，文献号前冠字母代码 PI）（PCT）；B：发明专利说明书（批准专利）；U：实用新型专利申请说明书。（未经审查，文献号前冠字母代码 MU）。"。现在可以确定 PI 代表巴西未经审查的发明专利申请说明书，而 "-0" 可能是流水号。现在到欧洲专利上找到了这篇专利：

① 首先在 application number 或 publication number 中输入 "BR" ——巴西的代码，结果有很多，说明欧洲专利是收巴西专利的。为何只输入 "BR"？因为我要巴西的专利，但不知具体的号码，就可以采用这种方法。

② 在①的检索基础上，将 Silveira，M. M. and Jonas，R. 再输入 inventor，结果一篇也没有。

③ 可能是欧洲专利数据库中发明人的写法不同造成的未检索到结果，所以简化发明者的名字，改为 Silveira and Jonas，结果得到了那一篇专利文献。通过阅读发现该篇专利的专利号为 BR9403981（图9-4）而不是 PI 9.403.981-0，这就是那位研发人员没有在欧洲专利数据库

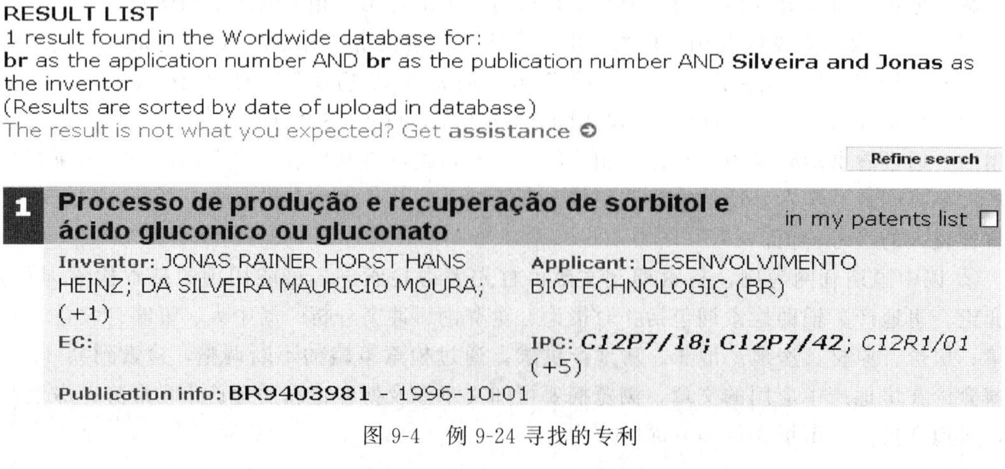

图 9-4 例 9-24 寻找的专利

中找到专利原文的原因。

【例 9-25】 某一研究生的课题是关于"抗癌药物缓释机理"研究，正当他对"药物缓释传递模型"苦思冥想时，检索到了一篇文献，上面刊登了某一传递模型的公式，但描述非常简单。所引参考文献表明该公式出自一本国外专著。他希望得到这本专著以深入了解，但学校图书馆和南京所有高校图书馆都没有此书。国家图书馆在中国是中外书籍最齐全的图书馆，后来，用匿名方式登录到国家图书馆，检索到确有此书。但若请国家图书馆或北京同学帮忙复印的话又不知复印哪些章节。

解决方法：
（1）充分利用"谷歌图书搜寻"（谷歌 book Search）（http：//books。谷歌。com/）能免费浏览部分章节，起码可以看到目录。在"谷歌 book Search"中检索到有这本专著，但该书不能免费浏览，于是打开它的目录，对照传递模型公式的内容，很容易就找到相关章节的页码，一切问题迎刃而解！
（2）直奔主题：登陆国家图书馆官网，通过"馆际互借"服务获取。
（3）利用 SpringerLink 电子书搜索，免费浏览和下载已公开的电子书全文，即使该书不能免费下载，也可以在线免费浏览该书的章节目录及每章的摘要和页码范围，这样也可以轻松获取！

本章小结

本章重点介绍了信息检索中常见的误检和漏检问题，通过全面分析课题、正确选择工具和检索途径、指定和调整检索策略等优化过程，提高信息检索结果的质量。

思考题

1. 误检和漏检的原因有哪些？如何避免误检和漏检？
2. 研究过程中信息检索的常见错误有哪些？
3. 检索结果过多或过少的原因是什么？如何解决？
4. 如何通过文献检索和分析获取有关研究研究领域领军研究者或团队的信息？

第 10 章　原始文献获取与文献管理

检索的目的就是为了获取具有参考价值的原始文献，但一些本可以获取的原始文献，由于不熟悉其获取的方法和技巧而被放弃，这对科研是很大的损失。此外，在科研过程中，检索出的文献数量越来越大，需要有效管理这些检出的文献。本章着重介绍原始文献的获取方法以及文献高效组织管理问题。

10.1　原始文献获取

按照加工层次的不同，文献可分为一次文献、二次文献和三次文献。一般情况下，有了文献信息需求后，首先通过二次文献或三次文献寻求文献线索，如作者、期刊名、发表年代等，然后再通过这些文献线索获取一次文献，如图 10-1 所示。

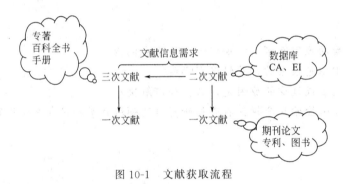

图 10-1　文献获取流程

10.1.1　文献线索获取

通过检索文献获取文献线索的方式主要有以下三种：

10.1.1.1　系统检索

系统检索是以描述文献内容特征或外部特征的检索标识（如分类号、主题词、著作者、书刊名、篇名等）为检索入口，通过检索工具（如数据库、目录、索引、文摘指南等）来全面查找有关文献的方法。本书 2、3、4、5、7 章就按照文献的不同类型分别介绍了图书、期刊以及包括专利、学位论文、标准文献在内的特种文献的检索工具和检索方法。

10.1.1.2　追溯检索

追溯检索主要有两种方式。一种方式，是以已知文献后面的参考文献为线索，由近及远进行追溯检索。这种检索方法具有"滚雪球"的特点，因为这些参考文献的原文后面所列的一些参考文献又可作为新的线索。随着追溯检索层次的加深，文献线索"雪球"将越滚越大。这种追溯检索结果质量的高低，与最初选择的文献有关；另一种方式，是通过引文索引进行检索。

用户既可以检索到某一篇文献被引用的详细情况，还可以从一篇早期的重要文献或著者姓名入手，检索到一批近期发表的相关文献。这种方式的追溯检索实际是以引文索引为检索工具，将系统检索和第一种形式的追溯检索相结合的检索方式。

10.1.1.3　浏览检索

浏览检索是通过浏览非正式出版的文献以及新到图书、期刊或宣传介绍资料来获取文献信息的方法，这种方法是系统检索和追溯检索的重要补充。

10.1.2　原始文献获取

有了文献线索，就可以据此追溯求源获取原始文献。原始文献的获取简称原文获取，是文献检索的最终目的，也是核实文献信息可靠性的重要依据。怎样获取原文一直是令检索者头痛的问题，我们在掌握文献检索方法的同时，必须学会获取原文的方法和技巧。

原始文献的获取可以分为直接获取、间接获取、向原文著者求助几种方法。下面我们作分别介绍，其中间接获取是我们主要的原文获取的方式，也是本章的重点内容。

10.1.2.1　直接获取

直接获取比较简单，途径主要有检索全文数据库和使用搜索引擎两种。通过检索全文数据库（如中国期刊全文数据库、中文科技期刊数据库、Elsevier 电子期刊全文库，PQDD 博硕士论文全文库，SpringerLink 全文期刊，中国专利，欧洲专利）可以直接获得电子版的原始文献（具体的检索方法见本书第 3、4、7 章）。

除了全文数据库外，由于作者可能会将自己发表的论文挂在网上，所以有时也可以通过搜索引擎检索到原始文献。

10.1.2.2　间接获取

只有文献线索而本馆馆藏没有收录无法获取全文的情况，就需要通过间接的方式获取。在间接获取的过程中有两个关键步骤：一是期刊名和会议名等缩略语转化为全名；二是查找文献的馆藏地点。

比如 SciFinder 数据库提供的文献信息中一般给出的是期刊或会议名称的缩写，一般情况下可以利用美国化学文摘社的《资料来源索引》（Chemical Abstract Service Source Index，简称 CASSI）将其转化成全名。各种数据库均设有国际标准刊号 ISSN 的检索入口，只要输入几个数字，便可以得到要找期刊的名称及其馆藏状况等信息。

馆藏地点的查找相对要容易一些，可以利用联合目录，如：中国高等教育文献保障体系 CALIS 平台的 E 读搜索引擎（http://www.calis.edu.cn/），查找本校或附近高校是否有此刊；也可以进入中国国家图书馆（http://www.nlc.gov.cn）或国家科技文献中心（http://www.nstl.gov.cn）主页，通过《联合西文期刊篇名目次库》的"刊名检索"，便可以查找出全国所有收藏该文献的"馆藏地点"。

明确了期刊名或会议名以及馆藏地之后，就可以通过馆际互借或文献传递获取原文。

【例 10-1】　希望检索发表在 1990 年第一期 J. Am. Ceram. Soc 杂志上的一篇文章。

文献获取方法：

① 由于给出的杂志名为缩写，首先可以通过搜索引擎找到该本杂志的全称或 ISSN 号。例如，在谷歌的检索框中输入"J. Am. Ceram. Soc ISSN"，可以查到这本杂志的 ISSN 号为 0002-7820，全称为"Journal of the American Ceramic Society"。

② 通过 ISSN 号或题名途径在本校图书馆的"书目信息检索系统"中进行检索。

③ 若本校图书馆没有，可以到周边其他高校图书馆或国家科技文献中心进行查询，通过原文传递的方式获取。

10.1.2.3 直接向原文作者求助

如果以上方法均无法得到原文,则还有一个直接求助原文著者的方法,作者收到信一般都愿意向你提供。

通过摘要中作者姓名、单位及研究领域的信息到网上找到他的主页,得到 Email 地址,你便可以直接和作者联系了。以下是一封索要原文的模版,仅作参考。

DearDr./Prof./Mr./Mrs.:_____(作者姓)

I am a graduate student of University of "_____"(你的学校)in China. My research area is "_____"(你的专业). Recently, I found one of your paper titled "_____"(Title)in "_____"(什么杂志,哪年、哪卷、哪页). The abstract makes the paper sound very interesting. I would appreciate it very much if you could send me a reprint of it in your convenient way.

I am looking forward to hearing from you!

Sincerely yours

_____(你的名字)

Department of _____

_____ University

City name,Zip code

P. R. China

Email Address

10.1.3 馆际互借和文献传递

馆际互借和文献传递是间接获取文献的两种主要的方式。馆际互借(Interlibrary Loan)是基于馆际之间资源共享而提供的一种服务方式,国内外图书馆之间的馆际互借合作使全球文献信息资源共享大大朝前迈出了一步。文献传递(Document Delivery)是将用户所需的文献复制品或电子文献以有效的方式和合理的费用,传递给用户的一种文献提供服务。

现阶段我国有很多可以进行文献传递和馆际互借的平台,比较著名的有 CALIS、NSTL、CASHL、国家图书馆、上海图书馆、江苏省工程技术文献信息中心、台湾朝阳科技大学文献传递中心、JSLIS 所办的江苏省高等院校通用借书证等多家平台。下面通过重点介绍 3 个国内文献传递和馆际互借服务平台了解文献传递和馆际互借申请的一般模式。

在文献传递的获取中,一般情况下都要遵守"先电子后印刷","先近后远"的原则。

10.1.3.1 中国高等教育文献保障体系

中国高等教育文献保障系统(China Academic Library & Information System,简称 CALIS)(http://calis.edu.cn),是经国务院批准的我国高等教育"211 工程""九五""十五"总体规划中三个公共服务体系之一。CALIS 是把高校丰富的文献资源和人力资源整合起来,建设以中国高等教育数字图书馆为核心的教育文献联合保障体系,实现信息资源共建、共知、共享,以发挥最大的社会效益和经济效益,为中国的高等教育服务。CALIS 管理中心设在北京大学,下设了文理、工程、农学、医学四个全国文献信息服务中心,华东北、华东南、华中、华南、西北、西南、东北七个地区文献信息服务中心和一个东北地区国防文献信息服务中心。

从 1998 年开始建设以来,CALIS 管理中心引进和共建了一系列国内外文献数据库,包括大量的二次文献库和全文数据库;采用独立开发与引用消化相结合的道路,主持开发了联机合作编目系统、文献传递与馆际互借系统、统一检索平台、资源注册与调度系统,形成了较为完整的 CALIS 文献信息服务网络。迄今参加 CALIS 项目建设和获取 CALIS 服务的成员馆(高校图书馆和社会图书馆）已超过 3429 家（截至 2017 年 6 月），其中"211""985"学校参加的比例是 100%。

【例 10-2】 希望通过原文传递得到一篇题为"Cross linguistic transfer in adjective-noun strings by preschool bilingual children"的期刊文献。

进入中国高等教育文献保障系统（CALIS）网站，如图 10-2 所示，通过输入文章题名中的两个关键词进行期刊文献的检索，得到检索结果，如图 10-3 所示。

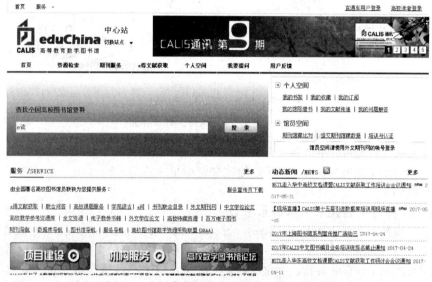

图 10-2 中国高等教育文献保障系统检索界面

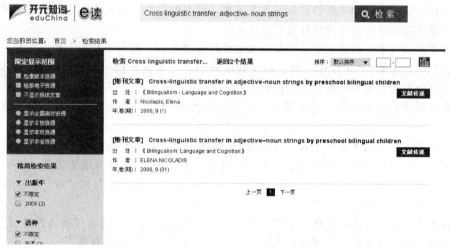

图 10-3 CALIS 检索结果界面

点击右侧的"文献传递"，就可以按照读者所在图书馆进行登录，发送文献申请，如图 10-4 所示。

登录及注册信息完成后，点击"发送文献传递请求"进行网上文献信息的提交。一般情况，图书馆的读者原文申请都需要提交原文申请单。例如，南京工业大学图书馆原文传递申请单文本在图书馆主页"服务"状态栏下载填写，文献信息尽可能完善规范，由图书馆负责文献

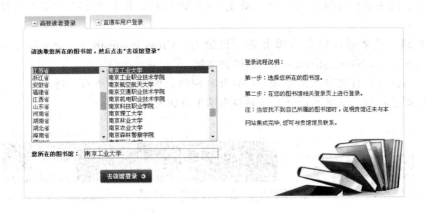

图 10-4　CALIS 文献传递登录界面

传递的老师来负责对他馆的申请和结算。

至此文献的原文传递申请就完成了，通过交纳少量的费用，1～3 个工作日就可以通过邮件或快递获取到原文（复印件）了。

10.1.3.2　江苏省工程技术文献信息中心

江苏省工程技术文献信息中心（http://portal.e-library.com.cn/）是 2004 年江苏省启动建设的四大科技公共基础服务平台之一，也是江苏区域科技创新的文献信息保障服务平台。该文献信息中心集成了江苏省科技、文化、教育三大系统的省科技情报研究所、省农科院情报所、省技术监督情报所、南京图书馆、南京大学、东南大学、南京农业大学、中国药科大学、南京医科大学和南京工业大学十家单位现有的工程技术文献信息资源，并建立与国家科技图书文献中心和长三角区域的文献信息资源共享合作，以共知、共享、共建的方式构建文献信息资源保障服务体系，联合向全省开放服务。

江苏省工程技术文献信息中心收藏的文献类型包括期刊、检索工具、专利、标准、图书报纸和科技报告六大类。"江苏省工程技术文献信息中心"为读者提供了普通检索、高级检索、期刊检索、分类检索等多种检索文献信息的方式。

只要注册成为该平台的免费会员用户，就可以使用该平台进行文献检索及申请获取文献了，而且，完善注册信息将获得一定金额的消费额度。

【例 10-3】　查找有关茶叶中农药残留量的国内标准文献。

进入江苏省工程技术文献信息中心网站，点击"中文搜索"，在普通检索界面下，选择中文库中的"国内标准"，并在查询条件的检索字段中输入"农药残留"和"茶叶"这两个检索词。得到检索结果，如图 10-5 所示。

在检索结果界面点击搜索结果中的任意一条检索结果，可以看到该标准文献的详细信息。点击该文献，提示该文献存入网盘，即进入用户的"我的网盘"状态界面。

该界面可以显示账户余额和该文献消费金额，如图 10-6 所示。点击"存入网盘"即可由后台自动或者工作人员手动传输文献，存入用户的网盘之后，即可在较短时间里获取文献。

10.1.3.3　中国国家图书馆

中国国家图书馆（http://www.nlc.cn/）是国家总书库，国家书目中心，国家古籍保护中心，国家典籍博物馆。馆藏文献总量达 3377.85 万册/件，数字资源总量达 1024.45TB，毫无疑问是中国馆藏量最大、最全的图书馆，平均年文献流通 2486.35 万册次，网站点击量13.03 亿次。

图 10-5　江苏省省工程技术文献信息中心检索结果界面

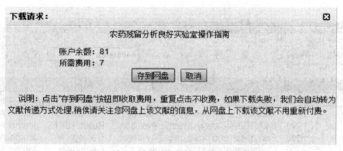

图 10-6　中心平台检索结果费用收取明细

在进入国家图书馆主界面后，可以在其检索工具"问津搜索"里输入检索词，进行文献检索。

读者在国图的文献申请和 CALIS 一样，填写申请单即可，由负责原文传递的老师来就行申请并结算。

10.2　文献管理

进行一个课题研究，从课题的开题、研究到得出结论再到后续研究，一直需要不断的获取文献信息，这一过程中，检索出的文献数量越来越大，如何才能有效管理这些检出文献呢？科技论文的撰写，尤其是综述论文、博硕士学位论文的撰写，引用的参考文献很多，引文的整理和规范化又是一项巨大的工程，如何去快速有效地组织这些参考文献呢？上述问题的解决均涉及文献信息的组织管理，随着计算机网络的发展，信息组织管理方式逐渐以计算机数据库管理代替了传统的手工方式。很多机构研究开发了相应的软件，来解决电子文献信息的高效率组织管理问题，其中国外较为典型的有 Endnote，国内有 NoteExpress。

10.2.1　EndNote

EndNote 参考文献目录管理软件是由美国科学信息所研制开发的。利用 EndNote 可以创建个人参考文献图书馆，可以收集贮存个人所需的各种参考文献，包括文本、图像、表格和方程式；可以对贮存的文献数据库进行文献排序、文献检索；还可以根据科技期刊投稿论文对参考文献格式的要求，将参考文献按指定格式输出到论文中。

EndNote 软件能实现主题书目在线查找和图片管理，其优势体现在以下四个方面：

① 拥有上千种期刊的参考文献格式文件，可以供用户撰写论文时按要求自动生成参考文献，并插入引用；

② 可以将平时检索阅读的参考文献输入到 EndNote 软件中，方便自己随时查找文献，这里可以按自己的需求组织文献，提供便利的检索功能；

③ 可以随时调整参考文献的格式；对文章中的增、删及位置调整时，也可以自动生成新的参考文献列表；

④ 与 Word 的真正协同功能。安装 EndNote 后，自动在 Word 中建立了一个新的工具栏，实现了 EndNote 一些常用功能在 Word 中的快速便利地实现。

EndNote 的可按照如下步骤使用：

下载 EndNote，安装后进入主界面，打开"Paleo"数据库（软件安装自带的样库），如图 10-7 所示，分为上、下两个窗口，上方窗口为文献列表，下方窗口显示为上方窗口选中的文献的详细记录。

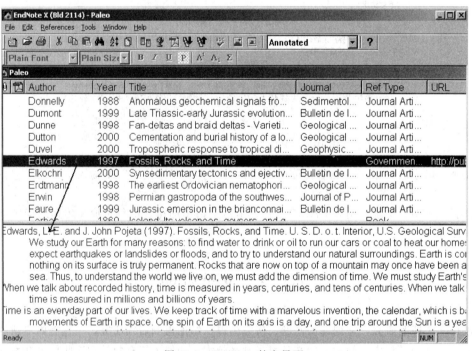

图 10-7　EndNote 的主界面

在介绍 EndNote 使用前，先介绍几个常用概念。Library：Endnote 用来存储参考文献数据的文件，即 Database；Reference：参考文献；Reference Type：参考文献类型，比如 Journal Article、Book 等；Style：样式，即参考文献的标注格式，不同期刊有不同的格式，在 End-Note 的网络数据库中，有上千种期刊的参考文献格式；Filter：通过检索得来的参考文献导入（Import）EndNote 时所用的过滤方式，由于每个检索系统输出的数据格式都不一样，所以导入数据时需要根据检索系统选择对应的 Filter。

文献导入及操作如下。

① 检索系统如 SCI 光盘、CA、Pubmed 或谷歌搜索引擎等，检索出的文献导入到 End-

Note,根据各检索系统选择对应的 Filter。

② 在 library 中,可以对每篇文献进行阅读,并对文献的各项内容进行修改,如修改字段栏显示的内容:References→Edit Preferences;也可以增加新文献 References→New Reference,自行添加新文献的各个项目以及选择文献类型。还可以改变文献的显示格式(style)。

③ 加入图片或对象,通过 References→Insert Picture 或 References→Insert Object,添加文献的相关图片或全文对象(如.pdf、.doc、.txt 等)。

④ 在 EndNote 的 Library 中可以检索文献,通过 References→Search References,选定检索字段、检索条件,也可以通过逻辑组配进行多个检索条件检索。

EndNote 在安装后,会在 Word 中出现相应菜单项,如图 10-8 所示。在 Word 中写作论文时,可以方便地插入对参考文献的引用。

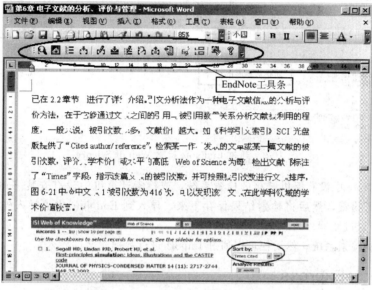

图 10-8　Word 中的 EndNote 工具栏

① "Insert Selected Citations":在 EndNote 中选择需要加入的参考文献,然后在 Word 中点击该菜单命令,便可以将参考文献加入到 Word 文档中。但是这样加入的参考文献在 Word 中的显示格式,有很多 EndNote 需识别的字符串,可以通过"Format Bibliography"转换成所需要的格式的参考文献。

② "Format Bibliography":可以将字符串转换成标准的参考文献格式。这里需要设置所需的 With Output,也即 Style 选择,再设置 Font、Bibliography 等,点击该菜单命令,EndNote 会自动识别字符串,并转换成所选格式的参考文献。

③ 其他一些菜单命令,如"Find Citation(s)",跳转到 EndNote 窗口进行检索参考文献;"Go To EndNote",返回到 EndNote 窗口;"Edit Citation(s)",可以编辑参考文献;"Unformat Citation(s)",撤销参考文献格式转换。

通过 EndNote 检索网上数据库步骤如下:

① 选择 Tools→Connect,出现连接选择窗口,选择一个需要查询的数据库,如 Web of Science,然后按 Connect,即弹出连接窗口,如图 10-9 所示。EndNote 提供了一系列的检索系统,并按字顺排序,供用户选择,这是它与 Reference Manager 的强大优势所在(Reference Manager 只提供了三种数据库选择)。

② 进入检索窗口,选择字段 Field,也可以多个字段组配检索,输入检索词,点击 Search,

如图 10-9 所示。获取检索结果显示列表。在下载的过程中，随时都可以通过窗口下方的 Pause 暂停下载过程。对检索文献列表，可以点击窗口右下角的 Show Preview 查看文献信息，也可以有选择地进行下载，如 "Copy All References To" → "New Library" 或 "Choose Library"。

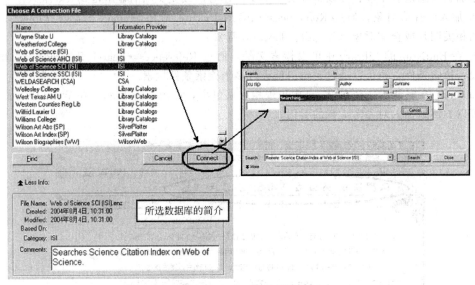

图 10-9 通过 EndNote 检索 Web of Science

③ 若 EndNote 中没有提供链接的检索系统，或检索计算机中没有安装 EndNote，可先通过检索系统进行检索，然后将检索结果保存下来，导入到 EndNote 中。导入外部文件时，需要先设定 Filter（过滤器），在 Edit→Import Filters→Open Filter Manager，打开 filter 管理器，选择你所检索的检索系统。然后便可以通过 Import 进行数据库文件导入。

10.2.2 NoteExpress

NoteExpress 是北京爱琴海软件开发的一款专业级别的文献检索与管理系统，其核心功能涵盖"知识采集、管理、应用、挖掘"的知识管理的所有环节：具备文献信息检索与下载功能，可以用来管理参考文献的题录，以附件方式管理参考文献全文或者任何格式的文件、文档；具备数据挖掘的功能，可以帮助用户快速了解某研究方向的最新进展、各方观点等。

除了管理显性知识外，类似日记、科研心得、论文草稿等瞬间产生的隐性知识也可以通过 NoteExpress 的笔记功能记录，并且可以与参考文献的题录关联起来。在编辑器（如 Microsoft Word）中 NoteExpress 可以按照各种期纸杂志的要求自动完成参考文献引用的格式化，与笔记以及附件功能相结合，实现全文检索、运用数据挖掘等，使该软件可以作为强大的个人知识管理系统，是一款优秀的国产文献管理软件。

相比国外的文献管理软件 EndNote，NoteExpress 在基本功能和使用方法上没有太大差别，但它有其独特的地方，具体如下。

① 支持国内数据库检索题录的导入，如：中国期刊全文数据库、中文科技期刊数据库、万方等，这是国外文献管理软件不能直接导入的；

② 文献资料与笔记功能协调一致，除管理参考文献资料外，还可以管理硬盘上其他文献，作为个人知识管理系统；

③ 可用于获取文献资料的互联网数据源非常多，未来版本中将达数以千计的在线图书馆，

并且支持用户自己添加数据来源；

④ 同一文献信息或笔记可以属于多个目录，但只需要在数据库中保存一条记录；支持绝大多数流行的文献的导入格式，并支持自己编辑的文献格式。

NoteExpress 是目前国内做得最好的文献管理软件，它的版本更新速度快，每一个更新都让用户使用起来更加舒服和人性化。NoteExpress 的基本功能与 EndNote 相同，本节主要对它的两个特色功能作一些介绍。

以中国期刊全文数据库检出的题录导入为例子，演示 NoteExpress 如何存储、管理中文数据库文献题录。

① 在中国期刊全文数据库主站检索平台（CNKI5.0）上输入关键词，如"催化"进行检索，并选中自己感兴趣的检索结果，点击网页右上方"存盘"按钮，如图 10-10 所示。

图 10-10　CNKI 关键词检索"催化"相关文献题录

② 弹出新页面窗口，在输出格式"自定义"下方选中自己需要的字段内容，点击"预览"，然后按 Ctrl＋A 选中页面全部内容、Ctrl＋C 复制选中的内容，如图 10-11 所示。

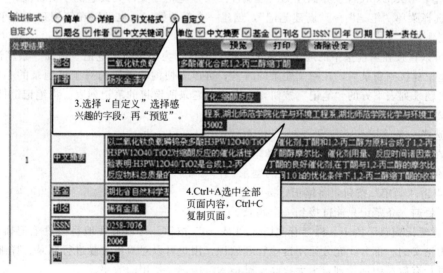

图 10-11　CNKI 输出结果的格式设置

③ 打开 NoteExpress 主界面，如图 10-12 所示，选中要导入题录的数据库和相应文件夹，然后点击 按钮，出现导入题录对话框，这里需注意两点：若已经将题录内容复制到剪贴板，可以选择"题录来源"为"来自剪贴板"；"当前过滤器"的选择，这是关键的一步。过滤器的概念和作用在前两节已有说明，如果选择不当，题录不能被正确地导入到文献管理软件中，如在本例中，需要选择过滤器为 CNKI 5.0。设定好各选项后，点击 开始导入(I) 按钮开始导入题录。

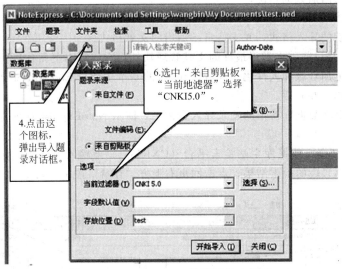

图 10-12　NoteExpress 的题录导入界面

其他中文数据库如中文科技期刊数据库、万方数据资源的导入方法与中国期刊全文数据库类似，英文数据库如 CA on CD、Elsevier、ACS 等的导入的方法与前面 EndNote、Reference Manager 类似，非常简单和方便。

新建和添加笔记步骤如下：

① 选中 NoteExpress 主界面左侧"数据库"→"笔记"文件夹或它的子文件夹；

② 选择菜单"笔记"→"新建笔记"，创建一个新的笔记；也可以在笔记列表上单击鼠标右键，创建新笔记；

③ 可以直接在当前选中的题录上单击右键，通过"为题录新增笔记"增加一条笔记。

将笔记链接到题录后，在阅读题录的时候，可以方便的查看以前对于该题录的心得体会。可以点击题录列表下方的"笔记"按钮，查看当前题录所链接的笔记列表。将笔记链接到题录的具体操作步骤如下：

① 选择一条笔记；

② 在选中的笔记上单击右键，选择"链接到题录"；

③ 在弹出的题录列表中选择对应的题录；

④ 点击"确定"按钮，将笔记链接到题录。

注：目前一条笔记只能链接到一个题录。

"编辑笔记窗口"的工具栏上有"插入到 Word"按钮，可以方便地将该段笔记插入 Word 中，作为论文的一部分。充分运用这些管理软件，用户可以对检出文献进行题录、详细记录乃至全文进行有效组织和管理，大大提高文献检索、阅读、使用的效率。

本章小结

本章着重介绍了原始文献的获取方法和专业级文献管理系统 EndNote 和 NoteExperess 的使用。原始文献获取分为直接获取、间接获取和向原文作者求助三种方式。其中直接获取最为快捷方便，但受限条件较多。而间接获取则是弥补直接获取不足的重要手段，可以通过 CALIS、国家图书馆、NSTL、江苏省工程技术文献信息中心等多家共享平台申请原文传递。此外，向原文作者求助也是可以尝试的方法。文献管理主要介绍了专业级别的文献管理系统 EndNote 和 NoteExperess 创建个人参考文献图书馆、收集贮存个人所需的各种参考文献、检索文献，根据科技期刊投稿论文对参考文献格式的要求将参考文献按指定格式输出到论文中等功能。

思考题

1. 简述获取文献的几种方式，比较其各自特点。
2. 登录 CALIS、国家图书馆及上海图书馆、NSTL 等平台，熟悉其检索原文流程。
3. 比较使用 CALIS 和江苏省工程技术文献信息中心平台原文获取的优缺点。
4. 说明 EndNote 和 NoteExpress 的主要作用。

第 11 章　科学研究中的文献利用与论文写作

大多数初涉研究领域的检索者会认为，只要检索策略正确，那么查到的文献就应该真实可靠，值得参考。然而，需要指出的是，即使你的检索策略是完全正确的，这也仅仅是漫长的信息获取道路上迈出的第一步，往往当你费时费力找到原文时，浏览结果常常大失所望。经常会发生的是：对于同一个问题，不同作者会有不同的结论，那么到底哪篇文章中的数据、结论更可信呢？哪个更值得你去参考呢？这就需要对文献进行分析与评价。因此，真正的文献检索应包含文献的检索与利用两大部分，而所谓利用就是对文献进行阅读、分析与评价。科学研究与文献查阅的关系如图 11-1 所示。本章着重介绍科学研究中的文献利用（文献阅读、文献分析、文献评价）与科技论文写作。

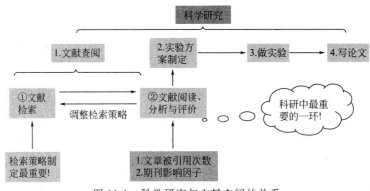

图 11-1　科学研究与文献查阅的关系

11.1　文献阅读

文献阅读是文献检索中的重要一步，只有通过阅读文献，才能知道目前该领域国内外研究的现状、存在的问题、解决的办法与原理、还存在什么问题，继而寻找进一步研究的创新点，课题方向进一步调整与明确。对文献的熟悉程度不同，阅读文献的方式大不相同。

一个科研课题可分为三个层次：研究方向、研究领域和研究课题。例如有人研究纳米氧化锆粉体的制备，对他来说，研究方向是纳米材料，研究领域是纳米粉体，研究课题是纳米氧化锆的制备和表征；又如研究用二氧化钛（TiO_2）作为光催化剂来处理有毒有机废水，研究方向是废水处理，研究领域是有毒有机废水的处理，研究课题是 TiO_2 光催化处理有毒有机废水。

不同层次要求对文献了解的深度是不同的：

① 研究方向层次的文献：一般涉及基础知识、学科水准、了解当前重大进展与趋势；

② 研究领域层次的文献：了解焦点与热点，已/正/将进行的课题；

③ 研究课题层次的文献：要全面了解历史、现状、展望、主要机理及实验手段等。

由此可见，从研究方向→研究领域→研究课题，对课题的了解越来越专深，由杂到精，这是研究人员做科研的必经之路。需要指出的是，刚入门的研究人员往往会忽略对研究方向即大背景的关注，导致不知自己的课题在整个社会中所处的位置、有何意义、与相邻领域有何交叉与联系，这种只见树木不见森林的研究方法会把自己变成井底之蛙，万万要不得。

科研人员刚进入课题对其往往是一无所知，因此对该课题意义，课题背景，国内外研究现状，以及存在的问题的全景了解尤为重要，本书将该阶段定义为研究初期；

随后要大量查阅该领域的理论和实验文献，熟知该领域的机理、实验方法，确定自己的研究路线，做实验，这是研究中期；

最后，将自己的实验数据整理，总结，给出模型、机理、结论，发表文章、专利，这是研究后期。

对于一个新手，必须阅读大量的文献，才能把握本领域的动态和方向。但不同的科研阶段对信息"查"与"阅"的要求是不同的，时而须"查全"，时而须"查准"；时而"精读"，时而"泛读"！

11.1.1 研究初期文献阅读策略

研究初期，研究者对课题几乎是一无所知，连课题的 ABC 都不知道。此时，检索强调的是"准""快"而不是"全"；文献阅读强调"粗"而不是"细"。信息资源首选专著，以及 10 多篇相关性较大的文章（这需要"准"来保障，否则光摘要都看不过来）。

文章只需阅读摘要、引言和结论部分（具体的实验方法、原理、机理留到中期去完成）。主要对课题的领域、意义、背景，国内外研究状况、存在的问题和相关名词术语有一个大致而宽泛的了解。这样做的目的在于：以最短的时间、最快的速度了解课题的 ABC，并对课题有一个整体直观的印象。不同的文献类型有各自特点：

① 综述是专家权威对一段时间内众多文章给予总结；

② 专著是学术大师给予的时间跨度更大的总结，几乎是从古到今，最大特点是从基本 ABC 开始，内容更全面，广度、深度、高度兼具，可以了解和把握全局；

③ 具体一篇篇文章的特点是新，内容更专深、更详尽，但由于是写给同行看的，起点非常高，可以以专著和综述作铺垫。

④ 特别推荐中外"博硕士学位论文"（如中国优秀博硕士论文库，万方博硕士论文库，PQDD 博硕士学位论文数据库），虽然论文质量参差不齐，但由于从基本 ABC 写起，而且没有字数限制，方法、公式都非常详尽，读起来很容易理解，第一章的绪论往往信息量很大，实验步骤写得非常详尽，读它们可以起到启蒙教育，很有参考价值！

⑤ 认真阅读本课题组已发表的，向他们了解该课题组过去和现在的研究工作，是迅速进入研究角色的最佳捷径！

⑥ 有科研人员在网上给出的心得是："先从中文书籍开始阅读，了解该领域的历史和基础知识；其次最新的中英文综述文章，了解最新发展动态；然后从综述文章的参考文献顺藤摸瓜继续深入文献阅读；最后就进入角色了"。这确实是个好方法。

对有了研究初期的文献基础后，会调整出更接近于课题本质的检索策略，使研究中期站得比较高。

11.1.2 研究中期文献阅读策略

研究中期是科研最核心阶段，要做三件事：①熟知该领域的机理和方法（中前期）；②确定课题的研究路线和实验方法（中中期）；③做实验（中后期）。

该阶段最需要从文献中获得灵感和启发的阶段，文献的查阅量急剧上升，阅读过程为：(1) 点→面；(2) 杂→精。对应的检索策略是：(1) 准→全；(2) 全→准。

该阶段的特点是先"输入"后"输出"。即研究者对该领域的理论和实验方法必须先消化吸收，变成自己的智慧后，才能有所产出。因此，一定要"深入细致"阅读文献，过程如下：

11.1.2.1 "点"

由"准"的检索策略作保障，检索并挑选出各时期经典论文（引用次数最高的便是）、近期质量较高的文章（刊登在影响因子高杂志上的文章）各10篇左右进行研读（"点"），每一部分都仔细读，将各个部分内核掌握一个大概（全部搞懂是不可能的），大致了解该领域中解决存在问题所采用的方法、理论基础和实验手段。当然，经典专著是时时要读的。

11.1.2.2 "面"

如果策略光强调"准"则会遗漏很多有用的文献，所以应用"较全"的策略来互补，检索出范围更广的文献（"面"）来阅读。因不同作者的研究方法不同，读多了才能比较出他们的优缺点，从中确定自己课题的创新点、研究方法。

文献可分为重要、相关和其他三类文献。应根据所读文献的重要性、相关性进行分类，采取精读与泛读相结合的方法。

① 重要文献指对本领域的发展具有里程碑式意义的工作和某些权威撰写的综述以及详细描述某些重要的实验方法。对这些文献设法获得原文并仔细阅读。

② 相关文献指与自己研究领域相关领域的重要文献和自己领域内的除重要文献以外的其他文献。对这些文献以阅读文摘为主。在阅读过程中发现启发性的文献可以升级为重要文献，阅读全文。

③ 其他文献指描述相关领域的一般研究工作的文献，可以花非常短的时间浏览文章题目（国外刊物的题目一般准确反映了研究内容和结果），这个工作可以为自己在将来的某一个时间进入相关领域作准备。在科研的道路上，由浅至深，由广至专（注意是由"广"始，而不是一开始就不关心全景，只关心自己的一小块）。应先看到整个森林，接着见到每棵树木，然后关注每片树叶，最后聚焦叶子上的每条纹路。

广义的文献应该包括可以阅读的所有出版形式。比如要了解化工分离的基本形式，最好是看教科书；要如何设计精馏塔，最好是看专著；要知道最新进展，最好是查阅期刊；要了解别人的研究动向，最好是参会或看会议论文汇编。

这些面广的文献应采用"跳读"的方法阅读，如表11-1所示。

① 先看标题、摘要、引言，再看结论。其中引言最重要：课题的意义，存在的问题，前人解决得如何，还存在什么问题，作者准备解决什么问题，采用何种方法。如果有兴趣，则进入下一阶段。

② 浏览正文所有图表，因为它们简明、清晰地反映了全文的信息，有兴趣再进一步读文字部分。阅读正文时要找出论文真正具有内容的部分，它经常隐藏在某个角落里。但是，往往作者认为最有创新的地方，未必是你感兴趣的，反之亦然。

③ 如果该文确有价值，则通篇精读。详细了解它的理论依据、实验方法、解决了前人哪些问题、还有哪些不足，若你希望进一步解决该问题，则新课题由此产生。

表 11-1 阅读文章的顺序

文章顺序	论文的组成	阅读顺序
1	标题(Title)	1
2	作者(Author)	8

续表

文章顺序	论文的组成	阅读顺序
3	作者单位(Author Affiliations)	7
4	摘要(Abstract)	2
5	关键词(Key Word)	9
6	6-1 引言(Introduction)	3
	6-2 实验方法、原理	6
	6-2 图、表	5
	6-3 结论(Conclusion)	4
7	参考文献(Reference)	若是好文章,一定要重视它的参考文献!

11.1.2.3 "精"

有了上述对文献"由点到面"宽泛而深入的研读,有了一定的知识基础以后,对于繁杂的文献,要有个人的判断,达到"由杂到精"。

专门针对某一专题查阅。如进入研究中中期后,需要对众多实验方法进行比较,得出优劣,确定最适合于本课题组研究条件、研究者自身知识结构的最佳方案,此时只需阅读每篇文章的实验方法部分即可;此后,分析实验现象、与文献对比实验数据、提出某种机理时的解惑,用的都是专题查阅方法。

11.1.3 研究后期文献阅读策略

研究后期就是将研究中期得到的实验数据进行归纳整理总结,给出模型、机理,得出某些结论,写出文章专利发表。

不要以为文献检索和阅读在这个阶段已经结束了,恰恰相反,在这个阶段采用的检索策略需要"超级全"。因为,为了分析、解释实验中出现的某种现象;为了支持文章中提出的某个观点。尤其是在申请专利、递交文章前一定要来一次地毯式大搜索,看看自认为具有新颖性的成果是否真的全世界没有人做过,是绝对新颖还是相对新颖,前人已有的专利是全部覆盖还是部分覆盖你准备申请的专利?你提出的某个观点是否违反常理?你提出的创新,前人是否在别的体系中已有提出?为了你的文章不轻而易举被拒,为了你申请的专利中千方百计希望被保护的条款不被专利审查员说成是"公知常识",那么请你将核心词改为扩展词来一次大搜索。

写论文过程中,如果有很新颖的想法和结论提出来,特别是对前人工作某些论点提出否定时,一定要小心,必须查到位。要就此专题进行检索,并将检索范围再往外扩展一些。譬如,原来你的课题是"A 物质+B 方法",那么,此时检索范围应扩展到没有任何物质限制的"B 方法",看看别的文章中相关方法可借鉴之处,否则就会有井底之蛙之嫌。看看下面的退稿信是多么令人沮丧!

"I regret to inform you that your manuscript has not been found suitable for publication. Temperature and pressure effects on H-bonding in supercritical water was reported in your manuscript. Actually it has been studied and discussed in many experimental and theoretical publications over the last 20 years. Contrary to what is stated in the manuscript, there is no controversy about the existence of H-bonds in supercritical water. The issue has been solved over 10 years ago."

如何阅读文献,网上有发表很好的高见:"对文献的熟悉程度不同,阅读文献的方式就大不相同。新手学习式阅读,逐字逐句,搞清细节,掌握最基本的知识点。最初的十几、几十篇要精读,精华的几篇甚至要背诵。老手搜索式阅读,已熟悉各种研究的常见模式和一般套路,能够迅速提取关键信息,把握思路,经常不按常规顺序阅读。有人看图说话,有人辨数识字。高手批判式阅读,一针见血,直指问题所在。实际上没有一篇论文是无懈可击的。新手要稳,老手要准,高手要狠。新手、老手、高手的代表人物分别是研究生、导师和审稿人,但认真钻研的新手完全可以在三年中实现从新手到高手的嬗变。对自己有清醒的定位,才能选择正确的阅读方式。"

下面对上述三个科研阶段对信息阅读的要求作一总结,如表 11-2 所示。

表 11-2 不同科研阶段对信息阅读的要求

阶段		目标	检索和阅读文献类型	检索方法	阅读方法
研究初期		以最快的速度了解课题的 ABC,对课题的内涵有一个基本的认识。	教材、专著、综述、少量相关性大的文章、网上资源、博硕士学位论文	快	泛读
研究中期	中前期	真正开始入门;熟悉该领域的机理和研究方法。	专著、综述、经典文章少量最新的高质量文章、博硕士学位论文(重要文献)	准	精读
	中中期	确定课题的研究路线和实验方法;通过大量批判性阅读寻找你课题的切入点。	专著、经典文章、大量高质量文章、与课题相近的文献(相关文献)	全	泛读+针对研究路线和实验方法阅读
	中后期	做实验;针对实验中出现的新问题再查资料;与文献数据对比	经典文章、大量高质量文章、与课题相近的文献;针对新问题查到的文献	准	针对实验中出现的问题阅读
研究后期		写论文专利;看是否已有相似的专利发表;看自己的论点是否站得住脚	重要文献+相关文献+其他文献	超全	针对自己文章拟提出的论点阅读

11.2 文献分析

通过分析文献知道目前该领域国内外研究的现状、存在的问题、解决的办法与原理、还存在什么问题,继而寻找进一步研究的创新点,课题方向进一步调整与明确。

① 分析参考文献;
② 分析领军人物和课题组;
③ 分析课题重要期刊。

实际上,分析参考文献、人物、期刊的方法是一种传统的追溯检索法,它可以织成这样的网:

- 文章→参考文献→更多文章;
- 文章→作者→文章;
- 作者→文章;
- 作者→团体→更多作者→文章;
- 链接→网站→更多链接;

- 期刊论文→图书；
- 图书→期刊论文；
- 用较少的文献引出较多的文献。

11.2.1 分析参考文献

参考文献是科技论著的一个重要的组成部分。它的重要性在于它明确地标示引用他人的学术思想、理论、成果和数据的部分，并给出其来源，以体现科学的继承性和对他人劳动的尊重。又表明了科学的严肃性、言之有据。用户可以通过所引用的文献，评估论著的学术水平，有助于鉴定和确认成果。通过参考文献可进一步检索有关资料，共享资源。

但刚入门研究人员最容易忽略的部分就是"参考文献"，有的甚至从来没将正文中某段文字与它的出处即后面相关参考文献联系起来。他们往往认为文献检索只有靠自己检索到的才是最可靠的；只要检索策略正确，检索结果必定是相关的。其实这些想法是相当错误的，研究初期我们往往由于对课题认知水平较低，造成关键词不够准确或同义词不全而导致漏检，即使不漏检，也经常是花了九牛二虎之力得到的结果相关性却很差，导致文章太多，无从筛选。

怎么办？事实上，利用参考文献追踪价值大的文献不仅可以起到事半功倍的作用，更重要的是它能帮你建立起一张网，网住由于你对课题认知上偏差而造成的遗漏。众所周知，美国科学引文索引（SCI）实际上利用的正是这种原理和思想。它有一句名言："SCI 为科研人员搭建一个知识网络，不仅能够让科研人员找到他想知道的知识，也能够帮助他发现他自己所不知道的知识，从而激发新的发现与创新"。这正是重视参考文献的好处！

如何准确有效地利用参考文献？有以下几个原则：

① 有的放矢多读几篇质量较高、相关度较大的文章（即杂志影响因子高、文章引用次数多、研究领域专业杂志上的文章）；将正文的内容与它的出处即后面相关参考文献关联起来（记住参考文献的著者、篇名、期刊）。认为重要的段落，或者恰恰是你感到迷茫的问题在此得到了一些启示的，则一定要由此得到线索，继而得到原文。

② 统计不同文章关键点所引参考文献。如果某篇参考文献在不同文章里均出现过，则值得获取原文阅读。

③ 统计所引参考文献的著者，若该著者在相同或不同文章里出现多次，值得获取原文阅读。并以该著者作为检索路径检索他所有的文章；判断他所在的课题组对该领域的贡献。

④ 统计所引参考文献的期刊，若该期刊在相同或不同文章里出现多次，则说明它是该领域十分重要的期刊，以后要定期浏览上面所有的文章。因为在科学研究中，往往是体系不同，但理论和实验方法是相通的，若用主题词通常是检索不到这些文章，最好的办法则是浏览积累。

11.2.2 分析领军人物和课题组

科学是人类探求客观规律的活动。这个定义除蕴涵了规律的客观性之外，同时说明科学是人的活动，它是人脑中形成的对于客观世界的反映。因此，正确的文献检索方法是：研究者刚开始是对一篇篇文章关注，但最后应上升到对著者，特别是对该领域领军人物、大师级人物以及他所领导的课题组的关注。也就是说，我们在检索和阅读文献时，不要忘记关注以下问题：该研究起源于什么时候、哪个研究机构？目前哪个课题组最活跃？领军人物是谁？他们的学术思想是什么？他们最近发表了哪些文章？他们发表的文章一般刊登在哪些刊物上？

实际上，Web of Science 数据库和 EI 以及 SciFinder Scholar（即 CA 的网络版）均有这些

分析功能。目的是对该领域，从对一篇篇文章平面的理解到全方位的立体了解。

为什么要看重对该领域领军人物以及他的课题组的关注呢？因为，一般来说作者所在课题组对这领域研究得越多、越深，可信度也越大，特别是领域权威提出来的观点，需要更加关注。正如中科院邹承鲁院士所说的那样"创新出于积累，积累可以是个人积累，也可以是本人所在单位的长期积累。这就是前面提到的旺火炉原理，也是诺贝尔奖经常出在少数几个单位的原因。只有勤奋努力才能不断有优秀工作的积累，才可能在工作中逐渐产生真正的创新、别人无法剽窃的创新思想，才有可能在重大问题上取得突破。而在一个炉火熊熊的旺火炉中，不断会有优秀工作的积累、优秀人才的产生，并且创新思想和人才的不断相互作用、相互启发、相互激励，就会不断创造出新的突破性成果。"

在科学研究发表文章过程中，可能也存在着"二八定理"，即20%的课题组发表了该领域80%的文章。一个优秀的课题组往往有一个比较完整的学术思想，而且它在不断发展、不断变化，由于时间和领域跨度大，它的很多思想会散落在各个时期的文章里，因此，应该对该课题组（领军人物）进行全方位的检索，这样得到的收获会大大超越用主题词检索的结果，虽然只简单用了"著者检索"这个途径，但它实现了时间和领域的双重大跨度检索（一般来说，所谓的领域跨度是指体系不同，但方法还是相同的），这是用主题词怎么也做不到的。譬如，你检索到了一篇他们2000年发表的文章为A，很可能他们的思想已经在1990年发表的文章B中已有体现，因此文章A中不会再次出现，而文章B是你的相近领域而不是相同领域，如果用关键词是检索不到的。另外，文章B中的思想在2007年又有所修正，发表在文章C里。

因此，我们还要对领军人物及其课题组进行全方位追踪，将一篇篇毫无头绪的文章与人和课题组相联系，把握大师们的思想脉络，再由他们的文章、网页、大会报告搭起该领域的脉搏，形成一个由人、时间、文献三者构成的立体文献数据库。这才是正确的科研方法！

11.2.3 分析重要期刊

如果对自己专业中最重要的4～6本杂志定期浏览，可以从"面上"了解学术进展和热点（若是用主题检索则只有一个"点"），再根据个人的兴趣和工作进展，逐篇仔细阅读新作。跟踪几本重要杂志的作用与跟踪本领域中几个最重要的人物同样重要。

什么杂志是自己专业中最重要的？我们应该这样理解，它必须是与自己研究领域相关性高而质量好的杂志。

怎么知道这些杂志的名称？①向导师、师兄师姐请教，这是最直接的方法，因为他们在长期的科研中已经积累了很多的经验；②统计所读文献参考文献所刊登的期刊，若该期刊在相同或不同文章里出现多次，则说明该期刊对该领域来说是十分重要的期刊；③该杂志的影响因子在你的研究领域中排名靠前的杂志。

【例11-1】 课题"影响聚醚醚酮复合材料的摩擦磨损性能的机理分析"。

背景：聚醚醚酮（polyetheretherketone，简称PEEK）是一种新型的半晶态芳香族热塑性工程塑料，具有耐高温、自润滑、耐化学腐蚀性、热稳定性和高机械强度等优异性能，是继聚四氟乙烯（PTFE）之后的又一类备受欢迎的耐磨减摩材料。与PTFE相比，PEEK有着更高的承载能力和更好的加工性能，成为当今最热门的高性能工程塑料之一。但其耐磨性能还有待于进一步提高，因此，有必要研究其摩擦（friction）和磨损（wear）性能。

该例子很好显示了如何由参考文献知晓该领域的经典文章、权威、重要杂志；如何借鉴相近研究领域成熟的理论。其检索步骤和每一步的分析如图11-2所示。

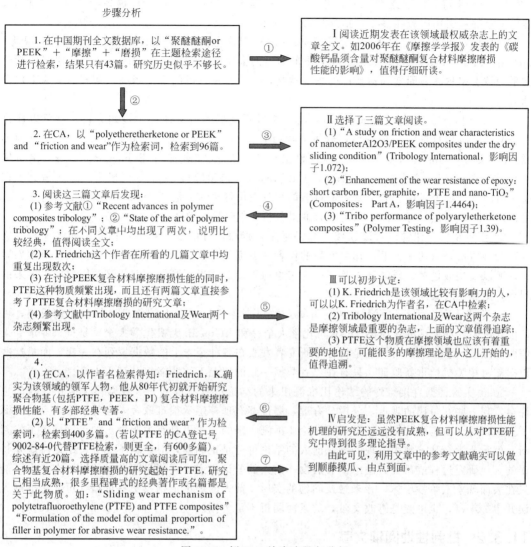

图 11-2 例 11-1 检索步骤与分析

11.3 文献评价

在阅读了大量原文后,研究者往往会发现:对于同一个问题,不同作者会有不同的实验结果、不同的解释、不同的结论,有时甚至截然相反的观点;而当研究者严格按照文献叙述重复前人实验时,有时发现竟然有很大的出入。那么到底哪篇文章中的数据、结论更可信?哪个更值得你去参考?这就需要对文献进行评价。

11.3.1 文献评价原则

从众多文献中查找出与研究相关的信息,不仅是检索与搜集的过程,也是评价的过程。在课题的进展中既要注重查阅文献,更要学会筛选文献,在接受一个信息之前,对其做出判断可以达到事半功倍的作用。对文献的评价,可以有以下的原则。

① 一般来说，发表这篇文章的期刊其影响因子（Impact Factor）越高，其可信度越大；这篇文章的被引用次数越多，可信度越大。

在这里，可以充分利用 Web of Science 的被引次数（Time Cited）和《期刊引文报告》(Journal Citation Report，JCP) 的期刊影响因子两大功能来分析。影响因子越大，说明期刊论文平均被引率越高，即期刊被使用的程度越高，同行专家认可的程度越高，期刊的学术影响力越大。

Web of Science 中的"Analyze Results"能对原文献的引文作进一步的分析，它可以通过对引文的各种信息进行分析排名，分析的项目有：Author（作者）、Document Type 文献种类（综述，文章）、Institution Name（作者单位）、Language（语言）、Publication Year（出版年代）、Source Title（杂志名称）、Subject Category（主题领域），从中你可以进一步了解到，在哪个时间段、哪个机构、哪个杂志上对该篇文章引用得最多。它是 Web of Science 的精华，也是体现 SCI 理念的最好手段。因为只有通过分析才能证明该文章的真实水平。

② 作者及所在课题组对该领域研究得越多、越深，可信度也越大；作者的知名度与发文的数量和质量是密切相关的，知名度高的作者一般都是某学科的学术带头人，他的科研硕果累累，所以发文数量多、质量高，其理论与实验的积淀是相当深厚的。因此该领域权威提出来的观点，更加需要关注。

③ 学术专著、手册、百科全书、辞典、教科书等科技图书上的原理，数据比较成熟，可信度比较高。如德国的《Beilstein 有机化学大全》和《Gmelin 无机化学大全》是全世界最令人信服的数据，它在编撰时，不是将各个研究者发表在各种杂志上的数据罗列在一起，而是这些数据需由相关机构重新验证，只有在二者数据一致的情况下，才能将其列入大全。

④ 由实验证据直接得到的结论比推测出来的结论更具有说服力。在众多文献中，我们也许会发现一些有争议的观点，公说公有理，婆说婆有理，感觉很难取舍，这就要看观点的来源了。应该说，由实验证据直接得到的结论比推测出来的结论更具有说服力。如果这样还不好判断，就需要学会从分歧中发现问题：前人的结论可能是正确的，但论据不充分；结论可能是错误的，但研究过程或研究方法可能有启发；前人的争论焦点，可能是问题的关键所在，也可能只在表面现象上争吵不休，并未触及问题的实质；前人的理论依据及史料依据，可能是准确无误并十分丰富，也可能是篡改文献，贫乏薄弱得不足为据。

11.3.2 批判性地阅读文献

当今研究论文浩如烟海，特别是在我国，由于职称晋升和研究生毕业的要求，造成文章畸形增长，鱼目混珠。即使作者是怀着十分认真的态度写就，也可能会受作者认知水平、测定条件所限，导致错误的结论。因此在阅读文学过程中切忌完全相信，全盘吸收。

批判性阅读是一种科学的态度和方法，指在阅读时应当保持独立思考，从立论所根据的事实证据和收集证据所使用的方法是否适当开始，检查推理时概念的准确性和逻辑性，以及结论是否恰当，进行仔细的审查，准确地评价论文；既不因循守旧，也不轻信盲从。对待古今中外的一切文献都应持这种态度，即"尽信书不如无书"。

批判性阅读采用以下方法比较容易入手：

① 比较和对照不同作者对某一问题观点的异同点；

② 对前人的理论和结果进行批判（如给出模型或机理的前提是否合理；测量的范围是否恰当）；

③ 想一想：让作者产生这些说法和想法的理由是什么？作者正在用事实、理论还是信念？事实可以被证实；理论可以被证明，而且不会被事实弄混淆；观点则可能基于也可能不是基于有力的推理；信念自然是没有被证明的；

④ 注意作者自己或者别的作者有没有对该篇文献进行过修正或评价（用 SCI 引文检索的方法）；

⑤ 从现有文献寻找你课题的切入点，这便是我们创新的基础。

正如英国著名科学家贝弗里奇（W. I. B. Beveridge）指出的那样："科学研究人员不应消极地用资料充斥头脑，而应该寻找现有知识上的空挡、不同作者报告中的差别、自己观察到的现象与原先报告之间的矛盾、与有关课题相似的地方以及自己在实际工作中发现的线索。"

11.3.3 不唯文献论

唯文献一般有两种表现：①相信文献上的一切；②一切只相信文献。这两点都是不正确的。

如何避免"相信文献上的一切"的错误？即对待文献的态度是，必须有文献，但又不能唯文献，因为文献具有时代上的局限，认知上的局限，实验条件上的局限。"我们所有的知识都是不完整的、临时的、会随着新的证据和理论的出现而变化。三十年前，恐龙被认为是冷血动物，但现在人们不这样认为它们了。恐龙自己从来没变过，是人、是新的证据和解释使之变化"。

如何避免"一切只相信文献"的错误？我们应该知道，对于科研来说，文献很重要，但它不是信息来源的全部！其实一个活生生的、具有丰富经验的行家里手所给出的真知灼见可能比一百篇文章都重要。往往初学者看到的文献就是一篇篇割裂开来的文章，很难在短时间内搞清该领域的历史渊源、来龙去脉、不同的学术流派、该领域的权威人物以及权威杂志、经典专著和文章，而积累了多年的研究者往往具有历史纵深感，领域的宽厚感，更重要的是，他会告诉你，古今中外失败的例子，而这是大多数文献中不愿提及的，但对科研工作者又是最重要的，它可以使我们有前车之鉴，少走很多弯路！因此多请教自己的导师、本专业有经验的专家和权威将会受益无穷！即使是入门不久的师兄师姐也会对你有启发。

会议是国际国内学术交流的重要形式，许多科研人员依赖于会议交流信息。许多创新的想法、概念和理论往往在各种会议中首先出现。因此，参加国际国内会议，或者到工厂企业去，直接面对面地讨教该领域的专家权威是获取最新、最可靠信息的最佳方法！尤其对于交叉学科或进入新领域的课题，自己的导师也由原来的专家，变成了 green hand，此时唯一的捷径就是走出去，与有经验的人交流。你会真正体会到"听君一席言，胜读十年书！"

下面就是一个生动的例子。

【例 11-2】 有一位教授由于实际课题的需要，研究方向一直在改变，①原来为化工热力学；②后来转为研究无机材料钛酸钾晶须的制备；③之后将钛酸钾晶须增强聚四氟乙烯，研究该复合材料力学性能、热性能等；④之后着重研究复合材料的耐磨性；⑤后来又将该材料应用于易磨损的压缩机活塞环等密封元件；⑥使该密封元件在高温、高压、无油润滑条件下，压缩机的使用寿命达到 8000 小时。

存在的问题：由于研究跨度大，对新的领域知之甚少，不知道各个领域应重点关注哪些杂志，学术论文及成果宣传性论文该发表在哪些杂志上。

后来该教授带领研究生参加各种学术会议并到工厂实际中去，讨教无机材料合成、高分子复合材料、摩擦磨损、压缩机各领域的专家，他们给予了热心指点，告知了不同领域主要的杂志和一些数据的真相，比如各领域杂志。

① 无机材料合成：Advanced Materials；Journal of The American Ceramic Society；Chemical Communications；Journal of Materials Science；无机材料学报。

② 高分子复合材料：Composites Science and Technology；Journal of applied polymer science；复合材料学报；高分子材料与工程。

③ 摩擦磨损：wear（全世界摩擦领域顶级杂志）；Tribology International；Tribology Transactions，摩擦学学报（国内摩擦领域顶级杂志）；润滑与密封（理论＋实用）。

④ 压缩机：压缩机技术（压缩机专业杂志，工程师很关注）；通用机械；流体机械；压缩机通讯（压缩机协会会刊，会给出很多新闻动态，新产品鉴定与应用报道，各压缩机企业的产值排名等，对新产品推广很有帮助）。

另外，在"研究高温、高压、压缩机无油润滑密封元件高使用寿命"过程中一直听到两种完全相左的声音，一方面，压缩机行业专家权威认为该研究很有意义，但另一方面，从文献和企业网页上看到，很多厂家宣称他们的产品已经达到终端用户要求的 8000 小时，似乎课题毫无研究价值。通过与行业专家讨论后得知，那些所谓已达到 8000 小时其实是为了吸引用户的不实宣传。实际上，目前 250kg/cm² 天然气汽车用压缩机的无油润滑密封元件的使用寿命仅为 1000～2000 小时，值得研究。

最后该教授不但指导的研究生文章发表在该领域顶级杂志 wear 上，而且成果也有较好的推广！因此，该例子告诉我们，不能完全相信文献或网上信息，通过讨教活生生的专家权威，将会得到更准确的信息。

总之，通过对原始文献阅读、分析和评价，取其精华，去其糟粕，去伪存真，就可以让文献真正成为我们前进的垫脚石而不是绊脚石。图 11-3 为科研过程中文献检索与阅读流程简图。

通过对原始文献阅读、分析和评价，往往检索思路会有所改变，甚至课题方向会有所调整，此时需要重新分析课题，走向新的循环。

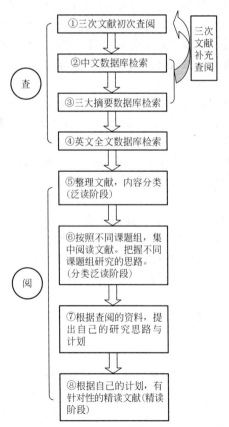

图 11-3　科研过程中文献利用流程简图

11.4 科技论文写作基础知识

11.4.1 科技论文的定义

科技论文是科技工作者实验研究、理论探讨、观测评述获得的科研成果或创新见解的科学记录和总结。

英国学者奥康纳认为，科技论文应该论述一些重要的实验性的、理论性的或观测性的新知识，以及一些已知原理在实际应用中的进展情况。

国家标准 GB/T 7713—1987《科学技术报告、学术论文和学术论文的编写格式》将其定义为"某一学术课题在实验性、理论性或观测性上具有新的科学研究成果或创新简介和知识的记录；或是某种已知原理应用于实际中取得新进展的科学总结，用以提供学术会议上宣读、交流或讨论；或在学术刊物上发表；或做其他用途的书面文件。"

由此可见，科技论文是由科技工作者对其创造性研究成果进行理论分析和科学总结，并得以公开发表或通过答辩的科技写作文体。一篇完备的科技论文，应该按一定的格式书写，还应该按照一定的方式发表，即有效出版。

11.4.2 科技论文写作要领

如何写好科技论文？撰写科技论文离不开科学、文学和美学。离开科学就没有"科技"，没有文学就不能"论文"，没有美学就不能达到文图式表并茂的境界。科学、文学和美学的功底需要日积月累，并要了解科技论文写作的要领：慎重选题、编好提纲、规范行文、反复修改。只有不断实践，才能不断提高写作水平。

11.4.2.1 慎重选题

论文题目不能凭空想象，应以科研实践、逻辑推理和科技资料的闪光点为素材，确定论文的题名。

① 从科研项目中优选题名。科研项目名称一般不能直接作为科技论文的题目，需要从其中的创新点命题，撰写论文。

② 从逻辑推理中归纳题名。论文论述应以突破点为中心，阐述推理的依据、方法和结论，论文的题名也不能离开这个创新点。

③ 从科技资料中综合题名。论文的题名必须突出某一科技领域的新视点，并围绕这一视点整理、归纳国内外的参考文献，去伪存真，综合成文，引导该领域科技发展的新方向。

11.4.2.2 编好提纲

提纲是撰写科技论文的纲要。有提纲写作可以做到逻辑周密，平衡协调。无提纲写作势必杂乱无章。

提纲内应含行文计划。研究项目开始时，就应编写论文提纲，使论文的编写工作与研究项目同步进行。随着研究工作的进展，可按需对提纲进行反复修改。一些作者把研究工作与编写论文分裂开来，到研究工作结束后才开始编写提纲写论文，其结果是研究工作不到位，论文质量也不高。

提纲要围绕行文要素。将重要的论点、数学式、图表、数据等以目录或程序表的形式把它们有机组合起来。

提纲应确定行文权重。科技论文要突出重点。不能按照研究工作时间顺序编写流水账，应开门见山，给关键内容以最大的写作权重。

11.4.2.3 规范行文

没有规矩不成方圆。一篇不符合规范的科技论文没有科学性和严谨性科研,只有符合编写标准的科技论文才有可能被发表。科技论文的摘要、关键词、名词术语、标点符号、计量单位、数字用法、图标、参考文献等都有相应的编写标准。遵守这些规范,可将作者、编者和读者约束在同一标准下,有利于技术交流。

除了遵守规范行文的基本准则之外,还应该运用一些行之有效的写作方法,这些方法犹如行文的润滑剂,有助于提高章节段落的连贯性。例如,章首句和转换句的应用,对于贯通上下文将起到重要的作用。

11.4.2.4 反复修改

修改文稿的主要目的是使科技论文更准确、更简明、更规范。勤写勤改,才能字字到位,文理通顺。论文撰写要做到"初稿写成改三遍,搁置之后改二遍,定稿之前读一遍",确保论文的准确性、简明性和规范性。即使是具有深厚写作功底的作者,也需要通过反复修改论文来提高论文质量。

11.4.2.5 自我审稿

论文成稿后,应作自我审核,审核内容主要包括:
① 论文讲述的主题是否值得研究;
② 研究的原创性,提供的信息是新的;
③ 研究设计和方法是合理的,并以足够的细节来重复所得到的结果,而且实验的数据是完全可靠的;
④ 结论是确凿的,并能够被提供的数据支持;
⑤ 论文的表达、文字书写简明确切,图、表安排和使用合理;
⑥ 参考文献的引用是否妥当。

11.4.3 科技论文与学术道德

科技论文写作的学术道德要求人们实事求是、诚实,它既属于科研工作者的学术道德范畴,也是提高论文质量的重要保证。科技论文写作的学术道德主要表现在以下几个方面:

11.4.3.1 实事求是的科研态度

科学是事实求是的学问,因而要求论文中采用的资料必须真实可靠,每个概念、数据等必须准确无误。

有的论文在没有与先前研究文献报道的结果作充分比较的前提下就武断得出"领先于×××"的结论,有的论文在没有充分的文献检索的情况下盲目夸大"该研究属于国内首次提出"等,如此缺乏依据的论文往往是论文的重要弱点,所以对某些措辞的使用,如可达到国际先进水平、填补国内空白、首次发现、重大突破等要慎之又慎,要有确凿的证据,否则就显得随便浮夸。

另外,实验的设计、技术方案的确定、实验材料的选择、实验方法和结果的统计分析都必须实事求是,经得起科学验证和实践检验。

实事求是还表现在实验或调查研究的结果必须忠实于原始资料,数据准确无误不得随意取舍,更不允许删改甚至伪造数据,要言之有物,言之有理,并且应有可重复性,避免无中生有的办法增加论文的科技含量。

此外,作者需依靠自己的研究获得科研成果,其论文中主要内容是本人通过科研得到的第一手材料。

11.4.3.2 参考文献的合理使用

参考文献是科技论文的重要组成部分，在论文中起着导向原文的作用，与科技论文的学术质量直接相关。

如果论文引用他人的观点、结论或数据，则应标注参考文献的来源。照抄他人论文或仅更改个别文字，则属于抄袭或剽窃行为，这不符合学术道德规范。合理使用指在法律规定的条件下，允许他人以正当目的使用享有著作权的作品而不必征得著作权人的同意，也不必向著作权人支付报酬的合法行为。超出合理使用范围的一般判定为学术抄袭。世界上大多数国家都遵循的原则是引用他人作品的思想、观点、材料，一般不能超过30%，即，作者创作的作品从字面上看原创的部分必须在70%以上，引用的部分必须在30%以下。这个比例也被国内一些高校在判别论文相似性时采用。学术引用关系到作者观点的表达与论文，关系到作者的学术道德，完整规范的引用是论文科学性、客观性和可信度的标志，因此正确合理地引用文献至关重要。引用方式可分为直接引用和间接引用。

(1) 直接引用

直接引用指作者用引号直接援引他人的概念、观点和表述，并注明出处。直接引用要求绝对忠实于原文。直接引用应该注意以下几点：

引文置于双引号之中，括号中须标注页码；

引文部分不能破坏正文句法，要自然融入正文之中，不能出现"句中句"；

不能过度引用，要尽量使用概括和释义的形式进行间接引用；

引文要简洁。太长的内容可以放在附录中。

【例 11-3】 作者名在正文中出现，括号中标注出版年代与引文所在页码。

Graff defines his recent book, Professing Literature, as "a history of academic literary studies in the United States" (2005: 19).

【例 11-4】 作者名未在正文中出现，括号中标注作者姓氏、出版年代以及引文所在页码，作者应一并列出。

Bases on different findings, it is proposed that "the type of motivation and its strength are likely to be determined less by some generalized principle and more by 'who learns what in what milieu'" (Laser & Long, 1993: 174).

(2) 间接引用

间接引用是以解释性说明和概括性说明的方法援引他人的概念、观点或表述。间接引用包括解释性说明和概括性说明。

解释性说明：用不同表述方式阐述原文意义，使之更简洁明了。

【例 11-5】

原文："Attitudes are selectively acquired and integrated through learning and experience" (John D. Faust)."

解释性说明：John D. Faust express the view that individuals change their attitudes because of things they learn and things they experience.

概括性说明：整篇文献的观点归纳为一段话，甚至浓缩为一两句话。

【例 11-6】

原文：For generations, Americans have researched their pasts to discover who their ancestors were. In recent years, many more people have developed an avid interest in their genealogy and the cultural heritage of their ancestors. This interest was sparked for two reasons. First, American celebrated the bicentennial of the United States in 1979 and paid tribute to the country's history. Second, and more recently, the book Roots, which traces the family history of an American black man named Alex Haley back to Africa, was serialized on national television. As a result of these two events, a new pastime for thousands of Americans was created.

概括性说明：Recently, many Americans have become interested in researching their backgrounds in order to identify their ancestors and learn about their culture heritage. This interest in genealogy began with the U.S. Bicentennial celebration and intensified with the television of the family history of Alex Haley, a black American.

11.4.3.3 论文署名的严谨规范

科技论文的署名是版权中的重要人身权利，主要依据作者对论文贡献的大小一次排列，既表示对作者的尊重，也体现作者对论文负责的精神。作者应是论文的全部或部分学术内容的创造者，研究中原始数据的采集者，参加论文撰写或校订研究内容的参与者。参加过部分工作、对课题缺乏全面了解、不能对论文负责的人员，均不应署名，但可在论文的致谢中提及，以体现其劳动成果。当前，在论文署名中出现了人情风和随意性，如有的作者为了搞好人情关系，在论文中添加领导或同事的姓名；也有人把知名者列为自己论文的合作者，以提高论文身份；也有人凭借不正当手段在他人的论文中署名；还有的论文本来由多人完成，但论文发表时只署一人姓名，这样必然导致纠纷发生。

11.4.3.4 论文投稿的学术规范

在论文投稿中，要遵守学术道德规范，不能一稿多投。一稿多投是指同一作者的同一论文，同时投寄给多家期刊，这样可能造成稿件同时或先后刊载，这样既有损于作者和期刊的声誉，也损害了期刊读者的权益。

造成一稿多投的原因，一是有的编辑部收到作者的稿件后，长期不给回复，作者希望录用心切，于是改换门庭，投向他家；二是有的作者道德水平低，不管自己论文质量高低，为了发表论文，一稿多投。对此，期刊编辑在收到稿件后，应按照《著作权法》即使给作者反馈信息，是否刊用、修改或退稿，必须要有明确的处理意见。对作者来说，一定要讲究学术研究道德，切忌一稿多投；同时，作者还要主动了解编辑部对自己所投稿件的处理意见，如发现一稿多用，要及时通知相关编辑部取消用稿。

此外，以下重复投稿或者发表不属于一稿多投。

① 在专业学术会议上做过口头报告，或者以摘要或会议板报形式报道过的研究结果，但不包括会议文集或类似出版物形式公开发表过的全文。

② 对首次发表的内容充实了50%或以上数据的学术论文。

③ 有关学术会议或科学发现的新闻报道，但此类报道不应通过附加更多的资料或图标而使内容描述过于详尽。

以上再次投稿均应事先和编辑说明，并附上有关材料的复印件，以免可能被编辑或者审稿人误认为是重复发表。

11.5 科技论文写作格式及规范

科技论文包括前置、主体和后置三个部分，其中前置部分又包含题名、署名、摘要、关键词四个部分；主体包括引文、正文、结论三个部分；后置部分包括致谢、参考文献两个部分。

11.5.1 题名

题名相当于论文的标签，是简明、确切地反映论文最重要特定内容、研究范围和研究深度的最恰当词语的逻辑组合，通常是读者最先浏览的内容，也是检索系统首先收录的部分，是体现论文水平与范围的第一重要信息。审稿专家与读者通过题名基本就能够了解内容。一般读者通常根据题名来决定是否有必要阅读摘要或者全文。一个好的题目，在读者看到以后，就想知道你在做什么，怎么做的？这就是标题的自明性以及应具有的吸引力、诱读性和独具特色、独树一帜的特点。因为读者在浏览题目后，只有对题目有兴趣后才会去读论文的摘要或全文。所以，作者对题目的每一个字都需要认真斟酌，谨慎地加以选择，力争用最少的词语、最准确而有效地反映论文的内容。可以说，准确、简洁和有效是标题的精髓。作者需要在命题上多下功夫。

在写作之前，可以先拟定一个标题，这样在撰写论文时，内容比较集中，但其后还要反复修正题名，最后再确定。撰写完论文之后，再反思一下自己的论文题名是否起到了"画龙点睛"的作用？如果还是怀疑，则不必急于定题，可再继续修改。

11.5.1.1 题名撰写的原则

拟定标题要准确、简洁、鲜明，对题名中所有字词的选择应格外注意。它们之间的逻辑关系也要认真处理。能够反映论文主题的指标有以下几个：研究目的、研究对象、研究方法、研究结果和结论。通常以某一方面为主，从不同角度反映论文的基本内容，可以抓住研究方法、研究对象、研究目的这三个主要要素。

我国学者闵鹏秋教授曾明确提出选题、立题和命题的原则及注意事项，它们是：

① 题目要具有新意和创意；
② 题目应反映该研究领域的前沿，起点应尽可能高一些；
③ 研究的问题尽可能窄一些，针对性强一些；
④ 题目要求目的明确、概念准确、文字简练、语义清晰，在此基础上，可适当注意生动性。

冰岛雷克雅未克大学 Aceto 教授的观点，题名应具备五个特点：

① 富于信息（It should be informative）；
② 简明扼要的（It should be concise）；
③ 吸引人的/难忘的（It should be catchy/memorable）；
④ 最原创性的（It is best original）；
⑤ 不是哗众取宠的（but it does not need to be funny）。

归纳起来，题目撰写的原则是：具有新意创意、简明扼要、概念准确并具有吸引性。因此，一个好的题目应该用最少的字、最精确的词语、最确切地反映论文的内容。命题的时候可以从一个重要的词开始，吸引读者。

11.5.1.2 题名撰写的注意事项

在撰写题目的过程中，需要注意以下问题：

（1）忌千篇一律

题名中应突出论文的新颖之处，不要千篇一律冠以"基于""分析""研究"等成词俗套。这些词不是不能用，而是应在必要时用。

（2）忌题目过大或过小

题目应紧扣文章内容，恰如其分地表述研究范围和深度，不可夸大其辞，以偏概全，也不可缩小研究范围，以偏概全。特别是题目过大的问题尤为突出。例如把一种人工关节的制备和技术特征的研究，命题为"太空人关节技术的研究"，就显得题目过大。如果题目中明确提出太空人，就必须有模拟太空环境（诸如超低真空、超低温、强粉尘）的实验，而实际文中并没有这些研究内容，因此，就无法把"太空人"强加在标题上。如果把标题缩小为"人工关节的制备方法和技术特征"就比较切合实际，也较容易被人接受。

（3）多余的"研究"字样

一是题首多"研究"字样，不简洁，可删去，比如，"研究一种制取酒精的新方法"；二是题尾多"研究"或"的研究"字样，实似赘语或有拔高或扩大文题深度或范围之嫌，可删去，比如，"袋式除尘器运行工况的分析研究"，最好删去"研究"字样；再比如，"新民地区调整井固井技术研究"一文，全文仅3页，其中参考文献6篇，含中、英文摘要，共5000余字，其信息量明显不大或不足，确实感到删掉"研究"字样为佳。还有，"纤维水泥增强增韧实验研究"一文，其文题可改为"纤维水泥增强增韧实验"。如此等等。任何文章均是"研究"所得，赘言不美，少添一足才为佳。由此看来，标题中出现"…的研究"或"研究"字样似乎多余，实似赘语。因此，"研究"字样是可以规避或"抛弃"的。

（4）累赘的"关于…的研究，关于…的调查，关于…的探讨，关于…的报告"等字样

不难看到，标题中，加上诸如"关于…的研究，关于…的调查，关于…的探讨，关于…的报告"等字样后，标题过长，啰唆，不简洁。比如，"关于林业经济结构理论和现实问题的分析和探讨"文题，其中"分析"与"探讨"义近，更显啰唆，可改为"有关林业经济结构理论和现实问题"，则短小精悍，简洁明快之效立现。

（5）不当的"…学、…论、…系统、…规律、…机理"等字样

如"…学、…论、…系统、…规律、…机理"等题名。从内容上看，包括以"…研究"或"研究"字样拟题的诸如此类文章大多"言过其实"，其题名具有夸大性。一般来讲，洋洋万言的著作或学术报告，用之作书名或题名，才得体；而少于万言或信息量不足而仅有几千字的文章，就有用之"失当"之嫌。因此，论文信息量不足，又没太弄清"机理"或"规律"时，最好删掉或规避之较妥当。表达留有余地，是一种客观美。

（6）滥用虚词或虚词位置不当或堆砌实词或漏掉实词

滥用虚词或虚词位置不当或堆砌实词或漏掉实词，致使整个标题缺乏连贯性。比如，"贺兰山区气候若干问题"文题，缺助词"的"，语滞，不流畅。"关于GPS卫星的轨道分析"文题，宜去掉"关于"字样，并且"的"字样位置也不当，可改为"GPS卫星轨道的分析"，则语气通畅，读来顺口，体现语言顺畅之美。

【例11-7】 图11-4和图11-5给出计算机领域顶级中文和英文期刊的一期部门论文题名，不难发现，大部分题目还是不错的，但还有一些论文题目或多或少不尽理想，需要进一步润色。

```
卷积神经网络研究综述..................................................周飞燕 金林鹏 董军等
连续空间中的一种动作加权行动者评论家算法..........刘全 章鹏 钟期 钱炜晟 翟建伟等
一种基于原型学习的多示例卷积神经网络..............何克磊 史颖欢 高阳 霍静 汪栋 张缪
基于双层随机游走的关系推理算法..................................刘峤 韩明皓 江浏祎 刘瑶 耿技等
互学习神经网络训练方法研究..........................................刘威 刘尚 白润才 周璇 周定宁等
结构稀疏模型............................................................................刘建伟 崔立鹏 罗雄麟等
周期性一般间隙约束的序列模式挖掘..........................武优西 周坤 刘靖宇 江贺 吴信东等
一种基于视觉注意力机制的深度循环Q网络模型....刘全 翟建伟 钟珊 章宗长 周倩 周鹏等
基于深度卷积神经网络的运动想象分类及其在脑控外骨骼中的应用..................................................
                                                                    ......唐智川 张克俊 李超 孙守迁 黄琦 张三元等
神经采样....................................................................................................萧子弦 朱军等
跨媒体语义共享子空间学习研究进展..................................................张磊 赵耀 朱振峰等
本体推理机求解Mups的性能评测研究..................................................欧阳丹彤 张瑜 叶育鑫等
基于标签权重评分的推荐模型及算法研究..........................孔欣欣 苏本昌 王宏志 高宏 李建中等
基于非线性特征和Cauchy加权M-估计量的鲁棒推荐算法..................张付志 孙双侠 伊华伟等
基于非时序观察数据的因果关系发现综述..........................................蔡瑞初 陈薇 张坤 郝志峰等
```

图11-4 中文论文题名

```
Changes as First-Class Citizens: A Research Perspective on Modern Software Tooling
Quinten David Soetens, Romain Robbes, Serge Demeyer
Online Algorithms with Advice: A Survey
Joan Boyar, Lene M. Favrholdt, Christian Kudahl, Kim S. Larsen, Jesper W. Mikkelsen
Deep Learning Advances in Computer Vision with 3D Data: A Survey
Anastasia Ioannidou, Elisavet Chatzilari, Spiros Nikolopoulos, Ioannis Kompatsiaris
Imitation Learning: A Survey of Learning Methods
Ahmed Hussein, Mohamed Medhat Gaber, Eyad Elyan, Chrisina Jayne
Spatio-Temporal Analysis of Team Sports
Joachim Gudmundsson, Michael Horton
A Survey on Ensemble Learning for Data Stream Classification
Heitor Murilo Gomes, Jean Paul Barddal, Fabrício Enembreck, Albert Bifet
A Survey and Comparative Study of Hard and Soft Real-Time Dynamic Resource Allocation
Strategies for Multi-/Many-Core Systems
Amit Kumar Singh, Piotr Dziurzanski, Hashan Roshantha Mendis, Leandro Soares Indrusiak
Current State of Text Sentiment Analysis from Opinion to Emotion Mining
Ali Yadollahi, Ameneh Gholipour Shahraki, Osmar R. Zaiane
A Taxonomy and Survey of Cloud Resource Orchestration Techniques
Denis Weerasiri, Moshe Chai Barukh, Boualem Benatallah, Quan Z. Sheng, Rajiv Ranjan
A Survey of Techniques for Cache Partitioning in Multicore Processors
Sparsh Mittal
Simulation and Experimentation Platforms for Underwater Acoustic Sensor Networks:
Advancements and Challenges
Hanjiang Luo, Kaishun Wu, Rukhsana Ruby, Feng Hong, Zhongwen Guo, Lionel M. Ni
Effective Regression Test Case Selection: A Systematic Literature Review
Rafaqut Kazmi, Dayang N. A. Jawawi, Radziah Mohamad, Imran Ghani
```

图 11-5　英文论文题名

11.5.2　署名

在科技论文上署名能够表明作者的身份，即拥有著作权，并表示承担相应的义务，对论文负责。署名可以是单位作者署名、多作者署名和团体或单位署名。

11.5.2.1　意义

通过对论文署名，具有如下意义。

① 作者对论文拥有著作权和版权的一个申明。一般期刊会在"作者须知"的有关条目中说明著作权和版权的归属、转让等事项，作者向其投稿，即表明接受期刊的约定，期刊一般要求作者填写"版权转让书"。

② 文责自负的承诺。论文一经发表，署名这对论文负责，要负法律、科学、道义上的责任。如果论文存在剽窃、抄袭等行为，署名者需要承担全部责任。

③ 便于读者联系。阅读完论文后，若读者想求教、质疑或者与作者商榷，则可以直接联系作者。

④ 便于检索。作者的姓名是重要的检索信息，也是有关数据库重要的统计源。

11.5.2.2　原则

署名的原则是突出创造性工作，尊重客观事实，实事求是，多作者署名一般按个人对论文中研究工作的贡献大小依次排序。

署名的作者只限于对研究课题和指定研究方案，直接提供全部或部分研究工作并做出主要贡献以及参加撰写论文并能对内容负责的人，按贡献大小排列名次。

如果第一作者的工作单位是变化的,应在其他作者中指定一位联系人,即通讯作者,一般在名字上用星号标注。通讯作者是与读者和出版机构进行联系的人,一般是研究课题的负责人,通讯作者可以有多个。

11.5.2.3 注意事项

根据署名原则,署名中有以下的事项应该避免:

① 避免从未参加过实验研究工作的"作者"。把从未参加过实验研究的人员列为论文作者是一种"作弊"行为,是丧失职业道德的行为,应予避免。

② 避免未经本人同意的作者。必须征得本人同意。在国内,有一种情况,在导师好不知情的情况下,就署上导师的名字投稿。

③ 避免使用笔名。学术论文不同于文学作品,一般不使用笔名。

11.5.3 摘要

摘要是论文的剪短评述,介绍论文的主要信息,以使读者对论文内容有个概括了解。摘要应具有独立性和自含性,即不阅读论文的全文,就能获得必要的信息。摘要中有数据、结论,是一篇完整的短文,可以独立使用、可以引用。摘要的内容包含与论文同等量的主要信息,供读者确定有无必要阅读全文,也供文摘等二次文献采用。

11.5.3.1 主要内容

摘要的主要内容一般包括目的、方法、结果和结论4个方面,应重点写出主要的研究结果和结论,特别是其中的创新之处。

① 目的:研究工作的前提、目的、任务及所涉及的主题范围。

② 方法:所采用的原理、理论、技术、条件、工艺、结构、手段、装备和程序等。

③ 结果:观测、观察、实验的结果和数据,取得的效果、性能等。

④ 结论:对结果的分析、研究、比较、评价、应用,提出的问题、观点、理论等,今后的课题、假设、启发、建议及预测等。

11.5.3.2 要求

(1) 摘要的撰写要求

摘要的撰写应符合以下几个方面的要求:

① 用第三人称,不用其他人称。摘要作为一种可供阅读和检索的独立使用文体,应采用第三人称的写法,建议采用"对……进行了研究""阐述了……""进行了……调查"等记述方法表明一次文献的性质和文献主题,不必使用"本文""作者""本研究""本课题"等主语,也不要出现"文中""这里"等状语。

② 简短精练,明确具体。摘要中应排除本学科领域已成为常识的内容,研究背景信息的表达应尽可能简洁而概括,不要把应放在引言中出现的篇幅较长的内容写入。摘要中也不要对论文内容作诠释和评论。

③ 格式要规范。尽可能使用规范的术语和符号,不要使用新术语。摘要中的缩略语、简称、代号等,除了相关读者能清楚理解的以外,在首次出现时应先用全称。除特别需要之外,摘要一般不使用图标、结构式,也不宜引用正文中图、表、公式和参考文献的序号。

(2) 英文摘要

目前多数期刊都要求撰写英文摘要。英文摘要撰写时需要注意:

① 写作时态。摘要所采用的时态因情况而定。大致遵循以下原则:

如果句子的内容是不受事件影响的普遍事实,应使用现在时;

如果句子的内容是对某种研究趋势的概述,则使用现在完成时;

叙述研究目的或主要研究活动时，如采用"论文导向"，多使用现在时（如：This paper presents...）；

如采用"研究导向"，则使用过去时（如：This study investigated...）。

概述实验程序、方法和主要结果，通常用现在时。

叙述结论或者建议时，可用现在时、臆测动词或 may、should、could 等助动词。

② 写作人称和语态。有相当数量的作者和审稿人认为，科技论文的撰写应使用第三人称、过去时和被动语态。但调查表明科技论文中被动语态的使用在 1920～1970 年曾比较流行，但由于主动语态的表达更为准确、更易阅读，因而目前很多期刊提倡使用主动语态，其中第一人称和主动语态的使用十分普遍。因此，为了简洁、清楚地表达研究成果，在论文摘要的撰写中不应该刻意回避第一人称和主动语态。

摘要"麻雀虽小，五脏俱全"，写作的难度不小。有些期刊特别是国际期刊对摘要的字数有严格限制，这就需要作者必须用十分简洁的语言，把全文内容总结出来。建议初学者可以在全文写完之后再总结这一部分内容。

【例 11-8】 图 11-6 和图 11-7 为一篇中文论文和英文论文的摘要，摘要写作清晰，可读性强，具备上面介绍的摘要要素。

> **摘 要**：推荐系统已经被越来越频繁地应用到各种电子商务网站与一些社交网站，在提高用户的满意度的同时也带来了巨大的商业利益。然而，当前的推荐算法由于原始数据的不完整性以及算法本身处理数据的特殊性，运行效果不理想。例如，某些推荐系统会产生冷启动、复杂兴趣推荐困难、解释性差等问题。为此，本文提出一种基于标签权重评分的推荐系统模型，旨在使用一种较为简洁的方式——标签权重评分来获取用户最准确的评价和需求，并通过改进当前的一些推荐算法来处理标签权重评分数据，从而生成对用户的推荐，最后以标签权重评分的形式向用户展示推荐结果并作出合理的解释。扩展实验中，本文通过进行电影推荐实验，证明了本文技术的有效性和可行性。

图 11-6 中文论文摘要

> **Abstract** The study establishes three synthetic indicators derived from academic traces—assignee traces T_1, T_2 and ST—and investigates their application in evaluating technological performance of assignees. Patent data for the top 100 assignees in three fields, "Computer Hardware & Software", "Motors, Engines & Parts", and "Drugs & Medical", were retrieved from USPTO for further analysis. The results reveal that traces are indeed valid and useful indicators for measuring technological performance and providing detailed technical information about assignees and the industry. In addition, we investigate the relationship between traces and three other indicators: patent citation counts, Current Impact Index and patent h-index. In comparison with the three other indicators, traces demonstrate unique advantages and can be a good complement to patent citation analysis.

图 11-7 英文论文摘要

11.5.4 关键词

关键词是科技论文的文献检索标识，是表达文献主题概念的自然语言词汇。科技论文的关键词是从其题目、摘要和正文中选取出来的，能够反映论文主题概念的词或者词组。目前科技工作者主要依赖计算机，通过关键词检索，从各大型电子文献数据库查找所需要的文献。因此，关键词的作用越来越受到人们的重视。关键词选取是否得当，关系到文献被检索的概率和成果的利用率。关键词与摘要一样，也是论文主题内容的浓缩，但比摘要更精炼，更能揭示论文的主题要点。

11.5.4.1 特点
关键词通常应具备下述三个特点：
① 关键性：对全文内容具有串联作用；
② 便于检索与索引，易于计算机技术处理；
③ 名词或名词性词组。

11.5.4.2 选取方法
可通过下述方法来选取关键词：
① 根据标题标出关键词。有的论文从标题上就一目了然，可以从标题中选出关键词；
② 根据摘要选取关键词。有时候单从标题上不能直接选出合适的关键词，也可从摘要中寻找合适的关键词；
③ 根据学科标引关键词。有的上述两种方法无法确定适合的关键词，需要在通读全文的基础上，分析论文论述的内容，并根据学科和研究方向选取关键词。

11.5.4.3 注意事项
关键词选取中存在的问题如下：
① 关键词不关键。如果选取的关键词不关键，就失去了关键词的本质意义。如"技术""应用""研究""调查"等；化学式一般不可作为关键词；论文提到的常规技术，内容为大家所熟知，也未加探讨和改进的，不能作为关键词；
② 外延太大，失去检索意义。如果关键词外延太大，读者很难或者无法依照关键词检索到该文；
③ 以动词、形容词等关键词，造成关键词数量的庞杂和检索困难；
④ 以字或句子作关键词；
⑤ 关键词太少或者太多。关键词主要为了保证从多个渠道检索到该论文，关键词选取太多或太少，都不能达到快速、方便检索到该论文的目的。

11.5.5 引言

引言是一篇论文的引导语或开场白。每篇论文都以引言开始，它是正文的引子，属于整篇论文的引论部分，引言主要以说明论文的主题和总纲。它的作用是向读者初步介绍论文的背景和主要内容。目的是向读者交代本研究的来龙去脉，引入正题，以期引起读者的注意，让读者首先对论文有一个总的认识。因此，引言应该对正文起到提纲挈领和引起阅读兴趣的作用。

11.5.5.1 主要内容
引言撰写需要"开宗明义"，即介绍必要的研究背景与研究现状，指出现在研究中存在的问题，在此基础上点名研究的主题，最后概括整篇论文的内容安排，从而为后续内容更好地阐述、分析研究结果、结果产生的原因及其意义来作铺垫。

（1）研究所属领域及其意义

研究所属领域指研究主题及对象所在的学术领域，也可以从分类学的角度理解为研究对象所处的分类范围；研究所属领域的意义是这个领域的成果在总体上对人类、国民经济各部门或社会的重要影响。

（2）综述研究现状并分析现存问题

研究现状是关于论文主题所涉及领域中，同行已经研究过的内容和取得成果的介绍。在阐述清楚研究现状的基础上，还需要分析清楚现有研究成果中存在的问题。

（3）声明研究的主要目的及主要研究活动

作者指出领域该领域存在问题时，这样的问题会有很多，通常这些问题也绝非一篇科技论文所涉及的研究工作就能解决。因此，作者需要从现有的诸多问题中找出一个问题作为论文研究的出发点。这个问题也是作者通过具体研究方法可以解决的问题。这些内容就是引言中需要解释的研究目的，研究方案设计的具体研究内容就是这里需要的研究内容。

（4）概述研究取得的重要成果及其价值或意义

用一两句话声明论文中主要成果及其在相关研究领域的机制或意义。

11.5.5.2 注意事项

撰写引言需要注意以下几点。

（1）言简意赅，突出重点

内容比较多，但是篇幅有限。重点写好研究的理由、目的、方法和预期结果。意思要明确，语言要简练。只需要把背景情况、研究进展与思路等说清楚即可，不要把应该在正文交代的内容提前到引文中叙述，降低引言的作用。

（2）叙述清楚

引言可帮助读者理清思路，以作进一步阅读正文的准备。凡是读者在进入阅读论文正文时会遇到的困难和疑问，应在引言中做出解释和交代。

（3）如是评述

防止吹嘘自己和贬低别人。如指出前人研究工作中存在的不足时，应要有根有据、实事求是、分析恰当、用词准确、恰如其分。

（4）规范阐述

引言应用自己的话来写，而不是将别人论文的引言部分照抄，特别是英文科技论文的写作。照抄别人的原话也是抄袭行为。

11.5.5.3 文献综述撰写

引文中需要综述研究现状并分析存在的问题。这一部分是引言中最难写作的部分，它的要求如下：

① 在充分了解所研究领域的基础上，根据论文研究主题选出已有研究中的代表性成果进行综述；

② 在综述的基础上指明其中存在的问题；

③ 当指明的问题不唯一时，还需要特别说明哪一个问题是本论文研究的主题。

以上要求看似简单，却是引言部分最难把握，也是对研究者要求最高的地方之一。原因是它包括：

① 如何在众多已有的文献成果中找到、确定代表性成果。在这里需要考虑几个要素。首先，要考虑已有文献与研究主题的关联度、文献作者在该领域的知名度。此外，还需考虑文献来源期刊的知名度以及拟投期刊的关联程度等。

根据以上两个要素，可以重点考虑以下几类文章：和研究主题直接相关的成果，所属领域中重要学者，发表在该领域内高级期刊的成果。

② 如何对代表性成果进行恰当的"综述"。这个难点又分为两个层面。第一个层面是"综"，即要简要介绍相关的代表性成果，但又不能过于详细。综述现状的第二个层面是"述"，即评述已有的研究成果，表达自己对已有成果的观点和看法。其中的难点在于度的把握。

【例 11-9】 表 11-3 是引文实例及其解析。

表 11-3 引言实例与解析

引言实例	解析
①专利技术演化通过分析技术的产生、发展、突破创新、转移乃至湮灭的过程,描述了技术历史发展进程,是专利分析的重要内容之一[1]。②专利技术演化分析的主要目的是挖掘领域核心基础技术、新兴技术、萌芽技术等,为制定研发策略提供参考。 ③现有专利技术演化大多基于关键词进行分析。④关键词是名词或名词词组,其语义信息较弱,难以准确反映专利技术信息,尤其是难以反映主体与客体之间的动作、功能性信息,而这些信息恰好是专利技术分析关注的重点。⑤SAO 是一种由主语-谓语-宾语组成的三元组,它具有更丰富的语义表示能力,并且结构简单、抽取技术成熟,被广泛应用于专利文本分析中[2-4]。 ⑥本文提出了一种基于 SAO 来进行专利技术演化分析的方法。⑦首先,从专利文本中抽取 SAO 结构。⑧其次,利用 SAO 来表示专利特有的技术问题(Problem)、技术方案(Solution)、技术功能(Function)、技术效果(Effect)等技术主题信息。⑨然后,通过计算技术主题随时间变化的层次关系来分析专利技术演化。⑩最后,本文选择石墨烯传感器进行实证研究,分别从技术问题与技术方案的角度来分析石墨烯传感器领域专利技术演化情况。	①②研究问题介绍 ③现有方法介绍 ④现有方法存在的问题 ⑤新方法介绍,即本文预采用的研究方法的原因 ⑥本文的研究方法 ⑦⑧⑨⑩本文具体的研究步骤

【例 11-10】 表 11-4 为引言实例及其解析。

表 11-4 引言实例与解析

引言实例	解析
中国社会在传统上属于低信任度的社会,正是因此,公共信任作为在一种长期互动中形成的社会资本是弥足珍贵的。在中国农村由传统社会走向现代化的过程中,劳动力的大规模流动对中国农村社会形成了巨大的冲击。那么,劳动力的流动会不会影响到农村社会中的公共信任?反过来,中国农村居民在农村社会中形成的公共信任是否会影响到他们的劳动力流动?对以上问题的思考和实证研究,不仅能让我们观察到农村公共信任在转型过程中的变化趋势,还能够为公共信任的影响机制提供证据,并以此为理解当代中国农村社会的变迁提供一个新的视角。	问题的重要性
一项针对波兰的社会学研究(Sztompka,1999)发现,在经济转型中,人们的公共信任经历了一个先下降再上升的过程。在转型前期,公共信任下降的重要原因在于人们在新旧体制的交替过程中面临着巨大的不确定性;而当转型取得了较为显著的成效时,人们对于公共机构的信任又会明显提高。在中国的转型过程中,公共信任会经历与波兰经验相同的变化吗?市场化又是如何引起公共信任的变化呢?以上问题非常重要,但还没有得到研究者的足够重视。从理论上来说,市场化是中国农村传统社会所受到的一切冲击的根源,市场化将通过三个层面的作用机制来引起信任的变化,分别是:家庭层面的劳动力流动、社区层面的收入差距以及宏观层面的市场化政策等机制。	问题的新意 思想上的贡献
本文将重点研究市场化在家庭层面的作用机制——劳动力流动对于公共信任的影响;与此同时,我们还将研究公共信任对于劳动力流动的影响机制,由此来清楚地解释劳动力流动与公共信任之间的相互影响,而这种双向的相互影响可能导致的估计偏误恰恰是文献中没有被充分被重视的问题。	方法上的贡献
我们发现,在中国农村的市场化转型过程中,社区层面的劳动力流动会增加对农村当地的公共信任,而社区层面的公共信任又会减少劳动力流动。而且,我们还发现,社区层面的收入差距会减少公共信任,省级层面的市场化对于公共信任的影响则显示出和波兰的经验一致的 U 型曲线。	主要发现

11.5.6 正文

科技论文的正文部分是科技论文的核心组成部分。论文的论点、论据及具体达到预期目标论证的整个过程，都要在这个部分论述。它的篇幅最长，最能展现研究者的成果和学术水平。如果引言只是介绍了背景和提出问题，那么方法部分的任务就是进行分析问题和解决问题。因此，正文内容是作者学术水平和创造性工作的体现。

11.5.6.1 主要内容

正文是论文的核心部分、论文的论点、论据和论证都在正文中描述。不同学科和不同内容的论文在形式表达和写作安排上不完全相同，自然科学和人文社会科学的论文差别很大。通常，正文的内容主要包括以下几个方面。

（1）理论分析

理论分析又称为基本原理。其要点是假设、前提条件、分析对象、使用的理论原理、分析的方法、计算或推导过程等。

（2）实验材料和方法

其要点是实验对象、实验材料名称、成分、实验材料来源、数量、性质、试样的选取方式、处理方法、实验用的仪器设备，实验即测量的方法和过程、出现的问题、采取的措施等，有关其他实验研究过程中所用的辅助材料等。叙述必须具体、真实、必要时可用示意图、方框图、流程图等配合表达。

（3）实验结果与分析

这部分是论文的核心。体现论文的水平和价值所在。其要点是：整理实验结果或数据；可能的话，以数学方式、误差分析说明结果的可靠性、重要性、普遍性；进行实验结果和理论计算结果的对比；说明适用对象或范围，检验理论分析的正确性等。

整理数据时不可随意舍去或选择数据，分析讨论时，既要肯定实验结果的可信度，又要进行误差分析，说明或分析存在的问题与不足。本着精炼的原则，删除或者压缩那些都知道的一般性原理的叙述，省略不必要的中间过程或步骤。

对实验结果进行对比分析，其目的是阐明研究结果的意义，并发表作者自己的见解和观点，点明论文的主题，突出新发现、新发明、新成果，同时也可指出以后进一步研究的方向和工作。

11.5.6.2 小标题的确定

正文中的小标题具有承上启下的作用，一级为一级服务，彼此密切相关。确定小标题的原则是：凡是能形成独立的一个观点或者一部分内容都可立为小节和相应的小标题；凡具有完整意义的事实都可以形成论点，在论文中要合理地分解和确定标题，一般的原则是：

① 不同的论点或内容叙述时，应该设立分标题；

② 节的标题要与文章的总标题紧密联系，各节的标题尽可能格调一致，并能表达节所表达的内容；

③ 段的标题要与节的标题相联系；

④ 章、节、段在构思时注意层次性、相关性和递进性。

通常，小标题（层次标题）的拟定，受制于大标题或上级标题，其范围不能大于或等于大标题或上级标题；也不可较多地重复上级标题字面内容。但实践中，后者现象屡见报端。常见的问题如下：

① 重复大标题字面内容。例如大标题为"沈阳市水资源承载力研究"文题，其"一级标题内容"分别为：

沈阳市水资源承载力的内涵

沈阳市水资源人口承载力分析与计算

沈阳市水资源经济承载力分析与计算

沈阳市水资源适度承载力分析

很明显"一级标题内容"重复大标题字面内容"沈阳市水资源",显得累赘、眼晕、不清晰、不协调。此外,宜考虑删掉"的""分析与计算""分析"等赘字。若改为:

承载力内涵

人口承载力

经济承载力

适度承载力

则形近(或形似)、简洁、清晰、干净、工整、对称、可读、表现力强,且明显体现结构美感。

② 重复上级层次标题字面的内容(含相邻两级标题)。例如,实验材料、仪器及方法包括二级标题:"材料""仪器""方法"。二级标题明显与"一级标题字面内容"重复,拖沓,且缺乏美感,若改为"实验""材料""仪器""方法",则清新和美感立竿见影。

11.5.6.3 层次段落的安排

层次是论文在叙述时形成的意义上相互独立完整的、结构上相互联系的部分。要根据实物的内部特征和作者对客观实物的认识来确定。简单的层次可以是一个自然段落,复杂的层次则由几个段落表达。段落的安排需要注意以下几点:

① 完整性:一个意思要在一个段中讲完;

② 单义性:一个段落只讲一个意思;

③ 逻辑性:段落之间的衔接顺序要符合逻辑顺序、因果顺序、总分并列顺序;

④ 匀称性:文章的段落长短要适度,不要一篇论文一段到底,通常,一个段落所占数行为宜;

⑤ 过渡性:过渡是文章行文不间断的联系。它使论文层次清晰,自然衔接,形成一个有机整体,不论什么结构形式的文章,当从一个层次转向下一个段落时,一般都需要在更跌出设置"过渡"。过渡的方法主要有:段落过渡、以一句话过渡、以小标题过渡、以关联词过渡等。

11.5.6.4 写作要求

正文写作时,有以下2个方面的要求:

① 包含足够的信息,使同行在阅读后可以重复论文工作或得到类似的结果。这个要求主要目的是为了促进整个学术界的健康、可持续性发展,也是撰写、发表科技论文作用的内在体现。为此,在写作研究方法的过程中,除了要对自己采用的方法做必要的陈述之外,还需要简要介绍设备的主要性能指标以及一些基础测试条件。

② 研究方法写作要有利于提高研究成果的可靠性。由于不同论文研究的课题性质、研究方法的不同,正文的格式和写作均不相同。但它们的共同要求是一致的,即:

主题明确:全文围绕主题开展讨论,不离题目;

论证充分:有观念、有思路、有材料、有说服力;

结论清楚:从研究到结论不含糊、易理解;

逻辑严密:文字力求避免杂乱无章、条理不分。

11.5.6.5 插图设计

正文中的插图是数据或方法的直观表示。在科技论文写作中,设计插图是经常遇到的,而且也是一项很细致的工作。所以论文作者必须十分重视。

(1)插图作用

科技论文中的插图是数据或者方法的直观表达。其主要作用是具备论证的功能,具体的作用如下：
① 生动地表示各数据的变化趋势和相互关系，增加论文的生动性；
② 作为论文论点和结论的证据之一；
③ 作为论文中文字说明的补充和分析讨论的佐证；
④ 能把研究的成果生动地表达出来；
⑤ 有助于读者直接理解文章内容或内在联系，给读者以直观的感知印象；
⑥ 许多情况下可节约论文篇幅。

(2) 插图的主要特点
① 示意性。为简化图面、突出主题，在表达上通常是示意性的。一般情况下，具体的结构图、精确的零件图等比较少用。函数曲线也大多采用简化坐标的形式来表示。这并不像设计、计算手册中的图面那样精确。
② 科学性。插图中的各细节必须反映真实的规律，不允许随意虚拟，任意取舍。这就要求设计插图时应具有科学性。
③ 自明性。读者只需要看图及标注的内容，不阅读文章，就能理解过程所表达的意思，这就是规范插图的自明性。为达到自明性，在设计插图的时候，就应该注意标准化和规范化。
④ 艺术性。设计插图时，既要考虑科学性，还要考虑其美观、协调，如插图的长宽比率、图形在坐标中的位置、图面的简洁、标注既简练又明白等。

11.5.7 结论

结论部分着重描述研究中新的、重要的结论，指出所用方法的不足之处，将本研究与以前发表的类似研究相比较。应该包括该发现的意义和局限性，以及对进一步研究的启示。

11.5.7.1 主要内容

讨论部分主要包括以下内容：
① 回顾研究的主要目的或者假设，并探讨所得的结果是否符合原来的期望，如果不符合的话，为什么？
② 概述最重要的结果，并指出其是否与先前研究的假设或者其他学者的结果一致；如果不一致的话，为什么？
③ 对结果提出说明、解释或者猜测，根据这些结果，能得出何种结论或者推论？
④ 指出研究的局限性以及这些局限对研究结果的影响，并建议进一步的研究方向；
⑤ 指出结果的理论意义和实际应用。

11.5.7.2 常见问题

讨论中常见的问题如下：
① 推论不符合逻辑。下面是一个生动的例子：一位生物学家在训练跳蚤好几个月后发现跳蚤能对他的命令作出反应。当他喊"跳"的时候，跳蚤就会跳起。于是，教授作了更深入的实验，以确定跳蚤身上接受声音的器官。在实验中，他一次扯掉跳蚤一条腿，每次扯掉一条腿，跳蚤就跳得低一些。当所有的腿都被扯掉的时候，跳蚤不动了。教授因此撰写了一篇论文，具体描述实验细节，他最后的结论震惊了学术界：When the legs of a flea are removed, the flea can no longer hear.
② 讨论不系统。对研究反映出的问题讨论得不够系统、完整，导致论文分割。主要分两种情况：一是作者在讨论时不引用或者没有系统引用相关文献；二是作者虽然引用了相关文献，但没有结合自身的研究讨论。
③ 空话和重复。有些作者引用结果部分的具体数据，使讨论重复，使读者产生繁复之惑。实际上，讨论是根据研究的目的和结果所做的总结性、提示性陈述，主要是对研究所反映的问

题进行分析和评价,文中已经有的,不需要再简单重复。

【例 11-11】 图 11-8 和图 11-9 为两篇论文的结论,分别概括了最重要的结论,对结果提出了解释和说明,并指出将来的研究方向。

> **6 结 论**
>
> 本文利用大规模未标注语料数据,采用不同词表示方法对生物医学命名实体识别进行了半监督学习.通过选取词向量、K-means 聚类、布朗聚类三种不同的词表示方法及其组合,对系统性能的影响进行了实验.实验结果表明,三种词表示方法可以从大规模未标语料中获得更深层次的语义信息,从而提高系统性能;同时引入词表示特征后,使用较少的人工特征就可以得到较高的性能.这说明本文所提出的应用词表示方法对生物医学命名实体识别的方法是有效的.
>
> 下一步工作我们将引入多种分类器组合模型进行实验,从而进一步提高系统的性能;此外,利用深度学习研究生物医学命名实体的识别也是下一步研究的方向.

图 11-8 中文结论

> **Discussion**
> Several different runs other than the ones reported in the results section were carried out. We observed that the whitespace tokenizer performs better than the BANNER simple tokenizer for extraction of word representation features. A model with an additional feature set of raw WVs was trained and evaluated. However, we found that the word WVs did not always improve performance, and in some cases, degraded system performance with the CRF model. That is, the continuous valued WV features add some level of complexity to the model, overfitting the CRF model. Even though the WV features with the CRF model did not achieve improvement, those continuous valued features could be useful in conjunction with other classifiers, such as perceptron and support vector machines [8]. Another finding is that the Brown cluster features always improve F-measure, and the improvement is significant when the model is built on the domain text corpus.

图 11-9 英文结论

11.5.8 致谢

致谢一般独立成段,位于正文的后面。致谢用来对致谢对象表达道义上的感激,也是尊重致谢对象的贡献。致谢部分一般包括两个部分:

① 感谢曾对论文的撰写和发表给予过帮助,但同时又达不到署名资格的人。

② 感谢论文获得的经费支持,必要时要附资助项目、合同编号等。

11.5.9 参考文献

参考文献是指为撰写论文而引用的有关资料。参考文献的质量和数量是评价论文质量、水平及其起点、深度、科学依据的重要指标。在科技论文中凡是引用他人已经发表的文献中的观点、数据、材料和研究成果等内容，都要对他们在文中出现的地方给予注明，并在文末列出参考文献。这项工作叫做参考文献著录。

11.5.9.1 目的与作用

参考文献在科技论文中非常重要。一篇科技论文的作者引用什么样的参考文献，在很大程度上证明了论文作者以及他所撰写的科技论文的学术水平，审稿专家一般都会关心这部分的内容。如果一篇科技论文的文献全是中文文献，首先证明你不了解国际领域的研究现状和发展趋势。如果这些中文文献的层次很低，基本上可以断定论文水平一般。归纳起来，参考文献的目的与作用如下：

① 参考文献可以为论文的陈述、分析和推理过程提供证据和支撑；便于读者了解本工作的基础，评估学术水平；

② 参考文献表明了作者对已有文献成果的认可；将论文成果和观点与前任的研究作比较，同时也说明论文的创新性；

③ 尊重他人的劳动成果，承认科学的继承性；参考文献有助于避免剽窃；

④ 参考文献可以帮助读者了解论文作者研究的思路和所涉及研究领域的发展历程；

⑤ 有利于缩短论文的篇幅；

⑥ 有助于进行科学情报研究和文献计量学研究，推动学科的进步和发展；可作为出版物水平评价的重要依据，通过引文分析对出版物作出客观的评价。

11.5.9.2 注意事项

引用参考文献的注意点：

① 数量适中。参考文献数量没有明确的标准，根据论文研究领域以及所投期刊的要求来定，过多或者过少都不提倡，过多引用没有必要，还会占用大量篇幅；过少引用很难说明国内外研究现状的发展趋势。

② 引用最重要文献。一般而言，相关研究领域的参考文献数量是很多的，论文作者只需要切实掌握领域主要研究机构和学术带头人的研究现状就可以了。

③ 文献资料要新。文献资料越新，越能说明论文作者掌握本领域的研究现状和研究趋势，也在无形之中提升了论文的水平。相反，如果引用的文献大部分是很久之前的，审稿专家和读者自然会质疑作者是否掌握了目前的研究现状和发展趋势。

④ 著录直接引用文献。著录的参考文献应是论文作者亲自阅读过并在论文中直接引用的，即所谓一次文献。

⑤ 应著录正式出版和发表或待发表的文献。

⑥ 采用标准化的著录格式。

11.6 投 稿

11.6.1 期刊选择

论文定稿后，面临如何选择投稿期刊的问题。对于初次投稿者来说，如何从种类繁多的学术期刊中选择适合自己的期刊不是一件容易的事情。选择期刊的原则是根据自己论文的水平，在争取发表的同时，获得最大的投稿价值。所谓最大的投稿价值，即论文发表所产生影响的综合。最高的投稿价值可概括为：论文能够以最快速度发表在能发表的最高级刊物上，并能最大限度地被需要的读者检索到，能在最大的时间空间内交流传递。综合起来，以下诸因素应该是作者选择期刊时需要考虑的因素。

（1）论文水平自我评估

投稿前对论文水平或价值（理论价值与实用价值）作出尽可能客观、正确的评估是一个重要的过程。评估的标准是论文的贡献或者价值大小，以及写作水平的高低。评估的重点在于论文是否有新观点、新材料和新方法。这是正确评价自己研究的最重要的依据，也是期刊编辑或审稿人估价论文的基本出发点。作者还可以与已发表的类似论文比较：研究的学术意义如何？研究的使用价值如何？从整体研究内容来说，有无突破性进展？应用后能产生什么效应或者效益？研究方法是否先进？较前人有无改进？改进多少？有没有显著意义？

（2）期刊的宗旨和范畴

选择期刊要注意专业性，即专业对口。不同科技期刊有不同的宗旨、不同的论文收录范围，它决定了投稿论文的主题内容范围。科技期刊的收录范围和期刊的类型及级别基本决定了该刊物的读者对象，也基本决定了稿件的写作风格与详简程度。所以，在投稿之前需要弄清楚所投期刊的出版宗旨和学术范畴。期刊的这些内容通常刊登在期刊的内封面或者首页的反面，或者期刊网页"作者须知"中。同时，还可以通过浏览期刊目录和栏目设置，选择几篇近期发表的、与自己论文相近领域的论文阅读，看看自己的论文是否有创新和特色。

（3）期刊的学术水平

科技期刊的学术地位和学术影响力表现在期刊所收录论文的水平、主编、编辑单位、专业人员心中的地位等方面。从图书情报界的角度看，期刊的学术地位和学术影响力则表现在期刊的影响因子大小，是否被国内外检索工具收录、是否为学科核心期刊等方面。目前已被国内广泛认可的是"核心期刊"及期刊的影响因子。了解国内期刊信息的最可靠、最全面的途径有《中文核心期刊要目总览》、社科类期刊的核心期刊，可以查询《中国人文社会科学核心期刊要览》。国外的为 SCI、SSCI 期刊源。中国科学院文献情报中心对这类期刊的总水平进行了分区研究。按近三年数据，前 5% 作为一区期刊，后三个排序按平均分为二区、三区和四区。此分类系统已被国内许多高校所采纳，尤其是发表在一区、二区的论文，通常被认为是该学科的标志性成果。

（4）出版周期

出版周期是指期刊的出版频率，一般分为年刊、半年刊、季刊、双月刊、月刊、半月刊、周刊和不定期刊。不定期刊、年刊和半年刊不投稿或者少投稿为好。

（5）出版论文容量

期刊的论文容量是指期刊一年或者一期能发表多少论文。如某种半月刊每期容量为 10 篇，则年容量为 240 篇。一般来说，应尽量选择向出版周期短、容量大的期刊投稿。

（6）发表周期

发表周期是指从编辑部收到稿件到文章发表的时间，它反映论文发表的速度快慢。有些期刊审稿时间和发表周期比较短，有些则比较长。这点可以从文章的收稿日期、修改日期、接受日期来获得信息。

（7）稿件的淘汰率

是指期刊对所稿件淘汰的百分率。据分析，这也是评估期刊质量的指标之一。高水平的期刊具有相当高的淘汰率。据报道，NEJM：The New England Journal of Medicine 的淘汰率为 96%。

（8）是否友好

对于外文期刊，需要考虑期刊的友好性问题。对我国不友好的国家和不友好的期刊，一般不要主动向其投稿。判断方法之一是期刊是否发表过或者经常发表中国论文。具体方法可利用计算机检索中国论文被检索系统的收录的期刊分布情况。

（9）版面费

论文被期刊接收后，一些期刊会向论文作者征收版面费。另外大多数期刊对彩图还会按页数收取附加版面费。这些费用开支都是作者选择杂志时应予考虑的事项。

11.6.2 投稿

作者应仔细阅读"作者须知"或"投稿指南"。一般而言，不同期刊对投稿要求是不完全一样的（特别是格式的要求）。这是令作者感到费时费力，且不愿意花时间去做的事情，但这一点又是编辑和审稿人关注的问题，需要重视。目前，越来越多的期刊鼓励作者通过互联网在线投稿。首先找到相应期刊网页，找到在线投稿窗口。如果是第一次向该杂志投稿，需要先进行登录。然后投寄新稿件。许多期刊首先要求作者输入稿件的一般信息，如题目、作者单位，然后传递稿件文本、图表。文本一般为 Word 或者 PDF 格式，图大多采用 gif 或 tif 格式。图的精密度要求高，一般为 300dpi。

一些期刊会要求作者在投稿的同时推荐 2～3 名审稿人。可以从以下几个方面考虑推荐审稿人：

① 相同专业或者研究领域的人；

② 该领域论文发表较多的人；

③ 论文参考文献的作者；

④ 有合作关系但无共同发表经历的人。

同时，学术界有同行评审的回避制度，作者可以明确要求回避与作者个人有利益冲突的 1～2 个审稿人。

在线投稿，特别是外文期刊，需要准备好投稿信（Cover letter，Submission Letter）。投稿信属于一种自我介绍或自我包装的文件，它为目标期刊编辑部提供了有关作者和文稿的必要信息。投稿信通常包含有关作者的重要信息和承诺。一般包括如下几个方面的内容：

① 论文题目和所有作者姓名；

② 为什么此论文适合于该刊而不是其他刊物上发表；

③ 稿件适宜的栏目；

④ 关于重复部分或者部分发表或已投他刊的说明（如会议摘要）；

⑤ 通信作者的姓名、详细地址、E-mail 地址；

⑥ 不一稿两投的承诺。

以下为一封投稿信：

Dear Editor，

We are pleased to submit the enclosed manuscript entitled "xxx" by xxx, xxx and xxx for your consideration for publication in xxx (Journal's name). The work is original, has not been previously published, and is not under consideration for publication elsewhere.

We would suggest any of the following individuals as potential reviewers: xxx (name and address), xxx (name and address), or xxx (name and address).

We look forward to hearing from you.

Sincerely,

Name of corresponding author, PhD. Or/and M. D.

11.6.3 同行评议

论文主要处理流程中的专家审稿,俗称同行评议最为重要。通过若干审稿专家的认可之后,论文才能得以顺利发表。目前,几乎所有的期刊都采用同行评议制度。

11.6.3.1 同行评议形式

同行评议主要采取以下几种形式。

① 单盲评审。也就是论文作者姓名对审稿人公开,但是审稿人姓名不对作者公开,60%左右的期刊都采用这种形式。

② 双盲评审。即论文作者姓名和审稿人姓名互不公开。采取这种形式主要是限制审稿人的审稿倾向。

③ 公开评审。论文作者姓名和审稿人姓名相互公开,少数期刊采用这种方式。由于大部分审稿人不希望公开自己的身份,88%左右的期刊给论文作者反馈的审稿意见是隐去审稿人姓名等身份信息的。

统计结果表明,73%左右的期刊采用每篇论文2名审稿人的形式,18%左右的期刊采用每篇论文3名审稿人的形式,6%左右的期刊采用每篇论文1名审稿人的形式,3%左右的期刊采用每篇论文3名以上审稿人的形式。也就是部分期刊首先请2名审稿人审阅同一篇论文,如果一旦出现意见相左的情况,就会再请第3名审稿人继续审稿。

11.6.3.2 审稿人关注的内容

审稿人拿到论文之后,主要关注以下内容:

① 论文讲述的主题是否值得研究;

② 研究的原创性,提供的信息是否是新的;

③ 研究设计和方法是合理的,并以足够的细节来重复所得到的结果,而且实验的数据是完全可靠的;

④ 结论是确凿的,并能够被提供的数据支持;

⑤ 论文的表达、文字书写简明确切,图、表安排和使用合理;

⑥ 参考文献的引用是否妥当。

11.6.4 审稿意见处理

论文经过同行评议专家审稿之后,编辑部会根据审稿专家给出的意见,综合给出审稿意见并反馈给论文作者。论文作者收到的审稿意见一般是以下三种之一:录用、退修、退稿。

录用是指文稿无须做任何修改,照原样发表,所有作者都希望自己的稿件得到这一结果,但是谈何容易。

当作者收到退修稿后,首先应仔细阅读退修信和专家的评审意见,然后再考虑能否接受审稿专家或编辑的意见,以及如何修改稿件。一般情况下,对文章发表最有利的修改方针是:尽可能按照编辑部和审稿人的意见进行修改,对编辑部和审稿人的意见做到"有问必答"。在规定的时间,按照专家和编辑部提出的修改意见,逐条落实,这样有利于修改稿顺利通过审核,而完成论文的修改之后,则要第一时间把修改稿发送给编辑部。

如果被退稿,无论作者是否同意专家的意见,也无论专家的意见正确客观与否,都建议不要做无谓的争辩,虽然各个期刊都会给作者申辩的权利,但是编辑部一般还是会尊重并坚持专家的意见。作者可以综合考虑审稿专家给出的意见,认真修改之后,改投他刊。

本章小结

本章介绍了科学研究中文献利用与科技论文写作。文献利用包括文献阅读、文献分析和文献评价三个部分。其中,文献阅读在不同的科研阶段要求不同,时而须"查全",时而须"查准";时而需"精读",时而需"泛读"。文献分析需要分析参考文献、领军人物和课题组和课题重要期刊。文献评价需要批判性阅读文献和不唯论文论。科技论文写作重点阐述了科技论文写作的要点和科技论文各组成部分写作格式规范。

思考题

1. 什么是直接引用、间接引用?
2. 科技论文摘要主要包括哪些内容?
3. 科技论文引言主要包括哪些内容?
4. 什么是同行评议?
5. 文献分析的主要内容是什么?

参考文献

[1] 赵乃瑄. 实用信息检索方法与利用. 第2版. 北京：化学工业出版社，2013.
[2] 赵乃瑄. 化学化工电子文献检索与分析策略. 北京：化学工业出版社，2007.
[3] Baidu 搜索引擎. https：//www. baidu. com/，2017-5-27.
[4] 超星数字图书系统使用指南. http：//lib. njtech. edu. cn/bencandy. php? fid=20&id=667，2017-5-27.
[5] 江苏汇文软件有限公司. http：//libsys2000. nju. edu. cn/，2017-5-27.
[6] 宝和数据. http：//www. baohedata. com/，2017-5-27.
[7] 读秀学术搜索使用指南. http：//lib. njtech. edu. cn/bencandy. php? fid=20&id=670，2017-5-27.
[8] Apabi 电子图书、工具书、年鉴使用指南. http：//lib. njtech. edu. cn/bencandy. php? fid=20&id=669，2017-5-27.
[9] SpringerLink 电子期刊＋电子图书使用指南. http：//lib. njtech. edu. cn/bencandy. php? fid=21&id=155. 2017-5-27.
[10] Wiley Online Library 电子期刊及图书使用指南. http：//lib. njtech. edu. cn/bencandy. php? fid=21&id=159. 2017-5-27.
[11] Woodhead 电子书使用指南. http：//lib. njtech. edu. cn/bencandy. php? fid=21&id=160. 2017-5-27.
[12] 肖琼. 信息资源检索与利用. 北京：北京邮电大学出版社，2014.
[13] 张惠芳，陈红艳. 信息检索与利用. 武汉：华中科技大学出版社，2015.
[14] 陈新艳，陈振华. 信息检索与利用. 武汉：武汉理工大学出版社，2015.
[15] 钟萍，林泽明. 信息检索. 北京：中国书籍出版社，2014.
[16] 张永忠. 信息检索与利用. 上海：复旦大学出版社，2016.
[17] 赵乃瑄. 实用信息检索方法与利用. 北京：化学工业出版社，2013.
[18] 张永忠. 信息检索与利用. 上海：复旦大学出版社，2010.
[19] 徐婷婷. 数据库检索技巧. 哈尔滨：东北林业大学出版社，2016.
[20] 肖信，袁中直. Internet 化学化工文献信息检索与利用. 北京：化学工业出版社，2014.
[21] 王玉. 信息资源检索与利用. 北京：中国人民大学出版社，2011.
[22] 伍学梅. 信息检索与利用教程. 北京：清华大学出版社，2014.
[23] 马春晖. 信息资源检索与利用实用教程. 北京：国家图书馆出版社，2016.
[24] 高新陵，吴东敏. 科技文献信息与科技创新 [M]. 南京：河海大学出版社，2013.
[25] Elsevier ScienceDirect 数据库. http：//www. sciencedirect. com/，2017-5-31.
[26] EBSCO 数据库. http：//search. ebscohost. com/，2017-5-31.
[27] ACS（美国化学学会）数据库. http：//pubs. acs. org，2017-5-31.
[28] SpringerLink 数据库. http：//link. springer. com，2017-5-31.
[29] ACS（美国化学学会）数据库. http：//pubs. acs. org，2017-5-31.
[30] APS（美国物理学会）数据库. https：//journals. aps. org/，2017-5-31.
[31] ASCE（美国土木工程协会）数据库. http：//ascelibrary. org/，2017-5-31.
[32] ASME（美国机械工程协会）数据库. http：//asmedigitalcollection. asme. org，2017-5-31.
[33] （美）尤金·加菲尔德. 引文索引法的理论及应用. 侯汉清等译. 北京：北京图书馆出版社，2004.
[34] 薛晓芳，郝继英，陈锐. 生物医药信息检索与利用 [M]. 北京：军事医学科学出版社，2015.
[35] 张玉慧. 网络信息检索与利用 [M]. 北京：北京理工大学出版社，2014.
[36] 邹广严，王红兵. 信息检索与利用 [M]. 北京：科学出版社，2011.
[37] 张俊慧等. 信息检索与利用（第二版）[M]. 北京：科学出版社，2015.

[38] 黄如花等. 信息检索（第二版）[M]. 武汉：武汉大学出版社，2010.
[39] 陈振标. 文献信息检索、分析与应用 [M]. 北京：海军出版社，2016.
[40] 许福运，张承华等. 信息检索——理论与创新 [M]. 北京：高等教育出版社，2012.
[41] 江友霞，常思浩，王涛等. 信息检索教程 [M]. 北京：人民邮电出版社，2013.
[42] 毛玉琪，高士雷. 开放获取应用与实践 [M]. 北京：中国农业大学出版社，2016.
[43] 彭一中. 网络信息资源检索 [M]. 湖南：湖南大学出版社，2002.
[44] 叶继元. 信息建检索导论 [M]. 北京：电子工业出版社，2009.
[45] 曹瑞昌，吴建明. 信息质量及其评价指标体系 [J]. 情报探索，2002（12）.
[46] 李修乾等. 科技论文写作与发表实用参考 [M]. 北京：国防工业出版社，2015.
[47] 郭倩玲. 科技论文写作 [M]. 北京：化学工业出版社，2012.
[48] 赵鸣，丁燕. 科技论文写作 [M]. 北京：科学出版社，2014.
[49] 戴起勋，赵玉涛. 科技创新与论文写作 [M]. 北京：机械工业出版社，2004.
[50] 高烽. 科技论文习作规则和写作技巧 [M]. 北京：国防工业出版社，2005.
[51] 梁福军. 科技论文规范写作与编辑 [M]. 北京：清华大学出版社，2009.
[52] 解景田. 生物医学论文的撰写与发表——SCI攻略. 北京：科学出版社，2009.